国学经典

史记

宋 涛／主编

辽海出版社

中国历史上第一部纪传体通史

【 第一卷 】

图书在版编目（CIP）数据

史记 / 宋涛主编 . — 沈阳 : 辽海出版社 , 2019. 4

ISBN 978-7-5451-5318-7

Ⅰ . ①史… Ⅱ . ①宋… Ⅲ . ①中国历史—古代史—纪
传体②《史记》—注释 Ⅳ . ① K204.2

中国版本图书馆 CIP 数据核字（2019）第 077338 号

史记

责任编辑：柳海松

责任校对：顾　季

装帧设计：廖　海

开　　本：710mm×1040mm　1/16

印　　张：90

字　　数：1966 千字

出版时间：2019 年 4 月第 1 版

印刷时间：2019 年 4 月第 1 次印刷

出版者：辽海出版社

印刷者：三河市兴博印务有限公司

ISBN 978-7-5451-5318-7

ISBN 978-7-5451-5318-7

定　　价：1580.00 元

前　言

　　"史记"本来是古代史书的通名，司马迁称自己的著作为《太史公书》，班固把它记录在《汉书·艺文志》里，便直写"《太史公》百三十篇"。就是后汉时应劭的《风俗通义》和荀悦的《汉纪》提到这书也只称它为"太史公记"，还没有把"史记"的名词专门隶属给司马迁。直到唐朝编撰《隋书》，才正式把"《史记》一百三十卷"列为"史部"中的头一部，下注"目录一卷，汉中书令司马迁撰"。于是"史记"之名便由通名演化为专名。

　　《史记》的记事，上起轩辕，下至汉武帝太初年间，是一部纪传体通史。它包括本纪、表、书、世家、列传五个部分，共一百三十篇，五十余万字，是一部博大精深、前无古人的历史著作，也是我国文学史上最伟大的文学著作之一。

　　《史记》在史学的成就，首先表现在司马迁创设了一种全新的具有影响力的记事体例。司马迁在写史时，首先掌握了他那时代里所认可的历史上的政治中心人物，所以他把黄帝以下一直到他当代的帝王，编成《五帝本纪》等十二篇。这些"本纪"在详载帝王事迹的同时，把同一时代社会上发生的重大变化也有计划地编排进去，贯穿起来，基本上成为有系统的编年大事记。其次把"并时异世，年差不明"的事迹，仿周代史官谱牒的体制，编成《三代世表》等十篇。于是历代相传的世系，列国间交涉纠纷的关系，主要职官的更迭等繁复混杂的事项都给这纵横交织的表格排列得头绪分明，眉目清疏了。再次，创立《礼书》《乐书》《律书》《历书》《天官书》《封禅书》《河渠书》《平准书》等八篇。这些"书"，不仅仅是"朝章国典"，还包括天文、地理、政治、经济、风俗、艺术等种种知识。还有，创编了"世家"三十篇。把春秋、战国和汉初主要王侯、外戚的传世本末写成了各个不同的国别史。最后是《伯夷列传》等人物传记七十篇，总称"列传"。列传基本上是描写各个人物生活的"专传"，但对于那些业绩相连、彼此相关的人物，写成了叙述多人的"合传"。还有些人，或者行事的作风相类似，或者品质的气味差不多，便"以类相从"地作成了若干篇"类传"。每篇末了，又大都附有"论赞"。

　　《史记》是一部反映我国古代三千年社会发展的通史，是我国先秦文化的集大成者，司马迁在研究总结先秦文化方面做出了巨大贡献。但是司马迁更伟大更重要的贡献在于他对秦汉之际和对西汉社会前期的研究。

综观《史记》各体，"纪"是年代的标准，"传"是人物的动态，"世家"是纪传合体的国别史，"表"和"书"是贯穿事迹演化的总线索。它们之间互相联系、互相补充，而以"本纪"和"列传"作为经纬线，由此贯穿分别组织安排，成为古代修史的范式，一直被以后历代史学家所推崇。在吸收继承以往解作的基础上，我们重新注解了《史记》，用以帮助读者认知《史记》。

关于原文：

原文参照前代版本，编注对原著的错漏、衍文等，用〔 〕、〈 〉等符号做了整理，对原文直接予以引用，不再注出。对文中的难以辨识字、残字，注文中参照有关史料补充注解。

关于注释：

①为便于读者阅读，编注者把原文各卷分成若干段落，在段落后作注释。

②对原文中古地名，注出今地名。

③对原文中官职、典籍、制度择要注释。

④对今人不易理解的词语作注释。

⑤对原文中的难字、生僻字注现代汉语拼音并解释。

中国是文化悠久的民族，垂统五千年，就因为有深厚的根本，固能承前启后，传之久远。《史记》的博大精深和它在史学与文学上的伟大成就使我国历史的本源再现。故此，鲁迅曾称赞《史记》为"史家之绝唱，无韵之《离骚》"。

目　录

史

记

目　录

五帝本纪第一①

黄帝者②,少典之子,姓公孙,名曰轩辕③。生而神灵④,弱而能言⑤,幼而徇齐⑥,长而敦敏⑦,成而聪明。

【注释】

①五帝:我国古代传说中的五个著名帝王。本纪:《史记》体例之一。它按世系和年代次序,记载帝王的大事。②黄帝:传说为中原各民族的共同祖先。他是有熊部族(住于今河南省新郑市一带)的首领。故号有熊氏;以后,他成为中原各部族联盟的共同首领,号称黄帝。③轩辕:皇甫谧《帝王世纪》说:"黄帝生于寿丘,长于姬水,因以为姓。居轩辕之丘,因以为名,又以为号。"《国语·晋语四》:"昔少典娶于有蟜(jiǎo)氏,生黄帝、炎帝。黄帝以姬水成,炎帝以姜水成,成而异德,故黄帝为姬,炎帝为姜。"很多典籍认定黄帝为姬姓。《汉书·律历志》说:"黄帝始垂衣裳,有轩辕之服,故天下号轩辕氏。"④神灵:据神话传说,少典国君的妃子附宝,在野外祈祷,见大雷电绕北斗枢星,感而怀孕,二十四个月后才在寿丘(今山东省曲阜市东北)生下黄帝。⑤弱:年幼,又特指初生不久的婴儿。⑥徇齐:通"迅疾",机灵的意思;或曰亦通"迅给",此指口才犀利。⑦敦:诚实。 敏:勤劳敏捷。

轩辕之时,神农氏世衰①。诸侯相侵伐,暴虐百姓②,而神农氏弗能征。于是轩辕乃习用干戈,以征不享。诸侯咸来宾从③。而蚩尤最为暴,莫能伐。炎帝欲侵陵诸侯④,诸侯咸归轩辕。轩辕乃修德振兵⑤,治五气⑥,艺五种⑦,抚万民,度四方⑧,教熊罴貔貅貙虎⑨,以与炎帝战于阪泉之野⑩。三战,然后得其志⑪。蚩尤作乱,不用帝命。于是黄帝乃征师诸侯,与蚩尤战于涿鹿之野⑫,遂禽杀蚩尤。而诸侯咸尊轩辕为天子,代神农氏,是为黄帝。

【注释】

①神农氏:传说中的古代帝王之一。世衰:指神农氏的后代衰败了。神农氏即炎帝族。②百姓:郑玄注《诗经》,孔安国注《尚书》,都说"百姓"便是"百官"。由于当时部族联盟的某一官职往往由某一部族世代承袭,该部族往往以官为姓,所以"百姓"便是在部族联盟中供职的各个部族。③咸:都。宾从:顺从;归复。④炎帝:传说中的古代帝王之一。⑤振兵:训练部队。⑥五气:五行之气。古代以五行配四时,春为木,夏为火,季夏为土,秋为金,冬为水;亦指晴、雨、冷、热、风等五种气象。⑦艺:耕种。五种:指黍(黄米)、稷(小米)、稻、麦、菽(豆)等谷物。⑧度(duó)四方:规划丈量各地的土地。⑨罴:熊的一种,又叫人熊、马熊。貔貅(pí xiū):豹一类的猛兽。一说即大熊猫。貙(chū):

比狸猫大而凶猛的野兽。熊黑等六种动物或认为是直接被训练来参加战斗的野兽；或认为比喻军队的猛勇；也有人认为是指以这些兽类为图腾的六个氏族集团。《正义》案："言教士卒习战，以猛兽之名名之，用威敌也。"⑩阪泉：地名。在今河北省涿鹿县东。⑪得其志：指征服炎帝后代。⑫涿（zhuō）鹿之野：涿鹿山前的大原野。涿鹿山在今河北涿鹿县东南。

天下有不顺者，黄帝从而征之，平者去之①。

【注释】

①平者去之：平服了的便带兵离去。

披山通道，未尝宁居①。东至于海，登丸山②，及岱宗③。西至于空桐④，登鸡头⑤。南至于江，登熊、湘。北逐荤粥⑥，合符釜山⑦，而邑于涿鹿之阿⑧。迁徙往来无常处，以师兵为营卫⑨。官名皆以云命，为云师⑩。置左右大监，监于万国⑪。万国和，而鬼神山川封禅与为多焉⑫。获宝鼎、迎日推策。举风后、力牧、常先、大鸿以治民⑬。顺天地之纪⑭，幽明之占⑮，死生之说⑯，存亡之难⑰。时播百谷草木⑱，淳化鸟兽虫蛾⑲，旁罗日月星辰水波土石金玉⑳，劳勤心力耳目，节用水火材物㉑。有土德之瑞，故号黄帝㉒。

【注释】

①披山：开山。②丸山：山名。位于今山东省昌乐县西南临朐县东北。③岱宗：即泰山。④空桐：山名。在今甘肃省平凉市西北。或作"崆峒"。⑤鸡头：山名。或说即崆峒山，又名大坨山。⑥荤粥（xūn yù）：部族名。即秦、汉时的匈奴。⑦合符：验证符契。釜山：在今河北省怀来县北，一说在今徐水县西，一说在今河南灵宝市境，又一说在今河南偃师县南。⑧邑：都市。此处用如动词，建立都邑。《正义》："广平曰阿。"⑨以师兵为营卫：叫军队在驻地周围筑营守卫。⑩官名皆以云命：黄帝以云来任命官职。《史记集解》引应劭说："春官为青云，夏官为缙云，秋官为白云，冬官为黑云，中官为黄云。"⑪大监：官名。负责监察各地诸侯。⑫封禅：古代帝王登名山，封土为坛曰封，扫地而祭曰禅，祭祀天地山川，来庆祝成功和太平。黄帝之时，无下无事，因而封禅一类的事情较多。策：指蓍（shī）草，古人用它的茎占卜吉凶。传说黄帝得到一种神策，便命大挠造甲子，容成造历法（即黄帝历），以推算年月节气。⑬举：提拔，推举。风后、力牧、常先、大鸿：都是黄帝的大臣名。⑭天地之纪：天地四季运行的程序或规律。⑮幽明之占：对于阴阳变化的占卜。幽，指阴；明，指阳。⑯死生之说：养生送死的仪制。⑰存亡之难：国家存亡的规律。难，犹"说"。⑱时播：按季节播种。或曰，"时"通"蒔"（shì）移栽。⑲淳化：驯养。虫蛾：指蚕。传说黄帝的正妃螺祖教民养蚕、缫丝、织帛。⑳"旁罗"句：指黄帝广泛地观察日月星辰的运行和水流、土石、金玉的性能，使它们为人所利用。罗，观察，研究。或说指黄帝的德泽普及天地间一切，使天不降灾，水不兴波，土地丰收，山出珍宝。或认为"旁罗"是一种测天的仪器。㉑"节用"句：指爱护山林水产，按规定收采捕捉，节约用度。㉒瑞：祥瑞，吉利的兆头。古代有以五行（木、火、土、金、水）配五色的说法。传说黄帝在位时有黄龙地蚓出现，故有"土德之瑞"。

黄帝二十五子，其得姓者十四人①。

黄帝居轩辕之丘②，而娶于西陵之女，是为螺祖③。螺祖为黄帝正妃，生二子，其后皆有天下④。其一曰玄嚣，是为青阳，青阳降居江水⑤；其二曰昌意，降居若水⑥。昌意娶蜀山氏女⑦，曰昌仆，生高阳，高阳有圣德焉。黄帝崩，葬桥山⑧。其孙昌意之子高阳立，是为帝颛顼也。

【注释】

①姓：表明家族系统的称号。得姓，即由子孙繁衍而发展成为独立氏族。②轩辕之丘：地名。或说在今河南新郑市西北。③西陵：部族名。嫘（léi）祖：黄帝正妃。④正妃：嫡妻。其后皆有天下：指黄帝的后代，都成为天下的君主。如颛顼和舜，都是昌意的后代；帝喾和尧，都是玄嚣的子孙后代。⑤玄嚣（xiāo）：黄帝长子，号青阳。降居：下封为诸侯。江水：指江国。在今河南省安阳县。⑥若水：地名。在今四川省。一说为水名，即今四川省雅砻江。⑦蜀山氏：上古部族名。⑧桥山：山名。在今陕西省黄陵县西北。

帝颛顼高阳者①，黄帝之孙而昌意之子也。静渊以有谋②，疏通而知事③；养材以任地④，载时以象天⑤，依鬼神以制义⑥，治气以教化⑦，絜诚以祭祀⑧。北至于幽陵⑨，南至于交阯⑩，西至于流沙⑪，东至于蟠木。动静之物⑫，大小之神⑬，日月所照，莫不砥属⑭。

【注释】

①颛顼（zhuān xū）：传说中的古代部族头领名，号高阳氏。高阳：聚邑名，在今河南杞县西。颛顼部族所兴起的地方。得天下后便用作号。②静渊：镇定自若。③疏通：通达，有远见。④养材：生产物质财富。任地：开发土地。⑤载时以象天：按季节行事来顺应自然。⑥依鬼神以制义：信奉鬼神并制定礼仪。古代迷信鬼神，认为鬼神是聪明正直的，所以信奉它，并依从它的启示来规范人的行为。⑦治气以教化：用教化来陶冶人民的气质。⑧絜：同“洁”。古人祭祀鬼神前要斋戒沐浴，清洁身心，以表示敬意。⑨幽陵：即幽州。今河北省东北部与辽宁省西南部一带。⑩交阯：阯，亦作“趾”。古地区名，泛指今五岭以南和越南北部地区。⑪流沙：即古流沙泽，后称居延泽、居延海。由于淤塞，今分为两个湖（内蒙古的苏古诺尔湖和嘎顺诺尔湖）。⑫动静之物：指动物与植物。⑬大小之神：国中的大小神祇。大神指四岳（泰山、华山、衡山、恒山）和四渎（长江、黄河、淮河、济水）等名山大川之神，小神指小山小河之神。⑭砥（dǐ）属：指四方都平服归属。砥，平定。

帝颛顼生子曰穷蝉①。颛顼崩②，而玄嚣之孙高辛立，是为帝喾。

【注释】

①穷蝉：《世本》作“穷系”。②颛顼崩：《帝王世纪》说：颛顼在位七十八年，年九十八。

帝喾高辛者，黄帝之曾孙也①。高辛父曰蛴极，蛴极父曰玄嚣，玄嚣父曰黄帝。自玄嚣与蛴极皆不得在位，至高辛即帝位②。高辛于颛顼为族子③。

【注释】

①帝喾（kù）高辛：喾是名，高辛是他兴起的地方（部族所在地），得天下后用作号。②《帝王世纪》说，帝喾即位后都亳（bó），在今河南省偃师县境内。③族子：侄子。

高辛生而神灵，自言其名①。普施利物，不于其身。聪以知远，明以察微。

顺天之义，知民之急②。仁而威，惠而信，修身而天下服。取地之材而节用之，抚教万民而利诲之③，历日月而迎送之④，明鬼神而敬事之。其色郁郁，其德嶷嶷⑤，其动也时，其服也士⑥。帝喾溉执中而遍天下⑦。日月所照，风雨所至，莫不从服。

【注释】

①自言其名：生下来便叫出自己的名字。《帝王世纪》说："帝喾高辛，姬姓也。其母生见其神异，自言其名曰夋。龆龀（tiáo chèn）有圣德，年十五而佐颛顼，三十登位，都亳（bó）。"②顺天之义，知民之急：效法上天的德义，了解民众的迫切需要。③利诲：因势利导。④历日月而迎送之：根据日月运行制作历法来推算季节朔望。⑤郁郁：通"穆穆"。端庄和悦的样子。嶷嶷（nì）：高尚貌。指品德高尚。⑥其服也士：衣着俭朴，像一般士人一样。⑦溉执中而遍天下：指帝喾行政公平而不偏颇，使普天下都得到好处。中：中道，处理事情恰如其分。溉：或曰通"概"，平斗斛的木椎，引申为公平；或曰如水灌溉，公平均一。

帝喾娶陈锋氏女①，生放勋；娶娵訾氏女②，生挚。帝喾崩，而挚代立。帝挚立，不善③，崩，而弟放勋立，是为帝尧。

【注释】

①陈锋氏：部族名。又作"陈丰氏"。《帝王世纪》："帝喾有四妃，卜其子皆有天下。元妃有邰氏女，曰姜嫄，生后稷；次妃有娀氏女，曰简狄，生离（xiè）；次妃陈锋氏女，曰庆都，生放勋；次妃娵訾氏女，曰常仪，生帝挚。"后稷为周的始祖，离（契）为商的始祖。②娵訾（jū zī）：部族名。③不善：古本作"不著"。指帝挚在位无明显的政绩。

帝尧者，放勋①。其仁如天，其知如神②。就之如日③，望之如云④。富而不骄，贵而不舒⑤。黄收纯衣⑥，彤车乘白马。能明驯德⑦，以亲九族⑧。九族既睦，便章百姓⑨。百姓昭明，合和万国。

【注释】

①尧：古代传说中的著名帝王。实为父系氏族社会后期（即禅让时期）部落联盟首领。号放勋，称陶唐氏，又称伊祁氏。②知：同"智"。③就之如日：形容其为人们所倾慕，就像人们想依附太阳一样。④望之如云：形容其恩德就像云雨滋润万物一样，为人们所敬仰。⑤舒：松懈；傲慢。⑥黄收：黄色的帽子。收：古代帽子名。纯，一作纮，通"缁"，黑色。又王引之《经义述闻》谓"纯"，当读"黗"（tún），黄浊色。故纯衣当为深黄色衣服。⑦明：修明。驯德：恭顺高尚的品德。⑧九族：指同族九代人，从自身算起，上推到四世高祖，下推至四世玄孙；一说指父族四，母族三，妻族二。⑨便（pián）章：辨别明暗。

乃命羲、和①，敬顺昊天②，数法日月星辰③，敬授民时④。分命羲仲，居郁夷⑤，曰旸谷⑥。敬道日出，便程东作⑦。日中，星鸟，以殷中春⑧。其民析⑨，鸟兽字微⑩。申命羲叔，居南交⑩。便程南为，敬致⑪。日永，星火，以正中夏⑫。其民因⑬，鸟兽希革⑭。申命和仲，居西土，曰昧谷⑮。敬道日入，便程西成⑯。夜中，星虚，以正中秋⑰。其民夷易⑱，鸟兽毛毨⑲。申命和叔，居北方，曰幽都⑳。便在伏物㉑。日短，星昴，以正中冬㉒。其民燠㉓，鸟兽氄毛㉔。岁三百六十六日，以闰月正四时。信饬百官㉕，众功皆兴。

【注释】

①羲、和：羲氏、和氏。羲、和两部族都是世代掌管季节时令的，所以尧分别任命羲仲、羲叔、和仲、和叔掌管四方的季节时令。②昊（hào）：深远广阔。③数法日月星辰：观察日月星辰的运行来制定历数。《尚书·尧典》作"历象日月星辰。"④敬授民时：慎重地教给民众农事季节。⑤郁夷：极东的地方。⑥旸（yáng）谷：传说是太阳升起的地方，或作"汤谷"。⑦敬道日出：恭敬地迎接朝阳升起。出日，指春天的朝阳。便程东作：有秩序地安排好春天耕种的农事；或说指辨别测定春日太阳东升的时刻。⑧日中，星鸟，以殷中春：指确定中（仲）春的节候（春分）。日中：春分时昼夜一般长，故称日中（中指昼夜平分）。星鸟：观察鸟星。鸟指春分黄昏时刻见于中天的朱鸟七宿中的第四星——"星宿"。古人在初昏时刻观察中天星座以确定节候，叫作"夜考中星"。殷：正，推定。根据《尚书·尧典》记载，当时大概只规定了四个节候，即仲春（春分）、仲夏（夏至）、仲秋（秋分）、仲冬（冬至），后来逐渐精密，发展为二十四个节气。⑨析：分散，分工男女老幼各干各的农活；或说是分散到田野里干农活。微：通"尾"，交尾。⑩申：重，又的意思。南交：南方最远的边境。或说即古交阯。⑪便程南为：有计划地分配夏天的农事；或说指辨别测定日道向南移动的时刻。敬致：恭敬地办事以获得成功；或说是恭敬地祭日而记下日影的长短，即所谓"昼测日影"。⑫日永，星火，以正中夏：指确定中（仲）夏的节候（夏至）。日永：夏至白昼最长。火：夏至黄昏时刻，见于中天的苍龙七宿中的"心宿"，特指其中的主星"大火"，又名商星。不是行星之一的火星。⑬因：沿袭，指继续在田野里干农活。⑭希革：夏天，鸟兽换毛，皮上羽毛稀少。希，同"稀"。⑮昧谷：西方日落的地方。日落而天下昏黑，故曰昧谷。⑯敬道日入：恭敬地送太阳落土。《尚书》作"寅饯纳日"。蔡沈注云："饯，礼送行者之名。"纳日，指秋天落日。西成：安排好秋天收成的农事，或说指辨别测定日落时刻。⑰夜中，星虚，以正中秋：指确定中（仲）秋的节候（秋分）。夜中：秋分时昼夜一般长。⑱夷易：舒适快乐。秋天丰收了，气候又凉爽，所以民众生活愉快。⑲毨（xiǎn）：鸟兽更生新毛。⑳幽都：北方地名。《山海经》："北海之内有山名幽都。"或曰即幽州（州、都古音相通）。㉑便在伏物：注意安排好冬天积蓄储藏的事；《尧典》作"平在朔易"，或说即辨别测定日道向北方移换的时刻。在，有专注的意思。㉒日短，星昴（mǎo），以正中冬：指确定中（仲）冬的节候（冬至）。日短：冬至白昼最短。昴：冬至黄昏时刻见于中天的有白虎七宿，星昴指其中的第四星"昴宿"。㉓燠（yù）：暖和。指人们穿上冬装，在屋子里避寒。㉔氄（rǒng）：细软的毛。指寒冬鸟兽都密密地生长出细软的毛。㉕信饬（chì）百官：按时命令主管各种事务的官员。

尧曰："谁可顺此事？①"放齐曰："嗣子丹朱开明②。"尧曰："吁！顽凶，不用③。"尧又曰："谁可者？"驩兜曰："共工旁聚布功，可用④。"尧曰："共工善言，其用僻，似恭漫天，不可⑤。"尧又曰："嗟，四岳⑥！汤汤洪水滔天，浩浩怀山襄陵⑦。下民其忧，有能使治者？"皆曰："鲧可⑧。"尧曰："鲧负命毁族，不可⑨。"岳曰："异哉！试不可用而已。"尧于是听岳用鲧。九载，功用不成。

【注释】

①顺：继承。此事：指治理国家的大事。②放齐：尧的大臣。嗣子：父亲的继承人。丹朱：尧的嫡长子。③吁（xū）：感叹词。④驩兜（huān dōu）：尧的大臣。共工：人名；担任工师，或说担任水官。旁聚布功：广泛地聚集民众，开展各项事业；或说指防治水灾。⑤用僻：办事乖僻无能，或解释为用意邪僻。似恭漫天：外貌好像恭顺，内心却骄傲。漫天，连对上天都怠慢不恭。"漫"通"慢"。旧注解释为罪恶滔天。⑥四岳：分掌四方的诸侯首领。或认为四岳即太岳，为官名；或认为四岳即上文讲到的羲仲、羲叔、和仲、和叔。⑦汤汤（旧读 shāng shāng）：即"荡荡"，水波奔腾的样子。怀山：包裹山岭。襄陵：淹没高地。襄，上升。⑧鲧（gǔn）：人名。夏禹的父亲。⑨负命：违背教化命令。毁族：毁败同类的人。

尧曰："嗟！四岳！朕在位七十载，汝能庸命，践朕位①？"岳应曰："鄙德，忝帝位②。"尧曰："悉举贵戚及疏远隐匿者③。"众皆言于尧曰："有矜在民间④，曰虞舜。"尧曰："然，朕闻之。其何如⑤？"岳曰："盲者子。父顽，母嚚，弟傲⑥，能和以孝，烝烝治，不至奸⑦。"尧曰："吾其试哉！"于是尧妻之二女，观其德于二女。舜饬下二女于妫汭，如妇礼⑧。尧善之，乃使舜慎和五典⑨，五典能从；乃遍入百官，百官时序⑩；宾于四门，四门穆穆，诸侯远方宾客皆敬⑪。尧使舜入山林川泽，暴风雷雨，舜行不迷⑫。尧以为圣，召舜曰："女谋事至而言可绩⑬，三年矣。女登帝位。"舜让于德不怿⑭。正月上日⑮，舜受终⑯于文祖⑰。文祖者，尧大祖也。

【注释】

①庸命：用命；执行命令，忠于职守。践朕位：指继位作天子。②鄙德：德行浅薄。忝：辱没。③贵戚：显贵；亲近。疏远隐匿者：指地位低名声小的人。④矜（guān）：同"鳏"。无妻的男子。⑤朕闻之：说给我听听；或理解为我听说过。⑥嚚（yín）：内心险恶，爱说坏话。《左传·僖公二四年》："口不道忠信之言为嚚，心不则德义之经为顽。"⑦烝烝：上进，做好事。奸：干坏事。⑧饬下二女：命令二女放下身份。妫（guī）：水名。黄河支流，源出于山西省历山，西流至蒲州入黄河。汭（ruì）：河道弯曲处或河流的北岸；有人认为汭也是水名，与妫水合流后进入黄河。传说蒲州的蒲坂城是舜的故都。如妇礼：用媳妇的礼节来要求二女。⑨五典：即五教，指父义、母慈、兄友、弟恭、子孝等伦理道德。⑩遍入百官：总领百官职事。序：工作井井有条。⑪宾：用如动词，迎接朝见的诸侯和远方的宾客。诸侯是隶属于中央的；远方宾客是没有隶属关系的异国客人。四门：明堂（天子朝会诸侯的地方）的四方之门。穆穆：庄敬肃穆的样子。⑫入山林川泽：指掌管山林川泽的事务。⑬至：周到。言可绩：说了便能做到。绩：功效。这里用如动词，奏效。⑭舜让于德不怿：舜用道德不能使人悦服来推辞。或断为："舜让于德，不怿。"不怿（yì）：不悦，不愿继承帝位。⑮上日：朔日；初一。⑯受终：接受尧的禅让。文祖：帝尧的祖庙。文祖是对祖先的美称。⑰大祖：即太祖，开国皇帝。

于是，帝尧老，命舜摄行天子之政，以观天命①。舜乃在璇玑玉衡②，以齐七政③。遂类于上帝④，禋于六宗⑤，望于山川⑥，辩于群神⑦。揖五瑞⑧，择吉月日，见四岳诸牧，班瑞⑨。岁二月，东巡狩⑩，至于岱宗，柴⑪，望秩于山川⑫。遂见东方君长⑬，合时月，正日，同律度量衡⑭，修五礼⑮、五玉、三帛、二生、一死为挚⑯，如五器⑰，卒乃复⑱。五月，南巡狩；八月，西巡狩；十一月，北巡狩：皆如初。归，至于祖祢庙，用特牛礼⑲。五岁一巡狩，群后四朝⑳。遍告以言㉑，明试以功㉒，车服以庸㉓。肇十有二州㉔，决川㉕，象以典刑㉖，流宥五刑㉗，鞭作官刑㉘，扑作教刑㉙，金作赎刑㉚。眚灾过，赦㉛；怙终贼，刑㉜。钦哉，钦哉，唯刑之静哉㉝。

【注释】

①观天命：古人迷信天意，故尧叫舜代理政事来观察舜继位是否符合天意，所谓"荐之于天"。②在：专注地观察。璿（xuán）玑玉衡：用玉装饰的观察天文的仪器（类似后世的浑天仪）。玑：仪器的旋转体。璿是赤色的美玉。璿玑就是用赤色美玉装饰的旋转体。衡：仪器上观察天文的横杆，用玉装饰故称玉衡。或认为"璿玑玉衡"即北斗七星。③齐：整齐；规正。七政：指日月五星(金、木、水、火、土)。齐七政，即观察日月星辰来校正历法。或认为"七政"指下面讲的祭祀、班瑞、东巡、南巡、西巡、北巡、归祖等七件政事。④类于上帝：举行特殊祭礼，把事类报告上天。类，祭祀名。⑤禋（yīn）：祭祀名。把祭品放在火上烧，使香味随烟上达于天，故名禋。⑥望：祭祀名，遥望名山大川举行祭祀活动。⑦辩：通"遍"。普遍地祭祀。⑧揖：通"辑"，收回。五瑞：公、侯、伯、子、男五等爵位的诸侯所执的瑞信（即形状上圆下方的玉圭，是表示诸侯等级的符信）。⑨见：召见。诸牧：各地长官；诸侯。班：颁发，将所取瑞信再颁发给诸侯。⑩巡狩（shòu）：帝王巡察各地，检查诸侯政绩。⑪柴（chái）：一作"柴"。祭祀名。烧柴焚燎来祭祀天神。⑫望秩：按次序遥祭。秩，次序，等级。⑬君长：指诸侯（部族首领）。⑭同：统一。律：音律。古代音乐用竹管定音，分十二律。度：长度（丈、尺等）。量：容量（斗、斛等）。衡：重量（斤、两等）。⑮五礼：指吉礼（用于祭祀）、凶礼（用于丧葬）、宾礼（用于礼宾）、军礼（用于军事）和嘉礼（用于冠婚）。修明五礼是为了统一全国的风俗习惯。或说"五礼"指五等爵位诸侯的朝聘之礼。⑯挚：通"贽"。拜见时的礼物。五玉：即"五瑞"。三帛：荐玉的丝织品，有三种不同颜色。孔安国说，诸侯世子用绛色帛，孤卿（公的副职）用玄色帛，附庸之君用黄色帛。郑玄说，高阳氏后代用赤色帛，高辛氏后代用黑色帛，其余诸侯用白色帛。或说，诸侯用五玉作礼物，孤卿用三帛作礼物。二生：指活的羔羊与雁。卿与大夫用作进见的礼物。一死：指死雉（野鸡），士进见的礼物。⑰五器：即五玉。器，玉器。⑱如五器，卒乃复：至于五种玉器，礼仪完毕后便还给见进者，作为下次进见之用。其他礼物（三帛、二生、一死），则不退还。卒，完毕。复，归还。⑲祖祢（nǐ）：即文祖，指尧的始祖庙。何休说："生曰父，死曰考，庙曰祢。"特牛礼：以一头公牛作祭品的祭礼。⑳五岁一巡狩，群后四朝：五年当中，天子到各方巡视一次，其间四年，四方诸侯分别来京朝见一次。后：君长。此处指诸侯。㉑遍告以言：诸侯普遍向天子报告治理天下的情况；亦可解释为天子向各方诸侯宣布治理国家的意见。㉒明试以功：天子公开地考察检验诸侯的功绩。㉓车服以庸：对于政绩卓著的诸侯，则用车服作赏赐。庸，慰劳。㉔肇（zhào）：开始，这里指开始建立。㉕川：疏通河道。㉖象以典刑：把正常的刑律刻在器物上。象，刻画。典，常。有人把"象"解释为刑罚的象征性，即并没有真正受到刑罚的人，或处罚较轻。㉗流宥五刑：用流放的办法来从宽处理因无知而触犯五刑的人。流：流放。宥：（yòu）宽恕；从宽发落。郑玄："三宥：一曰弗识，二曰过失，三曰遗忘也。"马融："一曰幼少，二曰老耄，三曰蠢愚。"五刑：墨（刺字）、劓（割鼻）、剕（fèi，断

足）、宫（阉割）、大辟（杀头）。㉘鞭作官刑：官府中用皮鞭施刑。㉙扑作教刑：学校中犯法者，用扑（夏木或楚木做的戒尺一类的刑具）惩罚。㉚金作赎刑：用金钱赎罪。㉛眚（shěng）灾过，赦：因无心或灾害造成的过失，则赦免。㉜怙（hù）终贼，刑：坚持并多次作恶，便施以刑罚。怙：倚仗；坚持。终：终不改悔。贼：残贼，作恶。或认为"贼"通"则"，断句为："怙终贼（则）刑。"㉝钦：慎重的意思。唯刑之静：静刑，希望用刑得当。

驩兜进言共工，尧曰"不可"，而试之工师，共工果淫辟①。四岳举鲧治鸿水，尧以为不可，岳强请试之，试之而无功，故百姓不便。三苗在江淮、荆州数为乱②。于是舜归而言于帝，请流共工于幽陵，以变北狄③；放驩兜于崇山，以变南蛮④；迁三苗于三危，以变西戎⑤；殛鲧于羽山⑥，以变东夷⑦。四罪而天下咸服。

【注释】

①进言：上奏推荐。试之工师：试用共工做工师（管理工程建筑的官）。此句主语应是驩兜。他违背尧的旨意而擅自使用不称职的共工。淫辟：骄横邪恶。②三苗：南方的一个部族，散居于今湘、鄂、赣、皖毗邻地区，可能是苗族的祖先。荆州：汉水以南地区，即今湖北、湖南、江西三省的部分地区。③归：巡狩归来。帝：指帝尧。④崇山：在今湖南省大庸县西南；或说在今广西壮族自治区西林县、凌云县一带。⑤三危：山名。在今甘肃省敦煌市东。此据《括地志》说。⑥殛（jí）：这里和"流""放""迁"同义，动词变化运用，都是流放的意思。段玉裁以为作"极"。蔡沈《尚书》注："殛，则幽囚困苦之。"下文还有"以变东夷"，故"殛"不可理解为诛杀。羽山：在今山东省蓬莱市东南。⑦东夷：夷、蛮、戎、狄，都是古代对东南西北四方的部族或少数民族的称呼。

尧立七十年得舜；二十年而老，令舜摄行天子之政，荐之于天①。尧辟位凡二十八年而崩②。百姓悲哀，如丧父母。三年，四方莫举乐，以思尧③。尧知子丹朱之不肖，不足授天下，于是乃权授舜④。授舜，则天下得其利而丹朱病⑤；授丹朱，则天下病而丹朱得其利。尧曰："终不以天下之病而利一人。"而卒授舜以天下。尧崩，三年之丧毕，舜让辟丹朱于南河之南⑥。诸侯朝觐者不之丹朱而之舜，狱讼者不之丹朱而之舜，讴歌者不讴歌丹朱而讴歌舜。舜曰："天也！"夫而后之中国践天子位焉⑦，是为帝舜。

【注释】

①荐之于天：向上天推荐舜参看前"以观天命"注。②辟位：退位；退让帝位。辟，通"避"。③自"帝尧者，放勋"至此，多引自《尚书·尧典》与《尚书·舜典》。④不肖（xiào）：不相似，一般指子弟品行不好，不似父兄。此处指尧知丹朱不像自己，即不贤。⑤病：与利对举，指有害，困窘。⑥南河：此指黄河自潼关以下西东流向的一段。⑦中国：此指国都之中。舜都所在地，或说即尧都平阳，或说是蒲阪（今山西省永济市西）。

虞舜者，名曰重华①。重华父曰瞽叟②，瞽叟父曰桥牛，桥牛父曰句望，句望父曰敬康，敬康父曰穷蝉，穷蝉父曰帝颛顼，颛顼父曰昌意，以至舜七世矣。自从穷蝉以至帝舜，皆微为庶人。

【注释】

①虞：传说中的部落名，即有虞氏。舜：传说中父系氏族社会部落联盟的领

袖。重华：舜名。据说舜目为重瞳子，故号重华。②瞽叟：舜父名。瞽（gǔ）是眼瞎的意思，结合前文"盲者子"看，瞽叟是个瞎老头子，并非专名。

舜父瞽叟盲，而舜母死①。瞽叟更娶妻而生象，象傲。瞽叟爱后妻子，常欲杀舜，舜避逃；及有小过，则受罪。顺事父及后母与弟，日以笃谨，匪有解。

【注释】

①舜母：《帝王世纪》说舜母名握登，生舜于姚墟，因而舜姓姚。

舜，冀州之人也①。舜耕历山②，渔雷泽③，陶河滨④，作什器于寿丘⑤，就时于负夏⑥。舜父瞽叟顽，母嚚，弟象傲，皆欲杀舜。舜顺适不失子道，兄弟孝慈⑦。欲杀，不可得；即求，尝在侧⑧。

【注释】

①冀州：古九州之一。相当于今山西、河南北部、河北省大部及辽宁西部。②历山：山名。据《括地志》，即雷首山，在今山西省永济市东南。此外，山东、河南、河北、浙江、安徽、湖南都有历山，大都附会为舜耕作的遗址。③雷泽：一名雷水。古泽名。在今山西省永济市南。④陶：烧窑，代指陶器。⑤什器：饮食器皿。寿丘：在今山东省曲阜市东北。⑥就时：乘时。乘时逐利，即作生意。负夏：邑名。在今山东省兖州北。⑦兄弟孝慈：对弟弟尽兄长之道，对父母尽孝道。为两个动宾结构。⑧不可得：找不到机会。即：假如。侧：指身边。

舜年二十以孝闻。三十而帝尧问可用者，四岳咸荐虞舜，曰可。于是尧乃以二女妻舜以观其内，使九男与处以观其外。舜居妫汭，内行弥谨，尧二女不敢以贵骄事舜亲戚①，甚有妇道。尧九男皆益笃。舜耕历山，历山之人皆让畔②；渔雷泽，雷泽上人皆让居；陶河滨，河滨器皆不苦窳③。一年而所居成聚，二年成邑，三年成都④。尧乃赐舜绤衣与琴，为筑仓廪，予牛羊⑤。瞽叟尚复欲杀之，使舜上涂廪⑥，瞽叟从下纵火焚廪。舜乃以两笠自扞而下，去，得不死。后瞽叟又使舜穿井，舜穿井为匿空，旁出⑦；舜既入深，瞽叟与象共下土实井，舜从匿空出，去。瞽叟、象喜，以舜为已死。象曰："本谋者象。"象与其父母分，于是曰："舜妻尧二女与琴，象取之。牛羊、仓廪予父母。"象乃止舜宫居⑧，鼓其琴。舜往见之。象鄂不怿⑨，曰："我思舜正郁陶⑩。"舜曰："然，尔其庶矣⑪！"舜复事瞽叟爱弟弥谨。于是尧乃试舜五典、百官，皆治。

【注释】

①内行：家内的行为。弥：更加。亲戚：指父母及兄弟姊妹。②畔：田地的边界。③苦窳（yǔ）：粗劣。④聚：村落。邑、都：集镇、都市。《周礼》说："九夫为井，四井为邑，四邑为丘，四丘为甸，四甸为县，四县为都。"⑤绤（chī）：用葛纤维制成的细布。⑥涂：涂抹；修理。⑦匿空：在井壁上打的洞。旁出：从井壁旁通向外面。⑧止：留住。⑨鄂：通"愕"，惊讶。不怿：不高兴。这里有难为情的意思。⑩郁陶：忧愁痛苦。⑪尔其庶矣：你已经不错了（形容舜毫不介意）。庶：庶几；差不多。

昔高阳氏有才子八人，世得其利，谓之"八恺①"。高辛氏有才子八人，世谓之"八元②"。此十六族者③，世济其美，不陨其名④。至于尧，尧未能举。舜举八恺，使主后土⑤，以揆百事，莫不时序⑥。举八元，使布五教于四方，父义，母慈，兄友，弟恭，子孝；内平外成⑦。

【注释】

①高阳氏：指颛顼的后代。恺（kǎi）：和善。《左传·文公十八年》："昔高阳氏有才子八人：苍舒、隤（tuí）敳（ái）、梼戭（yǐn）、大临、尨（máng）降、庭坚、仲容、叔达，齐圣广渊，明允笃诚，天下之民谓之'八恺'。"②高辛氏：指帝喾的后代。元：善良。《左传·文公十八年》："高辛氏有才子八人：伯奋、仲堪、叔献、季仲、伯虎、仲熊、叔豹、季狸，忠肃共懿，宣慈惠和，天下之民谓之'八元'。"③十六族：指上述十六人的后代繁衍，形成十六个氏族。④世济其美：世世代代都能成就他们的美德。济：成就；保全。不陨其名：陨（yǔn），坠落。没有损伤过他们祖先的美好名声。⑤后土：掌管水土。⑥揆（kuí）：管理；计划安排。⑦内平：指诸侯各族（国内）团结安定。外成：指边境外族向往教化，归复华夏。

昔帝鸿氏有不才子①，掩义隐贼，好行凶慝②，天下谓之"浑沌"③。少皞氏有不才子④，毁信恶忠，崇饰恶言⑤，天下谓之"穷奇"⑥。颛顼氏有不才子，不可教训，不知话言⑦，天下谓之"梼杌"⑧。此三族世忧之。至于尧，尧未能去。缙云氏有不才子⑨，贪于饮食，冒于货贿⑩，天下谓之"饕餮"⑪。天下恶之，比之三凶。舜宾于四门⑫，乃流四凶族，迁于四裔⑬，以御螭魅⑭，于是四门辟，言毋凶人也⑮。

【注释】

①帝鸿氏：即黄帝族。②掩义隐贼：包庇奸邪。义，通"俄"（古同声），奸邪。俞樾云："义，犹贼也。"凶慝（tè）：凶暴、邪恶。③浑沌：不开化、野蛮无序的意思。④少皞（hào）氏：黄帝以后的一位帝王，又称金天氏。⑤毁信恶忠：毁坏信义，憎恶忠直。崇饰恶言：宣扬和粉饰各种恶言恶语。⑥穷奇：极其怪僻的意思。⑦话言：指善长言辞。⑧梼杌（táo wù）：顽凶无比的样子。⑨缙云氏：炎帝的后代。黄帝时任缙云（赤云）之官。⑩冒于货贿：贪恋财物。冒，贪。⑪饕餮（tāo tiè）：贪婪的样子。⑫舜宾于四门：舜在四门主持接待四方宾客。⑬裔：衣边。引申为边远的地方。⑭以御螭魅（chī mèi）：用以杜绝坏人坏事。含惩一儆百的意思。螭（魑）魅：传说为山林中害人的怪物，这里比喻坏人。⑮四门辟：四门畅通无阻。辟，开。毋：通"无"。

舜入于大麓①，烈风雷雨不迷，尧乃知舜之足授天下。尧老，使舜摄行天子政，巡狩。舜得举用事二十年，而尧使摄政。摄政八年而尧崩。三年丧毕，让丹朱，天下归舜。而禹、皋陶、契、后稷、伯夷、夔、龙、倕、益、彭祖，自尧时而皆举用，未有分职。于是舜乃至于文祖，谋于四岳，辟四门，明通四方耳目，命十二牧论帝德②：行厚德，远佞人，则蛮夷率服③。舜谓四岳曰："有能奋庸美尧之事者④，使居官相事。"皆曰："伯禹为司空⑤，可美帝功。"舜曰："嗟，然！禹，汝平水土，维是勉哉！"禹拜稽首⑥，让于稷、契与皋陶。舜曰："然，往矣！"舜曰："弃，黎民始饥，汝后稷播时百谷⑦。"舜曰："契，百姓不亲，五品不驯⑧，汝为司徒，而敬敷五教，在宽⑨。"舜曰："皋陶，蛮夷猾夏⑩，寇贼奸轨⑪，汝作士⑫。五刑有服，五服三就⑬；五流有度，五度三居⑭，维明能信⑮。"舜曰："谁能驯予工⑯？"皆曰垂可。于是以垂为共工⑰。舜曰："谁能驯予上下草木鸟兽⑱？"皆曰益可。于是以益为朕虞⑲。益拜稽首，让于诸臣朱虎、熊罴⑳。舜曰："往矣，汝谐㉑。"遂以朱虎、熊罴为佐。舜曰:"嗟!四岳,有能典朕三礼?"㉒皆曰伯夷可。舜曰:"嗟!伯夷,以汝为秩宗㉓。夙夜维敬㉔,直哉维静絜㉕。"伯夷让夔、龙。舜曰:"然。以夔为典乐㉖,教稚子,直而温,宽而栗,刚而无虐,简而无傲㉗;诗言意,歌长言㉘,声依永,律和声㉙,八音能谐,毋相夺伦,神人以和㉚。"夔曰:"於!予击石拊石,百兽率舞㉛。"舜曰:"龙,朕畏忌谗说殄伪㉜,振惊朕众。命汝为纳言㉝,夙夜出入朕命,惟信㉞。"舜曰:"嗟!女二十有二人敬哉㉟。惟时相天事㊱。"三岁一考功,三考绌陟㊲,远近众功咸兴。分北三苗㊳。

【注释】

①大麓:管理山林的官。分(fèn)职:名分,职务。②明通四方耳目:使自己对四方的事无所不明白,无所不知。十二牧:十二州的长官。论帝德:讨论帝王应有的德行。③厚:宽厚,仁慈。蛮夷:古代称南方民族为蛮,东方的为夷。这里泛指四方的部族。率服:相率归服。④奋:奋发。庸:用;执行天命。美:作动词用,有发扬光大的意思。⑤司空:掌平治水土的官。⑥稽(qǐ)首:叩头致敬。⑦弃:即前面说的"稷",又叫"后稷",事详《周本纪》。时:通"蒔"(shì),种植。后稷:掌管农事的官。⑧五品:即五伦,指君臣、父子、夫妇、兄弟、朋友等五种伦常关系。⑨司徒:掌管教化的官。敷:布,传播。在宽:注意宽和,即逐渐感化,不过激。⑩猾:扰乱,侵犯。⑪寇贼奸轨:指坏人作恶。抢东西叫寇;杀人叫贼。奸,在内作恶;轨,通"宄",在外作恶。⑫士:狱官(掌管刑法的官)之长。⑬服:服从,指判处五刑时轻重适中。孔安国《尚书注》:"服,从也。言得轻重之中正也。"或说,"服"指天子威德所及之地,即执行刑罚的地方。三就:往三处地方执行,大罪在郊野执行,次罪在市朝执行,公族人犯罪由向师氏(处置公族罪犯的机构)执行。⑭五流:五刑改为流放,仍分五等。即前文"流宥五刑"之意。度:指流放处所;《尚书》作"宅"。三居:三等流放区。大罪流放到四裔(四方边境)之外,次罪流放到九州之外,再次罪流放到国都之外。⑮维明能信:明白宣布罪行,便能使人信服。⑯工:百工,如金工、木工、石工、陶工等。⑰共工:管理百工的官名。⑱上:指高原山林。下:指低地川泽。⑲虞:管理山林川泽的官。"朕"字用第一人称口气。⑳朱虎、熊罴:人名。㉑谐:合适。㉒典:主管。三礼:祭天神、祭地祇(qí)、祭鬼的三种礼仪。㉓秩宗:主管祭祀的礼官。㉔夙夜:朝朝暮暮。㉕直:正直。静絜:公正而清明。㉖典乐:掌管音乐的官。㉗稚子:小孩子,特指贵族子弟。《尚书》作"胄(zhòu)子"。栗:通"慄",颤抖。这里指严格要求。㉘诗言意:诗表达思想感情。歌长言:歌是能唱的诗。长言即拖长节拍。㉙声依永:乐声要依照拖长了的歌词。永,长。律和声:用音律来使歌声协调。古代按乐声高低分为十二律吕。㉚谐:和谐。八音:指各种乐器发出的声音。包括:金(钟)、石(磬)、丝(琴瑟)、竹(箫)、匏(笙、竽)、土(埙 xūn,用陶制的乐器)、革(鼓)、木(柷敔 zhù yǔ,木制的乐器)。夺:侵夺;干扰。伦:伦理;次序。和:和乐;愉快。㉛拊(fǔ):拍打。百兽:各种兽类。率:相随;顺从。百兽率舞谓各种兽类顺着击磬的拍节跳起舞来。㉜谗说:伤害正直善良者的言论。殄(tiǎn)伪:灭绝道德的行为。伪:通"为",人的行为。㉝纳言:主管传令和收集意见的官。㉞出入:传出命令与收集意见;或侧重于"出",复词偏义。㉟二十有二人:指此次任命的禹、后稷、契、皋陶、垂、益、朱虎、熊罴、伯夷、夔、龙、彭祖等十人与十二牧。㊱天事:

指上天所要求的事，即治理天下的大事。㊲考功：考察功绩，评定优劣。三考绌陟：根据三次考察的优劣而贬降或提升。陟（zhì）：提升。㊳分北：北，通"背"。把三苗的人根据情况分开，有的留在原地，有的流放。

此二十二人咸成厥功①：皋陶为大理，平②，民各伏得其实③；伯夷主礼，上下咸让；倕主工师④，百工致功；益主虞，山泽辟；弃主稷，百谷时茂⑤；契主司徒，百姓亲和；龙主宾客，远人至，十二牧行而九州莫敢辟违；唯禹之功为大，披九山，通九泽，决九河，定九州，各以其职来贡，不失厥宜⑥。方五千里，至于荒服⑦。南抚交阯、北发⑧，西戎、析枝、渠廋、氐、羌⑨，北山戎、发、息慎⑩，东长、鸟夷⑪，四海之内咸戴帝舜之功。于是禹乃兴《九韶》之乐⑫，致异物，凤凰来翔⑬。天下明德皆自虞帝始。

【注释】

①厥：其，他的。②大理：主管刑法的官员。③伏：拜伏；臣服。④工师：官员，即共工。⑤稷：这里以稷借代农业。⑥"唯禹"等句：参看《夏本纪》有关各注。⑦荒服：指距王畿最荒远的地方。参看《夏本纪》注。⑧北发：地名。《索隐》认为当作北户。北户在今越南境内。⑨戎、析枝、渠廋（sōu）、氐（dī）、羌（qiāng）：皆西方部族名。⑩山戎、发、息、慎：皆北方部族名。⑪长、鸟夷：长夷、鸟夷，东方部族名，一说鸟夷指今日本。⑫《九韶（shào）》：乐曲名。⑬致异物：招致珍奇的动植物（凤凰即其中之一）。

舜年二十以孝闻，年三十尧举之，年五十摄行天子事，年五十八尧崩，年六十一代尧践帝位；践帝位三十九年，南巡狩，崩于苍梧之野①。葬于江南九疑②，是为零陵③。

【注释】

①苍梧：地区名。指今湖南省南部、广西壮族自治区东北部和广东省西北部一带。②九疑：山名。在今湖南省宁远县南。③零陵：古地名。在今湖南省宁远县南。

舜之践帝位，载天子旗，往朝父瞽叟，夔夔唯谨①，如子道。封弟象为诸侯②。舜子商均亦不肖，舜乃豫荐禹于天③。十七年而崩。三年丧毕，禹亦乃让舜子，如舜让尧子。诸侯归之，然后禹践天子位。尧子丹朱，舜子商均，皆有疆土，以奉先祀④。服其服，礼乐如之⑤。以客见天子；天子弗臣，示不敢专也⑥。

【注释】

①夔夔：顺从恭敬的样子。②封弟象为诸侯：据《帝王世纪》记载，"舜弟象封于有鼻。"③豫：通"预"，事先。④奉先祀：奉行祖先的祭祀。⑤服其服，礼乐如之：穿他们（唐或虞）自己的服饰，礼乐也同样用他们自己的。⑥弗臣：不把他们当臣下对待。

自黄帝至舜、禹，皆同姓①而异其国号②，以章明德③。故黄帝为有熊，帝颛顼为高阳，帝喾为高辛，帝尧为陶唐，帝舜为有虞。帝禹为夏后而别氏，姓姒氏④。契为商，姓子氏。弃为周，姓姬氏⑤。

【注释】

①同姓：同出一姓，都是少典的后裔。②国号：指封为诸侯（独立成另一部族）时各有不同名号。③章：光明。明德：光明的德行。④夏后：禹的国号。⑤契为商：

契的国号是商。其后代子孙灭夏后建立商朝。弃为周：弃（后稷）的国号是周。其后代子孙灭商后建立周朝。

太史公①曰：学者多称五帝，尚矣②。然《尚书》独载尧以来③；而百家言黄帝，其文不雅驯，荐绅先生难言之④。孔子所传《宰予问五帝德》及《帝系姓》⑤，儒者或不传⑥。余尝西至空峒，北过涿鹿，东渐于海，南浮江淮矣⑦；至，长老皆各往往称黄帝、尧、舜之处，风教固殊焉⑧。总之，不离古文者近是⑨。予观《春秋》《国语》⑩，其发明《五帝德》《帝系姓》章矣⑪，顾弟弗深考⑫，其所表见皆不虚⑬。《书》缺有间矣⑭，其轶乃时时见于他说⑮。非好学深思，心知其意，固难为浅见寡闻道也。余并论次，择其言尤雅者，故著为本纪书首⑯。

【注释】

①太史公：《史记》一百三十篇，每篇后面都有"太史公曰"加以评论，表明作者对有关历史人物与历史事件的看法。②尚：通"上"。久远。③《尚书》：我国最古老的史书，是儒家经典之一，保存了商、周时代的很多重要史料和远古传说。④百家：指儒家以外的各家。雅驯：典雅合理。荐绅：同"缙绅"，指士大夫，此处指有学问的人。⑤《宰予问五帝德》《帝系姓》：即《五帝德》、《帝系姓》：皆《大戴礼记》及《孔子家语》中的篇名。《史记》关于尧以前的记述主要采自这两篇。⑥儒者或不传：《大戴礼记》不是正式儒家经典，因此汉儒一般不传授学习。⑦"余尝"等句：司马迁二十岁以后曾漫游全国各地，此处提到的空桐、涿鹿，都是古地名。⑧风教固殊：遗留在各地的风俗习惯，有显著差异。⑨古文：指古文《尚书》《春秋》《国语》等书。⑩《春秋》：儒家经典之一，是春秋时代的编年史。《国语》：春秋时期的一部国别史。⑪发明：发挥和阐明。章：明显。⑫顾弟：但是。"弟"，一般写作"第"。⑬其所表见：它们（指《春秋》等）的记述。虚：虚妄。⑭《书》缺有间（jiàn）：古文《尚书》缺亡，留下很多空白。一说"有间"指时间很久。⑮轶（yì）：散失。这里指《尚书》未记述的史料。时时：往往。他说：其他学说。⑯论次：研究编排。书首：写在前面。作为全书的第一篇。

夏本纪第二

夏禹①，名曰文命。禹之父曰鲧②，鲧之父曰帝颛顼，颛顼之父曰昌意，昌意之父曰黄帝。禹者，黄帝之玄孙而帝颛顼之孙也。禹之曾大父昌意及父鲧皆不得在帝位，为人臣。

【注释】

①夏：禹所封的国号。《帝王世纪》说："禹受封为夏伯，在豫州外方之南，今河南阳翟是也。"阳翟，今禹县。②鲧（gǔn）：禹父。《帝王世纪》说："帝

颛顼之子，字熙。"

当帝尧之时，鸿水滔天，浩浩怀山襄陵，下民其忧①。尧求能治水者，群臣四岳皆曰："鲧可。"尧曰："鲧为人负命毁族，不可。"四岳曰："等之②，未有贤于鲧者，愿帝试之。"于是尧听四岳，用鲧治水。九年而水不息，功用不成。于是帝尧乃求人③，更得舜。舜登用，摄行天子之政④。巡狩，行视鲧之治水无状，乃殛鲧于羽山以死⑤。天下皆以舜之诛为是⑥。于是舜举鲧子禹，而使续鲧之业。

【注释】

①鸿：大。与"洪"为同源字。其：通"綦"，非常的意思。②等之：比较起来。贤：好，强。③乃：才。求人：寻求继承天下事业的人。④登用：提拔，重用。⑤殛：杀戮。以死，而死。⑥诛：责难，处罚。

禹为人敏给克勤①，其德不违②，其仁可亲，其言可信；声为律，身为度③，称以出④，亹亹穆穆⑤，为纲为纪⑥。

【注释】

①敏：聪明机灵。给：精力充沛；说话机警。克：能干。②其德不违：不违背道德。③声为律：说话语音和悦，等于音律。身为度：举止规矩，等于尺度。指禹的言行都可为人榜样。④称以出：权衡再三才行动。指禹办事谨慎。⑤亹亹（wěi）：勤勉不倦的样子。穆穆：庄严肃静的样子。⑥纲纪：纲，网的总绳。纪，丝束的头绪。用以比喻为人的规范。

禹乃遂与益、后稷奉帝命，命诸侯百姓兴人徒以傅土①，行山表木，定高山大川②。禹伤先人父鲧功之不成受诛③，乃劳身焦思，居外十三年，过家门不敢入。薄衣食，致孝于鬼神④；卑宫室，致费于沟淢⑤。陆行乘车，水行乘船，泥行乘橇⑥，山行乘檋⑦。左准绳，右规矩⑧，载四时⑨，以开九州⑩，通九道⑪，陂九泽⑫，度九山⑬，令益予众庶稻，可种卑湿。命后稷予众庶难得之食。食少，调有余相给，以均诸侯⑭。禹乃行，相地宜所有以贡，及山川之便利⑮。

【注释】

①兴人徒：调动服劳役的百姓。②行山表木：指爬山实地勘察，立木作标记。定高山大川：标定高山大河的位置。或说，规定山河的名称；又旧说，规定对不同山河的祭祀等级。③父鲧：《史记会注考证》引张文虎说："父鲧疑衍。"④薄衣食：节省自己的衣食。⑤卑宫室：使自己住房简陋。致费于沟淢（yù）：把财物用在疏浚水道方面。⑥橇（qiāo）：古代在泥淖地带行走的一种泥船。⑦檋（jú）：特制的爬山鞋。底下钉有锥形器物，以防滑倒，相当后世的钉鞋、木屐。⑧左：用作动词，指用左手拿着。准绳：定平直的绳索。右：右手拿着。规：圆规。矩：方尺。⑨载四时：携带测量四季的仪器。或曰，指不违时宜。⑩九州：即下文提到的冀、兖、青、徐、豫、荆、扬、雍、梁。⑪九道：指九州的河道，与后文"九川"同义。⑫陂（bēi）：堤岸。用如动词，修筑河岸。九泽：九个大湖泊，指大陆、雷夏、大野、彭蠡、震泽、云梦、荥泽、菏泽、孟诸。⑬九山：九州的大山，或说指岍山、壶口、底柱、太行、西倾、嶓冢、内方、岐山、熊耳。⑭调有余相给：调配有余地区的物产供给不足的地区。均诸侯：使诸侯各国的粮食相互平衡。⑮相地宜所有以贡：审察土地所应有的出产，作为向中央的贡品。

禹行自冀州始①。冀州：既载壶口②，治梁及岐③。既修太原④，至于岳阳⑤。

覃怀致功⑥，至于衡漳⑦。其土白壤⑧。赋上上错，田中中⑨。常、卫既从⑩，大陆既为⑪。鸟夷皮服⑫。夹右碣石，入于海⑬。

【注释】

①冀州：古九州之一。管辖今山西省及河北大部、河南北部、辽宁西部等地。传说当时国都在冀州，所以治水定赋都从冀州开始。②既：表示工作完结的副词。载：开始。既载，有刚完毕的意思。壶口：山名。在今山西省吉县西南。③梁：梁山。在今陕西省韩城市东南。岐：岐山。在今陕西省岐山县东北。此二山属雍州，但治水必溯源治山，故越州界。④修：修筑。太原：高而平的大原野，指今太原地区的大片高原。⑤岳：即今山西省太岳山。⑥覃（tán）怀：古邑名。在今河南省武陟县西南。致功：治理完毕，收到成效。⑦衡漳：即漳河。因为它横流入黄河，故名衡（横）漳；或说，衡漳指浊漳水，是漳河的支流。⑧土：土质。白壤：白色而细柔松软的土地。汉孔安国注："土无块曰壤。"⑨赋上上错：田赋占全国第一等，杂有第二等。田中中：田的等级为全国第五等。⑩常：常水，即恒水，源出恒山（今河北曲阳西北）。卫：古卫水。源出今河北省灵寿县，东入滹沱河。从：顺从，顺流而下（指疏通好了）。⑪大陆：泽名。在今河北省隆尧、巨鹿、任县三县之间。⑫鸟夷：冀州东北部的一种部族，当时以狩猎为生。皮服：兽皮衣服。指鸟夷用皮服作为贡品。⑬碣石：山名。在今河北省昌黎县北。

济、河维沇州①：九河既道②，雷夏既泽③，雍沮会同④，桑土既蚕，于是民得下丘居土⑤。其土黑坟，草繇木条⑥。田中下⑦，赋贞，作十有三年乃同⑧。其贡漆丝，其筐织文⑨。浮于济、漯⑩，通于河。

【注释】

①济、河维沇州：济水、黄河之间是沇州。沇通"兖"（yǎn）。兖州在今山东省西北部与河北省南部，地域很小。维，具有判断作用的语气词。济，济水，又名沇水，发源于今河南省济源王屋山，东流入海，古为四渎之一。现在下游已为黄河所夺。②九河：指黄河下游兖州境内的九条河道（徒骇、太史、马颊、覆釜、胡苏、简、絜、钩盘、鬲津）。③雷夏既泽：雷夏正修筑堤防，成为蓄水湖泊。雷夏泽，即雷泽。注见《五帝本纪》。④雍沮（jù）：二水名。均在今山东菏泽市境，旧道已湮没。⑤得：能。下丘居土：从山冈上搬到平地居住。⑥坟：肥厚。繇（yáo）：茂盛。条：长大。⑦田中下：第六等田。⑧贞：很恰当。作十有三年乃同：禹治水十三年，到最后一年才治好兖州，与其他州相同。⑨筐（fěi）：盛物的圆形竹器。⑩浮：乘船。漯（tà）：黄河下游主要支流之一。故道在今河南省范县、山东省莘县、聊城、茬平，经禹城流入徒骇河。

海、岱维青州①：嵎夷既略②，潍、淄既道③。其土白坟，海滨广潟④，厥田斥卤⑤。田上下，赋中上⑥。厥贡盐、绨，海物维错⑦，岱畎丝、枲、铅、松、怪石⑧；莱夷为牧⑨；其筐檿丝⑩。浮于汶，通于济⑪。

【注释】

①海、岱维青州：大海与泰山之间是青州。在今山东省东部。岱（dài）：泰山古名岱宗。②嵎（yú）夷：地名。在今辽宁省境。③潍：潍水。源出今山东省莒县，东北流至昌邑县入渤海。淄：淄水。源出今山东省莱芜市往东北流入小清河出渤海。④广潟（xì）：宽广而含盐质。潟：盐碱地。⑤斥卤（lǔ）：盐碱地。

⑥田上下：田第三等。赋中上：赋第四位。⑦绤（chī）：细葛布。⑧畎（quǎn）：山谷。枲（xǐ）：大麻。铅：古时尚不能出产铅矿。这里的"铅"可能指一种可作颜料的矿石。⑨莱：地名。在今山东省黄县。为牧：作牧场。用牧产作贡品。⑩畲（yǎn）丝：即柞蚕丝。⑪浮于汶（wèn），通于济：从汶水船运，通到济水，再运往京城。汶：汶水，济水的支流。

海岱及潍维徐州①：淮、沂其治②，蒙、羽其艺③。大野既都④，东原底平⑤。其土赤埴坟⑥，草木渐包⑦。其田上中，赋中中⑧。贡维土五色⑨，羽畎夏狄⑩，峄阳孤桐⑪，泗滨浮磬⑫，淮夷蠙珠暨鱼⑬，其篚玄纤缟⑭。浮于淮、泗，通于河⑮。

【注释】

①海岱及淮维徐州：大海、泰山与淮水之间是徐州。徐州辖今山东省南部、江苏省和安徽省的北部。②淮：淮河，源出河南省桐柏山，经安徽而入洪泽湖，下游经江苏淮阴等地入黄海。为古代四渎之一。沂（yí）水名。源出山东省沂水县，经江苏省邳县入泗水。③蒙：山名。在今山东省中部蒙阴县南。羽：山名。即舜流放鲧的地方。④大野：泽名，即钜野泽。在今山东省巨野县北。都：通"潴"（zhū）。水停蓄的地方叫潴。⑤东原：地名。在今山东东平县、泰安县一带。底（zhǐ）：致。致平，即得到了平复。⑥埴（zhí）：黏性土。⑦包：茂盛的样子。⑧田上中：第二等田。赋中中：赋第五位。⑨土五色：即青、赤、白、黑、黄五色土，供天子筑大社之用。大社是祭祀大地之神的社坛。⑩夏狄：彩色的野鸡。⑪峄（yì）：山名。又名邹山或邹峄山。在今山东省邹县东南。据说，峄山南面多桐树，独生桐是作琴瑟的材料。⑫泗：水名。源出于山东省泗水县，西流经曲阜，南至济宁入运河，经邹、滕入江苏境，经宿迁、泗阳，至淮阴（今淮安市淮阴区）入淮。⑬淮夷：淮水边夷族聚居地。蠙（pín）：珠母，产珍珠的蚌类。暨（jì）：古"暨"字，意为"及"。⑭玄：黑色。纤：细。缟（gǎo）：白（丝绸）。⑮通于河：《禹贡》作"达于河"。荷，指菏泽。

淮海维扬州①：彭蠡既都②，阳鸟所居③。三江既入④，震泽致定⑤。竹箭既布⑥。其草惟夭，其木惟乔。其土涂泥⑦，田下下，赋下上、上杂⑧。贡金三品⑨，瑶、琨、竹箭⑩，齿、革、羽、旄⑪，岛夷卉服⑫，其篚织贝⑬，其包橘柚锡贡⑭。均江海，通淮泗⑮。

【注释】

①淮、海维扬州：淮河以南，大海以西的一大片地区是扬州。扬州包括今江苏省长江南北地区、浙江省北部、江西省和安徽省的东部。②彭蠡（lǐ）：今江西鄱阳湖古名。③阳鸟：指大雁。④三江：众多水道的总称。汉以来旧注多认为指三条江水。⑤震泽：今江苏太湖古名。⑥竹箭：即箭竹。竹质坚韧，可以制箭。布：普遍生长。⑦涂泥：土质湿润。⑧田下下：第九等田。赋下上、上杂：赋第七位，有时第六位。上杂：说"错"指下一位，说"上杂"指上一位。⑨金三品：旧说指三种金属。一说指金、银、铜；一说指青铜、白铜、赤铜。⑩瑶：美玉。琨：像玉的宝石。⑪齿：象牙。革：兽皮。旄（máo）：旄牛尾，作旌旗上的装饰。⑫岛夷：海岛上的夷民。⑬织贝：像贝壳一样的五色丝织品。⑭其包橘柚锡贡：有时根据命令进贡包着的橘子和柚子。锡贡：指有命令就进贡（无命令则不贡）。⑮均江海，通淮、泗：指贡赋沿江或沿海北到淮河、泗水，再运往京城。

荆及衡阳维荆州①：江、汉朝宗于海②，九江甚中③。沱、涔已道④，云梦土、为治⑤。其土涂泥。田下中，赋上下⑥。贡羽、旄、齿、革，金三品，杶、榦、栝、柏⑦，砺、砥、砮、丹⑧，维箘簬、楛⑨，三国致贡其名⑩，包匦菁茅⑪，其篚玄纁玑组⑫，九江入赐大龟⑬。浮于江、沱、涔、于汉，逾于雒⑭，至于南河⑮。

【注释】

①荆及衡阳维荆州：北起荆山，南到衡山之南的地区是荆州。有今湖北、湖南两省及江西、安徽两省的西部。衡：山名。在今湖南省衡山县，五岳之一。②朝宗于海：把海当作宗主朝见；又《周礼·春官·大宗伯》："春见曰朝，夏见曰宗。"朝宗同义，即朝见。奔腾入海的意思。③九江甚中：指长江流到荆州后，共有九条支流，它们恰好处于长江中游。④沱：此指今湖北省江陵县的夏水，为长江支流。涔（cén）：涔水，源出汉中，为汉水支流。一作"潜"，又名龙门水。⑤云梦土：二泽名，即江北的云泽和江南的梦泽。"土"字无义，或曰云泽名云土泽。因二泽相近，又会称云梦泽。今湘鄂两省间的一大片湖泊群，即其遗迹。⑥田下中：第八等田。赋上下：赋第三位。⑦杶（chūn）：木名。即椿树，字或作"櫄"。榦（gàn）：即柘树。木质坚韧细密，可作弓。栝（guá，又音kuò）：即桧树。树叶似柏，树干似松，木质坚硬。⑧砺（lì）、砥（dǐ）：皆磨刀石，质地粗糙的称砺，细柔的称砥。砮（nǔ）：一种可作箭镞的石头。丹：丹砂。⑨箘簬（jùn lù）：竹名。质坚硬，可作箭杆。或以为是两种竹子。簬，一作"簵"。楛（hù）：木名。荆类，可作箭杆。⑩三国：指荆州的三个诸侯国。⑪包匦（guǐ）菁（jīng）茅：包裹着的菁茅。用绳缠绕叫匦。菁茅是一种有刺的茅草，宗庙祭祀时用以滤酒。⑫玄纁：黑色或浅绛色的绸布，垫在竹筐中承放珍珠，或说本身便是贡品。玑（jī）组：成串的珍珠；或说是珍珠装饰的组绶（拴玉和官印的绶带）。⑬入赐：根据命令交纳的贡品。（不常用，无命令则不纳贡）。⑭逾（yú）于雒：指顺长江、汉水向北运，再经陆路，进入洛水。逾，由水运转为陆运，再由水运为逾。雒：即"洛"，洛水。⑮南河：黄河自潼关以东在河南境内的一段。

荆、河惟豫州①：伊、雒、瀍、涧，既入于河②，荥播既都③，道菏泽④，被明都⑤。其土壤，下土坟垆⑥。田中上，赋杂上中⑦。贡漆、丝、绤、纻，其篚纤絮⑧。锡贡磬错⑨。浮于雒，达于河。

【注释】

①荆、河惟豫州：荆山以北、黄河以南的地区是豫州。②伊：伊河，洛水支流，发源于今河南省卢氏县熊耳山，至偃师流入洛水。雒：同"洛"。洛水，黄河支流，发源于陕西省洛南县西北冢岭山，至河南巩县入黄河。瀍（chán）、涧：二河名。都是洛水支流。瀍水源出于河南省洛阳市西北之芒山；涧水源出于河南省渑池县。③荥播（xíng bō）：泽名，即古荥泽。已淤塞。故址在今河南荥阳市。④菏泽：泽名。今已湮塞。⑤明都：即孟猪泽（明都、孟猪，古音相同）。故址在今河南省商丘市东北。被：及。指治好菏泽后又治理到孟猪泽。⑥下土：低洼地。垆：黑色。⑦田中上：第四等田。赋杂上中：赋为第二位，杂出第一位。⑧纤絮：细丝绵。⑨锡贡磬错：按命令则进贡磨磬的错石（错是磨玉的石头）。

华阳、黑水惟梁州①：汶、嶓既蓺②，沱、涔既道③，蔡、蒙旅平④，和夷底绩⑤。其土青骊⑥。田下上，赋下中三错⑦。贡璆、铁、银、镂、砮、磬⑧，熊、罴、狐、狸、织皮⑨。西倾因桓是来⑩；浮于潜，逾于沔，入于渭，乱于河⑪。

【注释】

①华阳、黑水惟梁州：东至华山之南，西至黑水之滨的地区是梁州。大致辖今四川省全境及陕西、甘肃两省南部。华：华山。在今陕西华阴市。五岳之一。②汶（mín）：又作“岷”“嶓”。即岷山。嶓（bō）：嶓冢山。在甘肃省天水市与礼县之间，为西汉水发源地。蓺（yì）：种植。③沱：沱江，长江支流，在泸州市入长江。涔（cén）：涔水，汉水支流。④蔡：山名。在今四川省雅安县东。蒙：山名。在今四川省雅安、名山、芦山三县交界处。旅：皆，都。⑤和夷：地名。指大渡河一带的土著部族聚居地。⑥骊：黑色。⑦田下上：第七等田。赋下中三错：赋第八位，杂出第七位、第九位。⑧璆（qiú）：美玉。镂（lòu）：钢。⑨织皮：指毛毡。⑩西倾：山名。在今甘肃西南、青海东南两省交界处。桓：桓水，即今白龙江。⑪潜：潜水。嘉陵江的北源。沔（miǎn）：沔水，一名沮水，源出陕西，汉水上游。乱：横渡。这几句指梁州所有贡物，都从潜水北运，翻过一段陆地进入沔水，再进入渭水，西渡黄河进入国都。

黑水、西河惟雍州①：弱水既西②，泾属渭汭③。漆、沮既从④，沣水所同⑤。荆、岐已旅⑥，终南、敦物至于鸟鼠⑦。原隰底绩⑧，至于都野⑨。三危既度，三苗大序⑩。其土黄壤。田上上，赋中下⑪。贡璆、琳、琅玕⑫。浮于积石⑬，至于龙门西河⑭，会于渭汭⑮；织皮昆仑、析支、渠搜⑯，西戎即序⑰。

【注释】

①黑水、西河惟雍州：黑水以东，西河以西的地区是雍州，相当今陕西、甘肃两省的大部分及青海部分地区。黑水：详下文“道九川”注。西河：指山西、陕西两省间的一段黄河，在冀州西面，故名西河，是冀、雍两州的界河。②弱水：又名张掖河。往西北流入沙漠中的居延泽（即今甘肃省北部边境的苏古诺尔湖与嘎顺诺尔湖）。③泾属渭汭：泾水自此流入渭水。泾水：发源于宁夏固原县南，东南流至陕西高陵县入渭水。渭：渭水。源出甘肃渭源县鸟鼠山，往东至陕西潼关流入黄河。④漆、沮：二水名。都是渭水支流，在陕西省耀县合流之后称石川河，再南流入渭水。⑤沣（fēng）水：源出陕西户县东南终南山，北流入渭水。今河道已湮没。⑥荆：荆渠山，在今陕西富平县（非荆州的荆山）。岐：岐山。旅：祭祀名。《尚书正义》：“洪水时祭祀礼废；已旅祭，言理水功毕也。”有人认为“旅”有开导、疏通之意。⑦终南：山名。在今陕西西安市南。敦物：山名。在今陕西武功县境。一称垂山，又称武功山。鸟鼠：山名。在甘肃渭源县，是渭水发源地。⑧原：高地。隰（xí）：低洼地。⑨都野：泽名。又称猪野泽，今称鱼海子，在甘肃民勤县境《括地志》：“都野泽在蚭州姑臧县东北二百八十里。”⑩三危：山名。在甘肃岷山西南，黑水流经其下。或说今甘肃省敦煌市的三危山，即古三危山。⑪田上上：第一等田。赋中下，赋第六等。⑫琳：玉名。琅玕（láng gān）：像珠子一样的宝石。⑬浮于积石：由积石山船运。⑭龙门：即今禹门口。在今山西省河津市与陕西韩城市间之黄河边。⑮会于渭汭：指从龙门沿河南下，达到渭水入黄河处（即潼关）。⑯昆仑、析支、渠搜：三个西戎部落名。⑰戎：对西方部族的总称。序：安定和睦。

道九山①：汧及岐至于荆山，逾于河②；壶口、雷首至于太岳③；砥柱、析城至于王屋④；太行、常山至于碣石，入于海⑤；西倾、朱圉、鸟鼠至于太华⑥；熊耳、外方、桐柏至于负尾⑦；道嶓冢，至于荆山⑧；内方至于大别⑨；汶山之阳至衡山，过九江，至于敷浅原⑩。

【注释】

①道九山：开通九条山脉。②汧（qiān）：山名。在今陕西陇县西南。荆山：指在今陕西省富平县的荆山。逾于河：指岍山、岐山、荆山这几条山脉由西向东（与渭河平行），其余脉越过黄河。③壶口：山名。在今山西省吉县西。雷首：山名。在今山西永济市。④砥柱：山名。在今河南省陕县与山西省平陆县之间的黄河三门峡中。析城：山名。在今山西省阳城县境。王屋：山名。在今山西省阳城、垣曲两县间，其山三重，其状如屋。⑤太行：山名。是今山西、河北两省交界的山脉；主峰在山西晋城。常山：即恒山（北岳），在今河北曲阳县西北。明人乃定今山西省浑源县之玄岳为恒山。⑥朱围（yǔ）：山名。在今甘肃省甘谷县西南。⑦熊耳：山名。在今河南卢氏县境。外方：即嵩山，在今河南省登封市北；其东山叫太室山，西山叫少室山，统名嵩高山。桐柏：山名。在今河南省桐柏县北。负尾：山名。又名陪尾，在今湖北省安陆市。⑧道嶓冢，至于荆山：由嶓冢到荆山。这条山脉沿汉水上游南下。⑨内方：山名。在今湖北省钟祥市境。大别：山名。在今湖北省汉阳东北。或说即龟山。《禹贡》说汉水至大别山流入长江，可见这里的大别山，不是指鄂豫皖交界处的大别山脉。⑩敷浅原：即今江西庐山。

道九川①：弱水至于合黎②，余波入于流沙③；道黑水，至于三危，入于南海④；道河积石⑤，至于龙门，南至华阴⑥，东至砥柱，又东至于盟津⑦，东过雒汭⑧，至于大邳⑨，北过降水⑩，至于大陆⑪，北播为九河⑫，同为逆河⑬，入于海⑭；嶓冢道漾⑮，东流为汉，又东为苍浪之水⑯，过三澨⑰，入于大别，南入于江⑱，东汇泽为彭蠡⑲，东为北江，入于海⑳；汶山道江㉑，东别为沱㉒，又东至于醴㉓，过九江，至于东陵㉔，东迤北会于汇㉕，东为中江，入于海；道沇水㉖，东为济，入于河，泆为荥㉗，东出陶丘北㉘，又东至于荷，又东北会于汶㉙，又东北入于海㉚；道淮自桐柏㉛，东会于泗、沂，东入于海；道渭自鸟鼠同穴㉜，东会于沣，又东北至于泾，东过漆、沮，入于河；道雒自熊耳㉝，东北会于涧、瀍，又东会于伊，东北入于河。

【注释】

①道：疏导。九川：指九条水系，包括弱水、黑水、黄河、漾水（汉水）、长江、沇水（济水）、淮水、渭水、洛水。②弱水：张掖河，往北流入流沙泽。合黎：山名。在今甘肃省张掖、酒泉诸地北，与南部之祁连山相对。山侧有合黎河，即弱水的上游。③流沙：此处指流沙泽（居延海）。余波：进入沙漠地带后的弱水，水量减少，水势减弱，故称余波。④黑水：《尚书·禹贡》与《史记·夏本纪》，在"梁州""雍州""道九川"三处提到黑水。有人认为三处的黑水是三条不同的河流。⑤河：黄河。积石：小积石山在今甘肃临夏西北。此指大积石山，在今青海南境，古人认为它是黄河发源地。⑥华阴：华山北边。⑦盟津：即孟津，即今河南孟津县东，洛阳市东北黄河边。⑧雒汭：雒即洛水。雒汭，洛水入黄河处。⑨大邳（pī）：山名。在今河南省浚县东南。⑩降水：即今漳水，在今河北省南部。⑪大陆：泽名，又名巨鹿、广阿、大麓。在今河北省平乡、巨鹿、任县之间。当时黄河流经那里。⑫播为九河：分为九条河道（支流）。⑬同为逆河：同，合流。逆河，河流分而复合。指九条河道至下流沧州附近又合成一条河。⑭入于海：古黄河在今河北省碣石山入渤海。⑮漾（yàng）：水名，或写作"漾"。源出今陕

西省宁强县嶓冢山，为汉水之源；东北流经沔县，合沔水；又东经褒城、南郑称汉水。⑯苍浪之水：汉水在均州境内的一段，称苍（沧）浪水。《汉水记》："武当县西四十里汉水中有洲，名沧浪洲也。"⑰三澨（shì）：水名。在今湖北省汉川市入汉水。⑱南入于江：汉水向南流，在汉阳、武昌间流入长江。⑲东汇泽为彭蠡：汉水入长江后，古人还把它当作独立的一股水流，认为鄱阳湖是长江和汉水汇成的。⑳东为北江，入于海：长江东流入海处，分为两道，主河道称中江；北边的支流称为北江。古人认为北江主要来自汉水，中江来自长江，此二水皆入于海，故有"江汉朝宗于海"的说法。㉑汶（mín）山道江：自汶山开始疏导长江。古人认为岷江是长江上游，今甘肃、四川交界处的岷山（汶山）则是长江的发源地。汶，通"岷"。所以导江自汶山开始。㉒沱：水名。由北向南流至四川省泸州市进入长江。㉓醴：当指今湖南境内的澧水。㉔东陵，地名。即巴陵（岳阳古称）；或以为在今湖北省广济县与黄海县之间。㉕东迤北：向东去并斜着往北。汇：作名词用，指所汇合成的彭蠡泽。㉖沇（yǎn）：水名。别称济水。源出山西王屋山。济水古与长江、黄河、淮河并称四渎，为天下大川。它的故道在巩具与黄河交叉，穿过黄河南下，汇聚成荣泽，再往东流。后来，黄河改道，济水下流为黄河所夺。㉗泆为荥：泆，通"溢"。济水潜为荥泽后，又溢出东流至定陶，最后入于海。㉘陶丘：在今山东省定陶县西南。㉙汶（wèn）：汶水，当时是济水支流。㉚入于海：在古代，济水本与黄河并行入海，济水、黄河之间的平原地区便是兖州。㉛道淮自桐柏：疏导淮河，从桐柏山开始。（桐柏山为淮河发源地）。淮，淮河，古为四渎之一，本是独立入海的；后因黄河改道，夺其下流，使淮河淤塞，不能入海。㉜鸟鼠同穴：即鸟鼠山，是渭水发源处。传说该山鸟鼠同穴而处，故名。㉝道雒自熊耳：从熊耳山开始流导洛水。古代不知洛水发源于今陕西省洛南县西，而认为它发源于熊耳山。雒，司"洛"。

于是九州攸同①，四奥既居②，九山刊旅③，九川涤原④，九泽既陂⑤。四海会同⑥，六府甚修⑦。众土交正⑧，致慎财赋⑨；咸则三壤⑩，成赋中国⑪。

【注释】

①同：同一。指经济、教化都统一了。攸：既，已。②奥：指边远地区。③刊旅：开发治理。④涤原：疏通水源，再无堵塞之患。原，同"源"。⑤陂：堤防。作动词用，修好河堤。⑥四海：指四海之内。古人以为中国四周都是海，故四海之内代表全国。会同：归服统一。⑦六府：指各种生产生活资料，包括金、木、水、火、土、谷。⑧众土：各处土地。交正：根据多种条件订正它们的等级。⑨致慎：即慎致。恭敬地移交。⑩咸则三壤：都以三等土壤为标准。三壤：指土地的上、中、下三种等级（细分为九等）。⑪成赋中国：完成赋税，运往国都之中。中国：国都之中。尧的国都在平阳（今山西省临汾市，位于平水北岸，故名）。按，此二句，或标点为"咸则三壤成赋。中国赐土姓……"

赐土姓①："祗台德先，不距朕行。"②令天子之国以外五百里甸服③：百里赋纳总④，二百里纳铚⑤，三百里纳秸服⑥，四百里粟，五百里米⑦。甸服外五百里侯服⑧：百里采⑨，二百里任国⑩，三百里诸侯⑪。侯服外五百里绥服⑫：三百里揆文教⑬，二百里奋武卫⑭。绥服外五百里要服⑮：三百里夷⑯，二百里蔡⑰。要服外五百里荒服⑱：三百里蛮⑲，二百里流⑳。

【注释】

①赐土姓：指封置诸侯，赐给土地和姓氏（古代往往以官为姓氏）。《左传·隐公八年》："天子建德，因生以赐姓，胙之土而命之氏。"②祗台德先，不距朕行：这是两句告诫百官诸侯的话，要他们态度恭敬和悦，把德行摆在首位，不要违背命令。朕：我，大禹自称。行：行为，指大禹已经实行的各项措施。下文所记便是禹的具体措施。③天子之国：指国都。甸（diàn）服：指国都郊外的地方。④百里：距国都百里以内的地区。纳总：缴纳禾稿，供饲马用，或曰缴纳带着稿秆与穗的整个谷物。总：總之误字。禾稿。⑤铚（zhì）：短镰刀。⑥秸（jiē）：指带稃的谷。⑦粟：粗米。米：精米。这两句都承上省略了谓语"纳"。⑧侯服：甸服外周围五百里的地区。那里的诸侯，必须为天子尽斥候（侦察）警戒的职责。侯，通"候"。⑨百里：指侯服中贴近甸服周围百里以内的地区。采：采邑，给天子办事的卿大夫的封地。⑩二百里：距甸服百里以外，二百里以内的地区。任国：给天子服役的小国。⑪三百里：指距甸服二百里以外至五百里以内的地区。诸侯：指强大的诸侯国。他们负责斥候警戒，抵御外侮。⑫绥服：侯服外周围五百里的地区。绥：安定，指服从中央。⑬三百里：指绥服中靠近侯服周围三百里以内的地区。揆（kuí）文教：根据情况，实行中央的政令教化。揆，揣度意思。⑭二百里：指绥服中三百里以外至五百里以内的地区。奋武卫：振奋武力保卫国土。绥服以外，已经不是当时华夏族的住地，所以绥服周围便是边疆。⑮要（yāo）服：绥服以外周围五百里的地区。"要"有约束的意思。⑯夷：夷族。古代称东方的少数民族为夷。⑰蔡（cài）：法。指遵守王法。⑱荒服：要服以外的荒远地区。荒，辽远。⑲蛮：蛮族。古代指南方的少数民族为蛮。这里泛指与华夏族关系较疏远的落后民族。蛮、夷相比，夷比较开化、亲近。⑳流：指游牧无定居。

东渐于海①，西被于流沙②，朔、南暨声教，讫于四海③。于是，帝锡禹玄圭④，以告成功于天下⑤。天下于是太平治⑥。

【注释】

①渐：濒临的意思。②被：覆盖；包括。流沙：指流沙泽。③朔、南暨声教：北方、南方都受到了声威与教化，服从中央。④帝：或说指帝尧，禹治水成功时，舜摄政而尧仍然在世。但据《五帝本纪》推算，应为帝舜。⑤以告成功于天下：《史记会注考证》引张照说："下字当衍。"⑥太平治：《群书治要》"太"作"大"。

皋陶作士以理民①。帝舜朝，禹、伯夷、皋陶相与语帝前。皋陶述其谋曰："信其道德，谋明辅和②。"禹曰："然。如何？"皋陶曰："於③！慎其身④，修思长⑤，敦序九族⑥，众明高翼⑦，近可远在己⑧。"禹拜美言，曰："然。"皋陶曰："於！在知人，在安民。"禹曰："吁！皆若是，惟帝其难之⑨。知人则智，能官人⑩；能安民则惠，黎民怀之。能知能惠，何忧乎驩兜？何迁乎有苗？何畏乎巧言善色佞人？"皋陶曰："然，於！亦行有九德，亦言其有德。"乃言曰："始事事⑪，宽而栗⑫，柔而立⑬，愿而共⑭，治而敬⑮，扰而毅⑯，直而温，简而廉⑰，刚而实⑱，强而义⑲，章其有常⑳，吉哉。日宣三德，蚤夜翊明有家㉑。日严振敬六德，亮采有国㉒。翕受普施，九德咸事㉓，俊乂在官㉔，百吏肃谨。毋教邪淫奇谋。非其人居其官，是谓乱天事。天讨有罪，五刑五用哉㉕。吾言底可行乎？"禹曰："女言致可绩行。"皋陶曰："余未有知，思赞道哉㉖。"

【注释】

①士：相当于后世的大理卿，管理天下刑狱的主官。②信其道德，谋明辅和：果真按道德办事，便会谋划高明，大臣和协。信：真。③於（wū）：叹词。④慎其身：指严格要求自身。⑤修思长：修养要长久不断。⑥敦序九族：使九族亲厚而有顺序。⑦众明高翼：许多贤明的人会努力辅佐。明：指贤明的人。翼：辅佐。《尚书·皋陶谟》作"庶明励翼"。义同。⑧近可远在己：政令由近及远，在于自身的德行。即由修身而达到平治天下。⑨惟帝其难之：即使帝尧也难办到啊。⑩官人：任命适当的人做官。⑪始事事：指验证一个人的德行必须从他的行事开始。前一个"事"是动词，后一个"事"是名词，"事事"即从事某项事情。下文即具体讲述办事所表现出来的九种德行。⑫宽而栗：宽大而严格。栗，通"慄"。⑬柔而立：柔和而能独立从事。⑭愿：诚实。共（gōng）：通"恭"。⑮治：办事有条理。敬：认真。⑯扰：一作"柔"。驯服。毅：坚定。⑰简：简约，不苟细烦琐。廉：方正，不敷衍、草率。⑱刚：坚强果断。实：踏实。⑲强：勇于任事。义：适宜，合理。⑳章，修明。其，指以上九种德行。有常：有恒，坚持不懈。㉑日宣三德，夙夜翊明有家：大夫们能每天修明上述九德中的三种德行，并早晚庄敬努力，便可保有他们的家族。宣：修明。夙：通"早"。翊（yì）：庄敬。明：通"勉"，努力。家：特指大夫统治的领地。㉒日严振敬六德，亮采有国：诸侯们每天能够严肃振奋，恭行上述六种品德，并认真地办理事务，便可保有他们的封国。亮：信，认真。采：事。或将"亮采"解释为辅助办事。㉓翕受普施，九德咸事：天子集九种德行而全面实行。翕（xì）：合，收集。事：从事。以上几句反映了古代以德行决定政治地位的理想，九德有其三者可为大夫，有六者可为诸侯，九德具备的人才可为天子。㉔俊乂（yì）：有才能的人。有千人之才曰俊，有百人之才曰乂。㉕五刑五用：五种刑罚（墨、劓、剕、宫、大辟）用以惩罚五种罪人。㉖赞：助。道：指治理天下之道。

帝舜谓禹曰："女亦昌言①。"禹拜曰："於，予何言！予思日孳孳②。"皋陶难禹曰③："何谓孳孳？"禹曰："鸿水滔天，浩浩怀山襄陵，下民皆服于水④。予陆行乘车，水行乘舟，泥行乘橇，山行乘檋，行山刊木。与益予众庶稻鲜食⑤。以决九川致四海，浚畎浍致之川⑥。与稷予众庶难得之食。食少，调有余补不足，徙居。众民乃定，万国为治。"皋陶曰："然，此而美也。"

【注释】

①昌言：发表高明的言论。②孳孳（zī）：努力不懈的样子。③难（nàn）：责问。④服：事。这里用作动词，活动或工作。⑤鲜：刚杀死的鸟兽叫鲜。⑥畎（quǎn）：田间的水沟。浍（kuài）：田间的大沟渠。

禹曰："於，帝！慎乃在位①，安尔止②，辅德③，天下大应清意④。以昭待上帝命，天其重命用休⑤。"帝曰："吁，臣哉，臣哉！臣作朕股肱耳目⑥。予欲左右有民，女辅之⑦；余欲观古人之象，日月星辰，作文绣服色，女明之⑧；予欲闻六律五声八音⑨，来始滑⑩，以出入五言⑪，女听⑫。予即辟，女匡拂予⑬。女无面谀，退而谤予⑭。敬四辅臣⑮。诸众谗嬖臣，君德诚施皆清矣⑯。"禹曰："然。帝即不时⑰，布同善恶则毋功⑱。"

【注释】

①慎乃在位：谨慎你所处的职位（天子）。②安尔止：冷静思考你的行为。③辅德：辅佐的大臣有德行。④天下大应清意：天下就会非常顺应你的意志。或将"清意"二字断下。⑤以昭待上帝命，天其重命用休：用光明的德行来等待上帝的命令，上天就会反复地把幸福赐给你。昭：明。其：语气副词。重（chóng）：反复。休：美好；幸福。⑥股肱耳目：比喻臣下是君王的助手。⑦左右：同"佐佑"，即辅佐。有民：民众。"有"是名词词头。⑧"余欲"句：我想观察仿照古人的样子，按日月星辰等天象来制作绣上花纹色彩的服装。明之：使这些服装制作得明显地合乎等级。⑨六律：定音的乐律。六律指黄钟、太簇、姑洗（xiǎn）、蕤宾、夷则、无射（yì）。六律亦可包举阴律林钟、南吕、应钟、大吕、夹钟、中吕等六吕而言。五声：古乐为五声音阶，宫、商、角、徵（zhī）、羽。八音：八种乐音，即金、石、丝、竹、匏土、革、木八类乐器发出的乐音。⑩来始滑：不详。《史记会注考证》引明人归有光语："古书宜略会文意，疑者阙如可也。如'来始滑''吊由灵'之类，自不可解。"《尚书·益稷》作"在治忽"，意思是通过音乐来考察政治上的好坏。在，考察；治，指办理得好。⑪五言：符合五德（仁义礼智信）的言论。⑫女听：即你要使我听到这一切并帮助判断审察。女，汝，你。听，使动用法。⑬即：若。辟：邪僻，过失。匡：纠正。拂（bǐ）：通"弼"。辅佐。⑭无：不要。⑮四辅臣：四周的大臣。⑯谗（chán）：说坏话陷害好人的人。嬖（bì）：受宠的人。⑰时：通"是"。指能施行道德。⑱布同善恶则毋功：不分善恶地普遍任用人就会没有功绩。

帝曰："毋若丹朱傲，维慢游是好，毋水行舟①，朋淫于家②，用绝其世③。予不能顺是。"禹曰："予娶涂山④，辛壬癸甲⑤，生启予不子⑥，以故能成水土功。辅成五服，至于五千里，州十二师⑦，外薄四海，咸建五长⑧，各道有功⑨。苗顽不即功⑩。帝其念哉！"帝曰："道吾德，乃女功序之也⑪。"

【注释】

①毋水行舟：在无水的陆地上行船。②朋淫于家：在家中成群结伙地干淫乱的事。③用：因而。绝其世：指丹朱不能继承尧的帝位。④涂山：国（氏族）名。或说即今安徽省怀远县的当涂山。⑤辛壬癸甲：指禹辛日娶妻，壬癸两日在家，甲日（共四天）便离家去治水。⑥生启予不子：生下儿子启以后，禹不回家抚育。子，作动词用。⑦州十二：《五帝本纪》："肇十有二州。"马融曰："禹平水土，置九州。舜以冀州之北广大，分置并州；燕、齐辽远，分燕置幽州，分齐为营州。于是为十二州也。"师，指在各州设立长官。⑧五长：统率五个诸侯国的君长。⑨各道有功：各地诸侯都遵从道德，做出事功、成绩。⑩苗：三苗。顽：凶恶不听命。不即功：不尽职责。⑪"道吾"句：能推行我的德行，是靠你的功劳逐步达到的。

皋陶于是敬禹之德，令民皆则禹①。不如言，刑从之。舜德大明。

于是夔行乐，祖考至，群后相让，鸟兽翔舞②；《箫韶》九成，凤凰来仪③，百兽率舞，百官信谐。帝用此作歌，曰："陟天之命，维时维几④。"乃歌曰："股肱喜哉！元首起哉！百工熙哉⑤！"皋陶拜手稽首扬言曰："念哉⑥！率为兴事，慎乃宪⑦。敬哉！"乃更为歌曰："元首明哉，股肱良哉，庶事康哉⑧！"又歌曰："元首丛脞哉⑨，股肱惰哉，万事堕哉！"帝拜曰："然，往钦哉⑩！"于是天下皆宗禹之明度数声乐⑪，为山川神主。

【注释】

①则：效法，取法。②祖考：祖先。后：君主。群后，指各地诸侯。鸟兽翔舞：鸟儿随着音乐飞翔，野兽随音乐起舞。以上几句写开始奏乐的感动力量。③箫韶：舜时的乐曲名。成：每奏完一遍乐曲叫作一成。凤凰：传说中的百鸟之王。来仪：飞来飞去。仪：容貌举止适当。④陟（zhì）天之命，维时维几（jī）：遵奉上天的命令，办事要顺时而慎微。时：指顺应时势。几：细微。这里作动词用，指事情刚出现苗头便要谨慎处理。⑤元首：指天子。熙：兴盛。⑥念：想念。指要注意做到歌词中所说的。⑦慎乃宪：谨慎地遵循法度。⑧庶事：各种事情。⑨丛脞（cuǒ）：烦琐苛细。⑩往：往后，以后。钦：敬重；努力。⑪宗：尊奉，推崇。

帝舜荐禹于天，为嗣①。十七年而帝舜崩。三年丧毕，禹辞，避舜之子商均于阳城②。天下诸侯皆去商均而朝禹，禹于是遂即天子位，南面朝天下③，国号曰夏后，姓姒氏④。

【注释】

①嗣：继承人。②阳城：故址在今河南省登封市东南告城镇。③南面：天子即位，坐北向南而接受群臣的朝拜。④姒（sì）：传说禹的祖先是吞了薏苡而出生的，所以姓姒（姒、苡，古音同）。

帝禹立而举皋陶荐之，且授政焉①，而皋陶卒②。封皋陶之后于英、六③，或在许④。而后举益，任之政。

【注释】

①且：将要。②卒：去世。③英：不详；或说即春秋时的蓼国（今河南省固始县）；一说在今安徽金寨县一带。六：今安徽省六安市。④许：今河南省许昌县。

十年，帝禹东巡狩，至于会稽而崩。以天下授益。三年之丧毕，益让帝禹之子启，而辟居箕山之阳①。禹子启贤，天下属意焉②。及禹崩，虽授益，益之佐禹日浅，天下未洽③。故诸侯皆去益而朝启，曰："吾君帝禹之子也。"于是启遂即天子之位，是为夏后帝启。

【注释】

①箕山：在今河南省登封市东南。②属意：归心。③洽：融洽。这里有人心归顺的意思。

夏后帝启，禹之子，其母涂山氏之女也。

有扈氏不服①，启伐之，大战于甘②。将战，作《甘誓》③。乃召六卿申之④。启曰："嗟！六事之人⑤，予誓告女：有扈氏威侮五行⑥，怠弃三正⑦，天用剿绝其命⑧。今予维共行天之罚⑨。左不攻于左，右不攻于右，女不共命⑩；御非其马之政⑪，女不共命。用命，赏于祖⑫；不用命，僇于社⑬，予则帑僇汝⑭。"遂灭有扈氏，天下咸朝。

【注释】

①有扈氏：部族名（与夏后氏同姓）。其居地在今陕西省户县一带。②甘：

地名。在今陕西户县南郊。③《甘誓》：今存《尚书》中。甘誓即甘地战前誓词之谓。④六卿：六军的首领。申之：申戒他们，即宣布誓词。⑤六事之人：掌管六军事务的人，即六卿。⑥五行：金、木、水、火、土。古代用五行生克的理论，作为帝位更替的依据，叫作"五德始终"。意谓五行循环不已，朝代应运而生。威侮五行：指有扈氏想用暴力推翻五德始终的规律，不服统治。⑦三正：天、地、人的正道。⑧用：因此。⑨共行天之罚：恭敬地执行上天的惩罚。⑩左：车左的人；或说左面的部队。右：车右的人；或说右面的部队。共命：恭敬地服从命令。⑪御：驾车的人。非其马之政：不能正确地驾驭车马。政：通"正"，作动词用。其马之政，是"政（正）其马"的宾语前置式。⑫祖：祖庙。或说是祖庙中的神主，天子亲征时，携带它一同走。社：祭土地神的地方。或说是社中的神主，天子亲征时，也是携带同行的。⑭帑僇汝：还要惩罚败退者（上述不用命者）的子女。帑，同"孥"（nú）。将子女作奴婢。

夏后帝启崩，子帝太康立。帝太康失国①，昆弟五人，须于洛汭②，作《五子之歌》③。

【注释】

①失国：据说太康耽于田猎和音乐，不理国政，被有穷氏国君后羿驱逐。②须：等待。汭：水北岸。③《五子之歌》：今存伪古文《尚书》中。

太康崩，弟中康立①，是为帝中康。帝中康时，羲、和湎淫，废时乱日②；胤往征之③，作《胤征》。

【注释】

①中康：即仲康。②羲、和：掌管四时的官。湎（miǎn）淫：沉湎在过度的饮酒中。废时乱日：把四季、日期都扰乱了。③胤（yìn）：仲康的大臣。

中康崩，子帝相立。帝相崩，子帝少康立①。帝少康崩，子帝予立②。帝予崩，子帝槐立③。帝槐崩，子帝芒立④。帝芒崩，子帝泄立。帝泄崩，子帝不降立⑤。帝不降崩，弟帝扃立。帝扃崩，子帝厪立⑥。帝厪崩，立帝不降之子孔甲，是为帝孔甲。帝孔甲立，好方鬼神，事淫乱⑦。夏后氏德衰，诸侯畔之。天降龙二，有雌雄，孔甲不能食⑧，未得豢龙氏⑨。陶唐既衰，其后有刘累⑩，学扰龙于豢龙氏⑪，以事孔甲。孔甲赐之姓曰御龙氏，受豕韦之后⑫。龙一雌死，以食夏后；夏后使求⑬，惧而迁去。

【注释】

①少康：据《左传》等书记载，少康为夏代中兴之主。②予（zhù）：《左传》作"杼"；《世本》作"季伫"。③槐：《世本》作"芬"。④芒：旧读huáng或wáng。⑤帝不降：《世本》作"帝降"。⑥厪：音jìn，或音qín。⑦好方鬼神：迷信鬼神。事淫乱：做事没有节制，违反道德。⑧食（sì）：喂养。⑨豢龙氏：有养龙技术的部落。豢：饲养。⑩刘累：唐尧的后代，其故地在今河南省偃师县东南。⑪扰：驯养。⑫豕韦：祝融氏的后代。贾逵曰："刘累之后至商不绝，以代豕韦之后。祝融之后封于豕韦，殷武丁灭之，以刘累之后代之。"⑬求：寻找，即命令刘累再寻找龙。

孔甲崩，子帝皋立。帝皋崩，子帝发立。帝发崩，子帝履癸立，是为桀①。

帝桀之时，自孔甲以来而诸侯多畔夏，桀不务德而武伤百姓②，百姓弗堪。乃召汤而囚之夏台③，已而释之。汤修德，诸侯皆归汤，汤遂率兵以伐夏桀。桀走鸣条④，遂放而死⑤。桀谓人曰："吾悔不遂杀汤于夏台，使至此。"汤乃践天子位，代夏朝天下。汤封夏之后；至周，封于杞也⑥。

【注释】

①桀：夏帝名。据《世本》说桀是帝发的弟弟。②武伤百姓：用暴力伤害百姓（指诸侯、百官）。③夏台：监狱名。在今河南省禹县南。④鸣条：地名。又名高侯原。⑤放：放逐。放逐地是南巢（今安徽省巢湖）；与郑玄所说的南夷之地鸣条，实际上是一个地方，音近而写法不同。⑥杞：今河南省杞县。

太史公曰：禹为姒姓，其后分封，用国为姓①，故有夏后氏、有扈氏、有男氏、斟寻氏、彤城氏、褒氏、费氏、杞氏、缯氏、辛氏、冥氏、斟戈氏②。孔子正夏时③，学者多传《夏小正》云④。自虞、夏时，贡赋备矣。或言禹会诸侯江南，计功而崩，因葬焉，命曰会稽。会稽者，会计也⑤。

【注释】

①其后分封，用国为姓：禹的后代，相继被分封为诸侯（独立的部族），于是各自以国名为姓，因而产生了下面提到的很多姓氏。②有男：《世本》作"有南"。费：《世本》作"弗"。斟戈：《左传》《世本》皆作"斟灌"。③夏时：记述夏代四时节气的书，《夏小正》即其中之一。④《夏小正》：《大戴礼记》有《夏小正》篇，据说是夏朝的历书，它记载了四季节候。今日的农历仍称夏历，可见当时已具有相当水平的天文历法知识。⑤会稽：地名。今有人据甲骨文推断：禹即位在前2183年，桀亡在前1752年，共432年。又有人列出夏代君主继承表：禹（8年）——启（9年）——太康（29年）——仲康（13年）——相（28年）——少康（22年）——予（17年）——槐（26年）——芒（18年）——泄（16年）——不降（59年）——扃（21年）——厪（21年）——孔甲（31年）——皋（11年）——发（19年）——桀（52年），以禹继位为前2205年，桀亡在前1767年，17帝438年。

殷本纪第三

殷契①，母曰简狄②，有娀氏之女③，为帝喾次妃。三人行浴，见玄鸟堕其卵，简狄取吞之，因孕生契④。契长而佐禹治水有功。帝舜乃命契曰："百姓不亲，五品不训⑤，汝为司徒而敬敷五教⑥。五教在宽。"封于商⑦，赐姓子氏⑧。契兴于唐、虞、大禹之际，功业著于百姓。百姓以平⑨。

【注释】

①殷：地名。今河南安阳。商朝曾迁都于此，故又称殷商。契（xiè）字或作"偰"，

又作"卨"，殷商的始祖，故又称殷契。②简狄：旧本作"简易"。古"易"、"狄"音通。③有娀（sōng）氏：部族名。住地在今山西省运城市一带。④玄鸟：燕子。契的诞生情况，是一段神话。它反映了远古只知有母，不知有父的母系社会的情况；还和图腾崇拜有关。⑤五品：五种伦理关系，指父义、母慈、兄友、弟恭、子孝。品：秩。训：《尚书》作"逊"，同"顺"。⑥司徒：管教化的官。⑦商：地名。在今河南商丘南。⑧子氏：因玄鸟所生子而赐氏。⑨平：治，安定。

契卒，子昭明立。昭明卒，子相土立①。相土卒，子昌若立。昌若卒，子曹圉立②。曹圉卒，子冥立③。冥卒，子振立④。振卒，子微立⑤。微卒，子报丁立⑥。报丁卒，子报乙立。报乙卒，子报丙立。报丙卒，子主壬立⑦。主壬卒，子主癸立。主癸卒，子天乙立，是为成汤⑧。

【注释】

①相土：商代有名先公。②曹圉（yù）：《世本》作"粮圉"。③冥：曾担任司空。④振：《世本》作"核"。甲骨文中称"王亥"。⑤微：庙号上甲，故又称上甲微。⑥报丁：近人考证，微之子应为"报乙"，报丁为报丙之子。⑦主壬：近人考证应为示壬。主癸应为示癸。⑧汤：天乙的谥号。《谥法》："除虐去残曰汤。"汤取得天下前，商世系表为：契——昭明——相土——昌若——曹圉——冥——王亥——王恒（王亥弟）——上甲微（王亥子）——报乙——报丙——报丁——示壬——示癸——天乙（汤）。

成汤①，自契至汤八迁。汤始居亳②，从先王居③，作《帝诰》④。

【注释】

①成汤："成汤"二字专提，表示下文专记成汤时代的大事。②亳（bó）：指南亳。在今河南省商丘市南。③先王：指帝喾。④《帝诰》：今亡佚。

汤征诸侯①。葛伯不祀，汤始伐之②。汤曰："予有言：人视水见形，视民知治不。"伊尹③曰："明哉！言能听，道乃进④。君国子民⑤，为善者皆在王官。勉哉，勉哉！"汤曰："汝不能敬命，予大罚殛之，无有攸赦⑥。"作《汤征》。

【注释】

①汤征诸侯：言汤在夏代为方伯，有征伐邻近诸侯国的大权。②葛：国名。在今河南省睢县北。《孟子·滕文公章句下》曾叙述此事。③伊尹：汤的大臣。④明哉！言能听，道乃进：或断句为"明哉言！能听，道乃进。"按第一种断句，"言"指臣下的话；按第二种断句，"言"指汤上面讲的话。⑤君国：作国家的君主，治理国家。子民：以民为子，爱护百姓。⑥汝：指葛伯。不能听命：即"不祀"，对山川神祇宗庙不按时祭祀（古代把祭祀看作国家大事）。殛（jí）：诛罚。攸赦：赦免。攸，所，助词。

伊尹名阿衡①。阿衡欲干汤而无由②，乃为有莘氏媵臣③，负鼎俎，以滋味说汤，致于王道④。或曰：伊尹处士⑤，汤使人聘迎之，五反然后肯往从汤，言素王及九主之事⑥。汤举任以国政。伊尹去汤适夏。既丑有夏，复归于亳⑦。入自北门，遇女鸠、女房⑧，作《女鸠》《女房》⑨。

【注释】

①阿衡：有人认为伊尹名挚；阿衡是官名，相当于后世的宰相。②干（gān）：求见。

③有莘（shēn）氏：部族名。其地在河南开封县东南陈留镇。一说在今山东省曹县北。媵（yìng）臣：古代贵族女子出嫁时陪嫁的人（奴婢）。汤的妃子是有莘氏的女儿，所以伊尹自愿作陪嫁的男仆以便见汤。④鼎：古代烹饪的器具，多为圆形三足两耳。鼎也作礼器或传国重器。这几句是说伊尹背着鼎俎，用烹调的滋味比喻施政方法，使汤了解王道（行仁政）。⑤处士：有德才而隐居不当官的人。⑥素王：此处指远古帝王。九主：作为不同的九类君主，即法君（行法的君主）、专君（专权独断的君主）、授君（授政给臣下的君主）、劳君（为天下勤劳的君主）、等君（分封功臣平均禄赏的君主）、寄君（崩溃在即的君主）、破君（国破身亡的君主），国君（不详，或以为"国"乃"固"字之讹，指依靠坚固城池而不修德的君主）、三岁社君（年幼即位的君主）。⑦丑有夏：认为有夏的政治丑恶。⑧女鸠、女房：汤的两位忠臣。⑨《女鸠》《女房》：已失传。《女房》亦作《汝方》。

汤出，见野张网四面，祝曰："自天下四方皆入吾网。"汤曰："嘻，尽之矣！"乃去其三面，祝曰："欲左，左；欲右，右；不用命，乃入吾网①。"诸侯闻之，曰："汤德至矣，及禽兽②。"

【注释】

①左：向左逃跑。右：向右逃跑。不用命：不听从命令。②及：推及。

当是时，夏桀为虐政淫荒，而诸侯昆吾氏为乱①。汤乃兴师率诸侯，伊尹从汤，汤自把钺以伐昆吾②，遂伐桀。汤曰："格汝众庶③，来，女悉听朕言。匪台小子，敢行举乱④；有夏多罪，予维闻女众言，夏氏有罪，予畏上帝，不敢不正⑤。今夏多罪，天命殛之。今女有众，女曰：'我君不恤我众，舍我啬事而割政⑥。'女其曰：'有罪，其奈何⑦？'夏王率止众力⑧，率夺夏国⑨。有众率怠不和⑩，曰：'是日何时丧？予与女皆亡！'夏德若兹，今朕必往。尔尚及予一人致天之罚⑪，予其大理女⑫。女毋不信，朕不食言⑬。女不从誓言，予则帑僇女⑭，无有攸赦。"以告令师⑮，作《汤誓》。于是汤曰："吾甚武⑯。"号曰武王。

【注释】

①昆吾氏：部族名。住地在今河南濮阳县一带，或曰在许昌一带。②把：握住。钺（yuè）：圆口大斧。③格：叹词，相当于"喂"、"来"之类。众庶：众人。④匪：非；不是。台（yí）：我。小子：自己的谦称。⑤维：《尚书·汤誓》作"惟"，通"虽"。正：通"征"，征讨。这句是说殷民虽对出兵讨夏有怨言，但汤以上帝命令的执行者自居。⑥恤：怜悯；爱护。割：古通"害"，大也。"割政"即发动大征战。"割政"也可解释为害损政事。这一句有两种解释：一说君指汤，参加战争的民众认为汤不爱护他们，侵夺了他们从事农业生产的时间。一说君指夏桀，指夏桀残害人民，使人民不能从事生产。⑦其：可能，将要。其奈何：夏桀的罪行如何办？这句是汤代民众设问。⑧率止众力：耗尽民众的力量。"率"，通"聿"，助词。止：绝，竭。⑨夺：剥夺；掠夺。⑩怠：懒惰；怠工。⑪尚：语气副词，表示希望。及：跟从。予一人：成汤自谦之辞。致天之罚：努力执行上天对夏桀的惩罚。⑫理：《尚书》作"赉"。赏赐。⑬食言：说了不算数。⑭帑：通"孥"。妻子和儿女。这里用如动词，惩罚家属如充当奴婢之类。僇：通"戮"，杀。自"汤曰，格汝众庶"至此，摘自《尚书·汤誓》。⑮令师：疑为传令官。甲骨文，金文未见有此官名。⑯武：勇武，能平定反乱。

桀败于有娀之虚①，桀奔于鸣条，夏师败绩②。汤遂伐三㚇③，俘厥宝玉，义伯、仲伯作《典宝》④。汤既胜夏，欲迁其社，不可⑤，作《夏社》⑥。伊尹报。于是诸侯服，汤乃践天子位，平定海内。

【注释】

①虚：同"墟"，旧址。②鸣条：在今山西省夏县（古安邑）西北。败绩：大败。③三㚇（zōng）：在今山东省定陶县北。④俘：缴获。厥：其。义伯、仲伯：汤的两个臣子。《尚书·汤誓》作"谊伯"。《典宝》：已亡佚。⑤迁其社：搬掉夏朝的神社。古代以社稷代表国家。⑥《夏社》：已亡佚。

汤归至于泰卷陶①，中�作诰②。既绌夏命，还亳，作《汤诰》③："维三月，王自至于东郊。告诸侯群后：'毋不有功于民，勤力乃事④，予乃大罚殛女，毋予怨。'曰：'古禹、皋陶久劳于外，其有功乎民，民乃有安。东为江，北为济，西为河，南为淮，四渎已修⑤，万民乃有居。后稷降播，农殖百谷。三公咸有功于民⑥，故后有立。昔蚩尤与其大夫作乱百姓，帝乃弗予⑦，有状⑧。先王言不可不勉'。曰：'不道，毋之在国⑨，女毋我怨。'"以令诸侯。伊尹作《咸有一德》⑩，咎单作《明居》⑪。

【注释】

①泰卷陶：即定陶。或说，"陶"字是衍文，"泰卷"即"大坰"（jiōng），是由定陶（三㚇）还亳途中所经过的一个地方，在今山东定陶县。②中㟉：《尚书》作"仲虺"（huǐ）。㟉：《正字通》古"雷"字。③《汤诰》：古文《尚书》篇名。今本内容与《史记》此处所引不一致。④乃：你的，你们的。⑤为：修治。或认为应作"南为江，北为济，东为淮，西为河。"渎（dú）：大河。⑥三公：指禹、皋陶、后稷。⑦帝：上帝。予：与；赞助。⑧有状：有祥子；有先例。⑨毋之在国：不允许前往你们所在的国家。意思是不准许再做诸侯。⑩《咸有一德》：古文《尚书》篇名，作于伊尹归政于太甲之后，与《史记》记载不合。⑪咎单（gāo shàn）：汤的司空（官名）。司空即司工，主管土木工程。

汤乃改正朔①，易服色，上白②，朝会以昼。

【注释】

①改正朔：改变历法。正朔：新年的第一天（正，第一月；朔，第一日）。②易服色：改变器物（包括车马、祭祀用的牲畜、官员服饰等）所崇尚的颜色。上白：崇尚白色。夏代崇尚黑色，殷代崇尚白色，周代崇尚赤色。

汤崩①，太子太丁未立而卒，于是乃立太丁之弟外丙，是为帝外丙。帝外丙即位［二］三年，崩，立外丙之弟中壬，是为帝中壬。帝中壬即位四年，崩，伊尹乃立太丁之子太甲②。太甲，成汤適长孙也③，是为帝太甲。帝太甲元年，伊尹作《伊训》，作《肆命》，作《徂后》。

【注释】

①《帝王世纪》："即位十七年而践天子位，为天子十三年，年百岁而崩。"汤冢，或云在济阴亳县；或云在偃师县。②《尚书·伊训》："成汤既没，太甲元年，伊尹作伊训。"没有提到外丙、中壬。③適（dí）：通"嫡"。正宫妻子所生的儿子。太丁为汤適子，太甲为太丁適子。

帝太甲既立三年，不明，暴虐，不遵汤法，乱德，于是伊尹放之于桐宫①。三年，伊尹摄行政当国②，以朝诸侯。

【注释】

①桐宫：离宫名。在今河南省偃师县西南五里汤冢附近。②摄：暂时代理。

帝太甲居桐宫三年，悔过自责，反善①。于是伊尹乃迎帝太甲而授之政。帝太甲修德，诸侯咸归殷，百姓以宁。伊尹嘉之，乃作《太甲训》三篇②，褒帝太甲，称太宗。

【注释】

①反：同返；归。②古文《尚书》有《太甲》上中下三篇。

太宗崩，子沃丁立。帝沃丁之时，伊尹卒。既葬伊尹于亳①，咎单遂训伊尹事，作《沃丁》②。

【注释】

①今河南省偃师县西北八里有伊尹墓。②训：训导，告诫别人。

沃丁崩，弟太庚立，是为帝太庚。帝太庚崩，子高（帝）小甲立。帝小甲崩，弟雍己立，是为帝雍己。殷道衰，诸侯或不至。

帝雍己崩，弟太戊立，是为帝太戊。帝太戊立，伊陟为相①。亳有祥桑穀共生于朝，一暮大拱②。帝太戊惧，问伊陟。伊陟曰："臣闻妖不胜德③。帝之政其有阙与？帝其修德。"太戊从之，而祥桑枯死而去④。伊陟赞言于巫咸⑤。巫咸治王家有成，作《咸艾》，作《太戊》。帝太戊赞伊陟于庙，言弗臣，伊陟让，作《原命》⑥。殷复兴，诸侯归之，故称中宗。

【注释】

①伊陟：伊尹的儿子。②祥：本指吉凶的征兆，这里指不祥之兆，有怪异的意思。穀（gǔ）：楮（chǔ）树。③妖不胜德：古代相信天人感应的学说，认为自然现象与政治有关，君主有德行便可消除怪异的自然现象。④去：离开，消失。⑤巫咸：大臣名。⑥《咸艾（yì）》：一作《咸雙》，与《太戊》《原命》今并亡佚。

中宗崩，子帝中丁立，帝中丁迁于隞①。河亶甲居相②。祖乙迁于邢③。帝中丁崩，弟外壬立，是为帝外壬。《仲丁》书阙不具④。帝外壬崩，弟河亶甲立，是为帝河亶甲。河亶甲时，殷复衰。

【注释】

①隞（áo）：亦作"嚻"。地名。在今河南荥阳市境内。②相：地名。在今河南省内黄县东南。③邢：通"耿"。在今山西河津市。一说邢即今河北邢台。④《仲丁》：篇名。当时已残缺不全，今已亡佚。具：完整。

河亶甲崩，子帝祖乙立。帝祖乙立，殷复兴。巫贤任职。

祖乙崩，子帝祖辛立。帝祖辛崩，弟沃甲立，是为帝沃甲①。帝沃甲崩，立沃甲兄祖辛之子祖丁，是为帝祖丁。帝祖丁崩，立弟沃甲之子南庚，是为帝南庚。帝南庚崩，立帝祖丁之子阳甲，是为帝阳甲。帝阳甲之时，殷衰。

【注释】

①沃甲：《世本》作"开甲"。

自中丁以来，废適而更立诸弟子①，弟子或争相代立，比九世乱②，于是诸侯莫朝。

【注释】

①更：交替，连续。②比（bì）：接连。

帝阳甲崩，弟盘庚立，是为帝盘庚。帝盘庚之时，殷已都河北，盘庚渡河南，复居成汤之故居，乃五迁①，无定处。殷民咨，胥皆怨，不欲徙②。盘庚乃告谕诸侯大臣曰③："昔高后成汤与尔之先祖俱定天下，法则可修。舍而弗勉，何以成德！"乃遂涉河南，治亳，行汤之政，然后百姓由宁，殷道复兴。诸侯来朝，以其遵成汤之德也。

【注释】

①五迁：指汤至盘庚前后迁都五次。《正义》："汤自南亳迁西亳，仲丁迁隞，河亶甲居相，相乙居耿，盘庚渡河，南居西亳，是五迁也。"《竹书纪年》："盘庚即位，自奄（今山东省曲阜市）迁于北蒙（今河南省安阳），曰殷。"据考古发现，殷墟在河南安阳小屯村，《竹书纪年》所记为是。②咨：叹息；忧虑。胥：相。③盘庚的告谕便是《尚书》中的《盘庚》上中下三篇。

帝盘庚崩，弟小辛立，是为帝小辛。帝小辛立，殷复衰。百姓思盘庚，乃作《盘庚》三篇①。帝小辛崩，弟小乙立，是为帝小乙。

【注释】

①《史记》以百姓思念而作《盘庚》，与《尚书·盘庚》记载不合。《尚书》云："盘庚五迁，将治亳殷。民咨胥怨，作《盘庚》三篇。"

帝小乙崩，子帝武丁立。帝武丁即位，思复兴殷，而未得其佐。三年不言，政事决定于冢宰①，以观国风。武丁夜梦得圣人，名曰说②。以梦所见视群臣百吏，皆非也。于是乃使百工营求之野③，得说于傅险中④。是时，说为胥靡⑤，筑于傅险。见于武丁，武丁曰："是也。"得而与之语，果圣人。举以为相，殷国大治。故遂以傅险姓之，号曰傅说。

【注释】

①冢宰：相当于后来的首相。②说（yuè）：人名。③百工：百官。营求：设法寻求。④傅险：地名。一作"傅岩"。故址在今山西平陆县东部。⑤胥靡：犯法服劳役的犯人。

帝武丁祭成汤，明日，有飞雉登鼎耳而呴①。武丁惧。祖己曰②："王勿忧，先修政事。"祖己乃训王曰："惟天监下，典厥义③。降年有永有不永④，非天夭民，中绝其命⑤。民有不若德，不听罪，天既附命正厥德，乃曰：'其奈何？⑥'呜呼！王嗣敬民，罔非天继⑦；常祀毋礼于弃道。"⑧武丁修政行德，天下咸欢，殷道复兴。

【注释】

①雉：野鸡。呴：同"雊（gòu）"，野鸡叫。②祖己：大臣名。③天监下：上天监视下民。典厥义：以他们的道义作标准。厥：其他的。④降年：上天赐给人的年岁（寿命）。⑤天民：使人的寿命夭折。中绝其命：人自己的行为使自己断送寿命。⑥若：顺从；遵循。听罪：承认自己的罪过。附命正厥德：上天降下妖孽为符信，谴告他要纠正他的德行。附，《尚书》作"孚"，符信。⑦嗣敬民：

尽力为民众办事。嗣，同"司"，主。罔非天继："罔非继天"的宾语前置式，意即给民众办事，没有不是继承天意的。⑧常祀毋礼于弃道：祭祀有常规，不要信奉应该抛弃的方法。

帝武丁崩，子帝祖庚立。祖己嘉武丁之以祥雉为德，立其庙为高宗，遂作《高宗肜日》及《训》①。

【注释】

①《高宗肜日》及《训》：都是《尚书》篇名。《尚书·高宗肜日》："祖己训诸王，作《高宗肜日》《高宗之训》。"内容是祖己在高宗生前对高宗的规劝。肜（róng）：殷祭名。

帝祖庚崩，弟祖甲立，是为帝甲，帝甲淫乱，殷复衰。

帝甲崩，子帝廪辛立①。帝廪辛崩，弟庚丁立②，是为帝庚丁。帝庚丁崩，子帝武乙立。殷复去亳，徙河北③。

【注释】

①廪辛：或作"冯辛"。②庚丁：甲骨文作"康且（祖）丁"或"康丁"，庚为康之误。③河北：指黄河以北的朝歌（今河南省淇县）。

帝武乙无道，为偶人①，谓之天神。与之博，令人为行②。天神不胜，乃僇辱之③。为革囊，盛血，卬而射之④，命曰"射天"。武乙猎于河渭之间，暴雷，武乙震死。子帝太丁立。帝太丁崩，子帝乙立。帝乙立，殷益衰。

【注释】

①偶人：土木等制成的人像。偶，有相象的意思。②博：古代一种赌输赢的游戏。行：通"衡"评判。③僇（lù）：通"戮"，杀害。辱：污辱。④卬即"仰"字。

帝乙长子曰微子启①，启母贱，不得嗣②。少子辛，辛母正后，辛为嗣。帝乙崩，子辛立，是为帝辛，天下谓之纣③。

【注释】

①微：启的封地名。在今山西潞城县东。子：爵位。启：名。②贱：地位低，不是正妻。嗣：继位。③纣（zhòu）：《谥法》"残义损善曰纣"。

帝纣资辨捷疾，闻见甚敏①；材力过人，手格猛兽②；知足以距谏，言足以饰非③；矜人臣以能，高天下以声④，以为皆出己之下。好酒淫乐，嬖于妇人⑤。爱妲己⑥，妲己之言是从。于是使师涓作新淫声，北里之舞，靡靡之乐⑦。厚赋税以实鹿台之钱而盈钜桥之粟⑧。益收狗马奇物，充仞宫室⑨。益广沙丘苑台，多取野兽蜚鸟置其中⑩。慢于鬼神。大聚乐戏于沙丘，以酒为池，县肉为林，使男女倮相逐其间，为长夜之饮。

【注释】

①资：资质；天生的才能。辨：通"辩"，口才好。②格：格斗。③知：通"智"。距：通"拒"。④矜：夸耀。声：声名。⑤嬖（bì）：宠爱。⑥妲（dá）己：有苏氏的女儿，姓己名妲。⑦师涓：名涓的乐官。《北里》：一种放荡的舞蹈。或以为北里即北鄙，朝歌北边的鄙野。靡靡（mǐ）之音：颓废的音乐。⑧鹿台：在朝歌城中筑的高坛。钜桥：仓名。在今河北曲周县东北。⑨仞：通"牣（rèn）"，满。⑩沙丘：地名。在河北省广宗县西北太平台。纣当时到处修筑离宫别墅。苑（yuàn）：养禽兽、植花木以供帝王游乐的场所。蜚：同"飞"。

百姓怨望而诸侯有畔者，于是纣乃重刑辟，有炮烙之法①。以西伯昌、九侯、鄂侯为三公②。九侯有好女，入之纣。九侯女不憙淫，纣怒，杀之，而醢九侯③。鄂侯争之强，辨之疾，并脯鄂侯④。西伯昌闻之，窃叹。崇侯虎知之，以告纣，纣囚西伯羑里⑤。西伯之臣闳夭之徒⑥，求美女、奇物、善马以献纣，纣乃赦西伯。西伯出而献洛西之地⑦，以请除炮格之刑。纣乃许之，赐弓矢斧钺，使得征伐，为西伯⑧。而用费中为政⑨。费中善谀，好利，殷人弗亲。纣又用恶来⑩。恶来善毁谗，诸侯以此益疏。

【注释】

①辟：法。炮烙之法：一种残酷刑罚。②九侯：一作"鬼侯"。鄂侯：一作"邘（yú）侯"。三公：辅助天子掌握军政大权的最高官员。③憙：同"喜"。醢（hǎi）：肉酱。这里用如动词。④脯（fǔ）：干肉。这里用如动词。⑤崇侯虎：纣的诸侯。羑（yǒu）里：一作"牖里"。地名，在今河南省汤阴县北。⑥闳（hóng）夭：人名。周文王大臣。⑦洛西之地：洛河（指陕西渭水的支流洛河）西岸的一片土地，包括坊州（今黄陵县）等地。⑧西伯：管理西方各诸侯国的方伯。⑨费中：一作"费仲"。人名。⑩恶来：人名。

西伯归，乃阴修德行善，诸侯多叛纣而往归西伯，西伯滋大，纣由是稍失权重①。王子比干谏②，弗听。商容贤者③，百姓爱之，纣废之。及西伯伐饥国④，灭之，纣之臣祖伊闻之而咎周⑤；恐，奔告纣曰："天既讫我殷命，假人元龟，无敢知吉⑥。非先王不相我后人，维王淫虐用自绝，故天弃我。不有安食⑦。不虞知天性⑧，不迪率典⑨，今我民罔不欲丧⑩，曰：'天曷不降威，大命胡不至⑪？'今王其奈何？"纣曰："我生不有命在天乎⑫"祖伊反，曰："纣不可谏矣。"西伯既卒，周武王之东伐，至盟津⑬，诸侯叛殷会周者八百。诸侯皆曰："纣可伐矣。"武王曰："尔未知天命。"乃复归。

【注释】

①滋：更加。稍：逐渐。权重：权势威力。②比干：纣的庶兄（一说为叔父）。他与微子、箕子合称殷之"三仁"。③商容：人名。④饥：一作"阢"，又作"耆"，忠于纣的诸侯国。见《尚书·西伯戡黎》。黎：在今山西省长治市西南；一说在今山西黎城县东北。⑤祖伊：贤臣祖己的后代。⑥讫：终止。假（gé）人：至人，眼光敏锐的人。格：至。元龟：占卜用的大龟壳。⑦不有安食：指纣的行为使得大家都不能安心吃饭。旧说指宗庙之神不能安食。⑧不虞知天性：指纣不考虑和不了解天意。⑨不迪率典：不遵循常法。迪：句中助词。⑩罔不欲丧：没有谁不想让纣灭亡。⑪降威：降下惩罚。大命：指适宜作王的人。曷、胡：何，为什么。⑫有命在天：指纣以天子自居，不顾百姓的怨恨。⑬盟津：又称孟津。黄河的重要渡口。

纣愈淫乱不止。微子数谏不听，乃与大师、少师谋①，遂去。比干曰："为人臣者，不得不以死争②。"乃强谏纣。纣怒曰："吾闻圣人心有七窍。"剖比干，观其心。箕子惧，乃详狂为奴③，纣又囚之。殷之大师、少师乃持其祭乐器奔周。周武王于是遂率诸侯伐纣。纣亦发兵距之牧野④。甲子日⑤，纣兵败。纣走入，登鹿台，衣其宝玉衣，赴火而死。周武王遂斩纣头，县之大白旗⑥。杀妲己。释箕子之囚，封比干之墓，表商容之闾⑦。封纣子武庚禄父，以续殷祀⑧，令修行盘庚之政。殷民大说。于是周武王为天子。其后世贬帝号，号为王⑨。而封殷后为诸侯⑩，属周。

周武王崩，武庚与管叔、蔡叔作乱。成王命周公诛之，而立微子于宋，以续殷后焉[11]。

【注释】

①大师、少师：辅佐天子的大臣。"大"同"太"。②争：同"诤"，劝谏。③详：同"佯"，假装。④牧野：朝歌南郊。（今河南淇县）邑外为郊，郊外为牧，牧外为野。⑤甲子日：旧注为周历二月四日。⑥大白旗：太白旗，古时行军指挥用的大旗。白：或说通"帛"，白旗即帛旗。⑦封：聚土筑坟。表：表彰。商容之间：商容居住的里巷。⑧武庚：字禄父，殷纣的儿子。续：继承。⑨贬：降低。夏代、商代的天子本来都称帝，后世认为他们赶不上"五帝"，降低称号为王。夏禹、商汤、周文王称为"三王"（或包括周武王）。⑩殷后：指武庚。⑪参见本书《周本纪》《管蔡世家》《宋微子世家》。

太史公曰：余以《颂》次契之事[1]，自成汤以来，采于《书》《诗》[2]。契为子姓，其后分封，以国为姓，有殷氏、来氏、宋氏、空桐氏、稚氏、北殷氏、目夷氏[3]。孔子曰："殷路车为善[4]。"而色尚白。

【注释】

①颂：指《诗经》中的《商颂》。②《书》：指《尚书》。《诗》：指《诗经》。③《世本》没有稚氏，而有时氏、萧氏、黎氏；"北殷氏"作"髦氏"。④路：车名。按：商代从汤到纣，共十七代三十王（太丁早死不在内），其中兄死弟继位的十四王。《竹书纪年》说共四百九十六年，《三统历》说六百二十九年，具体年代难以查考。

周本纪第四

周后稷[1]，名弃。其母有邰氏女[2]，曰姜原。姜原为帝喾元妃。姜原出野，见巨人迹，心忻然说[3]，欲践之，践之而身动如孕者。居期而生子，以为不祥，弃之隘巷，马牛过者皆辟不践[4]；徙置之林中，适会山林多人；迁之而弃渠中冰上[5]，飞鸟以其翼覆荐之[6]。姜原以为神，遂收养长之。初欲弃之，因名曰弃。

【注释】

①后稷：周始祖。古公亶父曾大力开辟周原（今陕西省岐山南部大片原野），故以"周"为国号。②有邰(tái)氏：部族名。邰是其居地，在今陕西省武功县西南。据说是炎帝之后，故姓姜。③忻：同"欣"。忻然：喜欢的样子。说：同"悦"，高兴。④居期(jī)：过了一周年。这里指怀胎满月。隘：狭小。辟：通"避"。⑤迁之：变换丢弃他的地方。"迁"与上句"徙"同义。⑥覆：覆盖。荐：垫上。

弃为儿时，屹如巨人之志[1]。其游戏，好种树麻、菽[2]，麻、菽美。及为成人，遂好耕农，相地之宜，宜谷者稼穑焉[3]，民皆法则之。帝尧闻之，举弃为农师，天下得其利，有功。帝舜曰："弃，黎民始饥，尔后稷播时百谷。"封弃于邰[4]，号曰后稷，别姓姬氏[5]。后稷之兴，在陶唐、虞、夏之际，皆有令德[6]。

【注释】

①屹（yì）：出类拔萃的样子。②种树：栽种。③相：观察。④邰：一作"斄"（tái）。有邰氏的居地。在今陕西武功县西南。⑤别姓：独立为姓。⑥令：美好。

后稷卒，子不窋立。不窋末年，夏后氏政衰，去稷不务①，不窋以失其官而奔戎狄之间②。不窋卒，子鞠立。鞠卒，子公刘立。公刘虽在戎狄之间，复修后稷之业，务耕种，行地宜，自漆、沮度渭，取材用③。行者有资，居者有畜积，民赖其庆。百姓怀之，多徙而保归焉④。周道之兴自此始，故诗人歌乐思其德⑤。公刘卒，子庆节立，国于豳⑥。

【注释】

①夏后氏：指夏禹的后代帝王。去稷不务：废弃农事官。韦昭以为，去稷不务在"夏太康失国"之时。②戎狄：指西北地区的部族。不窋（zhuó）所奔故地在今甘肃省庆阳市一带。③漆、沮（jū）：皆渭水支流，在陕西耀县合流后称石川河，南流入渭水。④保归：拥护归顺。⑤诗人歌乐思其德：指《诗·大雅·公刘》。⑥豳：同"邠"（bīn），邑名，在今陕西省旬邑县西南。

庆节卒，子皇仆立。皇仆卒，子差弗立。差弗卒，子毁隃立。毁隃卒，子公非立。公非卒，子高圉立。高圉卒，子亚圉立。亚圉卒，子公叔祖类立。公叔祖类卒，子古公亶父立。

古公亶父复修后稷、公刘之业，积德行义，国人皆戴之。薰育戎狄攻之①，欲得财物，予之。已复攻，欲得地与民。民皆怒，欲战。古公曰："有民立君②，将以利之。今戎狄所为攻战，以吾地与民。民之在我，与其在彼，何异？民欲以我故战，杀人父子而君之，予不忍为。"乃与私属遂去豳，度漆、沮，逾梁山③，止于岐下④。豳人举国扶老携弱，尽复归古公于岐下。及他旁国，闻古公仁，亦多归之。于是古公乃贬戎狄之俗⑤，而营筑城郭室屋，而邑别居之⑥。作五官有司⑦。民皆歌乐之，颂其德⑧。

【注释】

①薰育：又作"獯鬻"。古代北方部族名。夏代称薰育，周代称猃狁，战国秦汉称匈奴。②有民：民众。③梁山：在今陕西省乾县西北。④岐：岐山，在今陕西省岐山县与凤翔县一带。⑤贬：损减。这里有部分地进行改变的意思。戎狄之俗：指西北部族的游牧风俗。⑥邑别：分别成邑落。⑦作五官有司：建立各种官职，使其各有管理的职责。《礼记·曲礼下》："天子之五官曰司徒、司马、司空、司土、司寇，典司五众。"⑧颂其德：指《诗》对古公亶父的称颂。

古公有长子曰太伯，次曰虞仲。太姜生少子季历①，季历娶太任②，皆贤妇人；生昌，有圣瑞③。古公曰："我世当有兴者，其在昌乎？"长子太伯、虞仲知古公欲立季历以传昌，乃二人亡如荆蛮④，文身断发⑤，以让季历。

【注释】

①太姜：太王之妃，有邰氏之女。②太任：季历之妃，挚任氏之女，周文王之母。③昌：即西伯姬昌（文王）。圣瑞：圣人出生的征兆。④亡：逃走。荆蛮：即楚。吴越原属楚。秦灭楚后，改称荆，以避秦庄襄王子楚之讳。太伯、虞仲奔吴越事，详《吴太伯世家》。⑤文身断发：在身上刻画花纹，削短头发。

古公卒，季历立，是为公季。公季修古公遗道，笃于行义，诸侯顺之。

公季卒，子昌立，是为西伯。西伯曰文王。遵后稷、公刘之业，则古公、公季之法，笃仁①，敬老，慈少。礼下贤者，日中不暇食以待士，士以此多归之。伯夷、叔齐在孤竹，闻西伯善养老，盍往归之②。太颠、闳夭、散宜生、鬻子、辛甲大夫之徒皆往归之③。

【注释】

①则：法则。这里用如动词，效仿。笃：真诚，纯一。这里用作动词，专心实行。②"伯夷"等三句：事详《伯夷列传》。盍：通"合"。一同，一起。"盍（何）往归之？"亦可理解为二人商量口气。③刘向《别录》："鬻子名熊，封于楚。辛甲，故殷之臣。事纣，盖七十五谏而不听，去至周，召公与语，贤之，告文王，文王亲自迎接，以为公卿，封长子。"长子：地名。在今山西长治市西。以上诸人皆周贤臣。

崇侯虎谮西伯于殷纣曰①："西伯积善累德，诸侯皆向之，将不利于帝。"帝纣乃囚西伯于羑里②。闳夭之徒患之，乃求有莘氏美女③，骊戎之文马④，有熊九驷⑤，他奇怪物，因殷嬖臣费仲而献之纣。纣大悦，曰："此一物足以释西伯⑥，况其多乎？"乃赦西伯，赐之弓矢斧钺，使西伯得征伐。曰："谮西伯者，崇侯虎也。"西伯乃献洛西之地，以请纣去炮烙之刑。纣许之。

【注释】

①崇侯虎：崇国的诸侯，名虎。崇国，在今陕西户县东，西安市西南。②羑（yǒu）里：一作"牖里"。在今河南省汤阴县北。③有莘（shēn）氏：部族名。莘，一作"娎"。姒姓。故都在今陕西省合阳县东南。④骊戎：部族名。姬姓。居地在今陕西省西安市临潼区一带。文马：漂亮的骏马。⑤有熊：部族名。居地在今河南省新郑市。驷：古代每辆车用四匹马，称为驷。九驷，九辆车三十六匹马。⑥此一物：这样的一件东西。旧说，指有莘氏之美女。

西伯阴行善，诸侯皆来决平①。于是，虞、芮之人②，有狱不能决③，乃如周。入界，耕者皆让畔，民俗皆让长。虞、芮之人未见西伯，皆惭相谓曰："吾所争，周人所耻，何往为？只取辱耳。"遂还，俱让而去。诸侯闻之，曰："西伯盖受命之君④。"

【注释】

①决平：对争端作公平裁决。②虞：在今山西省平陆县境内。芮：在今陕西大荔县东南。③狱：诉讼，打官司。④盖：语气词，表推断。受命之君：承受天命的君主。

明年，伐犬戎①。明年，伐密须②。明年，败耆国③。殷之祖伊闻之，惧，以告帝纣。纣曰："不有天命乎？是何能为？"明年，伐邘④。明年，伐崇侯虎，而作丰邑⑤。自岐下而徙都丰。明年，西伯崩。太子发立，是为武王。

【注释】

①犬戎：部族名。或作"畎戎""畎夷""昆夷""绲夷"。居地在今陕西省彬县、岐山一带。②密须：部族名。姞姓。在今甘肃省灵台县西。③耆国：即黎国。④邘（yú）：诸侯国名。在今河南沁阳市西北。⑤丰：邑名。在今陕西省户县东。

西伯盖即位五十年。其囚羑里，盖益《易》之八卦为六十四卦①。诗人道西伯②。

盖受命之年称王而断虞芮之讼③。后十年而崩④，谥为文王⑤。改法度，制正朔矣⑥。追尊古公为太王，公季为王季；盖王瑞自太王兴。

【注释】

①八卦：我国古代用以象征自然现象与人事现象的一套符号，即乾、坤、震、巽、离、坎、兑、艮。六十四卦：由八卦每两卦相配重合为一卦，共得六十四卦。②诗人：指《诗》中歌颂文王诗篇的作者们。③"盖受命"句：这句的意思是，文王在断虞芮讼狱的那年，便承受天命，受到诸侯拥护而称王。④十：或为"九"之误，后文有"九年武王上祭于毕"之说。⑤《谥法》："经纬天地曰文。"⑥改法度、制正朔：这句话是说文王称王后，已完全脱离殷朝，建立了自己的法令制度，采用了周历。

武王即位，太公望为师，周公旦为辅①，召公、毕公之徒左右王②，师修文王绪业。

【注释】

①太公望：姜姓，吕氏，名尚。周公旦：姓姬，名旦。文王之子。详见《鲁周公世家》。②召公：姓姬，名奭。毕公：名高，文王之子，封于毕（今陕西咸阳市西北，一名咸阳原）。

九年，武王上祭于毕①，东观兵，至于盟津②。为文王木主，载以车，中军③；武王自称太子发。言奉文王以伐，不敢自专。乃告司马、司徒、司空，诸节④："齐栗，信哉⑤！予无知，以先祖有德，臣小子受先功⑥。毕立赏罚，以定其功。"遂兴师。师尚父号曰⑦："总尔众庶⑧，与尔舟楫，后至者斩。"武王渡河，中流，白鱼跃入王舟中，武王俯取以祭⑨。既渡，有火自上覆于下，至于王屋，流为乌，其色赤，其声魄云⑩。是时，诸侯不期而会盟津者八百诸侯。诸侯皆曰："纣可伐矣。"武王曰："女未知天命，未可也。"乃还师归。

【注释】

①九年：文王九年。文王于九年逝世后，武王继续采用文王年号（下同）。毕：有两说，一说是文王墓地毕原（今陕西咸阳市东北），则是武王观兵前祭文王；一说是毕宿，毕宿主战争，则是武王祭毕星于出兵之前。②观兵：军事演习，以观察殷纣的反映和民心。③木主：为死者立的木制牌位。中军：主帅所在的部队。④司马、司徒、司空：皆官名。诸节：各种接受符节的军事官员。⑤齐栗：即"斋慄"。庄敬戒惧。⑥臣小子：武王自称。⑦师尚父：武王对太公望的尊称。⑧总：集合。众庶：众人，指各自统领的军队。⑨俯取以祭：殷尚白，武王斩白鱼祭天象征伐殷。⑩乌：乌鸦。《尚书·泰誓》作"流为雕"。

居二年①，闻纣昏乱暴虐滋甚，杀王子比干，囚箕子。太师疵、少师强抱其乐器而奔周。于是武王遍告诸侯曰："殷有重罪，不可以不毕伐②。"乃遵文王，遂率戎车三百乘，虎贲三千人③，甲士四万五千人，以东伐纣。十一年十二月戊午，师毕渡盟津，诸侯咸会。曰："孳孳无怠④！"武王乃作《太誓》⑤，告于众庶："今殷王纣乃用其妇人之言，自绝于天，毁坏其三正⑥，离逖其王父母弟⑦；乃断弃其先祖之乐，乃为淫声，用变乱正声，怡说妇人。故今予发维共行天罚。勉哉夫子⑧！不可再，不可三！⑨"

【注释】

①居二年：指文王十一年。据《尚书》记载，武王观兵孟津是十一年，伐纣

是十三年。比《史记》所记载的迟两年。②毕：迅速。伐：一作"灭"。③戎车：兵车。④孳孳：通"孜孜"，勤奋努力。⑤《太誓》：即《泰誓》，《尚书》篇名。《尚书》有《泰誓》三篇。⑥三正：疑指三位正直贤臣，即比干、微子、箕子。或说指天、地、人的正道。⑦离逷（tì）：疏远。⑧夫子：对各路诸侯的尊称。⑨再：第二次。这句意即要一举成功。

二月甲子昧爽①，武王朝至于商郊牧野，乃誓②。武王左杖黄钺，右秉白旄，以麾③。曰："远矣，西土之人！"④武王曰："嗟！我有国冢君⑤，司徒、司马、司空、亚旅、师氏、千夫长、百夫长⑥，及庸、蜀、羌、髳、微、纑、彭、濮人⑦，称尔戈⑧，比尔干⑨，立尔矛，予其誓。"王曰："古人有言：'牝鸡无晨。牝鸡之晨，惟家之索⑩。'今殷王纣维妇人言是用，自弃其先祖肆祀不答⑪，昏弃其家国⑫；遗其王父母弟不用，乃维四方之多罪逋逃是崇是长，是信是使⑬，俾暴虐于百姓⑭，以奸轨于商国⑮。今予发维共行天之罚。今日之事，不过六步七步，乃止齐焉⑯，夫子勉哉！不过于四伐五伐六伐七伐⑰，乃止齐焉，勉哉夫子！尚桓桓，如虎如罴，如豺如离⑱；于商郊，不御克奔，以役西土⑲，勉哉夫子！尔所不勉，其于尔身有戮⑳。"誓已，诸侯兵会者车四千乘，陈师牧野。

【注释】
①二月：周历二月，相当殷正月。昧爽：天微明而太阳尚未出来的时候。②郊牧野：纣都朝歌郊外的大片原野。今河南淇县以南、汲县一带。《尔雅·释地》："邑外谓之郊，郊外谓之牧。牧外谓之野。"故郊牧野为同义复合。誓：誓师。③钺（yuè）：大斧。旄〔máo〕：装饰有牦牛尾的大旗。④西土之人：指西方远征来的战士。⑤有国家君：尊称各国诸侯。冢，大。⑥司徒：民政长官。司马：军事长官。司空：管建筑、制造的长官。亚旅：各种大夫，位次于卿。师氏：带兵的大夫。千夫长：带领一千人的军官。百夫长：带领一百人的军官。⑦庸：在今湖北竹山县东南。蜀：今四川省北部一带。羌：在今陕甘一带。髳（máo）：山西南部沿黄河一带，一说在今南阳西南荆山、汉水一带。微：即（今陕西眉县一带），一说为古西南夷，在今四川巴县一带。纑（lú）：湖北襄阳以南、南漳县东北一带。彭：今四川彭水县一带。濮：今湖北石首市南。以上八种人皆当时西南地区部族。⑧称：举。⑨比：排比。⑩牝（pìn）：雌；母。索：尽，倾家荡产的意思。这一句是比喻妇人（妲己之流）干预朝政。⑪肆祀：对宗庙祖先的一种祭祀。⑫昏：惑乱。⑬多罪逋（bū）逃：罪大而逃跑的人。逋，逃。崇，长（zhǎng）：尊重。信：信任。使：使用。是：复指多罪逋逃的人，是宾语前置的标志。⑭俾：使。⑮奸轨：干各种坏事。轨：通"宄"（guǐ），犯法作乱。⑯不过六步七步，乃止齐焉：每前进六七步，便停下来整齐队伍。指遵守军纪，共同前进。⑰伐：击刺，冲锋。⑱尚：表示希望的语气词。桓桓：威武，勇猛。离（chī）：通"螭"，传说中的一种无角的龙。⑲不御克奔：不拒绝能奔来投降的殷纣士兵；或说不强暴地杀戮战败奔跑的殷纣士兵。御，强暴；以役西土：以为我们西方（指周及其同盟诸侯）服役。⑳所：若，如果。其：将。

帝纣闻武王来，亦发兵七十万人距武王。武王使师尚父与百夫致师①，以大卒驰帝纣师②。纣师虽众，皆无战之心。心欲武王亟入，纣师皆倒兵以战，以开武王③。武王驰之，纣兵皆崩，畔纣。纣走，反入登于鹿台之上，蒙衣其殊玉，自燔于火而死④。武王持大白旗以麾诸侯，诸侯毕拜武王；武王乃揖诸侯，诸侯毕从。

武王至商国⑤，商国百姓咸待于郊。于是武王使群臣告语商百姓曰："上天降休⑥。"商人皆再拜稽首，武王亦答拜。遂入，至纣死所。武王自射之，三发而后下车，以轻剑击之⑦，以黄钺斩纣头，县太白之旗。已而至纣之嬖妾二女，二女皆经自杀⑧。武王又射三发，击以剑，斩以玄钺⑨，县其头小白之旗。武王已乃出复军⑩。

【注释】

①致师：大战开始前，让少数勇士冲入敌阵挑战。②大卒：大部队。大卒有兵车三百五十乘，士兵二万六千二百五十人，虎贲三千人。③亟：同"急"。倒兵：倒戈，调转兵器攻击自己原来一方。开：开路。④殊玉：特别珍贵的美玉。殊，亦作珠。⑤商国：商的国都，指朝歌。故城在今河南省淇县东北。⑥休：幸福。⑦轻剑：《尚书》作"轻吕击之"。轻吕是宝剑名。⑧嬖（bì）：宠爱。经：上吊。⑨玄钺：黑色的大斧，铁制。（黄钺是铜制的）。⑩复军：返回军中。

其明日，除道，修社及商纣宫。及期，百夫荷罕旗以先驱①。武王弟叔振铎奉陈常车②，周公旦把大钺，毕公把小钺③，以夹武王④。散宜生、太颠、闳夭皆执剑以卫武王。既入，立于社南大卒之，左右毕从。毛叔郑奉明水⑤，卫康叔封布兹⑥，召公奭赞采⑦，师尚父牵牲。尹佚策祝曰⑧："殷之末孙季纣，殄废先王明德⑨，侮蔑神祇不祀⑩，昏暴商邑百姓，其章显闻于天皇上帝⑪。"于是武王再拜稽首，曰："膺更大命，革殷，受天明命⑫。"武王又再拜稽首，乃出。

【注释】

①罕旗：即云罕旗。旗上有九条飘带。古代作为仪仗队的前驱。②奉：献上。陈：陈列。常车：仪仗车。车上插有日、月图象的太常旗，以示王者的威仪。③毕公：《史记志疑》认为毕公乃"召公"之误。④夹：立于左右。⑤毛叔郑：文王子毛伯明，名叔郑，封于毛（今河南宜阳）。明水：净水，月夜时用青铜镜所取得的露水，祭祀时作玄酒。《礼记·礼运》疏："玄酒，谓水也。"⑥卫康叔封：武王弟，名封。布：铺。兹：用公明草编的席子。⑦奭（shì）：召公的名。⑧尹佚：人名。武王相。策祝：读策书祝文。⑨殄（tiǎn）废：抛弃干净。⑩祇（qí）：地神。⑪其章：指纣的罪恶。⑫膺（yīng）：承受。更大命：更改天命，即更换朝代。

封商纣子禄父殷之余民①。武王为殷初定未集②，乃使其弟管叔鲜、蔡叔度相禄父治殷③。已而命召公释箕子之囚④；命毕公释百姓之囚，表商容之闾；命南宫括散鹿台之财，发钜桥之粟，以振贫弱萌隶⑤；命南宫括、史佚展九鼎保玉⑥；命闳夭封比干之墓；命宗祝享祠于军⑦。乃罢兵西归。行狩，记政事，作《武成》⑧。封诸侯，班赐宗彝⑨，作《分殷之器物》⑩。武王追思先圣王，乃褒封神农之后于焦，黄帝之后于祝，帝尧之后于蓟，帝舜之后于陈，大禹之后于杞⑪。于是封功臣谋士，而师尚父为首封。封尚父于营丘⑫，曰齐；封弟周公旦于曲阜，曰鲁；封召公奭于燕；封弟叔鲜于管；弟叔度于蔡。余各以次受封。

【注释】

①禄父：武庚的字。②定：平定。集：安定，统一，成功。③管叔鲜：周文王第三子。封地在管（今河南省郑州）。蔡叔度：周文王第五子。封地在蔡（今河南省上蔡县）。④已而：接着。⑤振：同"赈"，救济。萌隶：普通民众。⑥保玉：宝玉。保同"宝"。⑦宗祝：管祭祀的官名。享祠：祭祀鬼神，当指祭奠阵亡将士。⑧行狩：巡视。⑨班：同"颁"，分。宗彝：宗庙祭祀用的宝器。

⑩《分殷之器物》：根据《尚书·分器序》，"殷之""物"三字当为衍文。
⑪焦：地名。在今河南省陕县。祝：祝其，又名夹谷。在今山东省莱芜市东南。
蓟（jì）：在今北京市大兴区西南，非今日天津市之蓟县。陈：在今河南省淮阳县。
杞：在今河南杞县。⑫营丘：今山东省淄博市东北临淄区。

　　武王征九牧之君①，登豳之阜②，以望商邑。武王至于周，自夜不寐③。周
公旦即王所，曰："曷为不寐？"王曰："告女：维天不飨殷④，自发未生于今
六十年⑤，麋鹿在牧，蜚鸿满野⑥。天不享殷，乃今有成⑦。维天建殷，其登名民
三百六十夫⑧，不显亦不宾灭⑨，以至今。我未定天保⑩，何暇寐？"王曰："定
天保，依天室⑪。悉求夫恶，贬从殷王受⑫。日夜劳来，定我西土⑬，我维显服，
及德方明⑭。自洛汭延于伊汭，居易毋固，其有夏之居⑮。我南望三涂⑯，北望岳
鄙⑰，顾詹有河⑱，粤詹雒、伊⑲，毋远天室⑳。"营周居于雒邑而后去㉑。纵马于
华山之阳㉒，牧牛于桃林之虚㉓，偃干戈，振兵释旅㉔：示天下不复用也。

【注释】

　　①征：召集。九牧之君：九州的长官。②豳（bīn）：又作"邠"。原为武王
祖先公刘的国都所在地。在今陕西彬县、旬邑县一带。③自：虽。④天不飨殷：上
天不享用殷商的祭祀，意即上天抛弃了殷。⑤六十年：指从帝乙至伐纣的六十年
间。这是殷代日益衰亡的年代。⑥麋鹿：一种角象鹿，尾像驴，蹄像牛，颈像骆驼
的珍贵动物。蜚鸿：通"飞蛩（qióng）"，蝗虫。蜚鸿满野形容灾害严重，民不
聊生；一说，飞鸿指大雁，比喻贤臣遭到放逐。⑦成：指周朝成功王业，统一天下。
⑧"维天建殷"句：指殷朝初建立时，曾任用贤人三百六十人。登：任用。名民：
贤人。三百六十形容众多。⑨不显：政绩不显著。不宾灭：不至于灭亡。"宾"，
通"滨"，接近、走向。⑩未定天保：不能确定上天对周是否保佑。⑪依天室：使
天下的人都服从中央。天室指京都。⑫"悉求"二句：把恶人全部找出来，像惩罚
纣一样惩罚他们。夫（fú）：语气词，无义。受：殷纣的表字。⑬日夜劳来，定我
西土：不分日夜，犒劳百姓（或说为百姓操劳），招徕贤士，以使西土——周朝所
在地安定。⑭我维显服，及德方明：我要弄清各种事情，直到周朝的德行光照四方。
服：事。⑮汭（ruì）：河湾。居易毋固：地势平坦，没有险固。其有夏之居：正是
夏代定居的地方。⑯三涂：山名，在今河南省嵩县西南，伊水之北，俗称崖口或水
门。⑰岳：指太行山，或说指恒山。⑱詹：同"瞻"。观望。有河：指黄河。⑲粤：
语首助词，无义。⑳毋远天室：不要远离中央。或说，洛伊两岸之地是营建都城的
好处所，不可放弃。据下文，以后说较长。㉑雒邑：即今之洛阳（是西周的陪都）。
㉒华山：在陕西华阴市南。㉓桃林：塞名。在今河南灵宝以西至陕西潼关以东一带。
㉔偃：停息；放下。振兵释旅：指得胜后，整军返回国后，解散部队。

　　武王已克殷，后二年，问箕子殷所以亡。箕子不忍言殷恶，以存亡国宜告①。
武王亦丑②，故问以天道③。

【注释】

　　①存亡国宜：国家生存或灭亡的道理；或说即兴灭国、继绝世的道理。存：
保存。宜：义理。②丑：惭愧，难为情。③天道：治理天下的大道理。

　　武王病。天下未集，群公惧，穆卜①，周公乃祓斋②，自为质，欲代武王，
武王有瘳③。后而崩④，太子诵代立，是为成王。

【注释】

①穆卜：恭敬虔诚地占卜。②祓（fú）斋：斋戒沐浴，祭鬼神求福除灾。③瘳（chōu）：病势痊愈。④武王墓在陕西西安市临潼区西南二十八里毕原之上。武王在位年数，有四年、六年、七年等不同说法。

成王少，周初定天下，周公恐诸侯畔周，公乃摄行政当国①。管叔、蔡叔群弟疑周公，与武庚作乱，畔周。周公奉成王命，伐诛武庚、管叔，放蔡叔②。以微子开代殷后，国于宋③。颇收殷余民，以封武王少弟封为卫康叔④。晋唐叔得嘉谷⑤，献之成王，成王以归周公于兵所⑥。周公受禾东土，鲁天子之命⑦。初，管、蔡畔周，周公讨之，三年而毕定，故初作《大诰》，次作《微子之命》，次《归禾》，次《嘉禾》，次《康诰》《酒诰》《梓材》⑧。其事在周公之篇。周公行政七年，成王长，周公反政成王，北面就群臣之位⑨。

【注释】

①摄行政：暂时代理政务。当国：主持国家大事。②伐诛管叔、放蔡叔：事详《管蔡世家》。③以微子开代殷后，国于宋：事详《宋微子世家》。④卫康叔：事详《卫康叔世家》。⑤唐叔：成王弟叔虞，封于唐（今山西省翼城县一带）。唐后改称晋。嘉谷：象征吉祥的谷物。⑥归：通"馈"。赠送。兵所：打仗的地方（当时周公东征未回）。⑦鲁：通"旅"。⑧《大诰》《康诰》《酒诰》《梓材》：均《尚书》篇名。《微子之命》：见于古文《尚书》。《归禾》《嘉禾》：已亡佚。⑨反政：归政。反，同"返"。北面：面朝北方。古代君王坐北朝南，群臣朝拜时则面北。

成王在丰①，使召公复营洛邑，如武王之意。周公复卜，申视，卒营筑，居九鼎焉②。曰："此天下之中，四方入贡道里均。"作《召诰》《洛诰》③。成王既迁殷遗民④，周公以王命告，作《多士》《无佚》⑤。召公为保⑥，周公为师，东伐淮夷⑦，残奄⑧，迁其君薄姑⑨。成王自奄归，在宗周，作《多方》⑩。既绌殷命，袭淮夷，归在丰，作《周官》⑪。兴正礼乐，度制于是改，而民和睦，颂声兴⑫。成王既伐东夷，息慎来贺，王赐荣伯，作《贿息慎之命》⑬。

【注释】

①丰：地名。即丰邑。在沣水西岸，周文王都城。后周武王迁都沣水东岸，称镐京。在今陕西省西安市长安区。②居：安放。九鼎：我国古代国家政权的象征。相传夏禹铸九鼎，象征九州；商灭夏，迁九鼎于商邑；周灭商，又迁九鼎于洛邑。③《召诰》《洛诰》：均《尚书》篇名。④迁殷遗民：周公平定武庚叛乱后，把殷民迁往成周。⑤《多士》《无佚》：《尚书》篇名。⑥保：太保。⑦淮夷：居住于今徐州一带的古代民族。⑧奄：古诸侯国。居地在今山东省曲阜附近。残：灭。⑨薄姑：地名，一名"蒲姑"。⑩宗周：周王京都所在，指镐京（今陕西西安市西）。《多方》：《尚书》篇名。⑪《周官》：古文尚书篇名。⑫颂声：即颂歌。当指《诗经》中《大雅》《周颂》等篇。⑬息慎：《尚书》作"肃慎"，当时我国东北的部族。荣伯：人名。《贿息慎之命》：《尚书》篇名。今亡佚。"息慎来贺"等句，《尚书序》作"王俾荣伯作《贿息慎之命》"，文意较明。

成王将崩，惧太子钊之不任①，乃命召公、毕公率诸侯以相太子而立之。成王既崩，二公率诸侯，以太子钊见于先王庙，申告以文王、武王之所以为王业之不易，务在节俭，毋多欲，以笃信临之，作《顾命》②。太子钊遂立，是为康王。康王即位，遍告诸侯，宣告以文武之业以申之，作《康诰》③。故成、康之际，天下安宁，刑错四十余年不用④。康王命作策毕公分居里，成周郊，作《毕命》⑤。

【注释】

①任：胜任。②《顾命》：《尚书》篇名。③《康诰》：古文《尚书》作《康王之诰》。④刑错：刑法停止不用。形容民不犯法，社会安定。错：通"措"，废止。⑤分居里，成周郊：分出成周的一部分民众迁往郊区居住，作为成周的屏藩。《毕命》：古文《尚书》篇名。

康王卒，子昭王瑕立。昭王之时，王道微缺。昭王南巡狩不返，卒于江上①。其卒不赴告，讳之也②。立昭王子满，是为穆王。穆王即位，春秋已五十矣③。王道衰微，穆王闵文武之道缺，乃命伯同申诫太仆国之政，作《同命》④。复宁⑤。

【注释】

①《帝王世纪》："昭王德衰，南征，济于汉，船人恶之，以胶船进王，王御船至中流，胶液船解，王及祭公俱没于水中而崩。"②赴告：向诸侯报丧。③春秋：指年龄。④伯同（jiǒng）：人名。太仆：官名。管理周王生活和传达命令的官。《同命》：古文《尚书》篇名。⑤复宁：指国家恢复了安定的生活。

穆王将征犬戎①，祭公谋父谏曰②："不可。先王耀德不观兵③。夫兵戢而时动，动则威④；观则玩，玩则无震⑤。是故周文公之颂曰⑥：'载戢干戈，载櫜弓矢⑦，我求懿德，肆于时夏⑧，允王保之⑨。'先王之于民也，茂正其德而厚其性⑩，阜其财求而利其器用⑪，明利害之乡⑫，以文修之，使之务利而辟害，怀德而畏威，故能保世以滋大⑬。昔我先王世后稷⑭，以服事虞、夏。及夏之衰也，弃稷不务，我先王不窋用失其官，而自窜于戎狄之间。不敢怠业，时序其德，遵修其绪⑮，修其训典⑯，朝夕恪勤⑰，守以敦笃，奉以忠信。奕世载德，不忝前人⑱。至于文王、武王，昭前之光明而加之以慈和，事神保民，无不欣喜。商王帝辛大恶于民，庶民不忍，诉载武王，以致戎于商牧⑲。是故先王非务武也，勤恤民隐而除其害也。夫先王之制，邦内甸服，邦外侯服，侯卫宾服，夷蛮要服，戎翟荒服⑳。甸服者祭㉑，侯服者祀㉒，宾服者享㉓，要服者贡，荒服者王㉔。日祭，月祀，时享，岁贡，终王㉕。先王之顺祀也㉖，有不祭则修意㉗，有不祀则修言㉘，有不享则修文㉙，有不贡则修名㉚，有不王则修德，序成而有不至则修刑㉛。于是有刑不祭，伐不祀，征不享，让不贡，告不王㉜。于是有刑罚之辟，有攻伐之兵，有征讨之备，有威让之命，有文告之辞㉝。布令陈辞而有不至，则增修于德，无勤民于远㉞。是以近无不听，远无不服。今自大毕、伯士之终也㉟，犬戎氏以其职来王㊱。天子曰㊲：'予必以不享征之㊳，且观之兵。'无乃废先王之训，而王几顿乎㊴！吾闻犬戎树敦㊵，率旧德而守终纯固㊶，其有以御我矣㊷。"王遂征之，得四白狼、四白鹿以归。自是荒服者不至。

【注释】

①犬戎：居地在今陕西省西部，戎族的一支。②祭（zhài）公谋父（旧读fǔ）：人名。穆王大臣，封于祭，名谋父。③耀德不观兵：显示德行而不炫耀武力。④戢（jí）：收藏。时动：适时出动。韦昭说："时动，谓三时务农，一时讲武，守则有财，征则有威。"⑤玩：戏弄，轻视而不经心。⑥周文公：指周公旦。"载戢干戈"等五句见于《诗·周颂·时迈》。这首颂诗，传说为周公旦所作。⑦载：

语首助词，无义。櫜（gāo）：古代收藏弓箭的袋子。这里用如动词。⑧肆于时夏：推广到全中国。肆：呈现：扩张。时：是，此。夏：华夏，指中国。⑨允王保之：一定能用王道保有天下。允：信，一定。⑩茂正：正大。茂：或说通"懋"，勉力。⑪阜（fù）：丰富，多。⑫利害之乡：利益或祸害之所在。⑬滋大：增大。⑭世后稷：世代作农官。后稷，这里泛指农官，不专指周始祖弃。⑮序：继承。绪：事业。⑯训典：教化法度。⑰恪（kè）勤：恭谨而努力。⑱奕（yì）世：累世。⑲䜣：同"欣"。载：拥护，尊奉。载或作"戴"。⑳邦内：国都郊外五百里以内。侯卫：侯服的外卫。甸服、侯服等参看《夏本纪》注。㉑祭：参与祭奠天子的祖父和父亲。㉒祀：参与祭祀天子的高祖、曾祖。㉓享：献，指献上祭品。㉔王：承认周王的正统，表示臣服。㉕日祭：每日参与祭祀。月祀：按月参加祭祀。时享：按季贡献祭品。㉖顺祀：指推行以上祭祀的制度。㉗修意：指自我反省，以示诚意。㉘修言：检点语言号令。㉙修文：注意政令教化。㉚修名：注意尊卑名分。或说注意声威。㉛序成：上面诸事都依次办到了。修刑：用刑罚。㉜刑：惩治。征、伐：都是派兵进攻。但"征"限于上（天子）对下（诸侯），有道对无道；"伐"的范围较广。此处，征指出动周王朝的部队；伐指命令诸侯派兵讨伐。让，责备。㉝辟：法律。辞：辞令，文辞。㉞无：通"毋"。不要。勤民：使民众劳苦。㉟大毕、伯士：犬戎的两个君主。㊱以其职来王：按他们的职分尊奉周王，并来朝见。㊲天子：指穆王。㊳以不享征之：按不享的要求（对宾服的要求）来征伐它。㊴训：教诲。王几顿：先王的制度大概要困顿破坏。㊵树敦：树立了敦厚的风尚。一说"树敦"为犬戎国主名。㊶率旧德：遵循祖先传下的道德。守终纯固：始终如一地固守。㊷有以御我：有抵御我们的东西（指道德风尚能得民心）。

诸侯有不睦者，甫侯言于王，作修刑辟①。王曰："吁，来！有国有土，告汝祥刑②。在今尔安百姓，何择非其人，何敬非其刑，何居非其宜与③？两造具备④，师听五辞⑤。五辞简信，正于五刑⑥。五刑不简，正于五罚⑦。五罚不服，正于五过⑧。五过之疵，官狱内狱。阅实其罪，惟钧其过⑨。五刑之疑有赦，五罚之疑有赦，其审克之⑩。简信有众，惟讯有稽⑪。无简不疑，共严天威⑫。黥辟疑赦，其罚百率⑬，阅实其罪。劓辟疑赦，其罚倍洒⑭，阅实其罪。膑辟疑赦，其罚倍差⑮，阅实其罪。宫辟疑赦，其罚五百率⑯，阅实其罪。大辟疑赦⑰，其罚千率，阅实其罪。墨罚之属千⑱，劓罚之属千，膑罚之属五百，宫罚之属三百，大辟之罚其属二百：五刑之属三千⑲。"命曰《甫刑》。

【注释】

①甫侯：穆王的相。刑辟：刑法。②有国有土：即有国者有土者。指诸侯。祥刑：好的刑法。③敬：慎重。④两造：争论的两方都到达。造，至。⑤师：狱官。五辟：审案的五种方法。⑥简：检查核实。正于五刑：按五种刑律判决。⑦罚：出款赎罪。⑧不服：不能使犯者心服。五过：五种过失。⑨疵（cī）：毛病，缺点。官狱：利用做官的权势以假公济私的罪行。内狱：求情行贿等罪行。阅实：察看核实。钧其过：使处罚与过失相当。钧：同等；相当。或据《尚书·吕刑》马融注，执法的人如果不按事实而随便加重或包庇，他的罪过便与犯人相等。⑩疑：可疑之处。审克之：周密考虑便能得其理。⑪简信有众，惟讯有稽：检核确实，取信民众，必须审讯有依据。⑫无简不疑：没有检核确实，不能按可疑处理。共严天威：严敬天威。意思是不要轻易判决。表示对审判的极端重视。共，通"恭"。⑬黥

（qíng）辟：又叫墨刑，用刀刺刻犯人面额，再涂上墨。率（lǜ）：即"锾（huán）"。百锾为三斤，或说为六两。这句是说，犯黥刑而有可疑之处，便处以一百锾罚金。⑭劓（yì）辟：割掉鼻子的刑罚。倍洒（xǐ）：比墨刑加倍（即罚二百锾）。洒：通"蓰"，五倍。这里与"倍"连用时，只有加倍的意思。⑮膑（bìn）辟：剔掉膝盖骨的刑罚。倍差：比劓刑加一倍而减去三分之一。⑯宫辟：阉割生殖器官的刑罚。⑰大辟：杀头的刑罚。⑱属：种类；法律条文。⑲五刑之属三千：综合上面所述五种刑罚，共计有三千条。

穆王立五十五年，崩，子共王繄扈立①。共王游于泾上，密康公从②，有三女奔之③。其母曰④："必致之王。夫兽三为群，人三为众，女三为粲⑤。王田不取群⑥，公行不下众⑦，王御不参一族⑧。夫粲，美之物也。众以美物归女，而何德以堪之⑨？王犹不堪，况尔之小丑乎⑩？小丑备物，终必亡。"康公不献。一年，共王灭密⑪。共王崩，子懿王囏立。懿王之时，王室遂衰，诗人作刺⑫。

【注释】

①繄扈（yì hù）：《世本》作"伊扈"。共王的名字。②密康公：人名。密国诸侯。密国故城在泾水边，接近周王都城，是周同姓。③奔：私自投奔。④其母：《列女传》说密康公母姓隗。⑤三：指多数。⑥田：打猎。不取群：不猎取成群的野兽。⑦下众：使众人下车致敬。一说不能诬众。⑧御：娶嫔妃。参一族：取同一家族的三个女子。"参'用作动词，读同"三"。⑨堪：受得住。⑩尔之小丑：你这样的小辈人物。之：无义。丑：类，辈。⑪密康母关于小丑备物终必亡的这段议论，出自《国语·周语上》。⑫诗人作刺：诗人作诗讽刺。

懿王崩，共王弟辟方立，是为孝王。孝王崩，诸侯复立懿王太子燮，是为夷王。夷王崩，子厉王胡立。厉王即位三十年，好利，近荣夷公①。大夫芮良夫谏厉王曰②："王室其将卑乎？夫荣公好专利而不知大难③。夫利，百物之所生也，天地之所载也，而有专之，其害多矣。天地百物皆将取焉④，何可专也？所怒甚多⑤，而不备大难。以是教王，王其能久乎？夫王人者⑥，将导利而布之上下者也⑦。使神人百物无不得极⑧，犹日怵惕，惧怨之来也。故《颂》曰⑨：'思文后稷⑩，克配彼天⑪，立我烝民⑫，莫匪尔极⑬。'《大雅》曰⑭'陈锡载周⑮。'是不布利而惧难乎？故能载周以至于今。今王学专利，其可乎？匹夫专利，犹谓之盗，王而行之，其归鲜矣⑯。荣公若用，周必败也。"厉王不听，卒以荣公为卿士，用事。

【注释】

①荣夷公：人名。封地在荣（今河南省巩义市西）。②芮（ruì）良夫：人名。封地在芮（今陕西省大荔县东面）。③其：大概。④天地百物皆将取焉：指自然财物人人都可以取得一分。⑤所怒：触怒的人，招来的怨恨。⑥王人：作天下人的君王。⑦导利：指奖励生产，开发资源。布之上下：公平地分配财货给全国上下的人。⑧极：标准；适宜的位置。⑨《颂》：指《诗·周颂·思文》。⑩思：发语词。文：文德。⑪克：能够。⑫立我烝民：使我们众人能够立足生存。烝，《诗经》作"蒸"，众。⑬莫匪尔极：没有人不以你为标准（指学习后稷播种五谷）。⑭《大雅》：指《诗·大雅·文王》。⑮陈锡：普遍地赐给福利。陈，普遍地。载周：载成周道，指成就了周朝天下。⑯而：如果。

王行暴虐侈傲，国人谤王①。召公谏曰②："民不堪命矣③！"王怒，得卫巫④，使监谤者，以告则杀之。其谤鲜矣，诸侯不朝。三十四年，王益严，国人莫敢言，道路以目⑤。厉王喜，告召公曰："吾能弭谤矣⑥，乃不敢言。"召公曰："是障之也。防民之口，甚于防水⑦。水壅而溃⑧，伤人必多；民亦如之。是故为水者决之使导，为民者宣之使言⑨。故天子听政⑩，使公卿至于列士献诗⑪，瞽献曲⑫，史献书⑬，师箴⑭，瞍赋⑮，矇诵⑯，百工谏⑰，庶人传语⑱，近臣尽规⑲，亲戚补察⑳，瞽史教诲㉑，耆艾修之㉒，而后王斟酌焉，是以事行而不悖㉓。民之有口也，犹土之有山川也，财用于是乎出；犹其有原隰衍沃也㉔，衣食于是乎生。口之宣言也，善败于是乎兴。行善而备败，所以产财用衣食者也。夫民虑之于心而宣之于口，成而行之㉕。若壅其口，其与能几何㉖？"王不听。于是国莫敢出言㉗，三年，乃相与畔，袭厉王。厉王出奔于彘㉘。

【注释】

①侈傲：放肆傲慢。谤：议论批评，指责别人的过失。②召公：人名。周厉王大臣，召公奭的后裔，名虎，死后谥穆公。③堪：忍受。命：指暴虐的政令。④卫巫：卫国的巫者。巫，从事迷信活动的人。⑤道路以目：人们相见时，用交换眼色来示意。⑥弭（mǐ）：止住；消除。⑦障：防止。水：《国语·周语上》作"川"。⑧壅（yōng）：堵塞。⑨为：治。宣：开放。⑩听政：处理国事。⑪公卿：三公九卿，朝廷大臣。诗：指议论朝政得失的诗篇。⑫瞽（gǔ）：由盲人充当的乐官。曲：乐曲。⑬史：史官。书：指记载前代政治的史书。⑭师：乐师。箴（zhēn）：指进献箴言（寓有劝诫意义的文辞）。⑮瞍（sǒu）：没有眸子的盲人。赋：朗诵，朗诵公卿列士献的诗篇。⑯矇：有眸子而失明的人。⑰百工：百官。⑱庶人：众人。传语：把意见间接地传给国王。⑲近臣：左右侍从。尽规：尽规谏的职责。⑳亲戚：与国王同宗族的大臣。补察：弥漫王的过失，监察王的举动。㉑瞽：掌音乐的太师。史：掌礼法的太史。㉒耆艾：老年人，指国王师傅与朝中其他老臣。古称五十岁为艾，六十岁为耆。㉓悖（bèi）：违背常理。㉔原：高峻而平坦的土地。隰：（xí）低下而潮湿的土地。沃：有水灌溉的土地。㉕成而行之：心里想成以后便流露出来。㉖与：赞同。几何：多少。㉗《国语》公序本在"国"下有"人"字。㉘彘（zhì）：在今山西省霍县。

厉王太子静匿召公之家，国人闻之，乃围之。召公曰："昔吾骤谏王，王不从，以及此难也。今杀王太子，王其以我为仇而怼怒乎①？夫事君者，险而不仇怼②，怨而不怒③，况事王乎！"乃以其子代王太子，太子竟得脱④。

【注释】

①骤：多次。怼（duì）：怨恨。②险：处于危险之中。③怨：埋怨。④代王太子：召公以其子代太子事。

召公、周公二相行政①，号曰"共和"②。共和十四年，厉王死于彘。太子静长于召公家，二相乃共立之为王，是为宣王。宣王即位，二相辅之，修政，法文、武、成、康之遗风，诸侯复宗周。十二年，鲁武公来朝。

【注释】

①召公：即召虎。周公：周公旦次子的后代。周公长子伯禽就封于鲁国；次子留京都相周，世代为周公。②"共和"：指周公、召公与诸侯和衷共济，共同管理国政。自共和元年（前841年）开始，我国历史已有准确的纪年。

宣王不修籍于千亩①，虢文公谏曰②："不可。"王弗听。三十九年，战于千亩③，王师败绩于姜氏之戎④。

【注释】

①修籍：耕种籍田。古代，帝王在春耕前要亲执农具耕田，以表示重农。千亩：旧说指籍田亩数。应劭说："古者天子耕籍田千亩，为天下先。"②虢（guó）文公：文王母弟虢仲之后。虢，国名。这里是指西虢。③千亩：地名。在今山西省介休市境内。④姜氏之戎：戎族的一支。

宣王既亡南国之师①，乃料民于太原②。仲山甫谏曰③："民不可料也。"宣王不听，卒料民。

【注释】

①韦昭《国语》注："败于姜戎时所亡也。南国，江汉之间。"②料民：计点民众数字，以便征兵。料：数。太原：地名。③仲山甫：人名。辅佐宣王中兴的名臣。封地在樊（今河南省济源市西南）。

四十六年，宣王崩①，子幽王宫涅立。幽王二年，西周三川皆震②。伯阳甫曰③："周将亡矣。夫天地之气，不失其序；若过其序，民乱之也④。阳伏而不能出，阴迫而不能蒸，于是有地震⑤。今三川实震，是阳失其所而填阴也⑥。阳失而在阴，原必塞⑦；原塞，国必亡⑧。夫水土演而民用也⑨。土无所演，民乏财用，不亡何待？昔伊、洛竭而夏亡⑩，河竭而商亡⑪。今周德若二代之季矣⑫，其川原又塞，塞必竭。夫国必依山川，山崩川竭，亡国之征也。川竭必山崩。若国亡不过十年，数之纪也。天之所弃，不过其纪⑬。"是岁也，三川竭，岐山崩。

【注释】

①宣王崩：周宣王于前827年即位，死于前782年。②三川：指周都城附近的三条河流，即渭水、泾水、洛水（陕西洛水）。③伯阳甫：人名。周大夫。④序：次序，常态或规律。民乱之也：人扰乱了它。（这是一种天人感应观念。实际上，暗指幽王的政治举动扰乱了天序。）⑤阳：阳气。阳伏：阳气在下（阳气本应在上）。阴迫：阳气被阴气逼迫。蒸：上升。⑥阳失其所：阳气失掉它应在的位置（指不在上）。填（zhèn）阴：被阴气所镇伏。⑦阳失在阴：阳气失去其原来的所在而居于阴气之下。⑧古人认为立国要依靠山河，山河的气运关系到国家的气运。⑨演：通畅而湿润。泉源通畅，土气湿润，便可生长作物，供民众应用。⑩伊：伊水。洛：洛水（河南洛水）。两水流域是夏王朝的活动中心。⑪河竭：黄河水枯竭（可能是大干旱或改道）。⑫二代之季：二代指夏朝和商朝。季，末世，末年。这是说幽王相当于夏桀与商纣。⑬数之纪：数起于一，终于十，故以十为数的总头绪。

三年，幽王嬖爱褒姒①。褒姒生子伯服，幽王欲废太子。太子母申侯女②，而为后。后幽王得褒姒，爱之，欲废申后，并去太子宜臼，以褒姒为后，以伯服为太子。周太史伯阳读史记曰③："周亡矣。"昔自夏后氏之衰也，有二神龙止于夏帝庭而言曰："余，褒之二君④。"夏帝卜：杀之，与去之，与止之，莫吉⑤。卜，请其漦而藏之⑥，乃吉。于是布币而策告之⑦，龙亡而漦在，椟而去之⑧。夏亡，传此器殷。殷亡，又传此器周。比三代，莫敢发之。至厉王之末，发而观之。漦流于庭，不可除。厉王使妇人裸而噪之⑨，漦化为玄鼋⑩，以入王后宫。后宫之童妾既龀而遭之，既笄而孕，无夫而生子⑪，惧而弃之。宣王之时童女谣曰⑫："檿弧箕服，实亡周国⑬。"于是宣王闻之，有夫妇卖是器者，宣王使执而戮之。逃于道，而见乡者后宫童妾所弃妖子出于路者⑭，闻其夜啼，哀而收之。夫妇遂亡，奔于褒。褒人有罪，请入童妾所弃女子者于王以赎罪⑮。弃女子出于褒，是为褒姒。当幽王三年，王之后宫，见而爱之，生子伯服。竟废申后及太子，以褒姒为后，伯服为太子。太史伯阳曰："祸成矣，无可奈何！"

【注释】

①褒：诸侯国名。故地在今陕西省汉中市西北褒城一带，姓姒。褒姒是褒国进献的女子，故以国名和国姓称她。②申：诸侯国名。故地在今河南省南阳市北，姓姜。③伯阳：即伯阳甫。史记：历史书籍。④余：龙自称。它自言是褒国的两位先君。⑤去：赶跑。止：留住。⑥漦（lí）：唾液。⑦布：陈列。币：丝织品，作祭物用。⑧椟：匣子。此处用如动词。⑨噪（zào）：大声吵嚷。⑩玄：黑色。鼋（yuán）：通"蚖"。即蜥蜴。⑪童妾：小女婢。齔（chèn）：换乳牙，即六七岁左右。此指童幼。既笄（jī）：可以插簪子的年龄。指女子成年。子：古代男孩和女孩都称子。⑫谣：歌谣。此处特指一种预示吉凶的歌谣，往往通过小儿之口唱出。⑬檿（yǎn）弧：用山桑做的弓。箕服：箕木制成的箭袋。⑭乡者：过去。乡通"向"。⑮据《国语》记载，周幽王伐褒，褒人献出褒姒。

褒姒不好笑，幽王欲其笑万方①，故不笑。幽王为烽燧、大鼓②，有寇至则举烽火。诸侯悉至，至而无寇，褒姒乃大笑。幽王说之，为数举烽火。其后不信，诸侯益亦不至。

【注释】

①万方：各种方法。②烽燧（suì）：古代在边疆筑高台举火报警。白天燃烽（狼烟）以望火烟，夜晚举燧（火把）以望火光。

幽王以虢石父为卿，用事，国人皆怨。石父为人佞巧①，善谀好利，王用之。又废申后，去太子也②。申侯怒，与缯③、西夷犬戎攻幽王。幽王举烽火征兵，兵莫至。遂杀幽王骊山下④，虏褒姒，尽取周赂而去⑤。于是诸侯乃即申侯而共立故幽王太子宜臼，是为平王，以奉周祀。

【注释】

①佞巧：会说话而奸诈。一作"谄巧"。②此句指虢石父也是促成废申后与太子的人。③缯：国名。在今河南省方城县。④骊（lí）山：山名。在今陕西省西安市临潼区东南。⑤赂（lù）：财物。《竹书纪年》："自武王灭殷以至幽王，凡二百五十七年也。"以上为西周。

平王立，东迁于雒邑，辟戎寇。平王之时，周室衰微，诸侯强并弱，齐、楚、秦、晋始大，政由方伯①。

四十九年，鲁隐公即位。

五十一年，平王崩，太子洩父蚤死②，立其子林，是为桓王。桓王，平王孙也。

桓王三年，郑庄公朝，桓王不礼③。五年，郑宛，与鲁易许田④。许田，天子之用事太山田也⑤。八年，鲁杀隐公，立桓公。十三年，伐郑，郑射伤桓王⑥，桓王去归。

【注释】

①方伯：诸侯中势力强大的首领。②蚤：通"早"。③不礼：不以礼相待。④许田：在今河南许昌，周成王赐给鲁作朝见周王时住宿的邑田。⑤用事太山：即祭祀泰山。⑥郑射伤桓王：繻葛之役，郑国将领祝聃射中周桓王的肩。

二十三年，桓王崩，子庄王佗立。庄王四年，周公黑肩欲杀庄王而立王子克①。辛伯告王②，王杀周公。王子克奔燕。

【注释】

①王子克：桓王之子，庄王之弟，名子仪。桓王宠爱子仪，命周公黑肩辅佐他。②辛伯：周大夫。

十五年，庄王崩，子釐王胡齐立，釐王三年，齐桓公始霸。

五年，釐王崩，子惠王阆立①。惠王二年，初，庄王嬖姬姚，生子颓②，颓有宠。及惠王即位，夺其大臣园以为囿③。故大夫边伯等五人作乱④，谋召燕、卫师，伐惠王。惠王奔温⑤，已居郑之栎⑥。立釐王弟颓为王。乐及遍舞⑦，郑、虢君怒。四年，郑与虢君伐杀王颓，复入惠王。惠王十年，赐齐桓公为伯⑧。

【注释】

①阆（làng）：《世本》作"毋蚁"。②姚：姓。③囿（yòu）：养动物的园地。④据《左传》记载，五人是蒍（wěi）国、边伯、詹父、子禽、祝跪。⑤温：地名。今河南温县。⑥栎（lì）：地名。今河南禹县。⑦遍舞：各种音乐舞蹈。⑧伯：诸侯的首领。

二十五年，惠王崩，子襄王郑立。襄王母早死，后母曰惠后①。惠后生叔带，有宠于惠王，襄王畏之。三年，叔带与戎、翟谋伐襄王，襄王欲诛叔带，叔带奔齐。齐桓公使管仲平戎于周，使隰朋平戎于晋②。王以上卿礼管仲。管仲辞曰："臣贱有司也③。有天子之二守国、高在④，若节春秋来承王命⑤，何以礼焉？陪臣敢辞⑥。"王曰："舅氏⑦，余嘉乃勋⑧，毋逆朕命。"管仲卒受下卿之礼而还。九年，齐桓公卒。十二年，叔带复归于周。

【注释】

①惠后：惠王之后。②齐桓公叫晋国伐戎救周，故派管仲使周，派隰朋使晋，平定戎乱。③贱有司：地位低微的小臣。④国、高：国氏与高氏，是周天子任命的齐国守臣，他两人都是上卿。⑤节春秋：按春秋朝聘的时节。⑥陪臣：诸侯的臣下。齐侯是天子的臣下，管仲又是齐侯的臣下，故称陪臣。⑦舅氏：周武王娶齐太公女为后，故齐周世代为舅甥关系。这里是周王把管仲当作舅氏的使者。⑧嘉：嘉奖。勋：功绩。

十三年，郑伐滑①。王使游孙，伯服请滑②，郑人囚之。郑文公怨惠王之入不与厉公爵③，又怨襄王之与卫滑④，故囚伯服。王怒，将以翟伐郑。富辰谏曰⑤："凡我周之东徙，晋、郑焉依⑥。子颓之乱，又郑之由定。今以小怨弃之！"王不听。十五年，王降翟师以伐郑。王德翟人，将以其女为后。富辰谏曰："平、桓、庄、惠皆受郑劳，王弃亲亲翟，不可从。"王不听。十六年，王绌翟后，翟人来诛，杀谭伯⑦。富辰曰："吾数谏不从，如是不出⑧，王以我为怼乎？"乃以其属死之⑨。

【注释】

①滑：姬姓小国，在今河南偃师县南。②游孙、伯服：皆周大夫。请滑：为滑讲情。③爵：酒杯。据《左传》庄公二十一年（即周惠王四年）记载，惠王到郑、虢两国巡狩，把玉爵送给了虢公，而没有送给郑伯。④与：偏向；赞助，友好。⑤富辰：周大夫。⑥东徙：指平王避难东迁洛邑。晋郑焉依：依靠晋郑两国

的力量。焉，帮助宾语前置的助词。⑦十六年：《国语·周语中》作"十八年"。谭伯：周大夫。⑧如是不出：如果这时不挺身而出。⑨其属：私人的部属。死之：与翟人作战而死。

初，惠后欲立王子带，故以党开翟人①，翟人遂入周。襄王出奔郑，郑居王于氾②。子带立为王，取襄王所绌翟后③，与居温。十七年，襄王告急于晋，晋文公纳王而诛叔带。襄王乃赐晋文公珪、鬯、弓矢④，为伯，以河内地与晋⑤。二十年，晋文公召襄王，襄王会之河阳、践土⑥，诸侯毕朝。书讳曰："天王狩于河阳⑦。"

【注释】

①以党开翟人：让自己的亲信为翟人开路。②氾（fàn）：郑地。在今河南省襄城境内。③取：同"娶"。绌：通"黜"。贬斥，废退。④珪（guī）：用作凭信的玉器，上圆下方，帝王诸侯在朝会、祭祀时，拿着它作为凭证。鬯（chàng）：祭祀用的香酒。⑤河内地：黄河北岸的土地，指杨樊、温、原、攒茅等处。⑥河阳：晋地。在今河南省孟州市西。践土：郑地。在今河南原阳县东南。⑦天王：指周天子。狩：巡视。

二十四年，晋文公卒。

三十一年，秦穆公卒。

三十二年，襄王崩，子顷王壬臣立。顷王六年，崩，子匡王班立。匡王六年，崩，弟瑜立，是为定王。

定王元年，楚庄王伐陆浑之戎①，次洛②，使人问九鼎③。王使王孙满应设以辞④，楚兵乃去。十年，楚庄王围郑，郑伯降，已而复之。十六年，楚庄王卒。

【注释】

①陆浑之戎：戎族的一支，世居陆浑（在秦晋两国的西北），后徙居伊川（今河南省伊川县和嵩县东北一带）。②次：临时驻扎。③问九鼎：九鼎是夏、商、周三代象征中央王权的国宝。楚庄王问鼎，表现出要取代周王朝的野心。④王孙满：周大夫。

二十一年，定王崩，子简王夷立。简王十三年，晋杀其君厉公，迎子周于周，立为悼公。

十四年，简王崩，子灵王泄心立。灵王二十四年，齐崔杼弑其君庄公。

二十七年，灵王崩，子景王贵立。景王十八年，后太子圣而早卒。二十年，景王爱子朝，欲立之。会崩①，子丐之党与争立。国人立长子猛为王，子朝攻杀猛。猛为悼王②。晋人攻子朝而立丐，是为敬王。

【注释】

①会崩：指正当景王要立子朝之时死去。会：正当其时。②悼王：因在位不久即被杀，故谥悼王。

敬王元年，晋人入敬王；子朝自立，敬王不得入，居泽①。四年，晋率诸侯入敬王于周，子朝为臣②。诸侯城周③。十六年，子朝之徒复作乱，敬王奔于晋。十七年，晋定公遂入敬王于周。

三十九年，齐田常杀其君简公。

四十一年，楚灭陈④。孔子卒。

四十二年，敬王崩⑤，子元王仁立⑥。元王八年，崩，子定王介立⑦。

【注释】

①泽：地名。《集解》引贾逵语，认为是周地。实应为晋地。②子朝为臣：《春秋》作"子朝奔楚"。③诸侯城周：《春秋》记城周事在昭公三十二年，相当敬王十年。此记于敬王四年。④四十一年，楚灭陈。⑤四十二年，敬王崩：《帝王世纪》作"敬王四十四年"；《十二诸侯年表》作"四十三年，敬王崩。"均与此处记载不一。⑥仁：《世本》作"赤"。⑦定王：《世本》作"贞王"，《帝王世纪》作"贞定王"。

定王十六年，三晋灭智伯①，分有其地。二十八年，定王崩②，长子去疾立，是为哀王。哀王立三月，弟叔袭杀哀王而自立③，是为思王。思王立五月，少弟嵬攻杀思王而自立，是为考王。此三王皆定王之子。

【注释】

①三晋：指韩、赵、魏。②二十八年，定王崩：《帝王世纪》说，贞定王在位仅十年。③叔：周思王的名字。

考王十五年，崩，子威烈王午立。

考王封其弟于河南，是为桓公①，以续周公之官职②。桓公卒，子威公代立。威公卒，子惠公代立，乃封其少子于巩以奉王，号东周惠公③。

【注释】

①河南：即成周（今洛阳市）。　桓公：名揭，封邑号西周。②周公：周公旦的次子留在京城辅佐周王，世袭周公之职。周庄王杀周公黑肩之后，周公之职便空缺了很久。③东周惠公：西周惠公的少子，承袭父号而居在今巩义市，今巩义市在洛阳之东，故号东周惠公。

威烈王二十三年，九鼎震。命韩、魏、赵为诸侯。

二十四年，崩，子安王骄立。是岁，盗杀楚声王。

安王立二十六年，崩，子烈王喜立。烈王二年，周太史儋见秦献公曰："始周与秦国合而别，别五百载复合，合十七岁而霸王者出焉①。"

【注释】

①太史儋（dān）的话是一段神秘的预言，解释不一。

十年①，烈王崩，弟扁立，是为显王。显王五年，贺秦献公，献公称伯。九年，致文武胙于秦孝公②。二十五年，秦会诸侯于周。二十六年，周致伯于秦孝公③。三十三年，贺秦惠王。三十五年，致文武胙于秦惠王。四十四年，秦惠王称王。其后诸侯皆为王。

【注释】

①十：当作"七"。②文武胙（zuò）：祭祀周文王、武王以后的祭肉。把这种祭肉送给诸侯，是周王的一种特殊礼遇。③致伯：送给方伯（诸侯首领）的称号。

四十八年，显王崩，子慎靓王定立。慎靓王立六年，崩，子赧王延立。王赧时，东西周分治①。王赧徙都西周②。

【注释】

①东西周分治：周赧王已成傀儡，东周公居今巩义市，西周公居洛阳，各自为政。②王赧徙都西周：指周赧王由成周（瀍水东）西徙，迁回王城（瀍水西）。

西周武公之共太子死①，有五庶子，毋適立②。司马翦谓楚王曰③："不如以地资公子咎，为请太子。"左成曰④："不可。周不听，是公之知困而交疏于周也。不如请周君孰欲立，以微告翦⑤，翦请令楚贺之以地。"果立公子咎为太子。

【注释】

　①西周武公：《战国策》作"东周武公"。②毋適立：没有嫡子可立。③司马翦：楚国大臣。④左成：楚臣。⑤微告：暗示。

八年，秦攻宜阳①，楚救之。而楚以周为秦故，将伐之②。苏代为周说楚王曰③："何以周为秦之祸也？言周之为秦甚于楚者，欲令周入秦也，故谓'周秦'也④。周知其不可解，必入于秦，此为秦取周之精者也⑤。为王计者，周于秦因善之，不于秦亦言善之，以疏之于秦。周绝于秦，必入于郢矣⑥。"

【注释】

　①宜阳：地名，属于韩国。今河南宜阳县。②楚以周为秦故，将伐之：秦攻韩，楚救之。周亦出兵，楚疑周出兵在助秦，因而伐周。③苏代：著名策士。④周秦：周秦相近，秦想并吞周而外表对周和睦，所以当时人都称"周秦"。⑤精：精妙的策划。⑥郢：楚都，在今湖北省江陵县东北。这里指代楚国。

秦借道两周之间，将以伐韩①。周恐借之畏于韩，不借畏于秦。史厌谓周君曰②："何不令人谓韩公叔曰③：'秦之敢绝周而伐韩者④，信东周也。公何不与周地，发质使之楚？秦必疑楚，不信周，是韩不伐也。'又谓秦曰：'韩强与周地，将以疑周于秦也。周不敢不受。'秦必无辞而令周不受，是受地于韩而听于秦⑤。"

【注释】

　①两周之间：东周（今巩义市）与西周（洛阳）之间。②史厌：谋士。周君：指西周武公。③韩公叔：一作"何公叔"，韩国当政者。④绝：穿过。⑤听于秦：取得秦国谅解。

秦召西周君，西周君恶往，故令人谓韩王曰："秦召西周君，将以使攻王之南阳也①，王何不出兵于南阳？周君将以为辞于秦②。周君不入秦，秦必不敢逾河而攻南阳矣。"

东周与西周战，韩救西周。或为东周说韩王曰："西周故天子之国，多名器重宝。王案兵毋出，可以德东周，而西周之宝必可以尽矣③。"

【注释】

　①南阳：在今河南获嘉县。非指宛。②以为辞：以此为借口。③此句意为，韩兵不动，西周一定不断向韩交名器重宝以求帮助。

王赧谓成君①。楚围雍氏②，韩征甲与粟于东周。东周君恐，召苏代而告之。代曰："君何患于是？臣能使韩毋征甲与粟于周，又能为君得高都③。"周君曰："子苟能，请以国听子。"代见韩相国曰："楚围雍氏，期三月也④。今五月不能拔，是楚病也⑤。今相国乃征甲与粟于周，是告楚病也⑥。"韩相国曰："善。"使者已行矣，代曰："何不与周高都？"韩相国大怒曰："吾毋征甲与粟于周亦已多矣，何故与周高都也？"代曰："与周高都，是周折而入于韩也⑦。秦闻之必大怒忿周，即不通周使，是以弊高都得完周也⑧。曷为不与？"相国曰："善。"果与周高都。

周
本
纪
第
四

【注释】

①成君：意即名义上的周王。②雍氏：韩地，即雍梁，今河南禹县东北。③高都：韩地，今河南洛阳市南。④期：预料。⑤病：疲敝。⑥告楚病：把韩国的疲敝告知楚国。⑦折而入于韩：转而投靠韩国。⑧弊：疲惫，凋敝。得完周：得到一个完整的周国。

三十四年，苏厉谓周君曰①："秦破韩魏，扑师武②，北取赵蔺、离石者③，皆白起也④。是善用兵，又有天命。今又将兵出塞攻梁⑤，梁破则周危矣。君何不令人说白起乎？曰：'楚有养由基者，善射者也。去柳叶百步而射之，百发而百中。左右观者数千人，皆曰善射。有一夫立其旁，曰："善，可教射矣！"养由基怒，释弓搤剑⑥，曰："客安能教我射乎？"客曰："非吾能教子支左诎右也⑦。夫去柳叶百步而射之，百发而百中之，不以善息，少焉气衰力倦，弓拨矢钩⑧，一发不中者，百发尽息。"今破韩、魏，扑师武，北取赵蔺、离石者，公之功多矣。今又将兵出塞，过两周，倍韩⑨，攻梁，一举不得，前功尽弃。公不如称病而无出。'"

【注释】

①苏厉：著名策士。②扑：打败。师武：魏将名。③蔺：地名。赵国的蔺邑，在今山西省吕梁市离石区西。离石：赵邑名。在今山西省吕梁市离石区。④白起：秦国名将。⑤塞：指伊阙塞。在洛阳市南十九里。⑥搤（è）：握住。⑦支左诎右：支撑左手，弯曲右手，指射箭的姿势。⑧拨：不正。⑨倍：通"背"，背对。

四十二年，秦破华阳约①。马犯谓周君曰："请令梁城周②。"乃谓梁王曰："周王病若死，则犯必死矣③。犯请以九鼎自入于王，王受九鼎而图犯④。"梁王曰："善。"遂与之卒，言戍周⑤。因谓秦王曰："梁非戍周也，将伐周也。王试出兵境以观之。"秦果出兵。又谓梁王曰："周王病甚矣，犯请后可而复之⑥。今王使卒之周，诸侯皆生心⑦，后举事且不信。不若令卒为周城，以匿事端⑧。"梁王曰："善。"遂使城周。

【注释】

①秦破华阳约：周赧王四十二年，秦破坏与魏签订的条约，在华阳袭击魏将芒卯。②城周：在周的国都筑城。③病：指周君忧惧秦兵到来，生了重病。犯必死矣：马犯身为周臣，国破君亡，惟有一死。④图犯：为我马犯谋出路。⑤戍周：防守西周都城。⑥后可而复之：等以后周君同意了再答应将九鼎给梁的事。⑦生心：产生疑心，以为梁的真实目的是伐周，取九鼎。⑧匿：隐匿；平息。

四十五年，周君之秦客谓周冣曰①："公不若誉秦王之孝，因以应为太后养地②。秦王必喜。是公有秦交。交善，周君必以为公功；交恶，劝周君入秦者必有罪矣。"秦攻周，而周冣谓秦王曰："为王计者不攻周。攻周，实不足以利，声畏天下。天下以声畏秦，必东合于齐。兵弊于周③，合天下于齐，则秦不王矣。天下欲弊秦，劝王攻周。秦与天下弊，则令不行矣。"

【注释】

①周冣（jù）：人名。一作"最"。周的公子。冣，同"聚"。②应：地名。属西周。在今河南省鲁山县东，宝丰县南。太后：指秦昭王母宣太后芈氏。③弊：疲劳，疲敝。

五十八年,三晋距秦。周令其相国之秦,以秦之轻也,还其行①。客谓相国曰:"秦之轻重未可知也。秦欲知三国之情②,公不如急见秦王曰:'请为王听东方之变。'秦王必重公。重公,是秦重周,周以取秦也③;齐重,则固有周聚以收齐④;是周常不失重国之交也⑤。"秦信周,发兵攻三晋。

【注释】

①还其行:中途返回。②三国:指三晋(韩、赵、魏)。③周以取秦:周因你而取得秦的重视。④周聚:即周冣。他事齐,取得了齐国的欢心。⑤重国:强国。

五十九年,秦取韩阳城,负黍①。西周恐,倍秦,与诸侯约从②,将天下锐师出伊阙攻秦,令秦无得通阳城。秦昭王怒,使将军摎攻西周③。西周君奔秦,顿首受罪,尽献其邑三十六,口三万。秦受其献,归其君于周。

【注释】

①阳城:地名。在今河南登封市东南告城镇。负黍:亭名。在阳城西南。②从:同"纵"。合纵。③摎(liú):姓。

周(君)王赧卒①,周民遂东亡。秦取九鼎宝器,而迁西周公于𢠼狐②。后七岁,秦庄襄王灭东周。东西周皆入于秦,周既不祀③。

【注释】

①周(君)王赧:即周赧王,"君"字衍文。旧说指西周武公和周王赧。②𢠼(dàn)狐聚:地名。在今河南洛阳市南,临汝县西北。③既:尽。不祀:无人主持祭祀,指亡国。

太史公曰:学者皆称周伐纣居洛邑,综其实不然。武王营之,成王使如公卜居,居九鼎焉,而周复都丰、镐。至犬戎败幽王,周乃东徙于洛邑。所谓"周公葬我毕",毕在镐东南杜中①。秦灭周。汉兴九十有余载②,天子将封泰山,东巡狩至河南,求周苗裔,封其后嘉三十里地,号曰:"周子南君③",比列侯,以奉其先祭祀。

【注释】

①杜:地名。在今陕西西安市长安区南。一作"社"。②汉兴九十有余载:指汉武帝元鼎四年(前113年)。③嘉:人名。子南:封邑名,在今河南临汝县东。

秦本纪第五

秦之先,帝颛顼之苗裔孙曰女修①。女修织,玄鸟陨卵,女修吞之,生子大业②。大业取少典之子③,曰女华。女华生大费,与禹平水土。已成,帝锡玄圭。禹受曰:"非予能成,亦大费为辅。"帝舜曰:"咨!尔费,赞禹功,其赐尔卓游④。尔后嗣将大出⑤。"乃妻之姚姓之玉女。大费拜受,佐舜调驯鸟兽,鸟兽多驯服,是为柏翳⑥。舜赐姓嬴氏。

【注释】

①颛顼：高阳氏。②玄鸟：燕子。吞燕卵生子这一传说与商代一致，曲折地反映了氏族社会只知有母不知有父的现实。③少典：部族名。子：此指女儿。④赞：助。卓游：黑色的旌旗飘带。游，通"旒（liú）"，旗帜边缘上悬挂的装饰品。⑤后嗣：后代。大出：兴旺。⑥柏翳：有人认为便是伯益。

大费生子二人：一曰大廉，实鸟俗氏；二曰若木，实费氏。其玄孙曰费昌①，子孙或在中国，或在夷狄。费昌当夏桀之时，去夏归商，为汤御②，以败桀于鸣条。大廉玄孙曰孟戏、中衍，鸟身人言③。帝太戊闻而卜之使御④，吉，遂致使御而妻之。自太戊以下，中衍之后，遂世有功，以佐殷国，故嬴姓多显，遂为诸侯。

【注释】

①其：指若木。②御：驾车。③孟戏、中衍：两兄弟名。鸟身：形状似鸟。④太戊：商朝第七代的君主。

其玄孙曰中潏①，在西戎，保西垂②。生蜚廉。蜚廉生恶来。恶来有力，蜚廉善走，父子俱以材力事殷纣。周武王之伐纣，并杀恶来。是时蜚廉为纣石北方③，还，无所报，为坛霍太山而报④，得石棺，铭曰⑤："帝令处父不与殷乱，赐尔石棺以华氏⑥。"死，遂葬于霍太山。蜚廉复有子曰季胜。季胜生孟增。孟增幸于周成王，是为宅皋狼⑦。皋狼生衡父。衡父生造父。造父以善御幸于周缪王⑧。得骥、温骊、骅骝、騄耳之驷⑨，西巡狩，乐而忘归。徐偃王作乱⑩，造父为缪王御，长驱归周，一日千里以救乱。缪王以赵城封造父⑪，造父族由此为赵氏。自蜚廉生季胜已下五世至造父，别居赵，赵衰其后也⑫。恶来革者，蜚廉子也，早死，有子曰女防⑬。女防生旁皋，旁皋生太几，太几生大骆，大骆生非子。以造父之宠，皆蒙赵城，姓赵氏。

【注释】

①中潏（jué）：一作"仲滑"。②西垂：西部边境。殷、周时对今甘肃东南部一带的泛称。③"石"字后有脱误。《帝王世纪》："作石椁于北方。"④为坛：筑祭坛。霍太山：即霍山，也称太岳山，在山西省霍县东南。报：报祭，向死者致命的意思。⑤铭：指石棺上刻的字句。⑥帝：天帝。处父：蜚廉字。华氏：使氏族增添光彩。《孟子》："驱蜚廉于海隅戮之"。与此处记载不同。⑦宅皋狼：名号。传说孟增曾居皋狼县，故以居地为号。皋狼，又名郭狼，在今山西吕梁市离石区西北。⑧缪：即"穆"。⑨骥、温骊、骅骝（liú）、騄（lù）耳：皆良马名。驷：驾车的马，古代四马同驾一车。⑩作偃王：徐国（今江苏泗洪县南）的国君，相传为周、楚所灭。⑪赵城：地名。故址在今山西省洪洞县北。⑫赵衰：晋国著名大夫，赵国的奠基人。事迹见《赵世家》《晋世家》。⑬恶来革：有人说即恶来，但与上文不合。

非子居犬丘，好马及畜，善养息之①。犬丘人言之周孝王，孝王召使主马于汧渭之间②。马大蕃息。孝王欲以为大骆适嗣③。申侯之女为大骆妻，生子成为适。申侯乃言孝王曰："昔我先郦山之女④，为戎胥轩妻⑤，生中潏，以亲故归周，保西垂，西垂以其故和睦。今我复与大骆妻，生适子成。申骆重婚，西戎皆服，所以为王⑥。王其图之。"于是孝王曰："昔伯翳为舜主畜，畜多息，故有土，赐姓嬴。今其后世亦为朕息马，朕其分土为附庸⑦。"邑之秦⑧，使复续嬴氏祀，号曰秦嬴。亦不废申侯之女子为骆适者，以和西戎。

【注释】

①犬丘：又名槐里、废丘，在今陕西兴平市东南。②汧（qiān）：渭河支流，源于陕西陇县西，今名千河。③適（dí）嗣：继承人。適，通嫡。非子不是正妻所生，本不能作继承人。④昔我先郦山之女：意即我祖先居住郦山时生下的一个女儿。⑤胥轩：仲衍的曾孙。⑥所以为王：这是你得以称王的原因。⑦附庸：附属于大国的小国。⑧邑之秦：赐他秦地作封邑。邑，作动词用。秦邑即秦亭，在今甘肃清水县东北，张家川回族自治县东。

秦嬴生秦侯。秦侯立十年卒，生公伯。公伯立三年卒，生秦仲。秦仲立三年，周厉王无道，诸侯或叛之。西戎反王室，灭犬丘大骆之族。周宣王即位，乃以秦仲为大夫，诛西戎。西戎杀秦仲。秦仲立二十三年死于戎。有子五人，其长者曰庄公。周宣王乃召庄公昆弟五人，与兵七千人，使伐西戎，破之。于是复予秦仲后①，及其先大骆地犬丘并有之，为西垂大夫。

庄公居其故西犬丘②，生子三人，其长男世父。世父曰："戎杀我大父仲，我非杀戎王则不敢入邑。"遂将击戎，让其弟襄公。襄公为太子。庄公立四十四年，卒，太子襄公代立③。襄公元年，以女弟缪嬴为丰王妻④。襄公二年，戎围犬丘，世父击之，为戎人所虏。岁余，复归世父。七年春，周幽王用褒姒废太子，立褒姒子为適，数欺诸侯⑤，诸侯叛之。西戎犬戎与申侯伐周，杀幽王郦山下。而秦襄公将兵救周，战甚力，有功。周避犬戎难，东徙雒邑，襄公以兵送周平王。平王封襄公为诸侯，赐之岐以西之地。曰："戎无道，侵夺我岐、丰之地，秦能攻逐戎，即有其地。"与誓，封爵之⑥。襄公于是始国，与诸侯通使聘享之礼。乃用骊驹、黄牛、羝羊各三⑦，祠上帝西畤⑧。十二年，伐戎而至岐，卒。生文公。

【注释】

①予：赏赐。②西犬丘：即西垂，在今甘肃省天水市西南。③代：更替；以后续前。④丰王：一说乃幽王之误；一说指占据丰地的西戎之王。⑤欺：欺骗。⑥封爵之：赐给他封地和爵位。⑦骊（liú）驹：黑鬣赤身的小马。骊，一作"騮"。⑧祠：祭祀。西畤（zhì，或音 shì）：秦祭天地的地方，在西县（故址在今甘肃省天水西南）。

文公元年，居西垂宫①。三年，文公以兵七百人东猎。四年，至汧渭之会②。曰："昔周邑我先秦嬴于此，后卒获为诸侯。"乃卜居之，占曰吉，即营邑之③。十年，初为鄜畤，用三牢④。十三年，初有史以纪事，民多化者。十六年，文公以兵伐戎，戎败走。于是文公遂收周余民有之，地至岐，岐以东献之周。十九年，得陈宝⑤。二十年，法初有三族之罪⑥。二十七年，伐南山大梓，丰大特⑦。四十八年，文公太子卒，赐谥为竫公。竫公之长子为太子，是文公孙也。五十年，文公卒，葬西山⑧。竫公子立，是为宁公。

【注释】

①西垂宫：宫殿名，在今甘肃天水市西南。②会：两水会合处。汧渭会合地在陕西省眉县。③营邑：筑为城邑。④鄜畤（fū zhì）：设立在鄜（故址在今陕西省富县）的祭天地之处。牢，祭祀用的牲畜。⑤陈宝：大约是一块奇特的化石。⑥三族之罪：诛灭三族（父族、母族、妻族）的酷刑。⑦丰大特：丰，丰水；特，公牛。⑧西山：在今甘肃省天水市西南。

宁公二年，公徙居平阳①。遣兵伐荡社②。三年，与亳战③，亳王奔戎，遂灭荡社。

四年，鲁公子翚弑其君隐公④。十二年，伐荡氏，取之。宁公生十岁立，立十二年卒，葬西山。生子三人：长男武公为太子；武公弟德公，同母⑤；鲁姬子生出子⑥。宁公卒，大庶长弗忌、威垒、三父废太子而立出子为君⑦。出子六年，三父等复共令人贼杀出子。出子生五岁立，立六年卒。三父等乃复立故太子武公。

【注释】

①平阳：在今陕西省岐山县西南。②荡社：地名。《史记索隐》："西戎之君，号曰亳王，盖成汤之胤，其邑曰荡社"。在今陕西西安市东南。③亳（bó）：西戎中的一支；或说是汤的后裔；或谓地名，在今陕西西安市东南。④翚（huī）：即羽父。⑤同母：指德公与武公同母。⑥鲁姬子：宁公之妾。⑦大庶长：秦爵名。威垒：疑为秦官，或校尉之类。

武公元年，伐彭戏氏①，至于华山下，居平阳封宫②。三年，诛三父等而夷三族，以其杀出子也。郑高渠眯杀其君昭公③。十年，伐邽、冀戎，初县之④。十一年，初县杜、郑⑤。灭小虢⑥。

【注释】

①彭戏氏：戎族的一支，其地即彭衙（今陕西省白水县东北）。②封宫：宫殿名。③高渠眯杀昭公事。④邽：上邽（今甘肃省天水市西南），当时戎地。冀：在今甘肃省甘谷县东南，当时戎地。县：用如动词，建制为县。⑤杜：古国名。其地在陕西省西安市长安区东南。郑：在陕西省华县东。⑥小虢：羌族的一支。

十三年，齐人管至父、连称等杀其君襄公，而立公孙无知。晋灭霍、魏、耿①。齐雍廪杀无知、管至父等而立齐桓公。齐、晋为强国。

【注释】

①事见《左传·闵公元年》及《晋世家》。时在晋献公十六年（秦成公三年），此作武公十三年，误。

十九年，晋曲沃始为晋侯①。齐桓公伯于鄄②。

【注释】

①指曲沃武公灭晋侯缗，自为晋君。②伯（bà）：通霸。鄄（juàn）：今山东鄄城县北。

二十年，武公卒，葬雍平阳①。初以人从死②，从死者六十六人。有子一人，名曰白。白不立，封平阳。立其弟德公。

【注释】

①雍平阳：平阳属雍。雍，今陕西凤翔县南。②从死：以活人殉葬。

德公元年，初居雍城大郑宫①。以牺三百牢祠鄜畤。卜居雍：后子孙饮马于河②。梁伯、芮伯来朝③。二年，初伏④，以狗御蛊⑤。德公生三十三岁而立，立二年卒。生子三人：长子宣公，中子成公，少子穆公。长子宣公立。

【注释】

①雍城：即雍。②指占卜的结果吉利：居雍城后国家将强大，子孙可以向东扩展，饮马黄河。③梁：嬴姓国，在陕西韩城县南。芮：姬姓国，在陕西大荔县东南。④初伏：开始在历法上定出伏日。⑤以狗御蛊（gǔ）：杀狗来禳除热毒邪气。

宣公元年，卫、燕伐周，出惠王，立王子颓；三年，郑伯、虢叔杀子颓而入惠王[1]。四年，作密畤[2]。与晋战河阳[3]，胜之。十二年，宣公卒。生子九人，莫立，立其弟成公。

【注释】

①见《周本纪》及《左传·庄公十九年》。②密畤：秦国祭天地的地方，位于渭南。③河阳：晋地，在今河南孟州市西这一带地区。

成公元年，梁伯、芮伯来朝。齐桓公伐山戎[1]，次于孤竹[2]。成公立四年卒。子七人，莫立，立其弟缪公。

【注释】

①山戎：也称北戎或无终，即后来的匈奴。②孤竹：地在今河北省卢龙县东，殷代为孤竹国。次：在行军途中临时驻扎。古行军，一宿为舍，再宿为信，过信为次。

缪公任好元年，自将伐茅津[1]，胜之。四年，迎妇于晋，晋太子申生姊也。其岁，齐桓公伐楚，至邵陵[2]。

【注释】

①任好：穆公的名字。茅津：今名茅津渡。在山西省平陆县西南黄河北岸。当时是戎族居地。②邵陵：在今河南省郾城县东。

五年，晋献公灭虞、虢，虏虞君与其大夫百里傒，以璧马赂于虞故也[1]。既虏百里傒，以为秦缪公夫人媵于秦。百里傒亡秦走宛[3]，楚鄙人执之[4]。缪公闻百里傒贤，欲重赎之，恐楚人不与，乃使人谓楚曰："吾媵臣百里傒在焉，请以五羖羊皮赎之[5]。"楚人遂许，与之。当是时，百里傒年已七十余。缪公释其囚，与语国事。谢曰："臣亡国之臣，何足问！"缪公曰："虞君不用子，故亡。非子罪也。"固问。语三日，缪公大说，授之国政，号曰五羖大夫。百里傒让曰："臣不及臣友蹇叔，蹇叔贤而世莫知。臣尝游[6]困于齐，而乞食铚人[7]，蹇叔收臣。臣因而欲事齐君无知，蹇叔止臣，臣得脱齐难[8]；遂之周，周王子颓好牛，臣以养牛干之[9]，及颓欲用臣，蹇叔止臣，臣去，得不诛[10]；事虞君，蹇叔止臣，臣知虞君不用臣，臣诚私利禄爵，且留。再用其言，得脱；一不用，及虞君难。是以知其贤。"于是缪公使人厚币迎蹇叔，以为上大夫[11]。

【注释】

①晋假道于虞以伐虢事，见《左传·僖公五年》及《晋世家》。②傒：一作"奚"。③宛（yuān）：地在今河南省南阳市境。④鄙：边境。⑤羖（gǔ）羊：黑色的公羊。⑥游：外出求学或求官。⑦铚：即"铚（zhì）"，在今安徽宿县西南，一说在今江苏省沛县。⑧齐难：指雍廪杀无知而立齐桓公事。⑨干：求见。⑩得不诛：能不被杀掉。指郑伯、虢叔杀王子颓而立周惠王事。⑪上大夫：仅次于卿的官职。

秋，缪公自将伐晋，战于河曲[1]。晋骊姬作乱，太子申生死新城[2]，重耳、夷吾出奔。

【注释】

①河曲：晋地，在今山西省永济市。②骊姬之乱，见《晋世家》及《左传》僖公四年、五年。新城：晋在曲沃为太子筑的新城。

九年，齐桓公会诸侯于葵丘①。

【注释】

①葵丘：宋地名。在今河南兰考县东北。《考城县志》："葵丘东南有盟台，其地名盟台乡。"考城已与兰封县合并名兰考县。

晋献公卒。立骊姬子奚齐，其臣里克杀奚齐。荀息立卓子，克又杀卓子及荀息。夷吾使人请秦，求入晋①。于是缪公许之，使百里傒将兵送夷吾。夷吾谓曰："诚得立，请割晋之河西八城与秦②。"及至，已立，而使丕郑谢秦，背约不与河西城，而杀里克。丕郑闻之，恐，因与缪公谋曰："晋人不欲夷吾，实欲重耳。今背秦约而杀里克，皆吕甥、郤芮之计也。愿君以利急召吕、郤，吕、郤至，则更入重耳便。"缪公许之，使人与丕郑归，召吕、郤。吕、郤等疑丕郑有间③，乃言夷吾杀丕郑。丕郑子丕豹奔秦，说缪公曰："晋君无道，百姓不亲，可伐也。"缪公曰："百姓苟不便，何故能诛其大臣？能诛其大臣，此其调也④。"不听，而阴用豹⑤。

十二年，齐管仲、隰朋死。

【注释】

①求入晋：求秦派兵送他入晋继位。②河西八城：指同州（今陕西大荔县）、华州（今陕西华县）等地。③吕：吕甥，又称瑕吕、饴甥。郤（xì）：郤芮，又称冀芮。间（jiàn）：指挑拨。④调：协调。⑤阴用豹：缪公表面不听从丕豹之计，意在麻痹晋国，暗中却派丕豹图晋。

晋旱，来请粟。丕豹说缪公勿与，因其饥而伐之①。缪公问公孙支②，支曰："饥穰更事耳③，不可不与。"问百里傒，傒曰："夷吾得罪于君，其百姓何罪？"于是用百里傒、公孙支言，卒与之粟。以船漕车转，自雍相望至绛④。

【注释】

①因：乘着，趁着。饥（jī）：荒歉，庄稼收成不好。②公孙支：秦大夫名。③穰（ráng）：丰收。更事：交替出现的事。④漕（cáo）：水运。绛：晋的都城，在今山西侯马市东北。

十四年，秦饥，请粟于晋。晋君谋之群臣。虢射曰①："因其饥伐之，可有大功。"晋君从之。十五年，兴兵将攻秦。缪公发兵，使丕豹将，自往击之。九月壬戌，与晋惠公夷吾合战于韩地②。晋君弃其军，与秦争利，还而马骛③。缪公与麾下驰追，不能得晋君，反为晋军所围。晋击缪公，缪公伤。于是岐下食善马者三百人驰冒晋军④，晋军解围，遂脱缪公而反生得晋君。初，缪公亡善马，岐下野人共得而食之者三百余人，吏逐得，欲法之。缪公曰："君子不以畜产害人。吾闻食善马肉不饮酒，伤人。"乃皆赐酒而赦之。三百人者闻秦击晋，皆求从。从而见缪公窘，亦皆推锋争死⑤，以报食马之德。于是缪公虏晋君以归，令于国："齐宿，吾将以晋君祠上帝⑥。"周天子闻之，曰"晋我同姓"，为请晋君。夷吾姊亦为缪公夫人，夫人闻之，乃衰绖跣⑦，曰："妾兄弟不能相救，以辱君命⑧。"缪公曰："我得晋君以为功，今天子为请，夫人是忧⑨。"乃与晋君盟，许归之，更舍上舍⑩，而馈之七牢⑪。十一月，归晋君夷吾，夷吾献其河西地，使太子圉为质于秦。秦妻子圉以宗女。是时，秦地东至河⑫。

【注释】

①虢射（旧音shí）：晋臣。②韩地：韩原。在今陕西韩城市西南，当时属

晋。韩之战，见《左传·僖公十五年》。③弃其军：把大军抛在后，独自冲入秦军。还（xuán）：通"旋"。骘（zhì）：车马陷于泥淖中。④冒：不顾危险冲击。⑤推锋争死：挺举兵器，冒死战斗。⑥齐（zhāi）宿：斋戒独宿。齐，通"斋"。⑦衰绖（cuī dié）：泛指丧服。衰，同"缞"，披在胸前的麻布条。绖，结在头上或腰间的麻带。跣（xiǎn）：光着脚。⑧以辱君命：委屈您下命令，指杀夷吾祭天。⑨为请：为他请命。⑩更舍：斟换住宿。上舍：高等房舍。⑪馈（kuì）：送食物。七牢：招待诸侯的饮食。⑫东至河：东面直抵黄河。

十八年，齐桓公卒。二十年，秦灭梁芮。二十二年，晋公子圉闻晋君病，曰："梁，我母家也①，而秦灭之。我兄弟多，即君百岁后②，秦必留我，而晋轻，亦更立他子。"子圉乃亡归晋。二十三年，晋惠公卒，子圉立为君。秦怨圉亡去，乃迎晋公子重耳于楚，而妻以故子圉妻。重耳初谢，后乃受。缪公益礼，厚遇之。二十四年春，秦使人告晋大臣，欲入重耳。晋许之，于是使人送重耳。二月，重耳立为晋君，是为文公。文公使人杀子圉，子圉是为怀公。

【注释】

①子圉的母亲是梁伯的女儿。②即：若，如果。

其秋，周襄王弟带以翟伐王，王出居郑①。二十五年，周王使人告难于晋、秦。秦穆公将兵助晋文公入襄王，杀王弟带。二十八年，晋文公败楚于城濮②。三十年，缪公助晋文公围郑。郑使人言缪公曰③："亡郑厚晋，于晋而得矣，而秦未有利。晋之强，秦之忧也。"缪公乃罢兵归。晋亦罢。三十二年冬，晋文公卒。

【注释】

①事详《周本纪》。②城濮：今山东鄄城县西南临濮集，一说在今河南开封县陈留附近。当时为卫地。③人：即郑大夫烛之武。事详《左传·僖公三十年》。

郑人有卖郑于秦曰①："我主其城门，郑可袭也。"缪公问蹇叔、百里傒，对曰："径数国千里而袭人，希有得利者②。且人卖郑，庸知我国人不有以我情告郑者乎？不可。"缪公曰："子不知也，吾已决矣。"遂发兵，使百里傒子孟明视、蹇叔子西乞术及白乙丙将兵。行日，百里傒、蹇叔二人哭之。缪公闻，怒曰："孤发兵，而子沮哭吾军③，何也？"二老曰："臣非敢沮君军。军行，臣子与往④，臣老，迟还恐不相见，故哭耳。"二老退谓其子曰："汝军即败，必于殽阨矣⑤。"三十三年春，秦兵遂东，更晋地⑥，过周北门。周王孙满⑦："秦师无礼⑧，不败何待！"兵至滑⑨，郑贩卖贾人弦高，持十二牛将卖之周，见秦兵，恐死虏，因献其牛，曰："闻大国将诛郑⑩，郑君谨修守御备，使臣以牛十二劳军士。"秦三将军相谓曰："将袭郑，郑今已觉之，往无及已。"灭滑。滑，晋之边邑也。

【注释】

①郑人：《左传·僖公三十二年》说是驻守郑国的秦大夫杞子。②径：取道；路过。希：通"稀"。③沮（jǔ）：败坏，阻止。④与（yù）：参加。⑤殽：阨山的险要处。殽山是秦岭东段支脉，在今河南洛宁县西北，为豫、陕通道，秦晋间的重要关隘。殽同崤。⑥更：经过。⑦王孙满：周大夫，时年尚幼。⑧无礼：不懂规矩，不守军纪。指秦军经过周都王城北门时超乘示勇的轻率举动。⑨滑：姬姓国，在今河南偃师县东南，又称费。⑩诛：征讨。

当是时，晋文公丧尚未葬。太子襄公怒曰："秦侮我孤，因丧破我滑[1]。"遂墨衰绖[2]，发兵遮秦兵于殽，击之，大破秦军，无一人得脱者。房秦三将以归。文公夫人，秦女也[3]。为秦三囚将请曰："缪公之怨此三人入于骨髓，愿令此三人归，令我君得自快烹之。"晋君许之，归秦三将。三将至，缪公素服郊迎，向三人哭曰："孤以不用百里傒、蹇叔言，以辱三子，三子何罪乎？子其悉心雪耻，毋怠。"遂复三人官秩如故，愈益厚之。

【注释】

①我滑：据《史记》上文，滑乃晋边邑；据《左传》，滑乃晋的同姓与国。②墨衰绖：染黑丧服。丧服白色，以为不吉利，所以染黑。③文公夫人：文嬴，晋文公在秦时所娶秦国宗女。

三十四年，楚太子商臣弑其父成王代立。

缪公于是复使孟明视等将兵伐晋，战于彭衙[1]，秦不利，引兵归。

【注释】

①彭衙：古邑名。今陕西省澄城县西北、白水县东北。

戎王使由余于秦。由余，其先晋人也，亡入戎，能晋言。闻缪公贤，故使由余观秦。秦缪公示以宫室、积聚。由余曰："使鬼为之，则劳神矣[1]；使人为之，亦苦民矣。"缪公怪之，问曰："中国以诗书礼乐法度为政，然尚时乱，今戎夷无此，何以为治？不亦难乎！"由余笑曰："此乃中国所以乱也。夫自上圣黄帝作为礼乐法度，身以先之，仅以小治。及其后世，日以骄淫。阻法度之威[2]，以责督于下[3]，下罢极[4]则以仁义怨望于上[5]，上下交争怨而相篡弑，至于灭宗，皆以此类也。夫戎夷不然。上含淳德以遇其下，下怀忠信以事其上，一国之政犹一身之治，不知所以治[5]，此真圣人之治也。"于是缪公退而问内史廖曰[6]："孤闻：邻国有圣人，敌国之忧也。今由余贤，寡人之害，将奈之何？"内史廖曰："戎王处辟匿[7]，未闻中国之声[7]。君试遗其女乐，以夺其志[8]；为由余请，以疏其间[9]；留而莫遣，以失其期。戎王怪之，必疑由余。君臣有间，乃可房也。且戎王好乐，必怠于政。"缪公曰："善。"因与由余曲席而坐[10]，传器而食，问其地形与其兵势，尽察[11]。而后令内史廖以女乐二八遗戎王。戎王受而说之，终年不还[12]。于是秦乃归由余。由余数谏不听，缪公又数使人间要由余[13]，由余遂去，降秦。缪公以客礼礼之，问伐戎之形。

【注释】

①使鬼为之则劳神矣：这些宫室积蓄，如果叫鬼神造出来，便是劳累了鬼神。"鬼""神"二字互文。②阻：恃，凭仗。③责督：责罚督察。④罢（pí）：通"疲"。以仁义怨望于上：即怨恨责备上面不行仁义。望，怨恨，责备。⑤所以治：治理得好的原因。⑥内史廖：即王廖。内史，周官名，或称作册，职掌机要，是重要的执政官。⑦辟匿：偏僻的地方。⑧遗（wèi）：赠送。女乐：歌舞伎女。夺其志：使他丧失志气。⑨疏其间：疏远他们的关系。间：距离。⑩曲席：席一纵一横，相连如矩尺，叫作曲席。指穆公叫由余经常挨在自己左右而坐。⑪察：了解清楚。⑫说：同"悦"。⑬间要：暗中邀请。要，通邀。

三十六年，缪公复益厚孟明等，使将兵伐晋，渡河焚船[1]，大败晋人，取王官及鄗[2]，以报殽之役。晋人皆城守不敢出[3]。于是缪公乃自茅津渡河，封殽中尸[4]，为发丧，哭之三日。乃誓于军曰[5]："嗟，士卒！听无哗，余誓告汝。古之人谋黄发番番⑥，则无所过。"以申思不用蹇叔、百里傒之谋，故作此誓⑦，令后世以记余过⑧。君子闻之，皆为垂涕，曰："嗟乎！秦缪公之与人周也⑨，卒得孟明之庆。"

【注释】

①焚船：表示死战的决心。②王官：在今山西省闻喜县东南。鄗（jiāo）：《左传·文公三年》作"郊"。晋地，在今山西永济市东虞乡境。③城守：在城墙守卫。城，名词作状语。④封：筑坟表识。⑤誓：《尚书·秦誓》说："秦穆公伐郑，晋襄公帅师败诸殽，还归作《秦誓》。"时间与《秦本纪》不同。⑥黄发番番：指老年人。番：通"皤（pó）"。指白发苍苍的样子。⑦申思：再次思考。⑧余：指穆公，这句是用穆公原话的口气；但前句又是司马迁的解释。行文不严密。⑨与人：成全人。周：完备。

三十七年，秦用由余谋伐戎王，益国十二，开地千里①，遂霸西戎。天子使召公过贺缪公以金鼓②。三十九年，缪公卒，葬雍③。从死者百七十七人，秦之良臣子舆氏三人④，名曰奄息、仲行、针虎，亦在从死之中。秦人哀之，为作歌《黄鸟》之诗。君子曰："秦缪公广地益国，东服强晋，西霸戎夷，然不为诸侯盟主，亦宜哉！死而弃民，收其良臣而从死。且先王崩尚犹遗德垂法⑤，况夺之善人良臣百姓所哀者乎⑥？是以知秦不能复东征也。"穆公子四十人，其太子䓨代立，是为康公。

【注释】

①指陇西郡、北地郡（今甘肃东南部及宁夏南部）等地。②金鼓：作战用具，为指挥讯号，鸣金是止兵或退兵讯号，擂鼓是前进攻击讯号。金，又名钲或镯，狭长似钟，有柄，敲击作声。③雍：当时秦都，今陕西凤翔县东南。④子舆氏：《诗·秦风·黄鸟》及《左传》皆作"子车氏"。⑤先王：指远古有道德的帝王。遗德垂法：遗留下好的道德和法度。⑥之：犹"其"。善人良臣百姓所哀者：即百姓所同情的善人良臣。

康公元年。往岁，缪公之卒，晋襄公亦卒。襄公之弟名雍，秦出也①，在秦。晋赵盾欲立之，使随会来迎雍②，秦以兵送至令狐③。晋立襄公子，而反击秦师，秦师败，随会来奔。二年，秦伐晋于武城④，报令狐之役。四年，晋伐秦，取少梁⑤。六年，秦伐晋，取羁马⑥。战于河曲，大败晋军。晋人患随会在秦为乱，乃使魏雠余详反⑦，合谋会⑧，诈而得会，会遂归晋。康公立十二年卒，子共公立⑨。

【注释】

①秦出：指其母是秦女。②赵盾：晋卿，当时晋国的执政者。随会：即季武子。晋大夫，封邑在随、范，故称随会，或称范会，曾奔秦，后归晋执掌国政。③令（lìng）狐：故城在山西临猗县西南。④武城：一名武平城，在今陕西华县东。⑤少梁：古梁国地，在今陕西韩城市南。⑥羁马：在今山西永济市。⑦魏雠余：《晋世家》《左传》作魏寿余，为晋大夫，守魏邑。详：通"佯"。⑧合谋会：与随会相见，共谋归计。⑨共公：名貑（jiā）。

共公二年，晋赵穿弑其君灵公。三年，楚庄王强，北兵至雒，问周鼎。共公立五年卒，子桓公立。

桓公三年，晋败我一将①。十年，楚庄王服郑，北败晋兵于河上。当是之时，楚霸，为会盟合诸侯。二十四年，晋厉公初立，与秦桓公夹河而盟。归而秦倍盟②，与翟合谋击晋。二十六年，晋率诸侯伐秦，秦军败走，追至泾而还③。桓公立二十七年卒，子景公立。

【注释】

①一将：据《晋世家》，晋俘虏秦将赤。②倍，通"背"。③泾：泾水，源出宁夏回族自治区泾源西北之六盘山，流经甘肃至陕西高陵县入渭水，为渭水支流。

景公四年，晋栾书弑其君厉公。十五年，救郑，败晋兵于栎[1]。是时，晋悼公为盟主。十八年，晋悼公强，数会诸侯，率以伐秦，败秦军。秦军走，晋兵追之，遂渡泾，至棫林而还[2]。二十七年，景公如晋，与平公盟，已而背之。三十六年，楚公子围弑其君而自立，是为灵王。景公母弟后子铖有宠，景公母弟富[3]，或谮之，恐诛，乃奔晋，车重千乘[4]。晋平公曰："后子富如此，何以自亡？"对曰："秦公无道，畏诛，欲待其后世乃归。"三十九年，楚灵王强，会诸侯于申[5]，为盟主，杀齐庆封[6]。景公立四十年卒。子哀公立。后子复来归秦。

【注释】

①栎（lì）：郑国别都。故址在今河南省禹县。②棫（yù）林：秦地。③后子铖（qián）：景公母弟名。景公母弟富：另本无"景公母弟"四字，疑复衍。④车重：辎重。指行李载重之车。⑤申：地名。在今河南省南阳北。⑥庆封：齐崔杼之党，乱齐。楚灵王杀庆封，是为了取得人心，称霸诸侯。

哀公八年，楚公子弃疾弑灵王而自立，是为平王。十一年，楚平王来求秦女为太子建妻。至国，女好而自娶之。十五年，楚平王欲诛建，建亡[1]；伍子胥奔吴[2]。晋公室卑而六卿强[3]，欲内相攻，是以久秦晋不相攻。三十一年，吴王阖闾与伍子胥伐楚，楚王亡奔随[4]，吴遂入郢[5]。楚大夫申包胥来告急，七日不食，日夜哭泣。于是秦乃发五百乘救楚，败吴师。吴师归，楚昭王乃得复入郢。哀公立三十六年卒。太子夷公，夷公早死，不得立，立夷公子，是为惠公。

【注释】

①亡：逃跑。②伍子胥：伍员（yún），字子胥。③六卿：晋国的范氏、中行氏、智氏、赵氏、韩氏、魏氏六大家族，世代为晋卿，称六卿。④随：地名。在今湖北省随县。⑤郢：楚国都城。故址在今湖北省江陵县东北。

惠公元年，孔子行急相事。五年晋卿中行范氏反晋。晋使智氏赵简子攻之，范中行氏亡奔。齐惠公立十年卒，子悼公立。

悼公二年，齐臣田乞弑其君孺子，立其兄阳生，为悼公。六年，吴败齐师。齐人弑悼公，立其子简公。九年，晋定公与吴王夫差盟，争长于黄池[1]，卒先吴[2]。吴强，陵中国[3]。十二年，齐田常弑简公，立其弟平公[4]，常相之。十三年，楚灭陈。秦悼公立十四年卒，子厉共公立。孔子以悼公十二年卒。

【注释】

①黄池：在河南封丘县西南。②先吴：让吴王占先歃血为盟。③陵：欺压。中国：指中原各国。④平公：名骜。

厉共公二年，蜀人来赂[1]。十六年，堑河旁[2]。以兵二万伐大荔，取其王城[3]。二十一年，初县频阳[4]。晋取武成。二十四年，晋乱，杀智伯，分其国与赵、韩、魏[5]。二十五年，智开与邑人来奔[6]。三十三年，伐义渠[7]，虏其王。三十四年，日食。厉共公卒，子躁公立。

【注释】

①赂：进贡财物。②堑：挖壕沟。③王城：大荔（西戎的一支）的都城。故城在今陕西省大荔县东。④频阳：故城在今陕西省富平县东北。⑤杀智伯：《左传》记事至此止。韩、赵、魏在公元前403年列为诸侯，为战国的开始。⑥智开：智伯的儿子。⑦义渠：西戎的一支。

躁公二年，南郑反①。十三年，义渠来伐，至渭南②。十四年，躁公卒，立其弟怀公。

【注释】

①南郑：秦邑。②渭南：《六国年表》说是"渭阳"。

怀公四年，庶长晁与大臣围怀公①，怀公自杀。怀公太子曰昭子，蚤死，大臣乃立太子昭子之子，是为灵公。灵公，怀公孙也。

【注释】

①庶长：秦爵名，有大庶长、左庶长、右庶长等。晁（cháo）：人名。

灵公六年，晋城少梁，秦击之。十三年，城籍姑①。灵公卒，子献公不得立，立灵公季父悼子，是为简公②。简公，昭子之弟而怀公子也。

【注释】

①籍姑：秦邑。故城在今陕西省韩城市北。②《始皇本纪》云："肃灵公，昭子子也。……生简公。"与此处的记载不一致。

简公六年①，令吏初带剑。堑洛②。城重泉③。十六年卒④，子惠公立。

【注释】

①六年：《六国年表》作"简公七年"。②堑洛：在洛水边挖战壕。洛，指今陕西境内洛水。③重泉：在陕西省蒲城县东南。④十六年：《六国年表》作"简公十五年"。

惠公十二年，子出子生。十三年，伐蜀，取南郑①。惠公卒，出子立。

出子二年，庶长改迎灵公之子献公于河西而立之②。杀出子及其母，沉之渊旁。秦以往者数易君，君臣乖乱，故晋复强，夺秦河西地③。

【注释】

①《六国年表》作"蜀取我南郑"，与《纪》异。②改：人名。河西："河"字涉下文而衍。西即西县（今甘肃天水西南）。③河西地：夷吾献给缪公的同州（今陕西大荔）、华州（今陕西华县）等地。

献公元年，止从死①。二年，城栎阳②。四年正月庚寅，孝公生。十一年，周太史儋见献公曰："周故与秦国合而别，别五百岁复合，合七十七岁而霸王出③。"十六年，桃冬花。十八年，雨金栎阳④。二十一年，与晋战于石门⑤，斩首六万，天子贺以黼黻⑥。二十三年，与魏晋战少梁⑦，虏其将公孙痤⑧。二十四年⑨，献公卒，子孝公立⑩，年已二十一岁矣。

【注释】

①从死：即国君死后的殉葬制度。②栎（yuè）阳：在今陕西省西安市临潼区东北。秦献公从雍迁都到这里。③"周故与"三句：见《周本纪》烈王二年注。④雨金：天上落黄金（乃龙卷风形成），古人以为吉利。⑤石门：在陕西省旬邑

县东南。或说在今山西省运城市，一名径岭，左右壁立，间不容轨，是通陕西的险要之道。⑥黼黻（fǔ fú）：绣有花纹的礼服。白黑花纹叫黼，青黑花纹叫黻。⑦魏晋：即魏。秦献公九年韩、赵、魏三家分晋。因魏从晋分出，故称魏晋，亦称晋。⑧公孙痤（cuó）：魏将。《六国年表》作"虏其太子"。记载不一。⑨二十四年：《六国年表》作"二十三年"。⑩孝公：名渠梁。

孝公元年，河山以东强国六①，与齐威、楚宣、魏惠、燕悼、韩哀、赵成侯并②。淮泗之间小国十余③。楚、魏与秦接界。魏筑长城，自郑滨洛以北有上郡④。楚自汉中，南有巴、黔中⑤。周室微，诸侯力政，争相并。秦僻在雍州，不与中国诸侯之会盟，夷翟遇之⑥。孝公于是布惠，振孤寡⑦，招战士，明功赏。下令国中曰："昔我穆公自岐雍之间，修德行武。东平晋乱，以河为界；西霸戎翟，广地千里。天子致伯，诸侯毕贺，为后世开业，甚光美。会往者厉、躁、简公、出子之不宁，国家内忧，未遑外事⑧，三晋攻夺我先君河西地，诸侯卑秦，丑莫大焉。献公即位，镇抚边境，徙治栎阳，且欲东伐，复穆公之故地，修穆公之政令。寡人思念先君之意，常痛于心。宾客群臣有能出奇计强秦者，吾且尊官，与之分土⑨。"于是乃出兵东围陕城⑩，西斩戎之獂王⑪。

【注释】

①河：指黄河。山：指崤山。古代以崤山、函谷关为界，东方称山东。②与……并：句法上不衔接，疑有脱衍。③小国十余：指鲁、宋、卫、邾、滕、薛等国。④自郑滨洛以北有上郡：从陕西郑县（今华县）始，西北过渭河，沿洛河东岸，向北直抵上郡（今陕西省延安、榆林一带）。⑤楚自汉中：楚在汉中（今陕西省南郑县），与秦接壤。巴：今四川省东部一带。黔中：相当今湖南省西部、贵州东部及川鄂南角。⑥力政：以武力征伐。政，通"征"。遇：对待。⑦振：通"赈"。⑧遑：闲暇。⑨分土：指赐给封邑。分，通"颁"。⑩陕城：今河南省陕县。⑪獂（huán）：地名。

卫鞅闻是令下①，西入秦，因景监求见孝公②。

【注释】

①卫鞅：即商鞅，事详《商君列传》。②景监：名叫景的宦官。监，宦官。

二年，天子致胙①。

三年，卫鞅说孝公变法修刑，内务耕稼，外劝战死之赏罚②，孝公善之。甘龙、杜挚等弗然，相与争之。卒用鞅法，百姓苦之；居三年，百姓便之。乃拜鞅为左庶长③。其事在《商君》语中。

【注释】

①胙（zuò）：祭肉。致胙：送来祭肉，表示祝福。②劝：勉励。③左庶长：秦爵第十级。

七年，与魏惠王会杜平①。八年，与魏战元里②，有功。十年，卫鞅为大良造③，将兵围魏安邑④，降之。十二年，作为咸阳⑤，筑冀阙⑥，秦徙都之。并诸小乡聚⑦，集为大县，县一令，四十一县。为田开阡陌⑧。东地渡洛⑨。十四年，初为赋⑩。十九年，天子致伯。二十年，诸侯毕贺。秦使公子少官率师会诸侯逢泽⑪，朝天子。

【注释】

①杜平：邑名。在陕西省澄城县东。②元里：邑名。在今陕西澄城县南。③大良造：

秦爵名。第十六级。亦称大上造。④安邑：地名。今山西省夏县西北。战国初魏的国都。⑤咸阳：在今陕西省咸阳市东北，汉时改名渭城。⑥冀阙：门观。⑦乡聚：乡邑和村落。⑧开阡陌：废除阡陌，辟为田地。⑨东地渡洛：东部边境已越过陕西省洛水。⑩初为赋：开始制定赋税新法，承认土地私有，按面积征收赋税。⑪逢泽：今河南省开封市南。

二十一年，齐败魏马陵①。

二十二年，卫鞅击魏。虏魏公子卬。封鞅为列侯，号商君。

二十四年，与晋战雁门②，虏其将魏错。

【注释】

①事详见《孙子吴起列传》。马陵，在今河南省范县西南。②雁门：《索隐》认为乃"岸门之误。"《六国年表》作"岸门"。今山西河津市南岸头亭。

孝公卒，子惠文君立。是岁，诛卫鞅。鞅之初为秦施法，法不行，太子犯禁。鞅曰："法之不行，自于贵戚。君必欲行法，先于太子。太子不可黥①，黥其傅师。"于是法大用，秦人治。及孝公卒，太子立，宗室多怨鞅，鞅亡，因以为反，而卒车裂以徇秦国②。

【注释】

①黥（qíng）：墨刑，以刀刻面涂墨。②车裂：俗称"五马分尸"的酷刑。徇（xùn）：示众。

惠文君元年，楚、韩、赵、蜀人来朝。二年，天子贺。三年，王冠①。四年，天子致文武胙②。齐、魏为王③。

【注释】

①冠：二十岁举行冠礼，表示成年。②致文武胙：送来祭祀文王武王的祭肉，这是一种特别的优礼。③为王：指齐威王、魏惠王。

五年，阴晋人犀首为大良造①。六年，魏纳阴晋，阴晋更名宁秦。七年，公子卬与魏战，虏其将龙贾，斩首八万。八年，魏纳河西地。九年，渡河，取汾阴、皮氏②。与魏王会应③。围焦④，降之。十年，张仪相秦。魏纳上郡十五县。十一年，县义渠。归魏焦、曲沃⑤。义渠君为臣。更名少梁曰夏阳。十二年，初腊⑥。十三年四月戊午，魏君为王，韩亦为王。使张仪伐取陕⑦，出其人与魏。

【注释】

①阴晋：魏地，秦更名宁秦，汉以后改称华阴。在今陕西省华阴市东。犀首：武官名。公孙衍为此官。②汾阴：在今山西省万荣县西。皮氏：邑名。在今山西省河津市西。③应：邑名。在今河南省鲁山县东。④焦：邑名。在今河南三门峡市西。⑤归：归还。曲沃：邑名。在今河南省陕县西南。⑥初腊：初次举行腊祭（农历年底猎禽兽以祭先祖）。⑦陕：地名，属魏。在今河南省陕县境内。

十四年，更为元年①。二年，张仪与齐、楚大臣会啮桑②。三年，韩、魏太子来朝。张仪相魏。五年，王游至北河③。七年，乐池相秦④。韩、赵、魏、燕、齐帅匈奴共攻秦。秦使庶长疾与战修鱼⑤，虏其将申差⑥，败赵公子渴、韩太子奂，斩首八万二千。八年，张仪复相秦。九年，司马错伐蜀⑦，灭之。伐取赵中都、西阳⑧。

十年，韩太子苍来质。伐取韩石章⑨。伐败赵将泥⑩。伐取义渠二十五城。十一年，樗里疾攻魏焦⑪，降之；败韩岸门，斩首万，其将犀首走⑫。公子通封于蜀。燕君让其臣子之⑬。十二年，王与梁王会临晋⑭。庶长疾攻赵，虏赵将庄⑮。张仪相楚。十三年，庶长章击楚于丹阳，虏其将屈匄⑯，斩首八万；又攻楚汉中，取地六百里，置汉中郡。楚围雍氏⑰，秦使庶长疾助韩而东攻齐，到满助魏攻燕⑱。十四年，伐楚，取召陵⑲。丹、犂臣⑳，蜀相壮杀蜀侯来降㉑。

【注释】

①元年：指后元元年（前324年）。②啮（niè）桑：魏地。在今江苏省沛县西南。③北河：指今内蒙河套地区黄河以北的支流乌加河，当时为黄河主流。④乐池：人名。"池"，一作"陀"。⑤疾：人名。修鱼：属韩国，一名修泽，在今河南原阳县西南。⑥申差：韩国将军。⑦司马错：秦国将军。⑧中都：在今山西省平遥县西南。西阳：即中阳，在今山西省中阳县。⑨石章：韩地。不详。⑩泥：赵将名。⑪樗（chū）里疾：樗里子，名疾。秦将名。⑫岸门：在今河南许昌市北，非指河东岸门。犀首：当时是魏将《魏世家》作"走犀首岸门"，此处在败韩之下，句倒。⑬让：禅让。⑭临晋：地名。在今陕西省大荔县。⑮庄：《樗里子传》作"庄豹"。⑯丹阳：丹水北岸。丹水在陕西南部。不可误解为湖北省的丹阳。屈匄：楚将。⑰雍氏：韩地。在今河南禹县东北。⑱到满：一作"到蒲"秦将名。⑲召陵：今河南郾城县东。⑳丹、犂：戎族的两支。㉑壮：陈壮。司马错伐蜀后，将蜀王降为蜀侯，秦派陈壮为蜀相。武王元年被诛。

惠王卒，子武王立①。韩、魏、齐、楚、越皆宾从②。

【注释】

①武王：名荡。②越：一作"赵"。宾从：归服。

武王元年，与魏惠王会临晋。诛蜀相壮。张仪、魏章皆东出之魏。伐义渠、丹、犂。二年，初置丞相①，樗里疾、甘茂为左右丞相。张仪死于魏。三年，与韩襄王会临晋外。南公揭卒②，樗里疾相韩。武王谓甘茂曰："寡人欲容车通三川③，窥周室，死不恨矣。"其秋，使甘茂、庶长封伐宜阳④。四年，拔宜阳，斩首六万。涉河，城武遂⑤。魏太子来朝。武王有力好戏。力士任鄙、乌获、孟说皆至大官。王与孟说举鼎，绝膑⑥。八月，武王死，族孟说。武王取魏女为后，无子。立异母弟，是为昭襄王。昭襄母楚人，姓芈氏，号宣太后。武王死时，昭襄王为质于燕，燕人送归，得立。

【注释】

①丞相：辅助皇帝的最高政务长官。②南公揭：人名。③容车：有威仪之貌的游车。三川：这里指周王都洛阳。④宜阳：韩的重要城市，通洛阳的要道。在今河南省宜阳县。⑤武遂：韩邑。⑥绝膑：折断腿骨。

昭襄王元年，严君疾为相。甘茂出之魏。二年，彗星见。庶长壮与大臣、诸侯、公子为逆，皆诛，及惠文后皆不得良死①，悼武王后出归魏②。三年，王冠。与楚王会黄棘③，与楚上庸④。四年，取蒲阪。彗星见。五年，魏王来朝应亭，复与魏蒲阪⑤。六年，蜀侯辉反⑥，司马错定蜀。庶长奂伐楚，斩首二万。泾阳君质于齐⑦。日食，昼晦。七年，拔新城⑧。樗里子卒。八年，使将军芈戎攻楚，取新市⑨。齐使章子，魏使公孙喜，韩使暴鸢，共攻楚方城⑩，取唐眛⑪。赵破中山⑫，其君亡，竟死齐。魏公子劲、韩公子长为诸侯⑬。九年，孟尝君薛文来相秦。奂攻楚，取八城，杀其将景快^⑭。十年，楚怀王入朝秦，秦留之。薛文以金受免^⑮。楼缓为丞相。十一年，齐、韩、魏、赵、宋、中山五国共攻秦^⑯，至盐氏而还^⑰。秦与韩、魏河北及封陵以和^⑱。彗星见。楚怀王走之赵，赵不受，还之秦，即死，归葬。十二年，楼缓免，穰侯魏冉为相^⑲。予楚粟五万石。

八城，杀其将景快[⑭]。十年，楚怀王入朝秦，秦留之。薛文以金受免[⑮]。楼缓为丞相。十一年，齐、韩、魏、赵、宋、中山五国共攻秦[⑯]，至盐氏而还[⑰]。秦与韩、魏河北及封陵以和[⑱]。彗星见。楚怀王走之赵，赵不受，还之秦，即死，归葬。十二年，楼缓免，穰侯魏冉为相[⑲]。予楚粟五万石。

【注释】

①及：牵连到。惠文后：惠文王的王后。良死：正常寿命。②悼武王后：武王的王后。武王死不久，故加"悼"字。③黄棘：在今河南省南阳市南。④上庸：邑名。在今湖北省竹山县。本为楚地。⑤应亭：《六国年表》作"临晋"。蒲阪：在今山西省永济市西（相传为虞舜都城）。⑥据《华阳国志》："秦封王子为辉蜀侯。蜀侯祭，归胙于王，后母疾之，加毒以进，王大怒，使司马错赐辉剑。"⑦泾阳君：名市。封地在泾阳（今甘肃省平凉）。⑧新城：韩地。在今河南省伊川县境。⑨新市：在今湖北省京山县东北。⑩方城：山名。在今河南省方城县东北。⑪唐昧（mèi）：楚将名。取：取胜。⑫中山：国名。在今河北省定县、唐县一带。⑬为诸侯：指受到分封。⑭景快：《楚世家》作"景缺"。⑮薛文：即田文。⑯中山：当为衍文。有"中山"则不合五国之数。⑰盐氏：地名。在今山西省运城市境。⑱《六国年表》作"秦与魏封陵，与韩武遂以和"。封陵：地名，又作"风陵"。今山西省永济市西南有风陵渡。⑲穰（rǎng）：今河南邓州市。

十三年，向寿伐韩，取武始[①]。左更白起攻新城[②]。五大夫礼出亡奔魏[③]。任鄙为汉中守[④]。十四年，左更白起攻韩、魏于伊阙[⑤]，斩首二十四万，虏公孙喜，拔五城。十五年，大良造白起攻魏，取垣[⑥]，复予之。攻楚，取宛[⑦]。十六年，左更错取轵及邓[⑧]。冉免[⑨]。封公子市宛，公子悝邓，魏冉陶，为诸侯[⑩]。十七年，城阳君入朝[⑪]，及东周君来朝[⑫]。秦以垣为蒲阪、皮氏[⑬]。王之宜阳。十八年，错攻垣、河雍，决桥取之[⑭]。十九年，王为西帝，齐为东帝，皆复去之[⑮]。吕礼来，自归。齐破宋，宋王在魏，死温[⑯]。任鄙卒。二十年，王之汉中，又之上郡、北河。二十一年，错攻魏河内[⑰]。魏献安邑[⑱]，秦出其人，募徙河东赐爵，赦罪人迁之[⑲]。泾阳君封宛。二十二年，蒙武伐齐。河东为九县。与楚王会宛。与赵王会中阳[⑳]。二十三年，尉斯离与三晋、燕伐齐，破之济西[㉑]。王与魏王会宜阳，与韩王会新城。二十四年，与楚王会鄢[㉒]，又会穰。秦取魏安城，至大梁[㉓]，燕、赵救之，秦军去。魏冉免相。二十五年，拔赵二城。与韩王会新城，与魏王会新明邑[㉔]。二十六年，赦罪人迁之穰。侯冉复相。二十七年，错攻楚。赦罪人迁之南阳。白起攻赵，取代光狼城[㉕]。又使司马错发陇西，因蜀攻楚黔中，拔之。二十八年，大良造白起攻楚，取鄢、邓[㉖]，赦罪人迁之。二十九年，大良造白起攻楚，取郢为南郡[㉗]，楚王走。周君来。王与楚王会襄陵[㉘]。白起为武安君。三十年，蜀守若伐取巫郡及江南[㉙]，为黔中郡。

【注释】

①武始：地名。在今河北省邯郸西南。②左更：秦爵名，第十二级。新城：今河南伊川县南。③五大夫：秦爵名，第九级。④守：郡的长官。秦称郡守，又称太守。⑤伊阙：洛阳的要塞。龙门石窟在此地。⑥垣：在今山西省垣曲县西。⑦宛（yuān）：在今河南省南阳。⑧轵（zhǐ）：即轵道，魏地。在今河南省济源市东南。邓：邓城，故址在今河南省孟州市西（与轵相邻，非今河南省邓州市）。⑨冉免：魏冉在后二十四年免相。⑩市、悝（kuī）：均为秦公子名。宛、邓、陶：封地。⑪城阳君：韩国人。城，或作"成"。⑫东周君：指东周国（地在河南省

巩义市）的国君，非周报王。⑬为蒲阪、皮氏：将其地划归蒲阪、皮氏（今山西河津市）。⑭攻垣：《史记正义》说："盖蒲阪、皮氏又归魏，魏复以为垣，今重攻取之也。"⑮皆复去之：事见《田敬仲完世家》。⑯温：魏地。在今河南省温县西南。⑰河内：治所怀，在今河南省武陟县西南。⑱安邑：魏旧都。在今山西省夏县（非今之安邑）。⑲出其人：赶走安邑的魏人。然后招募秦国人迁到安邑居住，并赐给爵位；再就是把犯人赦免，让他们迁居安邑。⑳中阳：在今山西省中阳县。㉑尉：武官名。斯离：人名。济西：济水以西。㉒鄢：楚之别都，即鄢郢。在今湖北省宜城市南。㉓安城：在今河南省原阳县西南。大梁：魏国都，今河南省开封市。㉔新明邑：不详。㉕代：今河北省蔚县一带。光狼城：在今山西省高平市西。㉖邓：楚地。在今湖北省襄樊市北，或指今河南邓州市。㉗取郢为南郡：将楚都郢地改为秦的南郡（今湖北省江陵县一带）。㉘襄陵：在今河南睢县。㉙若：人名。《华阳国志》作"张若"。巫郡：楚地。治所在今四川省巫山县东。江南：即楚黔中郡。在今湖南省常德市。

三十一年，白起伐魏，取两城。楚人反我江南。三十二年，相穰侯攻魏①，至大梁，破暴鸢②，斩首四万，鸢走，魏入三县请和。三十三年，客卿胡伤攻魏卷、蔡阳、长社，取之③。击芒卯华阳，破之④，斩首十五万。魏入南阳以和⑤。三十四年，秦与魏、韩，上庸地为一郡，南阳免臣迁居之⑥。三十五年，佐韩、魏、楚伐燕。初置南阳郡。三十六年，客卿灶攻齐，取刚、寿⑦，予穰侯。三十八年，中更胡伤攻赵阏与⑧，不能取。四十年，悼太子死魏，归葬芷阳⑨。

【注释】

①相穰侯：魏冉二十六年复为丞相。②暴鸢：韩将名。③胡阳：原作"胡伤"，误，依《穰侯列传》改。蔡阳：今河南省上蔡县东南。长社：今河南省长葛市西。④芒卯：魏将名。华阳：亭名。在今河南省新郑市北、郑州市南。⑤南阳：即魏国修武（故址在今河南省获嘉县），非韩国的南阳（韩之南阳早已被秦吞并）。⑥上庸：原为楚地。在今湖北省竹山县。免臣：指已降服的南阳臣民。韩魏服于秦，秦以楚地上庸为一郡，迁南阳免臣居之。⑦刚：《括地志》云："在兖州龚丘县界。"故址在今山东省宁阳县北。寿：即寿张县。故址在今山东省东平县西南。⑧中更：秦爵名，第十三级。阏（yù）与：故址在今山西省和顺县西北。⑨芷阳：汉改霸陵。故地在今陕西省西安东北。悼太子：昭襄王太子，为质于魏。

四十一年夏，攻魏，取邢丘、怀①。四十二年，安国君为太子。十月，宣太后薨，葬芷阳郦山②。九月，穰侯出之陶。四十三年，武安君白起攻韩，拔九城，斩首五万。四十四年，攻韩南郡，取之③。四十五年，五大夫贲攻韩④，取十城。叶阳君悝出之国，未至而死⑤。四十七年，秦攻韩上党⑥，上党降赵，秦因攻赵，赵发兵击秦，相距。秦使武安君白起击，大破赵于长平⑦，四十余万尽杀之。四十八年十月，韩献垣雍⑧。秦军分为三军⑨：武安君归；王龁将，伐赵、武安、皮牢⑩，拔之；司马梗北定太原，尽有韩上党。正月，兵罢，复守上党。其十月，五大夫陵攻赵邯郸⑪。四十九年正月，益发卒佐陵。陵战不善，免，王龁代将。其十月，将军张唐攻魏，为蔡尉捐弗守⑫，还斩之。五十年十月，武安君白起有罪，为士伍，迁阴密⑬。张唐攻郑⑭，拔之。十二月，益发卒军汾城旁⑮。武安君白起有罪，死。

龁攻邯郸，不拔，去，还奔汾军；二月余，攻晋军，斩首六千，晋楚流死河二万人⑯。攻汾城，即从唐拔宁新中⑰，宁新中更名安阳。初作河桥⑱。

【注释】

①邢丘：邑名。在今河南省温县境内。怀：邑名。在今河南省武陟县西南。②骊山：秦属芷阳。在今陕西省西安市临潼区东南。③南阳：地区名。在今河南省西南部一带。因地处中原的南方，位于伏牛山、汉水之阳，故名。④贲（bēn）：秦将名。⑤悝（kuī）：昭王母弟，封高陵君。叶（旧读 shè）阳君：疑为"高陵君"之误。或以为"华阳君"之误。⑥上党：今山西长治市。秦攻上党在昭王四十五年，此因长平事而追述。⑦长平：在今山西高平市西北。⑧垣雍：即衡雍，在今河南原阳县。⑨分为三军：《白起王翦列传》作分军为二，王龁一军攻皮牢，司马梗一军定太原。⑩皮牢：在山西翼城县东。⑪邯郸：赵国都，在今河北邯郸。⑫蔡尉：人名，大概是张唐部将。捐：捐弃，丢失。⑬为士伍：夺其官爵，降为士兵。古时军队编制，五人为伍，称士伍。阴密：在今甘肃灵台县西。⑭郑：疑是"鄝"字之讹（见《史记志疑》）。⑮汾城：在今山西省临汾市。⑯晋：指魏。楚：楚军因救赵、魏而与秦军战斗。⑰唐：指张唐。宁新中：在今河南省安阳市。⑱河桥：即蒲津桥。

五十一年，将军摎攻韩，取阳城、负黍①，斩首四万。攻赵，取二十余县，首虏九万②。西周君背秦③，与诸侯约从，将天下锐兵出伊阙攻秦，令秦毋得通阳城。于是秦使将军摎攻西周。西周君走来自归，顿首受罪，尽献其邑三十六城，口三万。秦王受献，归其君于周。五十二年，周民东亡，其器九鼎入秦。周初亡④。

【注释】

①摎（liú）：姓，指摎某。阳城：今河南省登封东南告城镇。负黍：负黍亭在阳城县西南。②首：斩的人头。虏：俘虏。③西周君：西周武公。④初亡：基本上灭亡了。还有东周君存在，不算完全灭亡。后七岁灭东周。

五十三年，天下来宾。魏后，秦使摎伐魏，取吴城①。韩王入朝，魏委国听令。五十四年，王郊见上帝于雍②。五十六年秋，昭襄王卒，子孝文王立。尊唐八子为唐太后，而合其葬于先王③。韩王衰绖入吊祠④，诸侯皆使其将相来吊祠，视丧事。

【注释】

①吴城：一名虞城。古吴、虞通用。在今山西省平陆。②郊：在国都南郊祭天。③唐八子：孝文王的生母。八子是妃嫔的一种等级。孝文王追赠其母为太后，与昭襄王合葬。④吊：前来悼念。

孝文王元年，赦罪人，修先王功臣，褒厚亲戚，弛苑囿①。孝文王除丧，十月己亥即位②，三日辛丑卒③。子庄襄王立④。

【注释】

①弛苑囿：指开放秦王养禽兽植树木的场所。②十月：秦以十月（建亥）为岁首。己亥：即当年十月初一日的干支纪日。③辛丑：十月初三的干支。孝文王于昭襄王五十六年秋即位，第二年改元后只三天便去世了。④庄襄王：名子楚，始皇父。

庄襄王元年，大赦罪人，修先王功臣，施德，厚骨肉而布惠于民。东周君与诸侯谋秦，秦使相国吕不韦诛之，尽入其国。秦不绝其祀，以阳人地赐周君，奉其祭祀①。使蒙骜伐韩，韩献成皋、巩②。秦界至大梁，初置三川郡③。二年，使蒙骜攻赵，定太原。三年，蒙骜攻魏高都、汲④，拔之。攻赵榆次、新城、狼孟⑤，取三十七城。四月日食。四年，王龁攻上党，初置太原郡。魏将无忌率五国兵击秦，秦却于河外⑥，蒙骜败，解而去。五月丙午，庄襄王卒，子政立，是为秦始皇帝。

【注释】

①阳人：即阳人聚，在今河南省临汝县西北。②成皋：今河南省荥阳市西汜水镇。巩：今河南省巩义市。③三川郡：今河南洛阳以西一带，其地有黄河、伊水、洛水三川，故名。治所在洛阳。④高都：在今山西省晋城市东北。汲：在今河南省汲县。⑤新城：在今山西省朔县西南。狼孟：在今山西省阳曲县西北。⑥无忌：魏公子信陵君的名。五国：魏、赵、韩、楚、燕。却：退却，败退。

秦王政立二十六年①，初并天下，为三十六郡，号为始皇帝。始皇帝五十一年而崩②，子胡亥立，是为二世皇帝。三年，诸侯并起叛秦，赵高杀二世，立子婴。子婴立月余，诸侯诛之，遂灭秦③。其语在《始皇本纪》中。

【注释】

①立二十六年：即位的第二十六年（前221年）。②五十一年：即五十一岁，非在位年数。始皇十三岁即位，在位三十七年（前246—前210年）。③《史记索隐》："秦自襄公至二世，凡六百一十七岁。"《秦始皇本纪》："襄公至二世，六百一十岁。"

太史公曰：秦之先为嬴姓。其后分封，以国为姓，有徐氏、郯氏、莒氏、终黎氏①、运奄氏、菟裘氏、将梁氏、黄氏、江氏、修鱼氏、白冥氏、蜚廉氏、秦氏；然秦以其先造父封赵城，为赵氏②。

【注释】

①终黎氏：《世本》作"钟离氏"。②赵氏：秦以嬴为姓，以赵为氏。当时，姓氏有别，氏为姓的分支。汉以后姓氏混一。

秦始皇本纪第六

秦始皇帝者，秦庄襄王子也①。庄襄王为秦质子于赵②，见吕不韦姬③，悦而取之，生始皇。以秦昭王四十八年正月生于邯郸④。及生，名为政，姓赵氏。年十三岁，庄襄王死，政代立为秦王。当是之时，秦地已并巴、蜀、汉中⑤，越宛有郢⑥，置南郡矣⑦；北收上郡以东⑧，有河东、太原、上党郡⑨；东至荥阳⑩，灭二周⑪，置三川郡⑫。吕不韦为相，封十万户，号曰文信侯。招致宾客游士，欲以并天下。李斯为舍人⑬。蒙骜、王齮、麃公等为将军⑭。王年少，初即位，委国事大臣。

【注释】

①庄襄王：孝文王中子，名子楚。前249—前247年在位。②质子：派往别

国去作人质的国王的儿子或贵臣。③吕不韦（？—前235年）：卫国濮阳（今河南省濮阳县西南）人。④邯郸：今河北省邯郸市。⑤巴、蜀：均国名，巴在今四川东部，湖北省西部。⑥宛（yuān）：县名。治所在今河南省南阳市。郢：都邑名。春秋战国时为楚都。在今湖北省江陵县东北。⑦南郡：郡名。治所在郢，后迁江陵。这是秦国占领楚国郢都一带后新置的郡。⑧上郡：郡名。辖无定河流域及内蒙古鄂托克旗等地。⑨河东：郡名。治所在安邑（今山西省夏县西北）。辖山西省沁水以西、霍山以南地区。太原：郡名。治所在晋阳（今太原市西南），辖今山西省五台山以南、霍山以北地区。上党郡：治所在壶关（今山西长治市北），辖境相当今山西省和顺县以南沁水流域以东地区。⑩荥（xíng）阳：县名。治所在今河南省荥阳市东北。⑪二周：指西周、东周两小国。与历史上西周、东周王朝是两回事。⑫三川郡：地辖今河南省伊水、洛水流域和北汝河下游地区。治所在雒阳（今洛阳市东北）。⑬李斯（？—前208年）：上蔡人，原为吕不韦舍人，后任丞相，帮助秦始皇建立中央集权的郡县制，推行焚书坑儒政策。秦始皇死后，与赵高策划废黜扶苏，扶助胡亥继位，后与赵高争权，被杀。⑭蒙骜（ào）：齐国人。蒙武的父亲，蒙恬的祖父。王齮（yǐ）：即王龁（hé）。

晋阳反①，元年，将军蒙骜击定之。二年，麃公将卒攻卷②，斩首三万。三年，蒙骜攻韩，取十三城。王齮死。十月，将军蒙骜攻魏氏畼、有诡③。岁大饥。四年，拔畼、有诡。三月，军罢。秦质子归自赵，赵太子出归国。十月庚寅，蝗虫从东方来，蔽天。天下疫。百姓内粟千石，拜爵一级。五年，将军骜攻魏，定酸枣、燕、虚、长平、雍丘、山阳城④，皆拔之，取二十城。初置东郡。冬雷。六年，韩、魏、赵、卫、楚共击秦，取寿陵⑤。秦出兵，五国兵罢。拔卫，迫东郡，其君角率其支属徙居野王⑥，阻其山以保魏之河内⑦。七年，彗星先出东方，见北方⑧，五月见西方。将军骜死。以攻龙、孤、庆都⑨，还兵攻汲。彗星复见西方十六日。夏太后死⑩。八年，王弟长安君成蛟将军击赵，反，死屯留⑪，军吏皆斩死，迁其民于临洮⑫。将军壁死⑬，卒屯留、蒲鹄反⑭，戮其尸。河鱼大上，轻车重马东就食。

【注释】

①晋阳：邑名。在今山西省太原市西南晋源镇。战国时属赵，前247年被秦攻占。②卷（quān）：邑名。属魏。在今河南省阳县西。③畼（chàng）、有诡：均魏邑名。④酸枣：邑名。在今河南省延津县西南。燕：邑名。故址在今河南省延津县东北。虚：即姚虚。在今延津县东南；长平：在今河南省西华县东北。雍丘：在今河南省杞县境。山阳城：邑名。在今河南省焦作市东南。⑤寿陵：邑名。⑥东郡：秦王政五年（前242年）置郡。治所在濮阳（今河南省濮阳县西南）。野王：邑名。原属韩。在今河南省沁阳市。⑦阻：依恃。河内：地区名。春秋战国时指黄河以北地区。⑧彗（huì）星：星名。通常叫扫帚星。⑨龙：地名。在今河北省行唐县。孤：近庆都庆都：地名。在今河北省望都县。龙、孤、庆都三地相距很近。⑩夏太后：庄襄王生母。⑪屯留：原属韩。在今山西省屯留县境内。⑫临洮：县名。在今甘肃省岷县。⑬壁：壁垒；军营。壁死：《正义》："言成蛟自杀壁垒之内。"⑭蒲鹄（gāo）：地名。今地名不详。

嫪毐封为长信侯①。予之山阳地，令毐居之。宫室、车马、衣服、苑囿、驰猎恣毐②。事无大小皆决于毐。又以河西太原郡更为毐国③。九年，彗星见，或竟天。攻魏垣、蒲阳④。四月，上宿雍。己酉，王冠⑤，带剑⑥。长信侯毐作乱而觉，矫王御玺及太后玺以发县卒及卫卒、官骑、戎翟君公、舍人⑦，将欲攻蕲年宫为乱⑧。王知之，令相国昌平君、昌文君发卒攻毐⑨。战咸阳⑩，斩首数百，皆拜爵，及宦者皆在战中，亦拜爵一级。毐等败走。即令国中：有生得毐⑪，赐钱百万；杀之，五十万。尽得毐等。卫尉竭、内史肆、佐弋竭、中大夫令齐等二十人皆枭首⑫。车裂以徇⑬，灭其宗⑭。及其舍人，轻者为鬼薪⑮。及夺爵迁蜀四千余家，家房陵⑯。四月寒冻，有死者。杨端和攻衍氏⑰。彗星见西方，又见北方，从斗以南八十日⑱。十年，相国吕不韦坐嫪毐免⑲。桓齮为将军。齐、赵来，置酒。齐人茅焦说秦王曰："秦方以天下为事，而大王有迁母太后之名⑳，恐诸侯闻之，由此倍秦也㉑。"秦王乃迎太后于雍而入咸阳，复居甘泉宫㉒。

【注释】

①嫪毐(lào ǎi，？—前238年)：吕不韦送进后宫的假宦官，被太后宠幸，权势极大。②苑囿(yuàn yòu)帝王畜养禽兽、打猎及种植花木的地方。恣：听凭。③河西：春秋战国时指今山西、陕西二省间黄河南段以西的地方。④垣(yuán)：邑名。故址在今山西省垣曲县东南。蒲阳：即蒲邑。在今河南省长垣县。⑤冠(guàn)：古代贵族男子年满二十举行加冕礼，表示已经成年。⑥带剑：用以表示威严。⑦矫王御玺：盗用皇帝印。县：古代称帝王都城及其所辖地区，即王畿。戎、翟：均古代部族。翟，同"狄"。⑧蕲(qí)年宫：在陕西省凤翔县南。当时是秦始皇居地。⑨昌平君：楚国公子。曾经任相国，后来迁到郢，项燕立为荆王。昌文君：姓名不详。⑩咸阳：秦都城。故址在今陕西省咸阳市东北。⑪生得：活捉到。⑫卫尉：宫廷卫队长官。内史：管理京城政事的长官。中大夫令：中大夫的主管官。枭(xiāo)首：古代酷刑之一，割下人头悬在木杆上。⑬车裂：古代酷刑，把人肢体分绑在几辆车上，撕裂而死。徇(xùn)：示众。⑭宗：同祖；同族。⑮鬼薪：秦代徒刑的一种，为宗庙打柴，刑期三年。⑯房陵：县名。治所在今湖北省房县。⑰衍氏：魏邑。在今河南省郑州市北。⑱斗：指北斗星。⑲坐：因……犯罪。⑳母太后：指秦始皇的生母赵姬。㉑倍：同"背"，违反；背叛。㉒甘泉宫：咸阳南宫。非汉云阳之甘泉宫。

大索，逐客①。李斯上疏说，乃止逐客令。李斯因说秦王，请先取韩以恐他国，于是使斯下韩②。韩王患之，与韩非谋弱秦。大梁人尉缭来③，说秦王曰："以秦之强，诸侯譬如郡县之君，臣但恐诸侯合从，翕而出不意④，此乃智伯、夫差、湣王之所以亡也⑤。愿大王毋爱财物，赂其豪臣，以乱其谋，不过亡三十万金，则诸侯可尽"。秦王从其计，见尉缭亢礼⑥，衣服食饮与缭同。缭曰："秦王为人，蜂准，长目，挚鸟膺，豺声，少恩而虎狼心，居约易出人下⑦，得志亦轻食人。我布衣，然见我常身自下我。诚使秦王得志于天下，天下皆为虏矣。不可与久游。"乃亡去。秦王觉，固止，以为秦国尉，卒用其计策。而李斯用事。

【注释】

①索：搜索。客：各国在秦国的游士。②恐：恐吓；吓唬。下：降服；制服。③大梁：魏都城。在今河南省开封市。秦国最高军事长官。缭：人名。名缭，姓氏不详。④合从：即合纵。翕(xī)：聚敛；集聚。⑤智伯：荀瑶。知氏是春秋战国时晋国的六家豪族权臣之一，至荀瑶，被韩、赵、魏三家所灭。夫差：是吴国国君。湣王：齐国国君。⑥亢礼：平等相待之礼。亢，同"抗"。⑦蜂准：高鼻子。挚：通"鸷"。猛禽，如鹰、雕之类。膺：胸。约：穷困。

十一年，王翦、桓齮、杨端和攻邺①，取九城。王翦攻阏与、橑杨②，皆并为一军。翦将十八日，军归斗食以下③，什推二人从军④。取邺、安阳⑤，桓齮将。十二年，文信侯不韦死。窃葬⑥。其舍人临者，晋人也逐出之；秦人六百石以上夺爵，迁；五百石以下不临，迁，勿夺爵⑦。自今以来，操国事不道如嫪毐、不韦者籍其门，视此⑧。秋，复嫪毐舍人迁蜀者。当是之时，天下大旱，六月至八月乃雨。

【注释】

①邺（yè）：都邑名。属魏。②阏（yù）与：邑名。属赵。故址在今山西省和顺县西北。橑（liáo 或 lǎo）杨：同"辚阳"。邑名。在今山西省左权县。③斗食：秦代俸禄微薄百石以下的小官。④什：由十个单位合成的一组。⑤安阳：邑名。在今河南省安阳市西南。⑥窃葬：吕不韦服鸩（zhèn）酒自杀，他的门客把他偷偷地葬在洛阳北芒山。⑦六百石：秦国八级爵俸禄，相当于郡丞，县令。五百石：第十级爵俸禄，相当于中等县县令。⑧籍：编入簿册。

十三年，桓齮攻赵平阳①，杀赵将扈辄，斩首十万。王之河南②。正月，彗星见东方。十月，桓齮攻赵。十四年，攻赵军于平阳，取宜安③，破之，杀其将军。桓齮定平阳、武城④。韩非使秦，秦用李斯谋，留非，非死云阳⑤。韩王请为臣。

【注释】

①平阳：邑名。在今河北临漳县西南。②河南：即周雒邑王城。在今河南省洛阳市西郊。③宜安：邑名。在今河北省石家庄市东南。④武城：赵邑。在今山东省武城县西北。⑤云阳：县名。治所在今陕西省淳化县西北。

十五年，大兴兵，一军至邺，一军至太原，取狼孟①。地动。十六年九月，发卒受地韩南阳假守腾②。初令男子书年③。魏献地于秦。秦置丽邑④。十七年，内史腾攻韩，得韩王安⑤，尽纳其地，以其地为郡，命曰颍川。地动。华阳太后卒⑥。民大饥。

【注释】

①狼孟：县名。在今山西省阳曲县。②南阳：地区名。相当今河南省西南部一带。当时分属楚国和韩国。假：代理。腾：即下文的"内史腾"。③书年：登记年龄。④丽邑：丽，也作"郦""骊"。在今陕西省西安市临潼区东。⑤韩王安：韩国末代君主。前238—前230年在位。⑥华阳太后：庄襄王之寄母。

十八年，大兴兵攻赵，王翦将上地①，下井陉②。端和将河内，羌瘣伐赵，端和围邯郸城。十九年，王翦、羌瘣尽定取赵地东阳③，得赵王④。引兵欲攻燕，屯中山⑤。秦王之邯郸，诸尝与王生赵时母家有仇怨，皆阬之⑥。秦王还，从太原、上郡归。始皇帝母太后崩。赵公子嘉率其宗数百人之代⑦，自立为代王，东与燕合兵，军上谷⑧。大饥。

【注释】

①上地：地名。在今陕西省绥德县一带。有人认为上地即指上党，在今山西南部长治市。②井陉（xíng）：秦置县。治所在今河北省井陉县。③羌瘣（huì）：秦将。东阳：地区名。在今河北省太行山。④赵王：即赵王迁。⑤屯：驻防。⑥阬：同"坑"，活埋。⑦赵公子嘉：赵国最后一个君王。前227—前222年在位。代：原为国名。战国时被赵所灭。⑧上谷：郡名。属燕。辖今河北省北部部分地

区，治所在沮阳（今河北怀来县东南）。

二十年，燕太子丹患秦兵至国[1]，恐，使荆轲刺秦王[2]。秦王觉之，体解轲以徇，而使王翦、辛胜攻燕。燕、代发兵击秦军，秦军破燕易水之西[3]。二十一年，王贲攻蓟，乃益发卒诣王翦军[4]，遂破燕太子军，取燕蓟城[5]，得太子丹之首。燕王东收辽东而王之[6]。王翦谢病老归[7]。新郑反[8]。昌平君徙于郢[9]。大雨雪，深二尺五寸。

【注释】

①燕太子丹（？—前226年）：燕王喜的太子，名丹。②荆轲（？—前227年）：卫国人。③易水：在河北省西部。为大清河上游的支流。源出于易县。④诣：往；到。⑤蓟（jì）：燕，国都。在今北京城西南角。⑥辽东：郡名。治所在襄平（今辽宁辽阳市）。辖今辽宁省大凌河以东地区。⑦谢病老：称病、称老而申请退职。⑧新郑：县名。原属韩。治所在今河南省新郑市。⑨郢：此指寿春（今安徽省寿县）。

二十二年，王贲攻魏，引河沟灌大梁[1]，大梁城坏，其王请降[2]，尽取其地。

【注释】

①河沟：水名。即汴河。②其王：指魏王假，魏国末代君主。前227—前225年在位。

二十三年，秦王复召王翦，强起之[1]，使将击荆[2]。取陈以南至平舆[3]，虏荆王[4]。秦王游至郢陈[5]。荆将项燕立昌平君为荆王，反秦于淮南[6]。二十四年，王翦、蒙武攻荆，破荆军，昌平君死。项燕遂自杀。

【注释】

①强：勉强；强迫。②荆：即楚。秦庄襄王名子楚，所以讳言"楚"。③陈：县名。治所在今河南淮阳。平舆：县名。治所在今河南省平舆县北。④荆王：指楚王负刍，楚国末代君主。⑤郢陈：即陈（今河南淮阳）。⑥项燕：（？—前223年）下相（今江苏省宿迁市西南）人。项羽之祖父。

二十五年，大兴兵，使王贲将，攻燕辽东，得燕王喜[1]。还攻代，虏代王嘉。王翦遂定荆江南地[2]；降越君[3]，置会稽郡[4]。五月，天下大酺[5]。

【注释】

①燕王喜：燕国末代君主。前254—前222年在位。②江南：地区名，泛指长江以南。③降：降服。越君：越族君长。楚威王已灭越国，其余族未降者自称君长。④会稽（kuài jī）：郡名。治所为吴县（今江苏省苏州市），管辖今江苏省南部、浙江省大部、安徽省东南部。⑤酺（pú）：聚饮，指命令所特许的大聚饮。

二十六年，齐王建与其相后胜发兵守其西界[1]，不通秦。秦使将军王贲从燕南攻齐，得齐王建。

【注释】

①齐王建：齐国末代君主。前264—前226年在位。

秦初并天下，令丞相、御史曰[1]："异日韩王纳地效玺[2]，请为藩臣[3]，已而倍约[4]，与赵、魏合从畔秦[5]，故兴兵诛之，虏其王。寡人以为善，庶几息兵革[6]。

赵王使其相李牧来约盟⑦，故归其质子。已而倍盟，反我太原，故兴兵诛之，得其王。赵公子嘉乃自立为代王，故举兵击灭之。魏王始约服人秦，已而与韩、赵谋袭秦，秦兵吏诛，遂破之。荆王献青阳以西⑧，已而畔约，击我南郡⑨，故发兵诛，得其王，遂定其荆地。燕王昏乱，其太子丹乃阴令荆轲为贼⑩，兵吏诛，灭其国。齐王用后胜计，绝秦使，欲为乱，兵吏诛，虏其王，平齐地。寡人以眇眇之身，兴兵诛暴乱，赖宗庙之灵⑪，六王咸伏其辜⑫，天下大定。今名号不更，无以称成功，传后世。其议帝号⑬。"丞相绾、御史大夫劫、廷尉斯等皆曰⑭："昔者五帝地方千里⑮，其外侯服、夷服，诸侯或朝或否⑯，天子不能制⑰。今陛下兴义兵，诛残贼，平定天下，海内为郡县⑱，法令由一统，自上古以来未尝有，五帝所不及。臣等谨与博士议曰⑲：'古有天皇，有地皇，有泰皇⑳，泰皇最贵。'臣等昧死上尊号㉑，王为'泰皇'。命为'制'，令为'诏'，天子自称曰'朕'。"王曰："去'泰'著'皇'，采上古'帝'位号，号曰'皇帝'。他如议。"制曰："可。"追尊庄襄王为太上皇。制曰："朕闻太古有号毋谥㉒，中古有号，死而以行为谥。如此，则子议父，臣议君也，甚无谓㉓，朕弗取焉。自今以来，除谥法。朕为始皇帝，后世以计数，二世三世至于万世，传之无穷。"

【注释】

①御史：即御史大夫。官名。掌文书和记事。管监察、执法。②效：献出。效玺，表示投降称臣。③藩臣：守卫边境的臣属。④倍：同"背"。⑤畔：同"叛"。⑥庶几（jī）：也许可以。兵革：借指战争。兵，武器；革，甲胄。⑦李牧（？—前228年）：赵将。长期防守赵国边境，深得军心，曾打败东胡、林胡、匈奴。赵王迁三年（前233年），率军向秦反攻，大败秦军，赐封武安君。后因赵王中秦反间计，牧被杀。⑧青阳：县名。在今湖南省长沙市境内。⑨南郡：郡名。治所在郢（今湖北省江陵县东北），后迁江陵。⑩阴：暗地里。贼：行刺；暗害。⑪宗庙：本指帝王、诸侯或大夫祭祀祖宗的处所。⑫六王：指齐、楚、燕、韩、魏、赵等六国诸侯。辜：罪。⑬其：表祈使，副词。⑭绾（wǎn）：王绾。劫：冯劫。廷尉：官名。掌管刑法，为九卿之一。斯：李斯。⑮五帝：历史上有几种说法。《史记》所指是：黄帝、颛顼、帝喾、尧、舜。⑯侯服、夷服：按照周代制度，国王直接管辖的土地，直径一千里。此外为藩属，分为九服，由近及远，每隔五百里，定一个名称。⑰制：规定；控制。⑱郡县：地方政权组织。战国时在边区设郡，后来逐渐形成县统于郡的两级制。秦统一中国后，分全国为三十六郡，后增加到四十八郡，下设县。⑲博士：官名。掌史事典籍图书，参与议政。⑳天皇、地皇、泰皇：传说中的三皇。㉑昧死：谦辞。冒死的意思。㉒谥（shì）：封建时代，在皇帝及达官贵族死后，统治阶级根据其生前事迹评定褒贬所给予的称号。㉓无谓：没有意义。

始皇推终始五德之传①，以为周得火德，秦代周德，从所不胜。方今水德之始，改年始，朝贺皆自十月朔②。衣服旄旌节旗皆上黑③。数以六为纪，符、法冠皆六寸，而舆六尺④，六尺为步，乘六马。更名河曰德水，以为水德之始。刚毅戾深，事皆决于法，刻削毋仁恩和义，然后合五德之数⑤。于是急法，久者不赦。

【注释】

①终始五德：战国时期阴阳学家邹衍的学说。指水、火、木、金、土五种物质德性相生相克和终而复始的循环变化，用来说明王朝兴废的原因。夏、商、周三个朝代的传递，就是火（周）克金（商）、金克木（夏）的结果；并虚构了一

个五德终始的历史循环论体系，论证在政治上为了适应"五行配列"而定出的相适应的制度（如改正朔，易服色）的必要。②朔：阴历每月初一。十月朔：指以十月初一为元旦。③旄（máo）旌：用旄牛尾或五色羽毛装饰的旗。节：符节，使者所持的凭证。上黑：以黑为贵。④纪（jì）：基础。舆：车。⑤戾（lì）：暴烈。刻削：刻薄侵害。合五德之数：始皇认为秦承水德，而水为阴，阴主刑杀。

丞相绾等言："诸侯初破，燕、齐、荆地远，不为置王，毋以填之①。请立诸子，唯上幸许。"始皇下其议于群臣②，群臣皆以为便。廷尉李斯议曰："周文武所封子弟同姓甚众，然后属疏远③，相攻击如仇雠，诸侯更相诛伐，周天子弗能禁止。今海内赖陛下神灵一统，皆为郡县，诸子功臣以公赋税重赏赐之，甚足易制。天下无异意，则安宁之术也④。置诸侯不便。"始皇曰："天下共苦战斗不休，以有侯王。赖宗庙，天下初定，又复立国，是树兵也⑤，而求其宁息，岂不难哉！廷尉议是。"

【注释】

①填（zhèn）：通"镇"。安定。②下：交下。议：建议，意见。③周文武：周文王、武王。④术：手段；策略。⑤树兵：发动战争。

分天下以为三十六郡①，郡置守、尉、监②。更名民曰"黔首"③。大酺。收天下兵，聚之咸阳，销以为钟鐻，金人十二，重各千石④，置廷宫中。一法度衡石丈尺。车同轨⑤。书同文字。地东至海暨朝鲜，西至临洮、羌中，南至北向户，北据河为塞，并阴山至辽东⑥。徙天下豪富于咸阳十二万户。诸庙及章台，上林皆在渭南⑦。秦每破诸侯，写放其宫室，作之咸阳北阪上，南临渭，自雍门以东至泾、渭⑧，殿屋、复道、周阁相属⑨。所得诸侯美人、钟鼓，以充入之。

【注释】

①三十六郡：三川、河东、南阳、南郡、九江、鄣郡、会稽、颍川、砀郡、泗水、薛郡、东郡、琅邪、齐郡、上谷、渔阳、右北平、辽西、辽东、代郡、巨鹿、邯郸、上党、太原、云中、九原、雁门、上郡、陇西、北地、汉中、巴郡、蜀郡、黔中、长沙，共三十五，加上内史，共三十六郡。②守：郡守。郡的行政长官。尉：郡尉。郡的军事长官。监：监御史。监察长官。③黔首：也称"黎首"。黔为黑色，劳动人民的脸晒得很黑，故称。④鐻（jù）：如钟一类的乐器。石（shí）：重量单位：一百二十斤为石。⑤衡：秤。轨：车轮轮距。⑥暨（jì）：通"及"。临洮：县名。治所在今甘肃省岷县。羌中：指羌族聚居地。主要为甘肃省西南洮水流域。北向户：地区名。并：通"傍"。阴山：山名。在今内蒙古中部。⑦章台：离宫的台名。上林：苑名。⑧写：描摹。放：通"仿"。雍门：地名。在今陕西省高陵县境。⑨复道：阁道；天桥。周阁：四周装有窗户和栏杆可供远眺的楼阁。相属（zhǔ）：相连，相通。

二十七年，始皇巡陇西、北地①，出鸡头山②，过回中③。焉作信宫渭南④，已更命信宫为极庙，象天极⑤。自极庙道通郦山，作甘泉前殿。筑甬道⑥，自咸阳属之。是岁，赐爵一级。治驰道⑦。

【注释】

①陇西：郡名。治所在狄道（今甘肃省临洮县南）。北地：郡名。治所在义渠（今甘肃省庆阳市西南）。②鸡头山：一说今甘肃省平凉市西的崆峒山；一说甘肃省成县的鸡头山。③回中：宫名。故址在今陕西省凤翔县南。④焉：乃；于

是。信宫：宫名。即长信宫。⑤天极：北极星。始皇建极庙以象征天极。⑥甬道：两旁筑有墙的通道。⑦驰道：宽阔的车道。宽五十步，高出地面。路中三丈宽的部分，专供皇帝行走，种树为界。

二十八年，始皇东行郡县，上邹峄山①，立石，与鲁诸儒生议②，刻石颂秦德，议封禅望祭山川之事③。乃遂上泰山④，立石，封，祠祀。下，风雨暴至，休于树下，因封其树为五大夫⑤。禅梁父⑥。刻所立石，其辞曰：

皇帝临位，作制明法，臣下修饬⑦。二十有六年，初并天下，罔不宾服⑧。亲巡远方黎民⑨，登兹泰山，周览东极。从臣思迹，本原事业，祗诵功德⑩。治道运行，诸产得宜⑪，皆有法式。大义休明⑫，垂于后世，顺承勿革。皇帝躬圣⑬，既平天下，不懈于治。夙兴夜寐⑭，建设长利，专隆教诲。训经宣达，远近毕理，咸承圣志。贵贱分明，男女礼顺，慎遵职事。昭隔内外⑮，靡不清净⑯，施于后嗣⑰。化及无穷，遵奉遗诏，永承重戒⑱。

【注释】

①邹峄（yì）山：又名邹山、峄山。今山东省邹县东南。②鲁：地区名。今山东省泰山以南地区。③封禅（shàn）：登泰山筑坛祭天，叫"封"；在梁父山上辟基祭地，叫"禅"。④泰山：山名。在山东省中部，主峰玉皇顶在泰安市北，古又称"东岳""岱山""岱宗"。⑤五大夫：爵位名。秦、汉二十等爵的第九级。⑥梁父（fǔ）：泰山南的一座小山。⑦修饬（chì）：对法制抱恭谨的态度。修，整治。饬，谨慎。⑧罔（wǎng）：无。宾服：诸侯或边远部落按期朝贡，表示臣服。⑨黎民：众民。⑩祗（zhī）：恭敬。⑪诸产：各项产业。⑫休明：美好清明。⑬躬圣：亲听。⑭夙（sù）兴夜寐：早起晚睡。⑮昭隔：明白划分。⑯靡（mí）：无。⑰施（yī）：蔓延；延续。⑱重：严；深。戒：命令；告诫。

于是乃并勃海以东①，过黄、腄②，穷成山③，登之罘④，立石颂秦德焉而去。

【注释】

①并（bàng）：通"傍"。沿着。②黄：县名。治所即今山东黄县东。腄（chuí）：县名。即今山东省福山县。③成山：山名。在山东省荣成县东北。④之罘（fú）：山名。在今山东省福山县东北海中的芝罘半岛上。

南登琅邪①，大乐之，留三月。乃徙黔首三万户琅邪台下②，复十二岁③。作琅邪台，立石刻，颂秦德，明得意。曰：

维二十六年④，皇帝作始。端平法度，万物之纪。以明人事，合同父子。圣智仁义，显白道理。东抚东土，以省卒士。事已大毕，乃临于海。皇帝之功，勤劳本事⑤。上农除末⑥，黔首是富。普天之下，抟心揖志⑦。器械一量，同书文字。日月所照，舟舆所载。皆终其命，莫不得意。应时动事，是维皇帝。匡饬异俗⑧，陵水经地⑨。忧恤黔首，朝夕不懈。除疑定法，咸知所辟⑩。方伯分职⑪，诸治经易。举错必当，莫不如画⑫。皇帝之明，临察四方。尊卑贵贱，不逾次行⑬。奸邪不容，皆务贞良。细大尽力，莫敢怠荒。远迩辟隐⑭，专务肃庄。端直敦忠，事业有常。皇帝之德，存定四极⑮。诛乱除害，兴利致福。节事以时，诸产繁殖。黔首安宁，不用兵革。六亲相保，终无寇贼。欢欣奉教，尽知法式。六合之内⑯，皇帝之土。西涉流沙⑰，南尽北户。东有东海⑱，北过大夏⑲。人迹所至，无不臣者。功盖五帝，泽及牛马。莫不受德，各安其宇⑳。

【注释】

①琅邪：山名。在今山东省胶南市。②琅邪台：有三说：一说在琅邪海滨有座山，形状象台；一说越王勾践曾在琅邪起台观；一说秦始皇在琅邪山上起层台，叫琅邪台。③复：免除赋税或徭役。④维：助词，用在句首以加强语气。⑤本事：根本的大事。⑥上：同“尚”。崇尚，重视。末：古代称工商业为末。⑦搏：同“专”。揖（jí）：通“辑”。会集。⑧匡饬：纠正和整顿。⑨陵：经过；超越。⑩辟：同“避”。⑪方伯：一方诸侯之长。这里指地方长官。⑫画：整齐；明白。⑬次行（háng）：等级。⑭辟：同“僻”。偏僻。⑮四极：四方极远的地方。⑯六合：天、地、东、西、南、北。⑰流沙：指流沙泽，后称居延泽、居延海。即今内蒙古额济纳旗西北的苏古诺尔湖与嘎顺诺尔湖。⑱东海：东海所指因时代而不同。⑲大夏：即晋阳，在今山西太原市西南。⑳宇：房屋。这里指居住的地方。

维秦王兼有天下，立名为皇帝，乃抚东土，至于琅邪。列侯武城侯王离、列侯通武侯王贲、伦侯建成侯赵亥、伦侯昌、武侯成、伦侯武信侯冯毋择、丞相隗状、丞相王绾、卿李斯、卿王戊、五大夫赵婴，五大夫杨樛从①，与议于海上②。曰：“古之帝者，地不过千里，诸侯各守其封域，或朝或否，相侵暴乱，残伐不止，犹刻金石，以自为纪。古之五帝三王③，知教不同，法度不明，假威鬼神，以欺远方，实不称名④，故不久长。其身未殁⑤，诸侯倍叛，法令不行。今皇帝并一海内，以为郡县，天下和平。昭明宗庙，体道行德，尊号大成⑥。群臣相与诵皇帝功德，刻于金石，以为表经⑦。”

【注释】

①列侯：爵位名。秦二十等爵中的最高一级。樛：音jiū。②与（yù）：参加；参与。③三王：指三代之王夏禹、商汤、周文王、武王。④称（chèn）：适合；相符。⑤殁（mò）：死亡。⑥大成：完备。⑦表：表率。经：典范。

既已，齐人徐市等上书①，言海中有三神山，名曰蓬莱、方丈、瀛洲②，仙人居之。请得斋戒③，与童男女求之。于是遣徐市发童男女数千人，入海求仙人。

【注释】

①徐市（fú）：一作“徐福”。方士。琅邪人。入海求仙，一去不返。②蓬莱、方丈、瀛洲：传说中的三座神山。③斋戒：古人准备向神祷告，为了表示恭敬虔诚，要实行斋戒，即绝嗜欲，沐浴更衣戒酒戒荤。

始皇还，过彭城①，斋戒祷祠，欲出周鼎泗水②。使千人没水求之，弗得。乃西南渡淮水，之衡山、南郡③。浮江，至湘山祠④。逢大风，几不得渡。上问博士曰：“湘君何神？”博士对曰：“闻之，尧女，舜之妻⑤，而葬此。”于是始皇大怒，使刑徒三千人皆伐湘山树⑥，赭其山⑦。上自南郡由武关归⑧。

【注释】

①彭城：县名。治所在今江苏省徐州市。②鼎：原是古代盛食物的器皿，后来成为礼器。③衡山：汉武帝移南岳之名于霍山（在今安徽，名天柱山），霍山始有南岳之名，一说以此衡山即霍山。安徽当涂县北亦有衡山。④湘山：一名君山，又名洞庭山。在湖南省岳阳县西洞庭湖中。⑤尧女，舜妻：相传尧的两个女儿娥皇、女英，同时嫁给舜为妃。⑥刑徒：被判刑而服劳役的人。⑦赭（zhě）：

使呈红色。⑧武关：关名。在今陕西省丹凤县东南丹江上，非今址。

二十九年，始皇东游。至阳武博狼沙中①，为盗所惊。求弗得，乃令天下大索十日。

【注释】

①阳武：县名。治所在今河南省原阳县东南。博狼沙：一作"博浪沙"。在今河南省原阳县南。

登之罘，刻石。其辞曰：

维二十九年，时在中春①，阳和方起②。皇帝东游，巡登之罘，临照于海。从臣嘉观，原念休烈③，追诵本始。大圣作治，建定法度，显箸纲纪④。外教诸侯，光施文惠⑤，明以义理。六国回辟⑦，贪戾无厌，虐杀不已。皇帝哀众，遂发讨师，奋扬武德。义诛信行，威燀旁达⑧，莫不宾服。烹灭强暴，振救黔首，周定四极。普施明法，经纬天下⑨，永为仪则⑩。大矣哉！宇县之中⑪，承顺圣意。群臣诵功，请刻于石，表垂于常式⑫。

【注释】

①中（zhòng）春：即仲春，夏历二月。②阳和：春气。③休：美善。烈：功绩；功迹；事业。④箸：同"著"，显明。⑤文：指礼乐制度。⑦回辟：邪辟。回，不直。辟，曲邪不正。⑧燀（chǎn）光烈。⑨经纬：治理。⑩仪则：标准；典型；法则。⑪宇县：天下。宇，宇宙；县，赤县。⑫常式：永久的典范。

其东观曰：

维二十九年，皇帝春游，览省远方。逮于海隅①，遂登之罘，昭临朝阳②。观望广丽，从臣咸念，原道至明。圣法初兴，清理疆内，外诛暴强。武威旁畅③，振动四极④，禽灭六王。阐并天下⑤，灾害绝息，永偃戎兵⑥。皇帝明德，经理宇内，视听不怠。作立大义，昭设备器，咸有章旗⑦。职臣遵分⑧，各知所行，事无嫌疑。黔首改化，远迩同度，临古绝尤⑨。常职既定，后嗣循业，长承圣治。群臣嘉德，祗诵圣烈，请刻之罘。旋遂之琅邪，道上党入。

【注释】

①逮：到达；抵。②昭临：观览。③旁畅：四达；普遍影响。④振：通"震"。⑤阐：开；广：尽。⑥偃：停止。戎：征伐，军队，兵器。⑦章旗：用以表示贵贱等级的服装、旗帜。⑧分（fèn）本分；职分。⑨古：古稀。这里指老年。尤：罪过。

三十年，无事。

三十一年，十二月，更名腊曰"嘉平"①。赐黔首里六石米②，二羊。始皇为微行咸阳，与武士四人俱，夜出逢盗兰池③，见窘④，武士击杀盗，关中大索二十日⑤。米石千六百。

【注释】

①腊：腊月，即夏历十二月。传说秦始皇希望长生不老，派人求仙求药，偶然听到一首歌谣，其中有"帝若学之腊嘉平"一句，因此改腊曰"嘉平"②里：古代居民聚居的地方。③兰池：秦始皇修建的护城河。旧址在今陕西省咸阳市东。④见：被。窘（jiǒng）：窘迫；处境危急。⑤关中：秦都咸阳，汉都长安，均位于函谷关以西，散关以东，武关以北，萧关以南，处四关之中，所以称这个地区为关中。

三十二年，始皇之碣石①．使燕人卢生求羡门、高誓②。刻碣石门。坏城郭，决通堤防③。其辞曰：

遂兴师旅，诛戮无道，为逆灭息。武殄暴逆④，文复无罪⑤，庶心咸服⑥，惠论功劳⑦，赏及牛马，恩肥土域。皇帝奋威，德并诸侯，初一泰平⑧。堕坏城郭⑨，决通川防，夷去险阻⑩。地势既定，黎庶无繇⑪，天下咸抚。男乐其畴⑫，女修其业，事各有序。惠被诸产⑬，久并来田⑭，莫不安所。群臣诵烈，请刻此石，垂著仪矩⑮。

【注释】

①碣石：山名。在今河北省昌黎县北。②羡门、高誓：传说中的两个仙人的名字。③坏城郭，决通堤防：这两句与上下句不连贯，并且与碑文中的"堕坏城郭，决通川防"重复，系衍文。④殄（tiǎn）：灭尽。⑤文：法令条文。复：通"覆"，庇护。复，一作伏。⑥庶：百姓。⑦惠：赐。⑧泰平：太平。⑨堕（huī）：同"隳"。毁坏。郭：外城。⑩夷：削平；诛锄。⑪繇（yáo）：同"徭"。徭役。⑫畴（chóu）：田亩；已耕作的田地。⑬被：及；到。⑭久：一作"分"。单人耕作。并：双人耕作。来田：麦田。⑮仪：法度；准则。

因使韩终、侯公、石生求仙人不死之药。始皇巡北边，从上郡入。燕人卢生使入海还，以鬼神事，因奏录图书①，曰"亡秦者胡也"②。始皇乃使将军蒙恬发兵三十万人北击胡③，略取河南地④。

【注释】

①奏：臣子向君主上书、进言。录：记载，抄写。②亡秦者胡也：这本是一句双关语。使秦朝灭亡的是胡亥，秦始皇却以为是胡人。③蒙恬（？—前210年）：秦朝名将。在抗击匈奴的斗争中，建立了功勋，后被秦二世逼迫自杀。④略取：占领；夺取。

三十三年，发诸尝逋亡人、赘婿、贾人略取陆梁地①，为桂林、象郡、南海②，以适遣戍③。西北斥逐匈奴④。自榆中并河以东⑤，属之阴山，以为三十四县，城河上为塞⑥。又使蒙恬渡河取高阙、陶山、北假中⑦，筑亭障以逐戎人⑧。徙谪，实之初县⑨。禁不得祠。明星出西方⑩。三十四年，适治狱吏不直者，筑长城及南越地⑪。

【注释】

①逋（bū）亡人：逃亡的人。赘（zhuì）婿：穷人把儿子典给富人做奴隶，称"赘子"，主家给赘子娶妻后称为"赘婿"。这与招上门的女婿称为赘婿不同。陆梁地：泛指五岭以南地区。②桂林：郡名。治所在今广西壮族自治区桂平市西南。象郡：一说治所在象林（今越南维川南茶桥）。一说治所在临尘（今广西崇左市境），地辖今广西西部、广东省西南部和贵州省南部一带。南海：郡名。治所在番禺（今广州市）。地辖今广东省滃江、大罗山以南，珠江三角洲及绥江流域以东。③适（zhé）：同"谪"。官吏因罪被降职或流放。戍（shù）：防守。④匈奴：即胡。战国时期居住在今内蒙古自治区一带的游牧部族。⑤榆中：要塞名，即榆林塞，或称榆溪旧塞，故址在今内蒙古准格尔旗、陕西榆林东北。⑥城：筑城。用如动词。⑦高阙：地名。在今内蒙古自治区杭锦后旗东北石兰计山口。阳山：指阴山最西一段，即今内蒙古的狼山。北假：地区名，指今内蒙古五原西、河套以北、阴山以南地区。⑧亭障：在边疆险要处修建的、

供防守的堡垒。⑨初县：新设置的县。⑩明星：彗星。⑪不直：不公正，不正直。南越：指桂林、象郡、南海诸郡。

　　始皇置酒咸阳宫，博士七十人前为寿①。仆射周青臣进颂曰②："他时秦地不过千里，赖陛下神灵明圣，平定海内，放逐蛮夷，日月所照，莫不宾服。以诸侯为郡县，人人自安乐，无战争之患，传之万世。自上古不及陛下威德。"始皇悦。博士齐人淳于越进曰："臣闻殷周之王千余岁，封子弟功臣，自为枝辅③。今陛下有海内，而子弟为匹夫④，卒有田常、六卿之臣⑤，无辅拂⑥，何以相救哉？事不师古而能长久者，非所闻也。今青臣又面谀以重陛下之过，非忠臣。"始皇下其议。丞相李斯曰："五帝不相复，三代不相袭⑦，各以治，非其相反，时变异也。今陛下创大业，建万世之功，固非愚儒所知。且越言乃三代之事，何足法也？异时诸侯并争⑧，厚招游学。今天下已定，法令出一，百姓当家则力农工，士则学习法令辟禁⑨。今诸生不师今而学古，以非当世，惑乱黔首。丞相臣斯昧死言：古者天下散乱，莫之能一，是以诸侯并作，语皆道古以害今，饰虚言以乱实，人善其所私学，以非上之所建立。今皇帝并有天下，别黑白而定一尊。私学而相与非法教，人闻令下，则各以其学议之，入则心非，出则巷议，夸主以为名，异取以为高⑩，率群下以造谤。如此弗禁，则主势降乎上，党与成乎下⑪。禁之便⑫。臣请史官非秦纪皆烧之。非博士官所职⑬，天下敢有藏《诗》《书》、百家语者⑭，悉诣守、尉杂烧之。有敢偶语《诗》《书》者弃市⑮。以古非今者族。吏见知不举者与同罪。令下三十日不烧，黥为城旦⑯。所不去者，医药卜筮种树之书⑰。若欲有学法令，以吏为师。"制曰："可。"

【注释】
　　①为寿：敬酒祝酒。②仆射（yè）：官名。如博士仆射、尚书仆射等。根据所掌管的职事作称号。意思就是某一类官员的首长。③枝辅：辅助。④匹夫：古指平民中的男子，也指寻常的个人。⑤田常：春秋时齐国大臣，杀死齐简公，拥立齐平公。任相国。六卿：春秋后期，晋国有范氏、中行（háng）氏、知氏、韩氏、赵氏、魏氏六家为卿。⑥拂：同"弼"。辅佐。⑦三代：指夏、商、周三代。⑧异时：从前。⑨辟（bì）禁：刑法；禁令。辟，同"避"。⑩异取：标新立异。取，同"趣"。⑪党与：即朋党。⑫便：有利，适宜。⑬职：职掌；主管。⑭《诗》：《诗经》。《书》：《尚书》。百家语：诸子百家的著作。⑮偶语：相对私语。弃市：古代死刑之称。在闹市执行死刑，并将尸体暴露街头。⑯黥（qíng）：古代刑罚。在犯人脸上刺字，并涂上墨，也称墨刑。城旦：刑罚名。白天守卫，晚上筑长城，一般以四年为期。⑰卜筮（shì）：古代占卜，用龟甲称卜，用蓍（shī）草为筮。

　　三十五年，除道①，道九原抵云阳②，堑山堙谷③，直通之。于是始皇以为咸阳人多，先王之宫廷小，吾闻周文王都丰，武王都镐，丰镐之间，帝王之都也。乃营作朝宫渭南上林苑中。先作前殿阿房④，东西五百步，南北五十丈，上可以坐万人，下可以建五丈旗。周驰为阁道⑤，自殿下直抵南山。表南山之颠以为阙⑥。为复道，自阿房渡渭，属之咸阳，以象天极阁道绝汉抵营室也⑦。阿房宫未成；成，欲更择令名名之⑧。作宫阿房，故天下谓之阿房宫。隐宫徒刑者七十余万人⑨，乃分作阿房宫，或作丽山⑩。发北山石椁⑪，乃写蜀、荆地材皆至⑫。关中计宫三百，关外四百余⑬。于是立石东海上胸界中⑭，以为秦东门。因徙三万家丽邑，五万家云阳，皆复不事十岁。

【注释】

①除道：开道。②道：经过。九原：县名。治所在今包头市西，为九原郡郡治。③堑（qiàn）：挖掘。堙（yīn）：填塞。④阿房（ē páng）：地名。在今陕西省西安市西北。阿，近。房，同"旁"。阿房宫直到秦朝灭亡，也未命名，因前殿在阿房，所以称为阿房宫。⑤阁道：即"复道"。在高楼间架空的通道。⑥表：标志。颠：同"巅"。阙：古代宫殿、祠庙和陵墓间的高建筑物。⑦阁道、营室：古星名。绝：横渡。汉：天河。这句写阿房宫的建筑模仿天极，阿房宫是地上的阁道，渭水是天河，隔河的咸阳是灿烂的营室。⑧令名：美名。⑨隐宫：即宫刑。古代酷刑之一。把男人的生殖器阉割后，要把受刑者关在阴暗的屋子里养息一百天，所以叫隐宫。⑩丽（lì）山：即骊山。在今陕西省西安市临潼区东南。⑪石椁（guǒ）：作椁的石材。⑫写：同"卸"。运送。⑬关外：函谷关以东。⑭朐（qú）：山名。即在今江苏连云港市西南的锦屏山。

卢生说始皇曰："臣等求芝、奇药、仙者常弗遇，类物有害之者①。方中，人主时为微行以辟恶鬼②，恶鬼辟，真人至③。人主所居而人臣知之，则害于神。真人者，入水不濡④，入火不蓻⑤，陵云气⑥，与天地久长。今上治天下，未能恬倓⑦。愿上所居宫毋令人知，然后不死之药殆可得也。"于是始皇曰："吾慕真人，自谓'真人'，不称'朕'。"乃令咸阳之旁二百里内宫观二百七十复道甬道相连，帷帐钟鼓美人充之，各案署不移徙⑧。行所幸⑨，有言其处者，罪死。始皇帝幸梁山宫⑩，从山上见丞相车骑众，弗善也⑪。中人或告丞相⑫；丞相后损车骑。始皇怒曰："此中人泄吾语。"案问莫服⑬。当是时，诏捕诸时在旁者，皆杀之。自是后莫知行之所在。听事，群臣受决事，悉于咸阳宫。

【注释】

①类：好像。②方中：方寸之中，指自己的想法。辟：同"避"。③真人：道家称修真得道或成仙的人。④濡（rú）：沾湿。⑤蓻（ruò）：焚烧。⑥陵：登；上升。⑦恬倓（tán）：清静而无所作为。⑧案：同"按"。署：部署。⑨行：巡狩；巡视。⑩梁山宫：宫殿名。在今陕西省乾县东。⑪善：赞许；喜欢。⑫中人：皇宫中的人。指宦官或近臣。⑬案问：审问。

侯生、卢生相与谋曰："始皇为人，天性刚戾自用①，起诸侯②，并天下，意得欲从③，以为自古莫及己。专任狱吏，狱吏得亲幸。博士虽七十人，特备员弗用④。丞相诸大臣皆受成事⑤，倚辨于上⑥。上乐以刑杀为威，天下畏罪持禄⑦，莫敢尽忠。上不闻过而日骄，下慑伏谩欺以取容⑧。秦法，不得兼方⑨，不验，辄死。然候星气者至三百人⑩，皆良士，畏忌讳谀，不敢端言其过⑪。天下之事无大小皆决于上，上至以衡石量书⑫，日夜有呈，不中呈不得休息⑬。贪于权势至如此，未可为求仙药。"于是乃亡去。始皇闻亡，乃大怒曰："吾前收天下书不中用者尽去之。悉召文学方术士甚众⑭，欲以兴太平，方士欲练以求奇药⑮。今闻韩众去不报⑯，徐市等费以巨万计，终不得药，徒奸利相告日闻⑰。卢生等吾尊赐之甚厚，今乃诽谤我，以重吾不德也。诸生在咸阳者，吾使人廉问⑱，或为訞言以乱黔首⑲。"于是使御史悉案问诸生，诸生传相告引⑳，乃自除犯禁者四百六十余人㉑，皆坑之咸阳，使天下知之，以惩后。益发谪徙边。始皇长子扶苏谏曰："天下初定，远方黔首未集，诸生皆诵法孔子，今上皆重法绳之㉒，臣恐天下不安。唯上察之。"

始皇怒，使扶苏北监蒙恬于上郡。

【注释】

①自用：凭自己的主观意图办事，不虚心向人求救。②起：出身。③意得欲从：即"得意从欲"。从，通"纵"。放纵。④备员：充数；凑数。⑤成事：已成的事。⑥辨：通"办"。治理；办事。⑦持禄：保持禄位，尸位素餐。⑧慑（shè）伏：害怕畏伏。谩欺：欺骗；蒙蔽。⑨兼方：具有两种以上的方技。⑩候星气者：观测星象和云气的人。⑪端言：直言；正言。⑫衡石量书：一天称一百二十斤文件来看。衡，指秤。石，一百二十斤。⑬呈：通"程"。限额。中（zhòng）：满，正对上，达到。⑭方术士：古代指研究天文、医学、神仙术、占卜、相术等的人。⑮练：阅历；寻访；游历。⑯韩众：即韩终。⑰奸利：以非法手段谋取利益。⑱廉问：侦察；查访。⑲沃：同"妖"。⑳告引：告发。㉑自除：指秦始皇亲自削除儒生名籍。除，除名。禁：指法令或习俗所不允许的事情。㉒绳：约束，整治。

三十六年，荧惑守心①。有坠星下东郡，至地为石，黔首或刻其石曰"始皇帝死而地分"。始皇闻之，遣御史逐问，莫服，尽取石旁居人诛之，因燔销其石②。始皇不乐，使博士为《仙真人诗》，及行所游天下，传令乐人歌弦之③。秋，使者从关东夜过华阴平舒道④，有人持璧遮使者曰："为吾遗滈池君⑤。"因言曰："今年祖龙死⑥。"使者问其故，因忽不见，置其璧去。使者奉璧具以闻⑦。始皇默然良久，曰："山鬼固不过知一岁事也。"退言曰："祖龙者，人之先也。"使御府视璧，乃二十八年行渡江所沉璧也。于是始皇卜之，卦得游徙吉。迁北河榆中三万家⑧。拜爵一级。

【注释】

①荧惑：即火星。心：星名。也叫商星。二十八宿之一。②燔（fán）：焚烧。③歌：谱曲。弦：弹奏。④华（huà）阴：县名。治所在今陕西省华阴市。平舒：城名。在今陕西省华阴市西北渭水边上。⑤滈（hào）池君：水神名。这里借指秦始皇。⑥祖龙：暗指秦始皇。祖，开始。龙，皇帝的象征。⑦奉：同"捧"。⑧北河：约当今内蒙古境内黄河的北支乌加河（当时为黄河主流）。

三十七年十月癸丑，始皇出游。左丞相斯从，右丞相去疾守①。少子胡亥爱慕请从，上许之。十一月，行至云梦，望祀虞舜于九疑山②。浮江下，观籍柯，渡海渚③。过丹阳，至钱唐④。临浙江，水波恶，乃西百二十里从狭中渡⑤。上会稽，祭大禹，望于南海⑥，而立石刻颂秦德。其文曰：

皇帝休烈，平一宇内，德惠修长。三十有七年，亲巡天下，周览远方。遂登会稽，宣省习俗，黔首斋庄⑦。群臣诵功，本原事迹，追首高明。秦圣临国，始定刑名，显陈旧彰。初平法式，审别职任，以立恒常。六王专倍，贪戾慠猛⑧，率众自强。暴虐恣行⑨，负力而骄，数动甲兵。阴通间使，以事合从，行为辟方⑩。内饰诈谋，外来侵边，遂起祸殃。义威诛之，殄熄暴悖，乱贼灭亡。圣德广密，六合之中，被泽无疆。皇帝并宇，兼听万事，远近毕清。运理群物，考验事实，各载其名。贵贱并通，善否陈前⑪，靡有隐情。饰省宣义，有子而嫁，倍死不贞。防隔内外，禁止淫泆⑫，男女洁诚。夫为寄豭，杀之无罪⑬，男秉义程⑭。妻为逃嫁，子不得母⑮，咸化廉清。大治濯俗⑯，天下承风⑰，蒙被休经。皆遵度轨，和安敦勉⑱，莫不顺令。黔首修洁，人乐同则⑲，嘉保太平。后敬奉法，常治无极，舆舟不倾。从臣诵烈，请刻此石，光垂休铭⑳。

【注释】

①去疾：冯去疾。②云梦：泛指春秋战国时楚王的游猎区，大致包括江汉平原及东、西、北三面一部分丘陵区。九疑：一作"九嶷"，又名苍梧山。在湖南省宁远县南。③籍柯：山名。海渚（zhǔ）：《括地志》认为在"舒州同安县东"。舒州在今安徽庐江县西。江渚，又名牛渚，即今安徽马鞍山市采石矶。④丹阳：县名。治所在今安徽省当涂县东北。钱唐：县名。治所在今浙江省杭州市。⑤浙江：指今钱塘江上游的新安江。⑥会稽：山名。在今浙江省绍兴市南。南海：指今东海。⑦省（xǐng）：察看。⑧专倍：专横，背理。慠（ào），同"傲"。⑨恣：放纵，无顾忌。⑩间使：从事反间活动的使者。辟方：邪辟违拗。⑪善否：善或不善。⑫饰省宣义：文过饰非，混淆黑白。省，同"眚"，过失。宣，头发黑白相杂，引申为混淆的意思。泆（yì）：放荡；荒淫。⑬寄豭（jiā）：比喻有妻子但乱搞男女关系的男人。豭，公猪。⑭义：公正合理而应当做的。⑮子不得母：儿子不能认她为母亲。⑯濯（zhuó）：洗净；清净。⑰承：承领。⑱敦：勉励。⑲则：规则；法令。⑳铭：牢记；永远不忘。

还过吴①，从江乘渡②，并海上，北至琅邪。方士徐市等入海求神药，数岁不得，费多，恐谴，乃诈曰："蓬莱药可得，然常为大鲛鱼所苦，故不得至，愿请善射与俱，见则以连弩射之③。"始皇梦与海神战，如人状。问占梦，博士曰："水神不可见，以大鱼蛟龙为候④。今上祷祠备谨⑤，而有此恶神，当除去，而善神可致⑥。"乃令入海者赍捕巨鱼具⑦，而自以连弩候大鱼出射之。自琅邪北至荣成山⑧，弗见。至之罘，见巨鱼，射杀一鱼。遂并海西。

【注释】

①吴：县名。治所在今江苏省苏州市。②江乘：县名。治所在今江苏省句容县北。③连弩：装有机括，可以连续放箭的弓。④候：征候；征兆；迹象。⑤备谨：完备，恭谨。⑥致：招引；引来。⑦赍：携带。⑧荣成山：在今山东省荣成县境内。

至平原津而病①。始皇恶言死，群臣莫敢言死事。上病益甚，乃为玺书赐公子扶苏曰②："与丧会咸阳而葬。"书已封，在中车府令赵高行符玺事所③，未授使者。七月丙寅，始皇崩于沙丘平台④。丞相斯为上崩在外，恐诸公子及天下有变，乃秘之⑤，不发丧。棺载辒辌车中⑥，故幸宦者参乘⑦，所至上食。百官奏事如故，宦者辄从辒辌车中可其奏事。独子胡亥、赵高及所幸宦者五六人知上死。赵高故尝教胡亥书及狱律令法事⑧，胡亥私幸之。高乃与公子胡亥、丞相斯阴谋破去始皇所封书赐公子扶苏者，而更诈为丞相斯受始皇遗诏沙丘，立子胡亥为太子。更为书赐公子扶苏、蒙恬，数以罪⑨，其赐死。语具在《李斯传》中。行，遂从井陉抵九原。会暑，上辒车臭，乃诏从官令车载一石鲍鱼⑩，以乱其臭。

【注释】

①平原津：在今山东省平原县南。②玺书：古代以印信封记的文书。秦以后专指皇帝的诏书。玺，印，秦以后专指皇帝的印。③中车府令：官名。掌管皇帝的车辆。行符玺事：执行圣旨的发文事宜。④沙丘平台：在今河北广宗县西北。⑤秘：不公开。⑥辒（wēn）辌车：一种关门就温，开门就凉的卧车。⑦参乘：陪乘的人。⑧书：书法；书写。⑨数（shǔ）：列举罪状。⑩鲍（bào）鱼：盐腌的干鱼，有臭味。

行从直道至咸阳，发丧。太子胡亥袭位①，为二世皇帝。九月，葬始皇郦山。

始皇初即位，穿治郦山②，及并天下，天下徒送诣七十余万人，穿三泉③，下铜而致椁④，宫观、百官、奇器、珍怪，徒臧满之⑤。令匠作机弩矢⑥，有所穿近者辄射之。以水银为百川江河大海，机相灌输，上具天文，下具地理⑦。以人鱼膏为烛，度不灭者久之⑧。二世曰："先帝后宫非有子者⑨，出焉不宜。"皆令从死⑩，死者甚众。葬既已下，或言工匠为机，臧皆知之，臧重即泄⑪。大事毕，已臧，闭中羡，下外羡门⑫，尽闭工匠臧者，无复出者。树草木以象山⑬。

【注释】

①直道：道路名。始皇三十五年（前212年）命蒙恬主持修建，北起九原，南至云阳。②穿：打通；凿穿。③三泉：三重泉，形容很深。④下铜：灌注铜汁，加以锢塞。⑤宫观、百官：陶制的房屋模型和偶人。奇器、珍怪：真的或仿制的日用品、奢侈品。⑥机弩矢：能自动发射的弓箭。⑦"以水银为百川江河大海"四句：据《光明日报》1985年3月29日报道，秦始皇陵考古队历时十二年，通过调查钻探，"发现地宫中心有大量集中的水银存在，分布面积达一万二千平方米，其他地方则无。地宫内水银的分布有一定的规则，构成几何图案。这些图案可以反映地宫的部分结构。"⑧人鱼膏：人鱼的脂膏。度（duó）：估计。⑨后宫：指妃嫔、宫女。⑩从死：跟着死，殉葬。⑪臧（zāng）：奴仆。重：多。⑫羡：同"埏"（yán）。墓道。下：放下。外羡门是从上往下吊的。⑬树：种植；栽。

二世皇帝元年，年二十一。赵高为郎中令①，任用事。二世下诏，增始皇寝庙牺牲及山川百祀之礼②。令群臣议尊始皇庙。群臣皆顿首言曰："古者天子七庙，诸侯五，大夫三，虽万世世不轶毁③。今始皇为极庙，四海之内皆献贡职④，增牺牲，礼咸备，毋以加。先王庙或在西雍⑤，或在咸阳。天子仪当独奉酌祠始皇庙。自襄公以下轶毁⑥。所置凡七庙。群臣以礼进祠，以尊始皇庙为帝者祖庙。皇帝复自称'朕'。"

【注释】

①郎中令：官名。掌管宫殿门户及百官出入。②寝庙：宗庙中寝和庙的合称。③轶（dié）毁：依次废除。轶，通"迭"。④极庙：地位极高的庙。职：赋税。⑤西雍：咸阳西面雍县，今陕西凤翔县南。⑥襄公（？—前766年）：春秋时秦国的创立者。前777—前766年在位。西周灭亡时，护送周平王东迁，被封为诸侯，赐给岐（今陕西省岐山县东北）。

二世与赵高谋曰："朕年少，初即位，黔首未集附①。先帝巡行郡县，以示强，威服海内。今晏然不巡行②，即见弱，毋以臣畜天下③。"春，二世东行郡县，李斯从。到碣石，并海，南至会稽，而尽刻始皇所立刻石，石旁著大臣从者名④，以章先帝成功盛德焉⑤：

皇帝曰："金石刻尽始皇帝所为也。今袭号而金石刻辞不称始皇帝，其于久远也如后嗣为之者，不称成功盛德。"丞相臣斯、臣去疾、御史大夫臣德昧死言："臣请具刻诏书刻石，因明白矣。臣昧死请。"制曰："可。"

遂至辽东而还。

【注释】

①集附：归附，服从。②晏然：平静安逸的样子。③臣畜：奴役；统治。④著：刻；写。⑤章：表彰；彰明。盛：美。

于是二世乃遵用赵高①，申法令。乃阴与赵高谋曰："大臣不服，官吏尚强，及诸公子必与我争，为之奈何？"高曰："臣固愿言而未敢也。先帝之大臣，皆天下累世名贵人也②，积功劳世以相传久矣。今高素小贱，陛下幸称举③，令在上位，管中事。大臣鞅鞅④，特以貌从臣，其心实不服。今上出，不因此时案郡县守尉有罪者诛之，上以振威天下，下以除去上生平所不可者⑤。今时不师文而决于武力，愿陛下遂从时毋疑，即群臣不及谋⑥。明主收举余民⑦，贱者贵之，贫者富之，远者近之，则上下集而国安矣。"二世曰："善。"乃行诛大臣及诸公子，以罪过连逮少近官三郎⑧，无得立者，而六公子戮死于杜⑨。公子将闾昆弟三人囚于内宫，议其罪独后。二世使使令将闾曰："公子不臣⑩，罪当死，吏致法焉。"将闾曰："阙廷之礼，吾未尝敢不从宾赞也⑪；廊庙之位，吾未尝敢失节也⑫；受命应对，吾未尝敢失辞也⑬。何谓不臣？愿闻罪而死。"使者曰："臣不得与谋，奉书从事。"将闾乃仰天大呼天者三，曰："天乎！吾无罪！"昆弟三人皆流涕拔剑自杀。宗室振恐⑭。群臣谏者以为诽谤，大吏持禄取容，黔首振恐。

【注释】

①遵：沿。②累世：接连几代。③称举：抬举。④鞅鞅：同"怏怏"。不满意，不愉快的样子。⑤案：查明；查究。可：赞成；满意。⑥即：赶；趁。⑦收举：收罗；提拔。⑧逮：及；连逮；连及。少近官：近侍小臣。三郎：指中郎、外郎、散郎。⑨杜：县名。治所在今陕西省西安市东南。⑩不臣：不尽臣道。⑪阙廷：宫廷。阙，宫阙。宾赞：司仪人。⑫廊庙：指朝廷。⑬应对：用语言酬答；对答。言辞失当。⑭宗室：皇族。

四月，二世还至咸阳，曰："先帝为咸阳朝廷小，故营阿房宫为室堂。未就，会上崩，罢其作者①，复土郦山②。郦山事大毕，今释阿房宫弗就，则是章先帝举事过也。"复作阿房宫。外抚四夷，如始皇计。尽征其材士五万人为屯卫咸阳③，令教射狗马禽兽。当食者多④，度不足，下调郡县转输菽粟刍藁⑤，皆令自赍粮食，咸阳三百里内不得食其谷。用法益刻深⑥。

【注释】

①罢：停止。②复土：掘出墓坑，下棺后还复其土成坟陵。此指为始皇修墓。③材士：指身强力壮的人。屯卫：驻防，守卫。④食者：指材士和狗马禽兽。⑤调：征调。菽（shū）：大豆；豆类。刍（chú）：喂牲口的草。藁（gǎo）：庄稼的茎叶。⑥刻深：苛刻、严峻。

七月，戍卒陈胜等反故荆地①，为"张楚"②。胜自立为楚王，居陈③，遣诸将徇地④。山东郡县少年苦秦吏，皆杀其守卫令丞反，以应陈涉，相立为侯王，合从西乡⑤，名为伐秦，不可胜数也。谒者使东方来⑥，以反者闻二世。二世怒，下吏。后使者至，上问，对曰："群盗，郡守尉方逐捕，今尽得，不足忧。"上悦。武臣自立为赵王，魏咎为魏王，田儋为齐王⑦。沛公起沛⑧。项梁举兵会稽郡⑨。

【注释】

①陈胜（？—前208年）：字涉。阳城（今河南省登封市东南）人。②张楚：取张大楚国的命意。张为动词，楚为国名。以"张楚"为国名者，误。③陈：县名。在河南省淮阳县。④徇：夺取。⑤合从：即合纵。从，通"纵"。乡：同"向"。⑥谒者：官名。掌管传达，有时也奉命出使。⑦武臣、魏咎：均陈胜的部将。田儋

（dān）：秦朝末年，重建齐国，后被秦将章邯杀死。⑧沛公：即汉高帝刘邦。沛：县名。治所在今江苏省沛县。⑨项梁：（？—前208年）：楚将项燕子，参加反秦起义。下相（今江苏省宿迁市西南）人。陈胜失败后，立楚怀王孙子熊心为怀王。

二年冬，陈涉所遣周章等将西至戏①，兵数十万。二世大惊，与群臣谋曰："奈何？"少府章邯曰②："盗已至，众强，今发近县不及矣。郦山徒多，请赦之，授兵以击之。"二世乃大赦天下，使章邯将，击破周章军而走，遂杀章曹阳③。二世益遣长史司马欣、董翳佐章邯击盗④，杀陈胜城父⑤，破项梁定陶，灭魏咎临济⑥。楚地盗名将已死，章邯乃北渡河，击赵王歇等于巨鹿⑦。

【注释】

①戏（xì）：水名。在今陕西省西安市临潼区东。②少府：官名。为九卿之一。掌管山海池泽收入和皇室手工业制造。章邯（？—前205年）：率兵镇压陈胜、项梁领导的农民起义军，后被项羽打败，投降，封为雍王。楚汉战争中，兵败自杀。③章：指周章。曹阳：亭名。在今河南省灵宝县东南。④长（zhǎng）史：官名。⑤城父（fǔ）：邑名。在今安徽省亳县东南。⑥临济：县名。在今河南省封丘县东。⑦巨鹿：县名。治所在今河北省平乡县西南。

赵高说二世曰："先帝临制天下久，故群臣不敢为非，进邪说。今陛下富于春秋①，初即位，奈何与公卿廷决事②？事即有误，示群臣短也。天子称朕，固不闻声③。"于是二世常居禁中④，与高决诸事。其后公卿希得朝见⑤，盗贼益多，而关中卒发东击盗者毋已。右丞相去疾、左丞相斯、将军冯劫进谏曰："关东群盗并起，秦发兵诛击，所杀亡甚众，然犹不止。盗多，皆以戍漕转作事苦⑥，赋税大也。请且止阿房宫作者，减省四边戍转。"二世曰："吾闻之韩子曰⑦：'尧舜采椽不刮⑧，茅茨不翦⑨，饭土塯⑩，啜土形⑪，虽监门之养⑫，不觳于此⑬。禹凿龙门⑭，通大夏⑮，决河亭水，放之海，身自持筑臿⑯，胫毋毛⑰，臣虏之劳不烈于此矣⑱。'凡所为贵有天下者，得肆意极欲，主重明法，下不敢为非，以制御海内矣。夫虞、夏之主，贵为天子，亲处穷苦之实，以徇百姓⑲，尚何于法⑳？朕尊万乘㉑，毋其实，吾欲造千乘之驾，万乘之属，充吾号名。且先帝起诸侯，兼天下，天下已定，外攘四夷以安边竟㉒，作宫室以章得意，而君观先帝功业有绪㉓。今朕即位二年之间，群盗并起，君不能禁，又欲罢先帝之所为，是上毋以报先帝，次不为朕尽忠力，何以在位？"下去疾、斯、劫吏，案责他罪。去疾、劫曰："将相不辱。"自杀。斯卒囚，就五刑㉔。

【注释】

①富于春秋：意谓来日方长，正在青年时代。春秋，指年龄。②公卿：泛指朝廷中的高级官员。③固：本来。④禁中：深宫中。⑤希：通"稀"。⑥戍漕（cáo）转作：指兵役和各种劳役。漕：水路运粮。转：转运。作：建筑工程。⑦韩子：指韩非。引文出自《韩非子·五蠹》。⑧椽：椽子。⑨茨（cì）：用茅草之类盖的屋顶。⑩饭：吃。塯（liù）：盛饭的瓦器。⑪啜（chuò）：喝。形：通"铏"，盛羹的瓦器。⑫监门：守门人。养：供养。⑬觳（què）：俭薄，节俭。⑭龙门：在今山西省河津市西北和今陕西省韩城市东北，黄河到此，两岸峭壁对峙，形如阙门。⑮大夏：地区名。在今山西省太原市以南一带。⑯筑：捣土的杵。臿（chā）：掘土的工具。⑰胫（jìng）：小腿。⑱臣虏：奴隶。烈：厉害。⑲徇：同"殉"⑳尚：犹，还。㉑万乘（shèng）：乘，一车四马。周制，天子能出兵车万乘，因以"万乘"

指代帝位。大国诸侯能出兵车千乘，因以"千乘"指代大国。㉒攘：排除；排斥。竟：通"境"。㉓绪：世业；功绩。㉔五刑：五种刑罚。商、周时指墨刑（黥刺面孔）、劓刑（割鼻子）、刖刑（断膝盖）、宫刑（阉割生殖器官）、大辟（杀头）。

三年，章邯等将其卒围巨鹿，楚上将军项羽将楚卒往救巨鹿。冬，赵高为丞相，竟案李斯杀之①。夏，章邯等战数却②，二世使人让邯，邯恐，使长史欣请事③。赵高弗见，又弗信。欣恐，亡去，高使人捕追不及。欣见邯曰："赵高用事于中，将军有功亦诛，无功亦诛。"项羽急击秦军，虏王离，邯等遂以兵降诸侯。八月己亥，赵高欲为乱，恐群臣不听，乃先设验④，持鹿献于二世，曰："马也。"二世笑曰："丞相误邪？谓鹿为马。"问左右，左右或默，或言马以阿顺赵高⑤，或言鹿。高因阴中诸言鹿者以法⑥。后群臣皆畏高。

【注释】

①李斯被腰斩于咸阳。②数却：多次退却。③请事：请求指示。④设验：试探，考验。⑤阿顺：曲意逢迎。⑥中（zhòng）：中伤；陷害。

高前数言"关东盗毋能为也"，及项羽虏秦将王离等巨鹿下而前，章邯等军数却，上书请益助，燕、赵、齐、楚、韩、魏皆立为王，自关以东，大氐尽畔秦吏应诸侯①，诸侯咸率其众西乡。沛公将数万人已屠武关②，使人私于高③，高恐二世怒，诛及其身，乃谢病不朝见。二世梦白虎啮其左骖马④，杀之，心不乐，怪问占梦。卜曰："泾水为祟⑤。"二世乃斋于望夷宫⑥，欲祠泾，沉四白马。使使责让高以盗贼事。高惧，乃阴与其婿咸阳令阎乐、其弟赵成谋曰："上不听谏，今事急，欲归祸于吾宗。吾欲易置上，更立公子婴。子婴仁俭⑦，百姓皆载其言⑧。"使郎中令为内应，诈为有大贼，令乐召吏发卒，追劫乐母置高舍⑨。遣乐将吏卒千余人至望夷宫殿门，缚卫令仆射，曰："贼入此，何不止？"卫令曰："周庐设卒甚谨，安得贼敢入宫？"乐遂斩卫令，直将吏入，行射，郎宦者大惊，或走或格⑩，格者辄死，死者数十人。郎中令与乐俱入，射上幄坐帏。二世怒，召左右，左右皆惶扰不斗。旁有宦者一人，侍不敢去。二世入内，谓曰："公何不蚤告我⑪？乃至于此！"宦者曰："臣不敢言，故得全。使臣蚤言，皆已诛，安得至今？"阎乐前即二世数曰："足下骄恣⑫，诛杀无道⑬，天下共畔足下，足下其自为计。"二世曰："丞相可得见否？"乐曰："不可。"二世曰："吾愿得一郡为王。"弗许。又曰："愿为万户侯。"弗许。曰："愿与妻子为黔首，比诸公子⑭。"阎乐曰："臣受命于丞相，为天下诛足下，足下虽多言，臣不敢报。"麾其兵进⑮。二世自杀。

【注释】

①大氐（dǐ）：大抵；大概。②屠：毁坏城池，屠杀人民。③私：秘密交往。④啮（niè）：咬。左骖（cān）马：驾在车左外边的马。⑤为祟（suì）：作怪。⑥望夷宫：宫名。故址在今陕西省泾阳县东南。⑦俭：谦卑。⑧载：同"戴"。⑨追：紧跟；紧随。劫：劫持；架走。⑩格：格斗。⑪蚤：同"早"。⑫即：走近。⑬无道：暴虐，没有德政。⑭比（bì）：相类，相等。⑮麾（huī）：指挥。

阎乐归报赵高，赵高乃悉召诸大臣公子，告以诛二世之状。曰："秦故王国①，始皇君天下②，故称帝。今六国复自立，秦地益小，乃以空名为帝，不可。宜为王如故，便。"立二世之兄子公子婴为秦王。以黔首葬二世杜南宜春苑中③。令子婴斋，当庙见④，受玉玺。斋五日，子婴与其子二人谋曰："丞相高杀二世望夷宫，恐群臣诛之，乃详以义立我⑤。我闻赵高乃与楚约，灭秦宗室而王关中。今使我斋见庙，此欲因庙中杀我。我称病不行，丞相必自来，来则杀之。"高使人请子婴数辈，子婴不行，高果自往，曰："宗庙重事，王奈何不行？"子婴遂刺杀高于斋宫，三族高家以徇咸阳⑥。子婴为秦王四十六日，楚将沛公破秦军入武关，遂至霸上⑦，使人约降子婴。子婴即系颈以组⑧，白马素车⑨，奉天子玺符，降轵道旁⑩。沛公遂入咸阳，封宫室府库，还军霸上。居月余，诸侯兵至，项籍为从长⑪，杀子婴及秦诸公子宗族。遂屠咸阳，烧其宫室，虏其子女，收其珍宝货财，诸侯共分之。灭秦之后，各分其地为三，名曰雍王、塞王、翟王⑫，号曰三秦。项羽为西楚霸王，主命分天下王诸侯，秦竟灭矣。后五年，天下定于汉。

【注释】

①故：从前；本来。②君：统治。③宜春苑：秦朝离宫有宜春宫，宫东为宜春苑。④庙见：皇帝即位后第一次到宗庙拜祖先、会群臣、受印玺的典礼。⑤详：同"佯"。⑥徇：向众宣示。⑦霸上：在今陕西省西安市东。⑧组：用丝织成的宽带子，古代用作佩玉或佩印的绶带。⑨白马素车：丧服。这里表示有罪。⑩轵道：一作"枳道"。亭名。为长安城东第一亭，在今陕西省西安市东北。⑪项籍：即项羽。从长：合纵集团的首领。⑫雍王：秦降将章邯，领有今陕西省中部和甘肃省东部地区。塞王：司马欣，领有今陕西省东部地区。翟王：董翳，领有今陕西省北部地区。

太史公曰：秦之先伯翳①，尝有勋于唐虞之际②，受土赐姓③。及殷夏之间微散④。至周之衰，秦兴，邑于西垂⑤。自缪公以来⑥，稍蚕食诸侯，竟成始皇。始皇自以为功过五帝，地广三王，而羞与之侔⑦。善哉乎贾生推言之也⑧！曰：

秦并兼诸侯山东三十余郡，缮津关⑨，据险塞，修甲兵而守之⑩。然陈涉以戍卒散乱之众数百，奋臂大呼，不用弓戟之兵⑪，钼櫌白梃⑫，望屋而食⑬，横行天下⑭。秦人阻险不守，关梁不阖⑮，长戟不刺，强弩不射。楚师深入，战于鸿门⑯，曾无藩篱之艰⑰。于是山东大扰，诸侯并起，豪俊相立。秦使章邯将而东征，章邯因以三军之众要市于外⑱，以谋其上。群臣之不信，可见于此矣。子婴立，遂不寤⑲。藉使子婴有庸主之材，仅得中佐，山东虽乱，秦之地可全而有，宗庙之祀未当绝也。

【注释】

①伯翳（yì）：一作"伯益"。古代嬴姓各族的祖先。②唐：即陶唐氏，传说中的远古部落名。居住在平阳（今山西省临汾市西南）。虞：即有虞氏。传说中的远古部落名。③赐姓：古代君主，让有功之臣或宠幸的人姓自己或近亲的姓，叫"赐姓"。④微散：稍微散落。⑤垂：同"陲"。边境。⑥缪公：即秦穆公嬴任好（？—前621年）。前659—前621年在位。任用谋臣，击败晋国，后又被晋国打败，转而向西发展，攻灭十二国，称霸西戎。⑦侔（móu）：齐，相等。⑧贾生：即贾谊（前200—前168年）。洛阳人，西汉政论家、散文家。⑨缮：修。津：渡口。⑩甲兵：铠甲和兵器。泛指武器。⑪戟（jǐ）：兵器。⑫钼：通"锄"。櫌（yōu）：平土的无齿耙。梃（tǐng）：棍棒。⑬望屋而食：起义部队没有给养，但随地受到人民的支持。⑭横（héng）行：纵横驰骋。⑮阖（hé）：关闭。⑯鸿门：地名。在今陕西省西安市临潼区东北。⑰藩篱：篱笆；屏障。⑱要（yāo）市：要挟；出卖。⑲寤：通"悟"。觉悟；了解。

秦地被山带河以为固①，四塞之国也②。自缪公以来，至于秦王③，二十余君，常为诸侯雄④。岂世世贤哉？其势居然也⑤。且天下尝同心并力而攻秦矣。当此之世，贤智并列。良将行其师，贤相通其谋，然困于阻险而不能进，秦乃延入战而为之开关，百万之徒逃北而遂坏。岂勇力智慧不足哉？形不利，势不便也。秦小邑并大城，守险塞而军，高垒毋战，闭关据阨⑥，荷戟而守之。诸侯起于匹夫，以利合，非有素王之行也⑦。其交未亲，其下未附，名为亡秦，其实利之也。彼见秦阻之难犯也，必退师。安土息民⑧，以待其敝⑨，收弱扶罢⑩，以令大国之君，不患不得意于海内。贵为天子，富有天下，而身为禽者⑪，其救败非也⑫。

【注释】

①被：背靠。带：环绕。②四塞：四周都有险塞。③秦王：指秦始皇。④雄：雄长。⑤势居：地理形势所处的位置。⑥阨（ài）：通"隘"，险要。⑦素王：道德很高，天下景仰但未居王位的人。⑧安：稳定。息：休养生息。⑨敝：疲困。⑩罢：同"疲"。⑪禽：同"擒"。⑫救败：挽救危亡的局势。

秦王足已不问，遂过而不变①。二世受之，因而不改，暴虐以重祸②。子婴孤立无亲，危弱无辅。三主惑而终身不寤③，亡，不亦宜乎？当此时也，世非无深虑知化之士也④，然所以不敢尽忠拂过者⑤，秦俗多忌讳之禁，忠言未卒于口而身为戮没矣。故使天下之士，倾耳而听，重足而立⑥，拑口而不言⑦。是以三主失道⑧，忠臣不敢谏，智士不敢谋，天下已乱，奸不上闻，岂不哀哉！先王知雍蔽之伤国也⑨，故置公卿大夫士⑩，以饰法设刑⑪，而天下治。其强也，禁暴诛乱而天下服。其弱也，五伯征而诸侯从⑫。其削也，内守外附而社稷存。故秦之盛也，繁法严刑而天下振；及其衰也，百姓怨望而海内畔矣。故周五序得其道⑬，而千余岁不绝。秦本末并失，故不长久。由此观之，安危之统相去远矣⑭。野谚曰："前事不忘，后事之师也。"是以君子为国，观之上古，验之当世，参以人事⑮，察盛衰之理，审权势之宜，去就有序，变化有时，故旷日长久而社稷安矣。

【注释】

①遂：顺；随。②因：因循，沿袭。重祸：加重祸患。③三主：指秦始皇、秦二世、公子婴。④深虑知化：深谋远虑而知道随时变化。⑤拂：违背；违抗，抵制。⑥重（chóng）足：两只脚叠起来，不敢走动。⑦拑口：通"钳口"，闭口不言。⑧失道：迷路。⑨雍蔽：同"壅蔽"，隔绝；蒙蔽。⑩公卿大夫士：公，指朝廷的最高官员。⑪饰：整治，修订。设：完备。⑫五伯：即"五霸"。⑬五序：指公、侯、伯、子、男之序。一说"五"应作"王"。⑭统：根本；基础。⑮人事：人情事理。

秦孝公据殽函之固①，拥雍州之地②，君臣固守而窥周室，有席卷天下，包举宇内，囊括四海之志③，并吞八荒之心④。当是时，商君佐之⑤，内立法度，务耕织，修守战之备，外连衡而斗诸侯⑥，于是秦人拱手而取西河之外⑦。

【注释】

①秦孝公（前381—前338年）：战国时秦国国君，即嬴渠梁。②雍州：古九州之一。③席卷、包举、囊括：像席子一样卷起来，像包袱一样总括起来，像袋子一样装起来，都有并吞的意思。④八荒：天下。原指八方荒远的地方。⑤商君：即商鞅。⑥连衡：即"连横"。是一种分散六国，使他们各自同秦联合，从而各个击破的策略。⑦西河：地区名。约当今陕西省东部黄河西岸地带。

本属魏国。

孝公既殁，惠王、武王蒙故业①，因遗册②，南兼汉中，西举巴蜀，东割膏腴之地，收要害之郡。诸侯恐惧，会盟而谋弱秦，不爱珍器重宝肥美之地③，以致天下之士，合从缔交，相与为一。当是时，齐有孟尝，赵有平原，楚有春申，魏有信陵。此四君者，皆明知而忠信，宽厚而爱人，尊贤重士，约从离衡，并韩、魏、燕、楚、齐、赵、宋、卫、中山之众。于是六国之士有宁越、徐尚、苏秦、杜赫之属为之谋④，齐明、周最、陈轸、昭滑、楼缓、翟景、苏厉、乐毅之徒通其意⑤，吴起、孙膑、带佗、兒良、王廖、田忌、廉颇、赵奢之朋制其兵⑥。常以十倍之地，百万之众，叩关而攻秦⑦，秦人开关延敌，九国之师逡巡遁逃而不敢进⑧。秦无亡矢遗镞之费⑨，而天下诸侯已困矣。于是从散约解，争割地而奉秦。秦有余力而制其敝，追亡逐北，伏尸百万，流血漂卤⑩。因利乘便，宰割天下，分裂河山，强国请服，弱国入朝。延及孝文王、庄襄王⑪，享国日浅，国家无事。

【注释】

①惠王：即秦惠文王。秦孝公的儿子。前337—前311年在位。武王：秦惠文王的儿子。前310—前307年在位。蒙：承受。②册：同"策"。③爱：吝惜。④宁越：赵国人。徐尚：宋国人。苏秦：洛阳人。杜赫：周人。⑤齐明：东周臣子。周最：一作"周聚"，或作"周冣"。东周国君的儿子。陈轸：楚国人。昭（shào）滑：楚国臣子。楼缓：魏相。翟（zhái）景：魏国人。苏厉：苏秦的弟弟。乐毅：燕将。⑥吴起：魏将，后入楚。孙膑：齐将。带佗：赵将。兒（ní）良、王廖：均兵家。田忌：齐将。廉颇、赵奢：均赵将。⑦叩：击；攻。⑧逡（qūn）巡：顾忌徘徊，不敢前进。九国：指韩、魏、燕、楚、齐、赵、宋、卫、中山。⑨镞（zú）：箭镝。⑩卤：盾。⑪孝文王：前250年在位。秦昭襄王的儿子。庄襄王：孝文王子。前249—前247年在位。

及至秦王，续六世之余烈①，振长策而御宇内②，吞二周而亡诸侯，履至尊而制六合，执棰拊以鞭笞天下③，威振四海。南取百越之地④，以为桂林、象郡，百越之君俛首系颈⑤，委命下吏⑥。乃使蒙恬北筑长城而守藩篱，却匈奴七百余里，胡人不敢南下而牧马，士不敢弯弓而报怨。于是废先王之道，焚百家之言⑦，以愚黔首。堕名城⑧，杀豪杰，收天下之兵聚之咸阳，销锋铸鐻⑨，以为金人十二，以弱黔首之民。然后斩华为城，因河为津⑩，据亿丈之城，临不测之谿以为固。良将劲弩守要害之处，信臣精卒陈利兵而谁何⑪，天下以定。秦王之心，自以为关中之固，金城千里⑫，子孙帝王万世之业也。

【注释】

①六世：指孝公、惠文王、武王、昭襄王、孝文王、庄襄王。②振：举起。御：驾驭；统治。③履至尊：登上帝位。棰：棍棒。拊（fǔ）：刀柄。④百越：一作"百粤"。古代越族居住在我国东南地区，各部自有名称，统称百越。⑤系颈：颈上系绳，表示投降。⑥委命：以性命相托。⑦言：言论。这里指书籍。⑧堕：同"隳"，毁坏。⑨鐻（jù）：钟一类的乐器。⑩津：护城河；城壕。⑪谁何：何，通"呵"，诘问呵叱；呵问是谁。⑫金城：坚固的城池。

秦王既殁，余威振于殊俗①。陈涉，瓮牖绳枢之子②，甿隶之人③，而迁徙之徒，才能不及中人④，非有仲尼、墨翟之贤⑤，陶朱、猗顿之富⑥，蹑足行伍之间⑦，而崛起什伯之中⑧，率罢散之卒，将数百之众，而转攻秦。斩木为兵，揭竿为旗⑨，天下云集响应，赢粮而景从⑩，山东豪俊遂并起而亡秦族矣。

【注释】

①殊俗：不同的风俗。这里指边远地区。②瓮牖（yǒu）绳枢：以瓮为牖，以绳为枢。这里形容窗和门都很简陋。牖：窗户。枢：门户的转轴。③甿（méng）隶：雇农。农村居民。隶：奴隶，差役。④中人：平常的人。⑤仲尼，孔丘的字。墨翟（dí）：宋国人，住在鲁国。⑥陶朱：即范蠡（lǐ）。春秋末年楚国宛（yuān）（今河南省南阳市）人，越国大夫。他帮助越王勾践灭亡吴国后，离开越国，跑到陶（今山东省定陶县北，也有肥城、滕县、华容等地之说），自称陶朱公。猗（yī）顿：战国时的大商人。一说是春秋鲁国人。向陶朱公学习致富的方法，成为大牧主。⑦蹑（niè）足：用脚踏地，这里有出身于……的意思。⑧什伯：古代军队编制，十人为"什"，百人为"伯"。也泛指队伍。⑨揭：举起。⑩赢：担负。

且夫天下非小弱也，雍州之地，殽函之固自若也。陈涉之位，非尊于齐、楚、燕、赵、韩、魏、宋、卫、中山之君；钮耰棘矜①，非锬于勾戟长铩也②；適戍之众，非抗于九国之师③；深谋远虑，行军用兵之道，非及乡时之士也④。然而成败异变，功业相反也。试使山东之国与陈涉度长絜大⑤，比权量力，则不可同年而语矣。然秦以区区之地，千乘之权，招八州而朝同列⑥，百有余年矣。然后以六合为家，殽函为宫，一夫作难而七庙堕⑦，身死人手⑧，为天下笑者，何也？仁义不施而攻守之势异也⑨。

【注释】

①棘矜（qín）：戟杆，柔柄棘，同"戟"。②锬（xiān）：通"铦"，锋利。勾戟：有钩的戟。勾就是钩。长铩（shā）：大矛。③適：同"谪"。抗：高；强。④乡时：先前。乡，同"向"。⑤絜（xié）：衡量，比较。⑥八州：古代全国，分为九州，除秦国本土雍州外，还有冀、兖、青、徐、扬、荆、豫、梁八州。同列：指六国诸侯。六国跟秦本来是同列的诸侯国。⑦七庙：古代宗法制度，天子有七庙，太祖庙居中，左右三昭三穆。⑧身死人手：指秦王子婴被项羽所杀。⑨攻：指秦始皇和始皇以前兵力强，攻伐六国。守：指秦二世、子婴兵力弱，困守关中。

秦并海内，兼诸侯，南面称帝，以养四海，天下之士斐然乡风，若是者何也①？曰：近古之无王者久矣。周室卑微，五霸既殁，令不行于天下，是以诸侯力政②，强侵弱，众暴寡③，兵革不休，士民罢敝。今秦南面而王天下，是上有天子也。既元元之民冀得安其性命④，莫不虚心而仰上，当此之时，守威定功，安危之本在于此矣。

【注释】

①南面：古代以面向南为尊位，帝王的座位面向南，所以称居帝位为"南面"。乡风：归化，归顺。②力政：以武力征伐。政，通"征"。③暴：损害；糟蹋。④元元：庶民；众民。

秦王怀贪鄙之心，行自奋之智，不信功臣，不亲士民，废王道，立私权，禁文书而酷刑法①，先诈力而后仁义，以暴虐为天下始。夫并兼者高诈力，安定者贵顺权②，此言取与守不同术也。秦离战国而王天下③，其道不易，其政不改，是其所以取之守之者无异也。孤独而有之，故其亡可立而待。借使秦王计上世之事^④，并殷周之迹^⑤，以制御其政，后虽有淫骄之主而未有倾危之患也^⑥。故三王之建天下，名号显美，功业长久。

【注释】

①文书：诗书古籍。②顺权：顺势权衡。③离：经历。王（wàng）天下：称王于天下，即统一天下。④借使：假使。⑤并：同"傍"。挨着。⑥倾危：倾覆危亡。

今秦二世立，天下莫不引领而观其政^①。夫寒者利裋褐而饥者甘糟糠^②，天下之嗷嗷^③，新主之资也^④。此言劳民之易为仁也。乡使二世有庸主之行，而任忠贤，臣主一心而忧海内之患，缟素而正先帝之过^⑤，裂地分民以封功臣之后，建国立君以礼天下，虚囹圄而免刑戮^⑥，除去收帑污秽之罪^⑦，使各反其乡里^⑧，发仓廪，散财币，以振孤独穷困之士^⑨，轻赋少事，以佐百姓之急，约法省刑以持其后，使天下之人皆得自新，更节修行，各慎其身，塞万民之望^⑩，而以威德与天下，天下集矣。即四海之内，皆欢然各自安乐其处，唯恐有变，虽有狡猾之民，无离上之心，则不轨之臣无以饰其智^⑪，而暴乱之奸止矣。二世不行此术，而重以无道，坏宗庙与民，更始作阿房宫，繁刑严诛，吏治刻深，赏罚不当，赋敛无度，天下多事，吏弗能纪^⑫，百姓困穷而主弗收恤。然后奸伪并起，而上下相遁^⑬，蒙罪者众，刑戮相望于道，而天下苦之。自君卿以下至于众庶，人怀自危之心，亲处穷苦之实，咸不安其位，故易动也。是以陈涉不用汤武之贤^⑭，不藉公侯之尊，奋臂于大泽而天下响应者^⑮，其民危也。故先王见始终之变，知存亡之机，是以牧民之道，务在安之而已。天下虽有逆行之臣，必无响应之助矣。故曰"安民可与行义，而危民易与为非"，此之谓也。贵为天子，富有天下，身不免于戮杀者，正倾非也^⑯。是二世之过也。

【注释】

①引领：伸长脖子。形容盼望的殷切。②裋（shù）褐：粗陋的衣，贫苦的人所穿。糟糠：穷人用来充饥的酒渣、糠皮等粗劣食物。③嗷嗷：哀鸣声。④资：凭借；资助。⑤缟（gǎo）素：白色的衣服，丧服。⑥囹圄（líng yǔ）：也作"囹圉"，牢狱。⑦帑（nú）：同"孥"，妻子儿女。污秽：杂乱。⑧反：同"返"。⑨振：通"赈"。⑩塞：弥补；满足。⑪不轨：越出常规；不遵守法度。⑫纪：管束，约束。⑬遁：回避；推诿。⑭汤武：指商汤王、周武王。⑮大泽：乡名。在今安徽省宿县东南刘村集。⑯正倾：纠正被颠覆的局势。

襄公立^①，享国十二年^②。初为西畤^③。葬西垂^④。生文公。

【注释】

①以下简记秦朝先君在位的年数和葬地，出于《秦记》，是后人附录于此的。②享国：帝王在位。③西畤：故址在西地（今甘肃天水市西南）古代祭天地、五帝的坛址。④西垂：在今甘肃天水市西南。

文公立，居西垂宫。五十年死，葬西垂。生静公。
静公不享国而死。生宪公。
宪公享国十二年，居西新邑^①。死，葬衙^②。生武公、德公、出子。
出子享国六年，居西陵^③。庶长弗忌、威累、参父三人^④，率贼贼出子鄙衍^⑤，葬衙。武公立。

武公享国二十年，居平阳封宫⑥。葬宣阳聚东南⑦。三庶长伏其罪。德公立。

德公享国二年。居雍大郑宫⑧。生宣公、成公、缪公。葬阳⑨。初伏，以御蛊⑩。

宣公享国十二年。居阳宫。葬阳。初志闰月。

成公享国四年，居雍之宫。葬阳。齐伐山戎、孤竹⑪。

缪公享国三十九年。天子致霸。葬雍。缪公学著人⑫。生康公。

康公享国十二年。居雍高寝。葬竘社⑬。生共公。

共公享国五年。居雍高寝。葬康公南。生桓公。

桓公享国二十七年。居雍太寝。葬义里丘北⑭。生景公。

景公享国四十年。居雍高寝。葬丘里南⑮。生毕公⑯。

毕公享国三十六年⑰。葬车里北⑱。生夷公。

夷公不享国。死，葬左宫⑲。生惠公。

惠公享国十年。葬车里。康景生悼公。

悼公享国十五年⑳。葬僖公西。城雍㉑。生刺龚公㉒。

刺龚公享国三十四年。葬入里㉓。生躁公、怀公。其十年，彗星见。

躁公享国十四年。居受寝。葬悼公南。其元年，彗星见。

怀公从晋来。享国四年。葬栎圉氏㉔。生灵公㉕。诸臣围怀公，怀公自杀。

肃灵公，昭子子也。居泾阳㉖。享国十年。葬悼公西。生简公。

简公从晋来。享国十五年。葬僖公西。生惠公。其七年，百姓初带剑㉗。

惠公享国十三年。葬陵圉。生出公。

出公享国二年。出公自杀，葬雍。

献公享国二十三年㉘。葬嚣圉㉙。生孝公。

孝公享国二十四年。葬弟圉㉚。生惠文王。其十三年，始都咸阳。

惠文王享国二十七年。葬公陵㉛。生悼武王。

悼武王享国四年，葬永陵㉜。

昭襄王享国五十六年。葬茝阳㉝。生孝文王。

孝文王享国一年。葬寿陵㉞。生庄襄王。

庄襄王享国三年。葬茝阳。生始皇帝。吕不韦相㉟。

【注释】

①西新邑：即指平阳，在今陕西岐山县西南。②衙：即彭衙，在今陕西白水县东北。③西陵：一作"西陂"，地名不详。④庶长：官爵名。秦汉官爵分二十级，其中第十级为左庶长，十一级为右庶长，十七级为驷车庶长，十八级为大庶长，皆为武官。⑤贼贼：第二个"贼"字为动词，虐待、杀害之意。鄙衍：地名。约在今陕西省岐山县西南。⑥平阳：在今陕西岐山县西南。⑦宣阳聚：地名。在平阳。⑧大郑宫：宫殿名。⑨阳：邑聚名。在雍。⑩蛊（gǔ）：毒虫，害人的邪物。此处指热毒邪气。御：治。⑪山戎：我国古代北方的游牧部族，战国以后称为匈奴。孤竹：殷商时小国名。以后为地名，在今河北卢龙县南。⑫著人：守卫于宫殿门屏间的侍卫。著，通"宁"（zhù），门屏之间。⑬竘（qǔ）社：地名，在雍。⑭义里：地名。在雍。⑮丘里南：疑作"义里丘南"。⑯毕公：《秦本纪》作"哀公"。⑰三十六年：一作"三十七年"。⑱车里：地名。在雍。⑲左宫：地名。在雍。⑳十五年：《秦本纪》作"十四年"。㉑城：用如动词，修筑城墙。㉒刺龚公：《秦本纪》和《六国诸侯年表》作"厉共公"。㉓入里：地名。在雍。㉔栎：不详。圉（yǔ）氏：聚落名。在栎。㉕灵公：此处说灵公

是怀公之子，下文及《秦本纪》皆说灵公是怀公太子昭子之子。㉖肃灵公：《纪年》及《世本》无"肃"字，上文及《秦本纪》均作"灵公"。泾（jīng）阳：邑名。在今陕西泾阳县西北。㉗百姓：百官。百官带剑，以示威严。㉘献公：灵公之子。㉙嚻圉：地名不详。㉚弟圉：地名不详。秦孝公徙咸阳，疑弟圉在咸阳。㉛公陵：在今咸阳市北。㉜永陵：在今咸阳市北。㉝芷（zhǐ）阳：在今陕西西安市临潼区西南。芷，通"芷"。㉞寿陵：在今西安市长安区东北。㉟根据这段文字，可列秦世系和在位年数表如下：襄公（前777—前766年）文公（前765—前716年）—宪公（前715—前704年）—出子（前703—前698年）—武公（前697—前678年）—德公（前677—前676年）—宣公（前675—前664年）—成公（前664—前660年）—缪公（前659—前621年）—康公（前620—前609年）—共公（前608—前604年）—桓公（前603—前577年）—景公（前576—前537年）—毕公（前536—前501年）—惠公（前500—前491年）—悼公（前490—前477年）—剌龚（前476—前443年）—躁公（前442—前429年）—怀公（前428—前425年）—肃灵公（前424—前415年）—简公（前414—前400年）—惠公（前399—前387年）—出公（前386—前385年）—献公（前384—前362年）—孝公（前361—前338年）—惠文王（前337—前311年）—悼武王（前310—前307年）—昭襄王（前306—前251年）—孝文王（前250年）—庄襄王（前249—前247年）—始皇（前246—前210年）—二世（前209—前206年）—子婴（前207年）。

献公立七年，初行为市[①]。十年，为户籍相伍[②]。

孝公立十六年。时桃李冬华[③]。

惠文王生十九年而立。立二年，初行钱。有新生婴儿曰："秦且王。"

悼武王生十九年而立。立三年，渭水赤三日。

昭襄王生十九年而立。立四年，初为田开阡陌[④]。

孝文王生五十三年而立。

庄襄王生三十二年而立。立二年，取太原地。庄襄王元年，大赦，修先王功臣[⑤]，施德厚骨肉[⑥]，布惠于民。东周与诸侯谋秦，秦使相国不韦诛之，尽入其国。秦不绝其祀，以阳人地赐周君[⑦]，奉其祭祀。

始皇享国三十七年。葬郦邑。生二世皇帝。始皇生十三年而立。

二世皇帝享国三年。葬宜春。赵高为丞相安武侯。二世生十二年而立[⑧]。

右秦襄公至二世，六百一十岁[⑨]。

【注释】

①市：集市。②伍：古代五家为伍。③华：同"花"。这里是开花的意思。④阡陌：田间小道。开阡陌，是废井田制之始。⑤修：表彰。⑥骨肉：比喻至亲。⑦阳人：即阳人聚，地名。在今河南省临汝县西北。⑧十二：应为"二十"。⑨《正义》："《秦本纪》自襄公至二世，五百七十六年矣。年表自襄公至二世，五百六十一年，三说并不同，未知孰是。"

孝明皇帝十七年十月十五日乙丑[①]，曰[②]：

周历已移[③]，仁不代母[④]。秦直其位[⑤]，吕政残虐[⑥]。然以诸侯十三[⑦]，并兼天下，极情纵欲，养育宗亲[⑧]。三十七年，兵无所不加，制作政令，施于后王。盖得圣人之威，河神授图[⑨]，据狼、狐，蹈参、伐[⑩]，佐政驱除，距之称始皇⑪。

【注释】

①孝明皇帝：即后汉明帝。58—75年在位。孝明皇帝十七年，即公元75年。②曰：班固说。班固为了回答孝明皇帝的询问，写了如下一段文字，内容是评论贾谊和司马迁对秦朝三位皇帝的论述。是后人把它附录于此的。③历：历数；国运。④仁不代母：汉家的仁德还不足以直接代替周家。⑤直：值；遇。位：闰位。⑥吕政：即赢政，秦始皇。后人认为他属吕不韦的血统，故称吕政。⑦诸侯十三：秦始皇十三岁便做了诸侯。⑧宗亲：指同一祖先所出的男系血统。⑨河神授图：比喻帝王接受天命的祥瑞。⑩据：依靠；凭藉。蹈：遵循。狼、狐：均星名。参、伐：均星名。⑪距：直到。

始皇既殁，胡亥极愚，郦山未毕，复作阿房，以遂前策①。云"凡所为贵有天下者，肆意极欲，大臣至欲罢先君所为"。诛斯、去疾，任用赵高。痛哉言乎②！人头畜鸣③。不威不伐恶，不笃不虚亡④，距之不得留，残虐以促期⑤，虽居形便之国⑥，犹不得存。

【注释】

①遂：实现；成就。②痛：痛切；痛心。③畜：像牲畜一样。名词作状语。④笃：深重。⑤促期：缩短命数，加速灭亡。⑥便：便利；有利。

子婴度次得嗣，冠玉冠，佩华绂①，车黄屋②，从百司，谒七庙③。小人乘非位④，莫不恍忽失守⑤，偷安日日，独能长念却虑⑥，父子作权⑦，近取于户牖之间，竟诛猾臣，为君讨贼。高死之后，宾婚未得尽相劳，餐未及下咽，酒未及濡唇⑧，楚兵已屠关中，真人翔霸上⑨，素车婴组⑩，奉其符玺，以归帝者。郑伯茅旌鸾刀，严王退舍⑪。河决不可复壅⑫，鱼烂不可复全。贾谊、司马迁曰："向使婴有庸主之材，仅得中佐，山东虽乱，秦之地可全而有，宗庙之祀未当绝也。"秦之积衰，天下土崩瓦解，虽有周旦之材⑬，无所复陈其巧⑭，而以责一日之孤⑮，误哉！俗传秦始皇起罪恶，胡亥极⑯，得其理矣。复责小子⑰，云秦地可全，所谓不通时变者矣。纪季以酅⑱，《春秋》不名⑲。吾读《秦纪》⑳，至于子婴车裂赵高，未尝不健其决，怜其志。婴死生之义备矣。

【注释】

①绂（fú）：系印的丝带。②黄屋：古代帝王乘坐的车上用黄缯为里的车盖，也指帝王车。③谒：拜见；进见。④非位：不适当的位置。⑤恍忽：同"恍惚"。神思不定。⑥却：排除。⑦作权：衡量是非轻重，因事制宜。⑧濡：沾湿。⑨真人：指汉高帝。⑩婴：系在颈上。⑪"郑伯"二句：楚庄王十七年（前597年），进攻郑国。郑伯赤着上身，左手拿着茅旌，右手拿着弯刀，表示投降，要求保全宗庙。庄王退兵三舍（九十里），表示怜念。茅旌、鸾刀，祭祀宗庙用的礼器。⑫壅（yōng）：阻塞。⑬周旦：西周初年政治家，姓姬，名旦。因采邑在周（今陕西省岐山县北），称为周公。⑭陈：显示；贡献。⑮一日之孤：指子婴。⑯极：极点；顶点。⑰小子：指子婴。⑱纪：古国名。姓姜。地在今山东省寿光市东南。前690年被齐国灭亡。纪季：纪君的小弟弟。酅（xī）：邑名。纪国领地。在今山东省益都县西北。⑲《春秋》：儒家经典之一。编年体史书。⑳《秦纪》：即《秦始皇本纪》。

项羽本纪第七

项籍者,下相人也①,字羽。初起时,年二十四。其季父项梁②,梁父即楚将项燕,为秦将王翦所戮者也③。项氏世世为楚将,封于项④,故姓项氏。

【注释】

①下相:县名。治所在今江苏省宿迁市西南。②季父:小叔父。③为秦将王翦所戮:始皇二十三年(前224年),王翦破楚,虏楚王。项燕立昌平君为楚王,驻兵淮南反秦。第二年,王翦等破楚军,昌平君死,项燕自杀。④项:春秋时国名。故城在今河南省沈丘县。

项籍少时,学书不成①,去②,学剑,又不成。项梁怒之。籍曰:"书足以记名姓而已。剑一人敌③,不足学,学万人敌。"于是项梁乃教籍兵法,籍大喜,略知其意,又不肯竟学。项梁尝有栎阳逮捕④,乃请蕲狱掾曹咎书,抵栎阳狱掾司马欣⑤,以故事得已⑥。项梁杀人,与籍避仇于吴中⑦。吴中贤士大夫皆出项梁下⑧。每吴中有大繇役及丧⑨,项梁常为主办,阴以兵法部勒宾客及子弟⑩,以是知其能⑪。秦始皇帝游会稽⑫,渡浙江⑬,梁与籍俱观。籍曰:"彼可取而代也。"梁掩其口,曰:"毋妄言,族矣!"梁以此奇籍。籍长八尺余,力能扛鼎⑭,才气过人,虽吴中子弟皆已惮籍矣⑮。

【注释】

①学书:学习认字和写字。②去:放弃。③敌:对抗;抵拒。④栎(yuè)阳:县名。治所在今陕西省西安市临潼区东北。⑤蕲(qí):县名。治所在今安徽省宿县东南。狱掾(yuàn):掌管监狱官吏的属员。掾,属员,相当今天的办事员。抵:致;送到。⑥已:了结。⑦吴中:县名,即吴县。治所在今江苏省苏州市,当时为会稽郡郡治。⑧出项梁下:贤能在项梁之下。⑨繇:通"徭"。⑩部勒:部署,组织。⑪其:指宾客及子弟。⑫会稽(kuài jī):山名。在今浙江省绍兴市东南。⑬浙江:即今浙江省的钱塘江。⑭扛(gāng):两手对举。⑮虽:意思与"唯"同,句首语气词。

秦二世元年七月①,陈涉等起大泽中②。其九月,会稽守通谓梁曰③:"江西皆反④,此亦天亡秦之时也,吾闻先即制人,后则为人所制。吾欲发兵,使公及桓楚将⑤。"是时桓楚亡在泽中。梁曰:"桓楚亡,人莫知其处,独籍知之耳。"梁乃出,诫籍持剑居外待。梁复入,与守坐,曰:"请召籍,使受命召桓楚。"守曰:"诺。"梁召籍入。须臾,梁眴籍曰⑥:"可行矣!"于是籍遂拔剑斩守头,项梁持守头,佩其印绶⑦。门下大惊,扰乱,籍所击杀数十百人。一府中皆慴伏⑧,莫敢起。梁乃召故所知豪吏,谕以所为起大事,遂举吴中兵。使人收下县⑨,得精兵八千人。梁部署吴中豪杰为校尉、候、司马⑩。有一人不得用,自言于梁。梁曰:

"前时某丧使公主某事，不能办，以此不任用公。"众乃皆伏⑪。于是梁为会稽守，籍为裨将⑫，徇下县⑬。

【注释】

①秦二世元年：前209年。②陈涉：即陈胜。③会稽（kuài jī）：郡名。地辖今江苏省南部、浙江省大部、安徽省南部，治所在吴县（今江苏省苏州市）。④江西：泛指长江以北地区。⑤桓楚：吴中奇士。⑥眴（shùn）：使眼色。⑦印绶：即印。绶，系印的丝绳。⑧慑（zhé）伏：惊吓得趴在地上。⑨下县：郡以下所属各县。这里指下属各县的后备兵员。⑩校尉：地位略次于将军的军官。候，即军候，军中的侦察官。司马：军中的司法官。⑪伏：通"服"。佩服。⑫裨将：副将。⑬徇（xùn）：兼有夺取、招降和安抚的意思。

广陵人召平于是为陈王徇广陵①，未能下。闻陈王败走，秦兵又且至②，乃渡江矫陈王命，拜梁为楚王上柱国③。曰："江东已定，急引兵西击秦。"项梁乃以八千人渡江而西。闻陈婴已下东阳④，使使欲与连和俱西。陈婴者，故东阳令史⑤，居县中，素信谨，称为长者⑥。东阳少年杀其令，相聚数千人，欲置长，无适用⑦，乃请陈婴。婴谢不能，遂强立婴为长，县中从者得二万人。少年欲立婴便为王，异军苍头特起⑧。陈婴母谓婴曰："自我为汝家妇，未尝闻汝先古之有贵者⑨。今暴得大名⑩，不祥。不如有所属，事成犹得封侯，事败易以亡，非世所指名也⑪。"婴乃不敢为王。谓其军吏曰："项氏世世将家，有名于楚。今欲举大事，将非其人，不可。我倚名族，亡秦必矣。"于是众从其言，以兵属项梁。项梁渡淮，黥布、蒲将军亦以兵属焉⑫。凡六七万人，军下邳⑬。

【注释】

①召平：陈涉部属。徇（xùn）攻掠，夺取。广陵：县名。治所在今江苏省扬州市。②且：将。③上柱国：官名。楚国上卿，相当于相国，多系荣誉爵位。④东阳：县名。治所在今江苏省盱眙县东南。⑤令史：县令手下的书吏。⑥长（zhǎng）者：忠厚老实的人。⑦无适用：没有恰当的人可以任用。⑧苍头：用青色头巾裹头作为标记。特起：新起；崛起。⑨先古：上世；祖先。⑩暴：突然。大名：指称帝称王。⑪指名：点名道姓。这里指被点名道姓的人。⑫黥（qíng）布：英布。因曾受黥刑，所以称黥布。蒲将军：不详。⑬军：驻扎。动词。下邳（pī）：县名。治所在今江苏省邳州市西南。

当是时，秦嘉已立景驹为楚王①，军彭城东②，欲距项梁③。项梁谓军吏曰："陈王先首事④，战不利，未闻所在。今秦嘉倍陈王而立景驹⑤，逆无道。"乃进兵击秦嘉。秦嘉军败走，追之至胡陵⑥。嘉还战一日，嘉死，军降。景驹走死梁地⑦。项梁已并秦嘉军，军胡陵，将引军而西。章邯军至栗⑧，项梁使别将朱鸡石、馀樊君与战⑨。馀樊君死。朱鸡石军败，亡走胡陵。项梁乃引兵入薛⑩，诛鸡石。项梁前使项羽别攻襄城⑪，襄城坚守不下。已拔，皆坑之。还报项梁。项梁闻陈王定死⑫，召诸别将会薛计事。此时沛公亦起沛⑬，往焉。

【注释】

①秦嘉：凌县（今江苏省宿迁市东南）人。景驹：战国末年楚王的同族。②彭城：县名。即今江苏省徐州市。③距：通"拒"。④首事：首先起义。⑤倍：通"背"。⑥胡陵：县名。治所在今山东省鱼台县东南。⑦梁地：指战国时的魏境，今河南省东部一带。⑧章邯：秦将。栗：县名。治所在今河南省夏邑县。⑨朱鸡石：符

离（在今安徽省宿县）人。⑩薛：县名。治所在今山东省滕州市南。⑪襄城：县名。即今河南省襄城县。⑫定死：陈涉于前208年在下城父被杀。定，确实。⑬沛（pèi）公：刘邦起兵时，自称沛公。按楚国县令称公。起：起兵。

居鄛人范增①，年七十，素居家，好奇计，往说项梁曰②："陈胜败固当。夫秦灭六国，楚最无罪。自怀王入秦不反③，楚人怜之至今，故楚南公曰④：'楚虽三户，亡秦必楚'也⑤。今陈胜首事，不立楚后而自立，其势不长。今君起江东，楚蜂午之将皆争附君者⑥，以君世世楚将，为能复立楚之后也。"于是项梁然其言，乃求楚怀王孙心民间，为人牧羊，立以为楚怀王⑦，从民所望也。陈婴为楚上柱国，封五县，与怀王都盱台⑧。项梁自号为武信君。

【注释】

①居鄛：一作居巢。县名，治所在今安徽巢县西南。②说（shuì）：游说。劝人听从自己意见。③怀王入秦不反：前299年，楚怀王被欺入秦，被秦昭王扣留，客死秦国。反，通"返"。④楚南公：战国时楚国的阴阳家，姓名不详。⑤楚虽三户，亡秦必楚：是当时流行的谶语。楚虽三户，有三解：一指三户人家，极言其少；另二说指楚昭、屈、景三大姓；或地名。⑥蜂午：纵横交错，蜂拥而起的意思。⑦怀王：谥号。祖父为怀王，孙又称怀王，是要以祖父的名望来号召人民。这是顺从人民的愿望。⑧盱台（xū yí）：即盱眙。县名。治所在今江苏省盱眙县东北。

居数月，引兵攻亢父①，与齐田荣、司马龙且军救东阿②，大破秦军于东阿。田荣即引兵归，逐其王假③，假亡走楚。假相田角亡走赵。角弟田间故齐将，居赵不敢归。田荣立田儋子市为齐王④。项梁已破东阿下军⑤，遂追秦军。数使使趣齐兵⑥，欲与俱西。田荣曰："楚杀田假，赵杀田角、田间，乃发兵。"项梁曰："田假为与国之王⑦，穷来从我，不忍杀之。"赵亦不杀田角、田间以市于齐⑧。齐遂不肯发兵助楚。项梁使沛公及项羽别攻城阳⑨，屠之⑩。西破秦军濮阳东⑪，秦兵收入濮阳。沛公、项羽乃攻定陶⑫。定陶未下，去，西略地至雍丘⑬，大破秦军，斩李由⑭。还攻外黄⑮，外黄未下。

【注释】

①亢父（gān fǔ）：县名。治所在今山东省济宁市南。②田荣：原齐国王族，田儋之弟。龙且（jū）：齐国人，楚国骁将，当时任司马。东阿（ē）：地名。故城在今山东省东阿县西南的阿城镇。③假：田假。战国末年齐国国王田建的弟弟。④市（fú）：人名。⑤下：这里是"附近""一带"的意思。⑥数（shuò）：屡次。趣（cù）：通"促"，催促。⑦与国：友好国家。⑧市：交易；讨好卖乖。⑨城阳：也作"成阳"。县名。治所在今山东省鄄城县东南。⑩屠：宰杀，引申为大规模的残杀。⑪濮阳：县名。治所在今河南省濮阳县西南。⑫定陶：县名。治所在今山东省定陶县西北。⑬雍丘：县名。治所在今河南省杞县。⑭李由：李斯之子，当时为三川郡守。⑮外黄：县名。治所在今河南省民权县西北。

项梁起东阿①，西，比至定陶②，再破秦军，项羽等又斩李由，益轻秦，有骄色。宋义乃谏项梁曰③："战胜而将骄卒惰者败。今卒少惰矣④，秦兵日益，臣为君畏之⑤。"项梁弗听。乃使宋义使于齐。道遇齐使者高陵君显⑥，曰："公将见武信君乎？"曰："然。"曰："臣论武信君军必败。公徐行即免死，疾行则及祸。"秦果悉起兵益章邯，击楚军，大破之定陶，项梁死。沛公、项羽去外黄攻陈留⑦，陈留坚守不能下。沛公、项羽相与谋曰："今项梁军破，士卒恐。"乃与吕臣军俱引兵而东⑧。吕臣军彭城东，项羽军彭城西，沛公军砀⑨。

【注释】

①起：起程；出发。②北：及；等到。③宋义：原为楚国的令尹，此时在项羽军中。④少：稍微。⑤畏：担心；担忧。⑥显：人名，姓氏不详，高陵君是封号。⑦陈留：县名。治所在今河南省开封市东南陈留镇。⑧吕臣：楚将，后归顺刘邦，被封为宁陵侯。⑨砀（dàng）：郡名。治所在砀县（今安徽省砀山县南）。

章邯已破项梁军，则以为楚地兵不足忧，乃渡河击赵①，大破之。当此时，赵歇为王②，陈馀为将，张耳为相③，皆走入巨鹿城④。章邯令王离、涉间围巨鹿⑤，章邯军其南，筑甬道而输之粟⑥。陈馀为将，将卒数万人而军巨鹿之北，此所谓河北之军也。

【注释】

①河：黄河。②赵歇为王：陈涉起义时，派武臣和陈馀、张耳到河北发动起义，武臣自立为赵王，后为人所杀。陈馀、张耳立赵歇为赵王。赵歇，赵国后裔。③"陈馀为将"二句：陈馀、张耳本为刎颈之交，都是魏国大梁人，名士。陈涉起义后，二人随武臣到赵国。后张耳跟随项羽，复降汉，陈馀仍在赵国。④巨鹿：县名。治所在今河北省平乡县西南。⑤王离、涉间：都是秦将。⑥甬道：两侧筑有墙垣的通道。

楚兵已破于定陶，怀王恐，从盱台之彭城①，并项羽、吕臣军自将之。以吕臣为司徒②，以其父吕青为令尹③。以沛公为砀郡长，封为武安侯，将砀郡兵。

【注释】

①之：到……去。②司徒：官名。西周始设，主管国家的土地和人民。这里指主管后勤的军需官。③令尹：官名。

初，宋义所遇齐使者高陵君显在楚军，见楚王曰："宋义论武信君之军必败，居数日，军果败。兵未战而先见败征①，此可谓知兵矣。"王召宋义与计事而大说之②，因置以为上将军；项羽为鲁公，为次将，范增为末将，救赵。诸别将皆属宋义，号为卿子冠军③。行至安阳④，留四十六日不进。项羽曰："吾闻秦军围赵王巨鹿，疾引兵渡河，楚击其外，赵应其内，破秦军必矣。"宋义曰："不然。夫搏牛之虻不可以破虮虱⑤。今秦攻赵，战胜则兵罢，我承其敝⑥；不胜，则我引兵鼓行而西⑦，必举秦矣⑧。故不如先斗秦赵。夫被坚执锐⑨，义不如公；坐而运策，公不如义。"因下令军中曰："猛如虎，很如羊⑩，贪如狼，强不可使者，皆斩之。"乃遣其子宋襄相齐，身送之至无盐⑪，饮酒高会，天寒大雨，士卒冻饥。项羽曰："将戮力而攻秦⑫，久留不行。今岁饥民贫，士卒食芋菽⑬，军无见粮⑭，乃饮酒高会，不引兵渡河因赵食⑮，与赵并力攻秦，乃曰'承其敝'。夫以秦之强，攻新造之赵，其势必举赵。赵举而秦强，何敝之承！且国兵新破⑯，王坐不安席，扫境内而专属于将军，国家安危，在此一举。今不恤士卒而徇其私⑰，非社稷之臣。"项羽晨朝上将军宋义，即其帐中斩宋义头，出令军中曰："宋义与齐谋反楚，楚王阴令羽诛之。"当是时，诸将皆慑服，莫敢枝梧⑱。皆曰："首立楚者，将军家也。今将军诛乱。"乃相与共立羽为假上将军⑲。使人追宋义子，及之齐，杀之。使桓楚报命于怀王⑳。怀王因使项羽为上将军，当阳君、蒲将军皆属项羽㉑。

【注释】

①征：征兆，象征。②说（yuè）：通"悦"，高兴。③卿子：当时对男子的美称，犹言公子。冠（guàn）军：诸军之冠。④安阳：地名。在今山东省曹县东北，非今日河南省的安阳。⑤搏牛之虻（méng）不可以破虮虱：意思是叮咬牛的牛虻其目的不可能是消灭虱子，而在叮牛。另一说认为拍击牛身上的虻虫，而不可以消灭毛里藏的虮虱。比喻志在大不在小，要想灭亡秦朝，不可立即与章邯交战去救赵。⑥承：趁机利用。敝：困；疲惫。⑦鼓行：击鼓前进，大张旗鼓前进。⑧举：攻克。⑨被：通"披"。坚：指铠甲。锐：指锐利的武器。⑩很：通"狠"。⑪无盐：地名。西汉置县。治所在今山东省东平县东南。⑫戮力：并力，合力，协力。⑬芋菽：芋头和豆类。⑭见粮：存粮。见，通"现"。⑮因：依靠；凭借。⑯国兵新破：指楚军在定陶失利这件事。⑰徇其私：指宋义派遣儿子宋襄辅助齐国这件事。⑱枝梧：即"支吾"。抗拒；抵触。⑲假：暂时代理。⑳报命：本为奉命出使，回来汇报的意思。这里是受命报告的意思。㉑当阳君：黥布的封号。当阳，县名，即今湖北省当阳市。

项羽已杀卿子冠军，威震楚国，名闻诸侯。乃遣当阳君、蒲将军将卒二万渡河①，救巨鹿。战少利，陈馀复请兵。项羽乃悉引兵渡河，皆沉船，破釜甑②，烧庐舍，持三日粮，以示士卒必死，无一还心。于是至则围王离，与秦军遇，九战③，绝其甬道，大破之，杀苏角④，虏王离。涉间不降楚，自烧杀。当是时，楚兵冠诸侯，诸侯军救巨鹿下者十余壁⑤，莫敢纵兵。及楚击秦，诸将皆从壁上观⑥。楚战士无不一以当十，楚兵呼声动天，诸侯军无不人人惴恐。于是已破秦军，项羽召见诸侯将，诸侯将入辕门⑦，无不膝行而前⑧，莫敢仰视。项羽由是始为诸侯上将军，诸侯皆属焉。

【注释】

①河：指漳河。②釜甑（zèng）：锅和蒸饭用的瓦罐，泛指炊具。③九战：多次作战。九，指多数。④苏角：秦将。⑤下：《汉书·陈胜项籍传》无"下"字，疑衍。壁：营垒，军营。⑥壁上观：人家交战，自己站在营垒上观看。⑦辕门：古代军队驻扎时以车为营，将车辕相向竖起为门，所以称"辕门"。⑧膝行而前：跪着前进。

章邯军棘原①，项羽军漳南②，相持未战。秦军数却，二世使人让章邯③。章邯恐，使长史欣请事④。至咸阳⑤，留司马门三日⑥，赵高不见，有不信之心。长史欣恐，还走其军，不敢出故道，赵高果使人追之，不及。欣至军，报曰："赵高用事于中⑦，下无可为者。今战能胜，高必疾妒吾功；战不能胜，不免于死。愿将军孰计之⑧。"陈馀亦遗章邯书曰："白起为秦将⑨，南征鄢郢⑩，北坑马服⑪，攻城略地，不可胜计，而竟赐死。蒙恬为秦将⑫，北逐戎人⑬，开榆中地数千里⑭，竟斩阳周⑮。何者？功多，秦不能尽封，因以法诛之。今将军为秦将三岁矣，所亡失以十万数，而诸侯并起滋益多。彼赵高素谀日久，今事急，亦恐二世诛之，故欲以法诛将军以塞责，使人更代将军以脱其祸。夫将军居外久，多内隙⑯，有功亦诛，无功亦诛。且天之亡秦，无愚智皆知之⑰。今将军内不能直谏，外为亡国将，孤特独立而欲常存⑱，岂不哀哉！将军何不还兵与诸侯为从⑲，约共攻秦，分王其地，南面称孤；此孰与身伏铁质，妻子为僇乎⑳？"章邯狐疑，阴使候始成使项羽㉑，欲约。约未成，项羽使蒲将军日夜引兵度三户㉒，军漳南，与秦战，再破之。项羽悉引兵击秦军汙水上㉓，大破之。

【注释】

①棘原：在今河北省平乡县南。②漳：漳河。发源于山西省东南部，清漳、浊漳合流后，流经河北、河南两省边境，向东南汇入卫河。③让：责备。④长（zhǎng）史：官名，相当今天的秘书长职务。⑤咸阳：在今陕西省咸阳市东北。⑥司马门：皇宫的外门。宫墙里面到处设有卫士，外门都有司马指挥卫士把守，故称司马门。⑦中：指朝廷中。⑧孰计：仔细考虑。孰，通"熟"。⑨白起：秦国著名将领，后昭王令其自杀。⑩鄢郢（yān yǐng）：战国时楚国国都，在今湖北省江陵东北。按楚国曾建都郢，后迁鄢郢，此处鄢郢实指郢都。⑪马服：指赵将赵括。他袭父亲赵奢封爵，为马服君。白起击败赵括大军后，坑其降卒四十万。⑫蒙恬：秦朝名将。秦统一六国后，他带领三十万人屯戍北部边塞，防御匈奴入侵，后被赵高所害。⑬戎人：指匈奴人。⑭榆中：即榆林塞，要塞名。旧址在今内蒙古自治区准格尔旗。⑮阳周：县名。在今陕西省子长县北。⑯郄：通"隙"。裂缝，仇怨。⑰无：无论。⑱常：通"长"。⑲还兵：倒戈。为从：联合。⑳铁质：斩人的刑具。铁，同"斧"。儒：侮辱；又同"戮"，斩杀。㉑候始成：名叫始成的军候。㉒三户：漳河的一个渡口，在今河北省临漳县西。㉓汙：（yū）水：在今河北省临漳县西，源出河北省太行山，东南流入漳河，今已干涸。

　　章邯使人见项羽，欲约。项羽召军吏谋曰："粮少，欲听其约。"军吏皆曰："善。"项羽乃与期洹水南殷虚上①。已盟，章邯见项羽而流涕，为言赵高②。项羽乃立章邯为雍王，置楚军中。使长史欣为上将军，将秦军为前行③。

【注释】

①期：约期会晤。洹（huán）水：即今河南省北部的安阳河。殷虚：殷盘庚建都的遗址，在今河南省安阳市西北小屯村。虚，通"墟"。②为言赵高：指向项羽诉说赵高不信任自己的情况。③前行：前锋。

　　到新安①。诸侯吏卒异时故繇使屯戍过秦中②，秦中吏卒遇之多无状③，及秦军降诸侯，诸侯吏卒乘胜多奴虏使之，轻折辱秦吏卒④。秦吏卒多窃言曰："章将军等诈吾属降诸侯，今能入关破秦，大善；即不能，诸侯虏吾属而东，秦必尽诛吾父母妻子。"诸将微闻其计⑤，以告项羽。项羽乃召黥布、蒲将军计曰："秦吏卒尚众，其心不服，至关中不听，事必危，不如击杀之，而独与章邯、长史欣、都尉翳入秦⑥。"于是楚军夜击坑秦卒二十余万人新安城南⑦。

【注释】

①新安：县名。在今河南省渑池县东。②繇使：服徭役。屯戍：驻守边疆。秦中：泛指原秦国地域，即关中。③无状：无礼。④轻：轻率、随便。折：折磨。⑤微：暗地。⑥都尉：比将军地位略低的武官名。翳：董翳。原为章邯部下，曾劝章邯投降项羽。⑦时在汉元年十一月。

　　行略定秦地①。函谷关有兵守关，不得入。又闻沛公已破咸阳②，项羽大怒，使当阳君等击关。项羽遂入，至于戏西③。沛公军霸上④，未得与项羽相见。沛公左司马曹无伤使人言于项羽曰："沛公欲王关中⑤，使子婴为相⑥，珍宝尽有之。"项羽大怒曰："旦日飨士卒⑦，为击破沛公军！"当是时，项羽兵四十万，在新丰鸿门⑧；沛公兵十万，在霸上。范增说项羽曰："沛公居山东时⑨，贪于财货，好美姬。今入关，财物无所取，妇女无所幸⑩，此其志不在小。吾令人望其气，皆为龙虎，成五采，此天子气也⑪。急击勿失！"

【注释】

①行：即将。略定：夺取，平安。②沛公已破咸阳：楚怀王派宋义、项羽去河北救赵国时，又派刘邦从河南西进攻秦。刘邦进攻咸阳，子婴投降。③戏西：戏水以西。④霸上：即灞水西面的白鹿原，在今陕西省西安市东南。⑤王（wàng）：动词，称王。⑥使子婴为相：子婴投降后已被监视，并未为相。这是曹无伤的挑拨之词。⑦飨：犒赏酒肉。⑧新丰：秦时名郦邑，汉改名新丰。在今陕西省西安市临潼区东北。鸿门：山坡名。⑨山东：战国时泛指六国或六国土地，因在崤山之东而得名。⑩幸：亲近，同房。⑪望其气……天子气也：当时一些方士诡称通过观望云气，可以预测吉凶祸福。

楚左尹项伯者①，项羽季父也，素善留侯张良②。张良是时从沛公，项伯乃夜驰之沛公军，私见张良，具告以事，欲呼张良与俱去。曰："毋从俱死也。"张良曰："臣为韩王送沛公③，沛公今事有急，亡去不义，不可不语。"良乃入，具告沛公。沛公大惊，曰："为之奈何？"张良曰："谁为大王为此计者？"曰："鲰生说我曰：'距关④，毋内诸侯⑤，秦地可尽王也。'故听之。"良曰："料大王士卒足以当项王乎⑥？"沛公默然，曰："固不如也。且为之奈何？"张良曰："请往谓项伯，言沛公不敢背项王也。"沛公曰："君安与项伯有故？"张良曰："秦时与臣游，项伯杀人，臣活之；今事有急，故幸来告良。"沛公曰："孰与君少长？"良曰："长于臣。"沛公曰："君为我呼入，吾得兄事之⑦。"张良出，要项伯⑧。项伯即入见沛公。沛公奉卮酒为寿⑨，约为婚姻，曰："吾入关，秋毫不敢有所近⑩，籍吏民⑪，封府库，而待将军。所以遣将守关者，备他盗之出入与非常也⑫。日夜望将军至，岂敢反乎！愿伯具言臣之不敢倍德也⑬。"项伯许诺。谓沛公曰："且日不可不蚤自来谢项王⑭。"沛公曰："诺。"于是项伯复夜去，至军中，具以沛公言报项王，因言："沛公不先破关中，公岂敢入乎？今人有大功而击之，不义也。不如因善遇之。"项王许诺。

【注释】

①左尹：楚国官名，令尹的副职。项伯：名缠，字伯。②留侯张良：字子房，刘邦的重要谋臣，后被封为留侯。③为韩王送沛公：张良先人五世相韩，他曾请项梁立韩成为韩王，自任司徒。刘邦西进时，韩成留守阳翟（今河南省禹县），张良随刘邦西进。④鲰（zōu）生：小鱼所生，引申为浅陋之人。古代骂人或自称之辞。距关：把住关口。距，通"拒"。⑤内：通"纳"。⑥当：抵挡。⑦兄事之：以待兄长之礼待之。⑧要：通"邀"。⑨卮（zhī）：酒器。为寿：向尊长者敬酒祝福。⑩秋毫：鸟类秋天的毛最细，形容其细小。"毫"，毫毛。⑪籍吏民：登记官吏和庶民的户籍。籍，登记户籍。⑫非常：意外的事变。⑬倍德：忘恩负义。倍，通"背"。德，恩德。⑭蚤：通"早"。

沛公旦日从百余骑来见项王，至鸿门，谢曰："臣与将军戮力而攻秦，将军战河北，臣战河南，然不自意能先入关破秦①，得复见将军于此。今者有小人之言，令将军与臣有郤……"项王曰："此沛公左司马曹无伤言之。不然，籍何以至此？"项王即日因留沛公与饮。项王、项伯东向坐②；亚父南向坐③。亚父者，范增也；沛公北向坐；张良西向侍。范增数目项王，举所佩玉玦以示之者三④，项王默然不应。范增起，出，召项庄⑤，谓曰："君王为人不忍⑥，若入前为寿，寿毕，请以剑舞。因击沛公于坐，杀之。不者⑦，若属皆且为所虏！"庄则入为寿。寿毕，曰：

"君王与沛公饮，军中无以为乐，请以剑舞。"项王曰："诺。"项庄拔剑起舞，项伯亦拔剑起舞，常以身翼蔽沛公，庄不得击。于是张良至军门见樊哙⑧。樊哙曰："今日之事何如？"良曰："甚急！今者项庄拔剑舞，其意常在沛公也。"哙曰："此迫矣！臣请入，与之同命⑨。"哙即带剑拥盾入军门。交戟之卫士欲止不内，樊哙侧其盾以撞，卫士仆地。哙遂入，披帷西向立，瞋目视项王⑩，头发上指，目眦尽裂⑪。项王按剑而跽曰⑫："客何为者？"张良曰："沛公之参乘樊哙者也⑬。"项王曰："壮士！赐之卮酒。"则与斗卮酒⑭。哙拜谢，起，立而饮之。项王曰："赐之彘肩。"则与一生彘肩⑮。樊哙覆其盾于地，加彘肩上，拔剑切而啖之⑯。项王曰："壮士！能复饮乎？"樊哙曰："臣死且不避，卮酒安足辞！夫秦王有虎狼之心，杀人如不能举，刑人如恐不胜⑰，天下皆叛之。怀王与诸将约曰：'先破秦入咸阳者王之。'今沛公先破秦入咸阳，毫毛不敢有所近，封闭宫室，还军霸上，以待大王来。故遣将守关者，备他盗出入与非常也。劳苦而功高如此，未有封侯之赏，而听细说⑱，欲诛有功之人。此亡秦之续耳。窃为大王不取也！"项王未有以应，曰："坐。"樊哙从良坐。坐须臾，沛公起如厕，因招樊哙出。

【注释】

①自意：自料。意，料；料想。②东向坐：即面向东坐。③亚父：尊称，尊敬他仅次于父亲。一说亚父是范增的别名。④玉玦（jué）：玉器名。圆形而有缺口。玦，与"决"谐音，范增举玉玦，是暗示项羽与刘邦决裂，杀掉刘邦。⑤项庄：项羽的堂弟。⑥不忍：不狠心。⑦不者：不然的话。不，同"否"。⑧樊哙：沛人。吕后的妹夫。⑨与之同命：有两解：一、与刘邦同生死；二、跟项羽拼命。⑩瞋（chēn）目：瞪着眼睛。⑪眦（zì）：眼角。⑫跽（jì）：古人席地而坐，两股贴在脚跟上，直身，股不着脚跟为"跽"，长跪。项羽按剑而跽，是以备不测。⑬参乘：也叫陪乘，乘车时立于车右，相当于卫士。⑭斗卮：大卮，大杯。⑮生彘（zhì）肩：猪腿。《史记志疑》："'生'字疑误。"疑为"全"之坏字。⑯啖（dàn）：吃。⑰杀人如不能举，刑人如恐不胜：杀人唯恐不杀尽，用刑唯恐不够。举，完，全，遍。胜，尽。⑱细说：小人的谗言。

沛公已出，项王使都尉陈平召沛公①。沛公曰："今者出，未辞也，为之奈何？"樊哙曰："大行不顾细谨，大礼不辞小让②。如今人方为刀俎③，我为鱼肉，何辞为④？"于是遂去。乃令张良留谢。良问曰："大王来何操⑤？"曰："我持白璧一双，欲献项王，玉斗一双⑥，欲与亚父，会其怒，不敢献。公为我献之。"张良曰："谨诺⑦。"当是时，项王军在鸿门下，沛公军在霸上，相去四十里。沛公则置车骑，脱身独骑，与樊哙、夏侯婴、靳强、纪信等四人持剑盾步走⑧，从骊山下，道芷阳间行⑨。沛公谓张良曰："从此道至吾军，不过二十里耳。度我至军中，公乃入。"沛公已去，间至军中，张良入谢，曰："沛公不胜桮杓⑩，不能辞。谨使臣良奉白璧一双，再拜献大王足下⑪；玉斗一双，再拜奉大将军足下。"项王曰："沛公安在？"良曰："闻大王有意督过之⑫，脱身独去，已至军矣。"项王则受璧，置之坐上。亚父受玉斗，置之地，拔剑撞而破之，曰："唉！竖子不足与谋⑬！夺项王天下者，必沛公也。吾属今为之虏矣！"沛公至军，立诛杀曹无伤。

【注释】

①陈平：阳武（今河南省兰考县境）人。项羽的部下，后来成为刘邦的谋士，官至相国。②大行，大礼：指大事。行，行为，作为。细谨：细微末节；小节。辞：

辞让；拒绝。让：责备。③俎（zǔ）：砧板。④为：表示疑问的语气助词。⑤操：持执。此指带礼物。⑥玉斗：玉制的大酒杯。⑦谨诺：遵命的意思。⑧夏侯婴：沛人。随刘邦起义，后封汝阴侯。靳强：曲沃人，刘邦部属，后封汾阳侯。纪信：刘邦的将领，后被项羽烧死。⑨芷阳：县名。在今陕西省西安市东北。间（jiàn）行：抄小路走。⑩栖杓（sháo）：酒器，这里借代酒。栖，同"杯"。⑪再拜：先后拜两次，古代一种隆重的礼节。⑫督过：责备。⑬）竖子：骂人的话，相当于"小子"。

居数日，项羽引兵西屠咸阳，杀秦降王子婴，烧秦宫室，火三月不灭；收其货宝妇女而东。人或说项王曰："关中阻山河四塞①，地肥饶，可都以霸。"项王见秦宫室皆以烧残破②，又心怀思欲东归，曰："富贵不归故乡，如衣绣夜行，谁知之者！"说者曰③："人言楚人沐猴而冠耳④，果然。"项王闻之，烹说者⑤。

【注释】

①关中：地区名。所指范围不一，秦、汉时称函谷关以西为关中。阻：依恃。四塞：指东面的函谷关，南面的武关（在今陕西省丹凤县东南），西面的散关（即大散关，在今陕西省宝鸡市西南），北面的萧关（在今甘肃省环县西北）。②以：通"已"。③说者：《楚汉春秋》《杨子法言》作"蔡生"，《汉书》作"韩生"。④沐猴而冠：猴子戴人帽，像人样，却办不成人事。沐猴：猕猴。⑤烹：古代以鼎镬煮杀人的酷刑。

项王使人致命怀王①。怀王曰："如约。"乃尊怀王为义帝②。项王欲自王，先王诸将相。谓曰："天下初发难时，假立诸侯后以伐秦③。然身被坚执锐首事，暴露于野三年，灭秦定天下者，皆将相诸君与籍之力也。义帝虽无功，故当分其地而王之④。"诸将皆曰："善。"乃分天下，立诸将为侯王。项王、范增疑沛公之有天下，业已讲解，又恶负约⑤，恐诸侯叛之，乃阴谋曰："巴蜀道险，秦之迁人皆居蜀⑥。"乃曰："巴蜀亦关中地也⑦。"故立沛公为汉王，王巴蜀、汉中⑧，都南郑⑨。而三分关中⑩，王秦降将以距塞汉王⑪。项王乃立章邯为雍王，王咸阳以西，都废丘⑫。长史欣者，故为栎阳狱掾，尝有德于项梁；都尉董翳者，本劝章邯降楚。故立司马欣为塞王，王咸阳以东至河，都栎阳；立董翳为翟王，王上郡⑬，都高奴⑭。徙魏王豹为西魏王⑮，王河东⑯，都平阳⑰。瑕丘申阳者，张耳嬖臣也⑱，先下河南郡⑲，迎楚河上，故立申阳为河南王，都雒阳⑳。韩王成因故都，都阳翟㉑。赵将司马卬定河内㉒，数有功，故立卬为殷王，王河内，都朝歌㉓。徙赵王歇为代王㉔。赵相张耳素贤，又从入关，故立耳为常山王㉕，王赵地，都襄国㉖。当阳君黥布为楚将，常冠军，故立布为九江王㉗，都六㉘。鄱君吴芮率百越佐诸侯㉙，又从入关，故立芮为衡山王㉚，都邾㉛。义帝柱国共敖将兵击南郡㉜，功多，因立敖为临江王㉝，都江陵㉞。徙燕王韩广为辽东王㉟。燕将臧荼从楚救赵，因从入关，故立荼为燕王，都蓟㊱。徙齐王田市为胶东王㊲。齐将田都从共救赵，因从入关，故立都为齐王，都临菑㊳。故秦所灭齐王建孙田安，项羽方渡河救赵，田安下济北数城，引其兵降项羽，故立安为济北王㊴，都博阳㊵。田荣者，数负项梁，又不肯将兵从楚击秦，以故不封。成安君陈馀弃将印去㊶，不从入关，然素闻其贤，有功于赵，闻其在南皮㊷，故因环封三县。番君将梅鋗功多，故封十万户侯。项王自立为西楚霸王㊸，王九郡㊹，都彭城。

【注释】

①致命：即报命。有报告、请示的意思。②义帝：意为名义上的皇帝。③假：

暂且；姑且。诸侯后：诸侯后裔，如韩成、田假、赵歇等。④故：通"固"，本来。
⑤恶（wù）：嫌恶。约：指"先破秦入咸阳者王之"之约。这句是说项羽心想
如果把刘邦杀掉或不封他在关中，又忌讳落个负约的罪名，致使诸侯背叛自己。
⑥巴：郡名。地在今四川省东北部。蜀：郡名。地在今四川省中部。迁人：被贬
谪流放的人。⑦巴、蜀亦关中地：地处函谷关以西，战国时即属秦，故云。⑧汉
中：郡名。地在今陕西省南部和湖北省西北部。⑨南郑：县名。即今陕西省汉中
市西南南郑县。⑩三分关中：将关中分割为雍、塞、翟三国。⑪距塞：抗拒，拦阻。
⑫废丘：县名。在今陕西省兴平市东南。⑬上郡：郡名。地在今陕西省北部和内
蒙古部分地区。郡治肤施，今陕西省榆林县东南。⑭高奴：县名。治所在今陕西
省延安东北。⑮魏王豹：魏王咎之弟。陈胜立魏公子宁陵君咎为魏王，魏咎被章
邯战败自杀后，怀王使其弟复定梁地，立为魏王。⑯河东：郡名。地在今山西省
西南部。⑰平阳：县名。治所在今山西省临汾市西南。⑱瑕丘：县名。治所在今
山东省兖州东北。申阳：姓申名阳，曾为瑕丘令。⑲河南：即指秦三川郡。地在
今河南省西北部。⑳雒（luò）阳：三川郡治，在今洛阳市东北。㉑阳翟（zhái）：
县名。治所在今河南省禹县。㉒司马卬（áng）：姓司马名卬。卬，同"昂"。
河内：郡名。地当今河南省黄河以北地区、山西省东南地区和河北省南部地区。
㉓朝歌：古都邑名。在今河南省淇县东北。㉔代：郡名。跨今河北、山西两省北部。
㉕常山：地区名。汉置郡。地在今河北省中部，兼有山西省东、中部部分地区。
㉖襄国：县名。治所在今河北省邢台市西南。㉗九江：郡名：地在今安徽、河南
两省淮河以南，湖北省黄冈以东和江西省。郡治寿春（今安徽省寿县）。㉘六：
县名。在今安徽省六安市北。㉙鄱（pó）：县名。在今江西省鄱阳县东。百越：
泛指居住在今江南各省的少数民族，因种类繁多，故统称百越，又称百粤。㉚衡
山：此指衡山国。地在今湖南省全部、湖北省东部、安徽省西部。㉛邾：县名。
地在今湖北省黄冈市西北。㉜南郡：郡名。地在今湖北省洪湖以西和四川省巫山
以东地区。㉝临江王：共（gōng）敖封地在南郡，而南郡地临长江，故名。㉞江
陵：县名。本楚国郢都，在今湖北省江陵县。㉟辽东：郡名。地在今辽宁省大凌
河以东。㊱蓟（jì）：县名。在今北京市西南，非天津之蓟县。㊲胶东王：项羽
瓜分齐地为三，称三齐，中为齐，东为胶东，西北为济北。㊳临菑：即临淄。县
名，在今山东省淄博市东北。㊴济北：指当时济水以北地区。㊵博阳：疑为今山
东省茌平县西北的博平镇。一说即山东省泰安县东南的博县故城。㊶成安：县名。
治所在今河北省成安县东南。弃将印去：秦将章邯围攻巨鹿时，赵相张耳被围城
中，将军陈馀领兵驻在漳河以北。巨鹿解围后，张耳责备陈馀不来救援，陈馀一
怒之下，把将印交给张耳，领着数百人走往河上泽中渔猎。㊷南皮：县名。在今
河北省南皮县东北。㊸西楚：古代楚国有南楚、东楚、西楚之分，项羽建都的彭
城，地处西楚，所以自称"西楚霸王"。霸王：霸主，诸王的盟主。㊹九郡：指梁、
楚部分地区，约当今河南省东部、山东省西南部和江苏省、安徽省的部分地区。

　　汉之元年四月①，诸侯罢戏下②，各就国③。项王出之国，使人徙义帝，曰："古
之帝者地方千里，必居上游。"乃使使徙义帝长沙郴县④。趣义帝行，其群臣稍
稍背叛之⑤，乃阴令衡山、临江王击杀之江中⑥。韩王成无军功，项王不使之国，
与俱至彭城，废以为侯，已又杀之。臧荼之国，因逐韩广之辽东，广弗听，荼击
杀广无终⑦，并王其地。

【注释】

①汉之元年：前206年，这年刘邦被封为汉王。②戏（huī）下：即麾下，帅旗之下。③就国：赴封国就王位。④长沙：郡名。约辖今湖南省资江以东以及广东、广西壮族自治区一部分地区。郴（chēn）县：即今湖南省郴县。⑤稍稍：渐渐。⑥《黥布列传》记载："布使将击义帝，葬杀之郴县。"与此处记载不合。⑦无终：县名。即今天津市蓟县。

田荣闻项羽徙齐王市胶东，而立齐将田都为齐王，乃大怒，不肯遣齐王之胶东，因以齐反，迎击田都。田都走楚。齐王市畏项王，乃亡之胶东就国。田荣怒，追击杀之即墨①。荣因自立为齐王，而西击杀济北王田安，并王三齐。荣与彭越将军印②，令反梁地。陈馀阴使张同、夏说说齐王田荣曰："项羽为天下宰③，不平。今尽王故王于丑地④，而王其群臣诸将善地，逐其故主赵王⑤，乃北居代，余以为不可。闻大王起兵，且不听不义，愿大王资余兵，请以击常山，以复赵王，请以国为扞蔽⑥。"齐王许之，因遣兵之赵。陈馀悉发三县兵，与齐并力击常山，大破之。张耳走归汉。陈馀迎故赵王歇于代，反之赵。赵王因立陈馀为代王。

【注释】

①即墨：县名。在今山东省平度市东南。②彭越：字仲。昌邑（在今山东省金乡县西北）人。③夏说（yuè）：人名。宰：主宰。④故王：项羽分封前自立的王。丑地：不好的地方。丑，恶，引申为不好，坏。⑤《史记志疑》记："赵王歇乃陈馀之故主也。"⑥扞蔽（hàn bì）：捍卫，掩护。

是时，汉还定三秦①。项羽闻汉王皆已并关中，且东，齐、赵叛之，大怒。乃以故吴令郑昌为韩王，以拒汉。令萧公角等击彭越②。彭越败萧公角等。汉使张良徇韩，乃遗项王书曰："汉王失职③，欲得关中，如约即止，不敢东。"又以齐、梁反，书遗项王曰④："齐欲与赵并灭楚。"楚以此故无西意，而北击齐。征兵九江王布。布称疾不往，使将将数千人行⑤。项王由此怨布也。汉之二年冬，项羽遂北至城阳，田荣亦将兵会战。田荣不胜，走至平原⑥，平原民杀之。遂北烧夷齐城郭室屋，皆坑田荣降卒，系虏其老弱妇女。徇齐至北海⑦，多所残灭。齐人相聚而叛之。于是田荣弟田横收齐亡卒得数万人，反城阳。项王因留，连战未能下。

【注释】

①汉还定三秦：汉元年八月，刘邦用韩信计，攻入秦地，次年，统一三秦。②萧公角：萧县县令角，姓氏不详。萧，在今安徽省萧县西北。按楚制，县令称为"公"。③汉王失职：汉王失去了按规定应得的关中王职位。④梁：指彭越。⑤将将：前一"将"字，将领，名词；后一"将"字，率领，动词。⑥平原：县名：地在今山东省平原县西南。⑦北海：古代北方僻远地域的泛称。

春，汉王部五诸侯兵①，凡五十六万人，东伐楚。项王闻之，即令诸将击齐，而自以精兵三万人南从鲁出胡陵②。四月，汉皆已入彭城，收其货宝美人，日置酒高会。项王乃西从萧，晨击汉军而东，至彭城，日中，大破汉军。汉军皆走，相随入谷、泗水③，杀汉卒十余万人。汉卒皆南走山，楚又追击至灵璧东睢水上④。汉军却，为楚所挤，多杀，汉卒十余万人皆入睢水，睢水为之不流。围汉王三匝⑤。于是大风从西北而起，折木发屋⑥，扬沙石，窈冥昼晦⑦，逢迎楚军。楚军大乱，坏散，而汉王乃得与数十骑遁去。欲过沛，收家室而西；楚亦使人追之沛，取汉王家；家皆亡，不与汉王相见。汉王道逢得孝惠、鲁元⑧，乃载行。楚骑追汉王，汉王急，推堕孝惠、鲁元车下，滕公常下收载之⑨。如是者三。曰："虽急不可以驱，奈何弃之？"于是遂得脱。求太公、吕后不相遇。审食其从太公、吕后间行⑩，求汉王，反遇楚军。楚军遂与归，报项王，项王常置军中。

【注释】

①春：汉之二年春。因此时仍沿用秦历，以十月为岁首。五诸侯：一说指张耳、申阳、郑昌、魏豹、司马卬。一说"犹后言引天下兵耳"。②鲁：县名。即今山东省曲阜市。③穀、泗水：穀水和泗水，流经彭城东，南流入淮河。④灵璧：邑名。故地在今安徽淮北市西南。睢水：又名濉河。流经今安徽省灵璧、江苏省睢宁等地，至今江苏省宿迁市南入古泗水。⑤三匝（zā）：多层包围圈。三，表多数。匝：圈。⑥发屋：掀去房屋。⑦窈冥昼晦：形容天昏地暗。窈冥，幽暗的样子。⑧孝惠、鲁元：刘邦嫡子惠帝刘盈和女儿鲁元公主。⑨滕公：夏侯婴，曾为滕县令，故称。⑩审食其（yì jī）：沛人，后为左丞相，封辟阳侯。

是时吕后兄周吕侯为汉将兵居下邑①，汉王间往从之，稍稍收其士卒②。至荥阳③，诸败军皆会，萧何亦发关中老弱未傅悉诣荥阳④，复大振。楚起于彭城。常乘胜逐北⑤，与汉战荥阳南京、索间⑥，汉败楚，楚以故不能过荥阳而西。

【注释】

①周吕侯：吕泽。周吕是封号。下邑：县名。在今安徽省砀山县。②收：收编。③荥阳：县名。治所在今河南省荥阳市东北，是古代的军事要地。④萧何：沛县人。秦末辅佐刘邦起义，对建立汉朝起了重要作用，是汉朝开国名相，封酂（此处音 cuó，在今河南省永城市西南）侯。未傅：指庶民不合服役年龄，没有列入征集名册的。⑤逐北：追逐败军。⑥京：邑名。在今荥阳市东南。索：索亭，即今荥阳市治。

项王之救彭城，追汉王至荥阳，田横亦得收齐，立田荣子广为齐王。汉王之败彭城，诸侯皆复与楚而背汉①。汉军荥阳，筑甬道属之河②，以取敖仓粟③。汉之三年，项王数侵夺汉甬道，汉王食乏，恐，请和，割荥阳以西为汉。

【注释】

①与（yù）：结交；归附。②属（zhǔ）：接连。③敖仓：秦在敖山修建的谷仓。敖山在荥阳东北，下临黄河。

项王欲听之。历阳侯范增曰①："汉易与耳②，今释弗取，后必悔之。"项王乃与范增急围荥阳。汉王患之，乃用陈平计间项王。项王使者来，为太牢具③，举欲进之④。见使者，详惊愕曰⑤："吾以为亚父使者，乃反项王使者。"更持去⑥，以恶食食项王使者。使者归报项王，项王乃疑范增与汉有私，稍夺之权。范增大怒，曰："天下事大定矣，君王自为之。愿赐骸骨归卒伍⑦。"项王许之，行未至彭城，疽发背而死⑧。

【注释】

①历阳：县名。治所在今安徽省和县。②与：对付。③太牢具：丰盛的酒席。④举：捧上；陈设。⑤详：通"佯"。假装。⑥更：更换。⑦赐骸（hái）骨：

古代官吏因年老请求退职的代词。归卒伍：古代军队编制以五人为伍，百人为卒。⑧疽（jū）：毒疮。

汉将纪信说汉王曰："事已急矣，请为王诳楚为王①，王可以间出。"于是汉王夜出女子荥阳东门被甲二千人，楚兵四面击之。纪信乘黄屋车②，傅左纛③，曰："城中食尽，汉王降。"楚军皆呼万岁。汉王亦与数十骑从城西门出，走成皋④。项王见纪信，问："汉王安在？"信曰："汉王已出矣。"项王烧杀纪信。

【注释】

①诳（kuáng）：欺骗。②黄屋车：天子乘坐的车，用黄绸作顶篷。③左纛（dào）：皇帝坐车的左边，插着用牦牛尾和雉尾做的装饰物。④成皋：邑名，又名虎牢，在今河南省荥阳市汜水镇。

汉王使御史大夫周苛、枞公、魏豹守荥阳①。周苛、枞公谋曰："反国之王②，难与守城。"乃共杀魏豹。楚下荥阳城，生得周苛。项王谓周苛曰："为我将，我以公为上将军，封三万户。"周苛骂曰："若不趣降汉③，汉今虏若，若非汉敌也。"项王怒，烹周苛，并杀枞公。

【注释】

①御史大夫：官名，负责监察，相当于副丞相。枞（cōng）公：姓枞，名不详。②反国之王：魏豹原被项羽封为西魏王。③趣（cù）：赶快。

汉王之出荥阳，南走宛、叶①，得九江王布，行收兵。复入保成皋。汉之四年，项王进兵围成皋。汉王逃，独与滕公出成皋北门，渡河走修武②，从张耳、韩信军。诸将稍稍得出成皋，从汉王。楚遂拔成皋，欲西。汉使兵距之巩③，令其不得西。

【注释】

①宛（yuān）：县名。即今河南省南阳市。叶（旧读 shè）：邑名。在今河南省叶县南。②修武：邑名。指今河南省获嘉县的小修武。③巩：县名。治所在今河南省巩义市西南。

是时，彭越渡河击楚东阿，杀楚将军薛公。项王乃自东击彭越①。汉王得淮阴侯兵②，欲渡河南。郑忠说汉王③，乃止壁河内。使刘贾将兵佐彭越④，烧楚积聚⑤。项王东击破之，走彭越。汉王则引兵渡河，复取成皋，军广武⑥，就敖仓食⑦。项王已定东海来⑧，西，与汉俱临广武而军，相守数月。

【注释】

①《史记志疑》据《高祖本纪》及《汉书·高帝纪》《汉书·项籍传》考证：项羽击彭越是汉三年五月，在楚拔成皋前，这里记为在拔成皋后，误。②汉王得淮阴侯兵：汉大将军韩信（淮阴侯是他最后的封号）原来率领一支部队在赵地作战，这时刘邦把他的军队夺了过来。③郑忠：汉郎中。④刘贾：刘邦的堂兄，后封为荆王。⑤积聚：指为军队储备的粮草。⑥广武：城名。旧址在今荥阳市东北广武山上。⑦《史记志疑》说："汉王则引兵渡河……就敖仓食"，是在败海春侯以后的事，当在下文"项王信任之"句下。⑧东海：泛指东方。

当此时，彭越数反梁地，绝楚粮食，项王患之。为高俎①，置太公其上，告汉王曰："今不急下，吾烹太公。"汉王曰："吾与项羽俱北面受命怀王②，曰'约为兄弟'，吾翁即若翁，必欲烹而翁，则幸分我一桮羹①。"项王怒，欲杀之。项伯曰："天下事未可知，且为天下者不顾家，虽杀之无益，只益祸耳。"项王从之。

【注释】

①俎：古代祭祀用来盛放牲肉的高几。青铜制成，也有木制漆饰的。②北面：古代臣子朝见君王面向北。

楚汉久相持未决，丁壮苦军旅，老弱罢转漕①。项王谓汉王曰："天下匈匈数岁者②，徒以吾两人耳，愿与汉王挑战决雌雄，毋徒苦天下之民父子为也③。"汉王笑谢曰："吾宁斗智，不能斗力。"项王令壮士出挑战。汉有善骑射者楼烦④，楚挑战三合，楼烦辄射杀之。项王大怒，乃自被甲持戟挑战。楼烦欲射之，项王瞋目叱之，楼烦目不敢视，手不敢发，遂走还入壁，不敢复出。汉王使人间问之⑤，乃项王也。汉王大惊。于是项王乃即汉王相与临广武间而语⑥。汉王数之⑦，项王怒，欲一战。汉王不听，项王伏弩射中汉王。汉王伤，走入成皋。

【注释】

①转：陆运。漕：水运。②匈匈：即汹汹，波涛汹涌，比喻动乱。③毋徒苦天下之民父子为也："毋为徒苦……"的倒装句式。民父子：老少几代的百姓。④楼烦：西北边境的少数民族，擅长骑马射箭，因而称善射者为楼烦，不一定都是楼烦人。⑤间问：暗中打听。⑥即：就近；凑近。广武间：间，当作"涧"。⑦汉王数（shǔ）之：汉王数落项羽十大罪状。详见《高祖本纪》。数，数落。

项王闻淮阴侯已举河北，破齐、赵，且欲击楚，乃使龙且往击之①。淮阴侯与战，骑将灌婴击之，大破楚军，杀龙且。韩信因自立为齐王。项王闻龙且军破，则恐，使盱台人武涉往说淮阴侯②。淮阴侯弗听。是时，彭越复反，下梁地，绝楚粮。项王乃谓海春侯大司马曹咎等曰："谨守成皋，则汉欲挑战③，慎勿与战，毋令得东而已。我十五日必诛彭越，定梁地，复从将军。"乃东，行击陈留、外黄。

【注释】

①楚将龙且击韩信事：详《淮阴侯列传》。②武涉往说淮阴侯：指武涉劝韩信背汉结楚。语详《淮阴侯列传》。③则：即使。

外黄不下。数日，已降，项王怒，悉令男子年十五已上诣城东，欲坑之。外黄令舍人儿年十三①，往说项王曰："彭越强劫外黄，外黄恐，故且降，待大王。大王至，又皆坑之，百姓岂有归心？从此以东，梁地十余城皆恐，莫肯下矣。"项王然其言，乃赦外黄当坑者。东至睢阳②，闻之皆争下项王。

【注释】

①舍人：门客。②睢阳：县名。

汉果数挑楚军战，楚军不出。使人辱之，五六日，大司马怒，渡兵汜水①。士卒半渡，汉击之，大破楚军，尽得楚国货赂②。大司马咎、长史翳、塞王欣皆自刭汜水上③。大司马咎者，故蕲狱掾，长史欣亦故栎阳狱吏，两人尝有德于项梁，是以项王信任之。当是时，项王在睢阳，闻海春侯军败，则引兵还。汉军方围钟离眜于荥阳东④，项王至，汉军畏楚，尽走险阻。

【注释】

①泗（sì）水：水名。②货略：泛指珍宝财富。③翳、塞王：《史记志疑》认为这三字是衍文，《高祖本纪》《汉书·高帝纪》《汉书·项籍传》都没有这三个字。④钟离眜（mò）：姓钟离，名眜，项羽手下的猛将。

是时，汉兵盛食多，项王兵罢食绝①。汉遣陆贾说项王②，请太公，项王弗听。汉王复使侯公往说项王③，项王乃与汉约，中分天下，割鸿沟以西者为汉④，鸿沟而东者为楚。项王许之，即归汉王父母妻子。军皆呼万岁。汉王乃封侯公为平国君。匿弗肯复见⑤。曰："此天下辩士，所居倾国⑥，故号为平国君。"项王已约，乃引兵解而东归。

【注释】

①从"汉之四年"起到这里止，《史记志疑》指出：所叙之事，前后倒置，不但与《汉书》有异，并与《高纪》不同，恐系错简。②陆贾：汉王的辩士，后官至太中大夫。事详《郦生陆贾列传》。③侯公：名成，字伯盛。山阳人。④鸿沟：古运河名，又名狼汤渠。自河南省荥阳市北引黄河水，曲折东流，经中牟至开封南折流至淮阳县南入颍水。⑤匿弗肯复见：一说刘邦避而不见侯公，一说侯公避而不见刘邦，表示不图赏赐。⑥所居倾国：形容辩士口舌厉害，可毁坏别人的国家。

汉欲西归，张良、陈平说曰："汉有天下太半①，而诸侯皆附之。楚兵罢食尽，此天亡楚之时也，不如因其机而遂取之。今释弗击，此所谓'养虎自遗患'也。"汉王听之。汉五年，汉王乃追项王至阳夏南②，止军，与淮阴侯韩信、建成侯彭越期会而击楚军③。至固陵④，而信、越之兵不会。楚击汉军，大破之。汉王复入壁，深堑而自守。谓张子房曰："诸侯不从约，为之奈何？"对曰："楚兵且破，信、越未有分地，其不至固宜。君王能与共分天下，今可立致也⑤。即不能⑥，事未可知也。君王能自陈以东傅海⑦，尽与韩信；睢阳以北至穀城⑧，以与彭越：使各自为战⑨，则楚易败也。"汉王曰："善。"于是乃发使者告韩信、彭越曰："并力击楚。楚破，自陈以东傅海与齐王，睢阳以北至穀城与彭相国⑩。"使者至，韩信、彭越皆报曰："请今进兵。"韩信乃从齐往，刘贾军从寿春并行⑪，屠城父⑫，至垓下⑬。大司马周殷叛楚，以舒屠六⑭，举九江兵⑮，随刘贾、彭越皆会垓下，诣项王。

【注释】

①太半：大半。②阳夏（jiǎ）：县名。治所在今河南省太康县。③期（jī）会：约期会合。期，约定。④固陵：聚（村落）名。⑤致：招致。⑥即：如果。⑦陈：县名。治所在今河南省淮阳县。傅：贴近。⑧穀城：城名。旧址在今山东省平阴县西南东阿镇。⑨各自为战：就是各为自战，为自己获取封地而战。⑩彭相国：彭越曾任魏豹相国。⑪寿春：县名。治所在今安徽省寿县。⑫城父（fǔ）：邑名。故址在今安徽省亳县东南城父村。⑬垓（gāi）下：地名。在今安徽省灵璧县东南。⑭六：县名。治所在今安徽省六安市东北。⑮举：发动。九江兵：指黥布的军队。

项王军壁垓下，兵少食尽，汉军及诸侯兵围之数重。夜闻汉军四面皆楚歌，项王乃大惊，曰："汉皆已得楚乎？是何楚人之多也！"项王则夜起，饮帐中。有美人名虞，常幸从①；骏马名骓②，常骑之。于是项王乃悲歌忼慨③，自为诗曰："力拔山兮气盖世，时不利兮骓不逝④。骓不逝兮可奈何，虞兮虞兮奈若何！"歌数阕⑤，美人和⑥。项王泣数行下，左右皆泣，莫能仰视。

于是项王乃上马骑①，麾下壮士骑从者八百余人②，直夜溃围南出③，驰走。平明，汉军乃觉之，令骑将灌婴以五千骑追之。项王渡淮，骑能属者百余人耳④。项王至阴陵⑤，迷失道，问一田父，田父绐曰"左"⑥。左，乃陷大泽中⑦。以故汉追及之。项王乃复引兵而东，至东城⑧，乃有二十八骑⑨。汉骑追者数千人。项王自度不得脱。谓其骑曰："吾起兵至今八岁矣，身七十余战，所当者破，所击者服，未尝败北，遂霸有天下。然今卒困于此，此天之亡我，非战之罪也。今日固决死，愿为诸君快战⑩，必三胜之，为诸君溃围，斩将，刈旗，令诸君知天亡我，非战之罪也。"乃分其骑以为四队，四向。汉军围之数重。项王谓其骑曰："吾为公取彼一将。"令四面骑驰下，期山东为三处⑪。于是项王大呼驰下，汉军皆披靡，遂斩汉一将。是时，赤泉侯为骑将⑫，追项王，项王瞋目而叱之，赤泉侯人马俱惊，辟易数里⑬。与其骑会为三处。汉军不知项王所在，乃分军为三，复围之。项王乃驰，复斩汉一都尉，杀数十百人，复聚其骑。亡其两骑耳。乃谓其骑曰："何如？"骑皆伏曰："如大王言。"

【注释】

①乃上马骑：《汉书·陈胜项籍传》作"遂上马"。②麾（huī）下：指挥属下，意为部下。③直夜：当夜。④骑（jì）：骑兵。⑤阴陵：县名。在今安徽省定远县西北。⑥绐（dài）：欺骗。⑦大泽：低洼沼泽地。今安徽省定远县西南迷沟，相传为当年项羽所陷入的大泽。⑧东城：县名。治所在今安徽省定远县东南。⑨乃：仅；才。⑩快战：痛快地一战。⑪期山东为三处：约定在山的东面分三处集合。山，相传是在今安徽省和县北的四溃山。⑫赤泉侯：即杨喜。时为刘邦手下的郎中骑将。赤泉侯是他后来的封号。⑬辟易：惊退。辟，躲避。易，换地方。

于是项王乃欲东渡乌江①。乌江亭长舣船待②，谓项王曰："江东虽小，地方千里，众数十万人，亦足王也。愿大王急渡。今独臣有船，汉军至，无以渡。"项王笑曰："天之亡我，我何渡为！且籍与江东子弟八千人渡江而西，今无一人还，纵江东父兄怜而王我，我何面目见之？纵彼不言，籍独不愧于心乎？"乃谓亭长曰："吾知公长者。吾骑此马五岁，所当无敌，尝一日行千里，不忍杀之，以赐公。"乃令骑皆下马步行，持短兵接战。独籍所杀汉军数百人。项王身亦被十余创。顾见汉骑司马吕马童③，曰："若非吾故人乎？"马童面之④，指王翳曰⑤："此项王也。"项王乃曰："吾闻汉购我头千金，邑万户，吾为汝德。"乃自刎而死。王翳取其头，余骑相蹂践争项王，相杀者数十人。最其后⑥，郎中骑杨喜，骑司马吕马童，郎中吕胜、杨武各得其一体。五人共会其体，皆是。故分其地为五⑦：封吕马童为中水侯⑧，封王翳为杜衍侯⑨，封杨喜为赤泉侯⑩，封杨武为吴防侯⑪，封吕胜为涅阳侯⑫。

【注释】

①乌江：即今安徽省和县东北的一段长江，江西岸有个渡口名乌江浦。②亭长：亭是秦汉时乡以下的一种行政机构，十里设一亭，设亭长一人。舣（yǐ）：同"舣"。停船靠岸。③骑司马：官名，骑兵将领。一说骑兵中掌管法纪的官员。

④面之：对面看。⑤指王翳：指给王翳看。⑥最其后：《汉书·项籍传》无"其"字，疑衍。⑦其地：指悬赏的万户。⑧中水：地名。在今河北省献县西北。⑨杜衍：地名。在今河南省南阳市西南。⑩赤泉：《索隐》称南阳有丹水县，疑赤泉后改。丹水故址在今河南省淅川县西南。⑪吴防：即吴房。地名。在今河南省遂平县。⑫涅（niè）阳：地名。在今河南省镇平县南。

项王已死，楚地皆降汉，独鲁不下。汉乃引天下兵欲屠之，为其守礼义，为主死节，乃持项王头视鲁①，鲁父兄乃降。始，楚怀王初封项籍为鲁公，及其死，鲁最后下，故以鲁公礼葬项王穀城②。汉王为发哀③，泣之而去。

【注释】

①视：通"示"，给人看。②穀城：在今山东平阴县西南东阿镇。③发哀：发丧。

诸项氏枝属①，汉王皆不诛。乃封项伯为射阳侯②。桃侯、平皋侯、玄武侯皆项氏③，赐姓刘氏。

【注释】

①枝属：宗族。②射阳：地名。在今江苏省淮安县东南③桃侯：项襄。封地桃在今山东省汶上县东北。项佗。封地平皋在今河南省温县东。玄武侯：《高祖功臣侯者年表》中无此侯，不知指谁。

太史公曰：吾闻之周生曰①"舜目盖重瞳子②"，又闻项羽亦重瞳子。羽岂其苗裔邪？何兴之暴也！夫秦失其政，陈涉首难，豪杰蜂起，相与并争，不可胜数。然羽非有尺寸，乘势③起陇亩之中，三年，遂将五诸侯灭秦④，分裂天下，而封王侯，政由羽出，号为"霸王"，位虽不终，近古以来未尝有也。及羽背关怀楚⑤，放逐义帝而自立，怨王侯叛己，难矣。自矜功伐⑥，奋其私智而不师古，谓霸王之业，欲以力征经营天下⑦，五年卒亡其国，身死东城，尚不觉寤而不自责⑧，过矣。乃引"天亡我，非用兵之罪也"，岂不谬哉⑨！

【注释】

①周生：当时的儒生，姓周。②盖：传疑副词。重瞳子：眼睛里有两个瞳子。③尺寸：比喻少许、微薄。④五诸侯：指齐、赵、韩、魏、燕五国的诸侯军。⑤背关怀楚：背离关中，怀恋楚国。⑥自矜（jīn）：自我夸耀。功伐：功劳。伐，积功，与"功"基本同义。⑦力征：以武力征伐。⑧寤：通"悟"。⑨乃：竟然。

高祖本纪第八

高祖①，沛丰邑中阳里人②，姓刘氏，字季③。父曰太公④，母曰刘媪⑤。其先，刘媪尝息大泽之陂⑥，梦与神遇。是时雷电晦冥⑦，太公往视，则见蛟龙于其上。已而有身⑧，遂产高祖。

【注释】

①高祖：刘邦死后，庙号汉太祖。他的子孙和臣下因他功绩高，是汉的始祖，曾上尊号为高皇帝。习惯上称他为高祖。②沛：县名。治所在今江苏省沛县。丰邑中阳里：邑和里都是当时地方行政单位。③字季：汉高祖最初没有名字。做皇帝之后，才取名"邦"。这里的"季"不是他的字，而是他在兄弟中的排行最末位次。兄弟的排行顺序为伯、仲、叔、季。④太公：对老年男子的尊称。⑤媪（ǎo）：对老年妇女的通称。⑥其先：原先；当初。⑦晦冥：天色昏暗。⑧有身：怀孕。身，同"娠"。古代帝王为了巩固自己的统治地位，常常编造某些迷信故事来神化自己，欺骗人民。

高祖为人，隆准而龙颜①，美须髯②，左股有七十二黑子③。仁而爱人，喜施④，意豁如也⑤。常有大度，不事家人生产作业⑥。及壮，试为吏，为泗水亭长⑦，廷中吏无所不狎侮⑧。好酒及色。常从王媪、武负贳酒⑨，醉卧，武负、王媪见其上常有龙，怪之。高祖每酤留饮，酒雠数倍⑩。及见怪，岁竟，此两家常折券弃责⑪。

【注释】

①隆准：高鼻子。准，鼻梁。龙颜：上额突起，像龙额。②须髯（rán）：胡须。生在嘴下的叫须，生在两颊的叫髯。③黑子：黑痣。④施：施舍。⑤意豁如：性情开朗。⑥家人：平民百姓。⑦泗水亭：在今江苏省沛县东。亭长：官名。秦时县下设乡，乡下每十里设亭。亭有亭长，掌管治安、诉讼等事。⑧廷中吏：指衙门里的吏役。狎（xiá）侮：戏弄耍笑。⑨武负：武大娘。负，通"妇"。贳（shì）：赊欠。⑩酤：买酒。雠：售，卖出。酒雠数倍，指酒的销售量比平日多几倍。⑪岁竟：年终。折券弃责：毁掉欠据，放弃债款。券，指赊欠的酒账。

高祖常繇咸阳①，纵观②，观秦皇帝，喟然③太息曰："嗟乎，大丈夫当如此也！"

【注释】

①常：通"尝"。曾经。繇：通"徭"。服徭役。咸阳：秦的都城，在今陕西省咸阳市东。②纵观：任人观看。当时皇帝车驾出行，戒备森严，禁止老百姓观看。③喟（kuì）然：叹气的样子。太息：叹息。

单父人吕公善沛令①，避仇从之客，因家沛焉。沛中豪桀吏闻令有重客②，皆往贺。萧何为主吏，主进③，令诸大夫曰："进不满千钱，坐之堂下④。"高祖为亭长，素易诸吏，乃绐为谒曰"贺钱万"⑤，实不持一钱。谒入，吕公大惊，起，迎之门。吕公者，好相人，见高祖状貌，因重敬之，引入坐。萧何曰："刘季固多大言，少成事。"高祖因狎侮诸客，遂坐上坐，无所诎⑥。酒阑，吕公因目固留高祖⑦。高祖竟酒，后⑧。吕公曰："臣少好相人，相人多矣，无如季相，愿季自爱⑨。臣有息女，愿为季箕帚妾⑩。"酒罢，吕媪怒吕公曰："公始常欲奇此女，与贵人，沛令善公，求之不与，何自妄许与刘季⑪？"吕公曰："此非儿女子所知也⑫。"卒与刘季。吕公女乃吕后也，生孝惠帝、鲁元公主⑬。

【注释】

①单父（shàn fǔ）：县名。治所在今山东省单县。善沛令：与沛县县令要好。令，汉时县的行政长官大县称"令"，万户以下小县称"长"。②桀：通"杰"。

重客：贵客。③萧何（？—前193年）：刘邦同乡。辅佐刘邦统一天下后，任丞相，封为酂侯。主吏：即主吏掾（yuàn）：也称功曹掾，是协助县令管理人事考核的官职。主进：主持收纳贺礼的事宜。进，同"赆"。赠送的钱物。④大夫：本爵位名。这里用作对贵客们的尊称，如同后来称"老爷"。坐之：使之坐。⑤易：轻视。绐（dài）：欺骗。谒（yè）：名帖之类的东西，上面还写着贺礼的价值。⑥诎（qū）：谦让。⑦酒阑：酒尽席残。目：使眼色。⑧竟酒：坚持到酒宴结束。后：走在最后。⑨臣：自谦之词。爱：爱惜，保重。⑩息女：亲生女儿。箕帚妾：打扫清洁的女仆。⑪与：嫁给。自：原因。⑫儿女子：相当于"妇孺之辈"，是蔑视人的话。⑬吕后：事详《吕太后本纪》。孝惠帝：刘邦长子刘盈。前194年继位，在位七年。鲁元公主：刘邦之女，后嫁给鲁元王张敖，所以称"鲁元公主"。

高祖为亭长时，常告归之田①。吕后与两子居田中耨②，有一老父过，请饮③，吕后因铺之④。老父相吕氏曰："夫人天下贵人。"令相两子，见孝惠，曰："夫人所以贵者，乃此男也。"相鲁元，亦皆贵。老父已去，高祖适从旁舍来，吕后具言客有过⑤，相我子母皆大贵。高祖问，曰："未远。"乃追及，问老父。老父曰："乡者夫人、婴儿皆似君⑥，君相贵不可言。"高祖乃谢曰："诚如父言⑦，不敢忘德。"及高祖贵，遂不知老父处。

【注释】

①告归：请假回家。之：往；到。田：田间；乡下。②耨（nòu）：除草。③老父：老大爷。请饮：讨水喝。④铺（bǔ）：拿饭食给人吃。⑤具：详细，一一。客有过：有客人路过。⑥乡者：刚才。⑦诚：果真，的确。

高祖为亭长，乃以竹皮为冠，令求盗之薛治之①，时时冠之。及贵常冠，所谓"刘氏冠"乃是也。

【注释】

①求盗：亭长手下专管追捕盗贼的小卒。薛：县名。治所在今山东省滕州市南。治：办理。

高祖以亭长为县送徒郦山①，徒多道亡②。自度比至皆亡之③。到丰西泽中④，止饮⑤，夜乃解纵所送徒。曰："公等皆去，吾亦从此逝矣⑥！"徒中壮士愿从者十余人。高祖被酒⑦，夜径泽中⑧，令一人行前。行前者还报曰："前有大蛇当径，愿还。"高祖醉，曰："壮士行，何畏！"乃前，拔剑击斩蛇。蛇遂分为两，径开。行数里，醉，因卧。后人来至蛇所，有一老妪夜哭⑨。人问何哭，妪曰："人杀吾子，故哭之。"人曰："妪子何为见杀⑩？"妪曰："吾子，白帝子也⑪，化为蛇，当道，今为赤帝子斩之⑫，故哭。"人乃以妪为不诚，欲告之⑬，妪因忽不见。后人至，高祖觉⑭。后人告高祖，高祖乃心独喜，自负⑮。诸从者日益畏之。

【注释】

①徒：民侠。多为服劳役的犯人。郦（lì）山：即骊山。在今陕西省西安市临潼市东南。②道亡：半路上逃跑。③度（duó）：推测；估计。④丰西：丰邑西面。泽：积水的洼地。⑤止饮：停下来饮酒休息。⑥逝：离去。指逃跑。⑦被酒：带着酒意。被，加。⑧径：小路。这里用如动词，抄小路走。⑨老妪（yù）：

老妇人。⑩何为：为何，为什么。⑪白帝：古代传说中的五天帝之一。位于西方，代表五行中的金德。秦襄公供奉白帝，自称是白帝的子孙。⑫赤帝：五天帝之一。位于南方，代表五行中的火德。汉朝人崇奉赤帝，自认是赤帝的子孙。⑬告：告官。向政府告发其妖言惑众。一本作"笞"，《汉书·高帝纪》作"苦"，亦通。⑭觉（jiào）：睡醒。⑮自负：自有所恃，即自命不凡的意思。

秦始皇帝常曰，"东南有天子气"①，于是因东游以厌之②。高祖即自疑，亡匿，隐于芒、砀山泽岩石之间③。吕后与人俱求④，常得之。高祖怪问之。吕后曰："季所居上常有云气，故从往，常得季。"高祖心喜。沛中子弟或闻之⑤，多欲附者矣。

【注释】

①常：通"尝"。天子气：方士们认为皇帝所在的地方，天空有一种特殊的云气。②东游：秦始皇称帝后，为了显示帝制的绝对权威，曾多次东巡，最后一次沿长江而下，一直到了会稽。厌（yā）：压制。镇压；制伏。抑制。③芒、砀（dàng）：均为山名。在今安徽省砀山县东南。④俱求：一同去寻找。⑤子弟：这里指一班年轻人。

秦二世元年秋①，陈胜等起蕲②，至陈而王③，号为"张楚"④。诸郡县皆多杀其长吏以应陈涉。沛令恐，欲以沛应涉。掾、主吏萧何、曹参乃曰⑤："君为秦吏，今欲背之，率沛子弟，恐不听。愿君召诸亡在外者，可得数百人，因劫众⑥，众不敢不听"。乃令樊哙召刘季⑦。刘季之众已数十百人矣。

【注释】

①秦二世元年：即公元前 209 年。二世：嬴胡亥。前 210 年至前 207 年在位。②陈胜（？—前 208 年）：秦末农民起义领袖。字涉，阳城（今河南省登封市东南）人。蕲（qí）：县名。治所在今安徽省宿县东南。③陈：县名。治所在今河南省淮阳县。④张楚：张大楚国的意思。张是动词，陈胜自称楚王，而非张楚王。⑤掾：县令属吏。曹参曾做过掌管刑狱的狱掾。⑥因：依靠；凭借。劫：威胁，挟持。⑦樊哙（kuài。？—前 189 年）：刘邦同乡。原以屠狗为业，后来成为刘邦的得力将领。曾任左丞相，封舞阳侯。

于是樊哙从刘季来。沛令后悔，恐其有变，乃闭城城守①，欲诛萧、曹。萧、曹恐，逾城保刘季②。刘季乃书帛射城上，谓沛父老曰："天下苦秦久矣③。今父老虽为沛令守，诸侯并起，今屠沛④。沛今共诛令，择子弟可立者立之，以应诸侯，则家室完⑤。不然，父子俱屠，无为也⑥。"父老乃率子弟共杀沛令，开城门迎刘季，欲以为沛令。刘季曰："天下方扰，诸侯并起，今置将不善⑦，一败涂地⑧。吾非敢自爱，恐能薄，不能完父兄子弟。此大事，愿更相推择可者⑨。"萧、曹等皆文吏，自爱，恐事不就，后秦种族其家⑩，尽让刘季。诸父老皆曰："平生所闻刘季诸珍怪，当贵；且卜筮之⑪，莫如刘季最吉。"于是刘季数让⑫。众莫敢为，乃立季为沛公。祠黄帝⑬，祭蚩尤于沛庭⑭，而衅鼓旗⑮。帜皆赤，由所杀蛇白帝子，杀者赤帝子，故上赤⑯。于是少年豪吏如萧、曹、樊哙等皆为收沛子弟二三千人，攻胡陵、方与⑰，还守丰。

【注释】

①城守：据城防守。②保刘季：得到刘季的保护，指投靠刘季。③苦秦：为秦所苦害。④今：即将；马上就会。⑤完：完全。指得以保全。⑥无为：无意义；

不值得。⑦今：这里相当于"若""如果"。⑧一败涂地：一旦战败就肝脑涂地。
⑨可者：能够胜任的人。⑩种族：绝种灭族。"种"和"族"均用如动词。⑪卜筮(shì)：
占卜吉凶。⑫数(shuò)：多次。⑬沛公：楚人称县令为公，故名。⑭蚩尤：传说
中的部落首领，兵器的发明者。当时人认为，黄帝最善战略战术，蚩尤则首创各
种兵器，所以作战前祭祀他们，以求取保佑。⑮衅(xìn)鼓旗：用牲畜的血涂在
战鼓战旗上。这是古代的一种祭礼。⑯上：通"尚"。崇尚。⑰胡陵：县名。治
所在今山东省鱼台县东南。方与(fáng yù)：县名。治所在今山东省鱼台县西北。

秦二世二年，陈涉之将周章军西至戏而还①。燕、赵、齐、魏皆自立为王②。
项氏起吴③。秦泗川监平将兵围丰④，二日，出与战，破之。命雍齿守丰⑤，引兵之薛。
泗川守壮败于薛，走至戚⑥，沛公左司马得泗川守壮⑦，杀之。沛公还军亢父⑧，
至方与，周市来攻，方与未战。陈王使魏人周市略地⑨。周市使人谓雍齿曰："丰，
故梁徙也⑩。今魏地已定者数十城。齿今下魏⑪，魏以齿为侯守丰。不下，且屠丰。"
雍齿雅不欲属沛公⑫，及魏招之，即反为魏守丰。沛公引兵攻丰，不能取。沛公病，
还之沛。沛公怨雍齿与丰子弟叛之，闻东阳宁君、秦嘉立景驹为假王⑬，在留⑭，
乃往从之，欲请兵以攻丰。是时秦将章邯从陈⑮，别将司马尼将兵北定楚地⑯，屠
相⑰，至砀⑱。东阳宁君、沛公引兵西，与战萧西⑲，不利。还收兵聚留，引兵攻
砀，三日乃取砀。因收砀兵，得五六千人。攻下邑⑳，拔之。还军丰。闻项梁在薛，
从骑百余往见之㉑。项梁益沛公卒五千人、五大夫将十人㉒。沛公还，引兵攻丰。

【注释】

①周章(？—前209年)：也叫周文。陈县(今河南省淮阳县)人。陈胜起
义军将领。率兵攻入关中，后被秦将章邯战败自杀。戏(xī)：水名。在今陕西
省西安市临潼区东。②燕(yān)：国名。辖今河北省北部和辽宁省西部地区，
都城在蓟(jì，今北京市西南隅)。赵：国名。在今山西省中部和河北省西南部地区，
都城在邯郸(今河北省邯郸市)。齐：国名。辖今山东省泰山以北黄河流域和胶
东半岛地区，都城在临淄(今山东省淄博市东北)。魏：国名。辖今河南省北部
和山西省西南部，都城在大梁(今河南省开封市)。燕、赵、齐、魏都是战国时
的诸侯强国，后为秦所灭。陈胜起义后，它们的后裔也纷纷起兵反秦。③项氏：
指项梁、项羽叔侄。项氏为战国末年楚将之后，流亡在吴(今江苏省苏州市)。
陈胜起义后，他们起兵响应，于公元前208年渡江西进。④泗川：即泗水，郡名。
辖今安徽省北部和江苏省西北部地区，郡治在相县(今安徽省淮北市西北)。监：
郡的监察官。秦时每郡设守(shòu)、尉、监三官。守为行政首长，尉管军事，
监管督察官吏，由中央所派的御史充任。平：和下文的"壮"都是人名。⑤雍齿：
刘邦同乡。随刘邦起兵后，曾一度背叛。汉初被封为什方侯。⑥戚：县名。治所
在今山东省滕州市南。⑦左司马：官名。掌管军政。这里指曹无伤。得：这里是
"俘获"的意思。⑧亢父(gāng fǔ)：县名。治所在今山东省济宁市南。⑨陈王：
指陈胜。他率领起义军攻下陈县之后，被推为王，所以称"陈王"。周市(fú)：
陈胜手下的将领。后降魏，迎魏咎为王，自任魏相。最后为秦将章邯所杀。略地：
用武力扩充地盘。⑩故梁徙：曾是梁的迁都之地。⑪下：投降。⑫雅：素来；向来。
⑬东阳宁君：东阳君(今江苏省金湖县西南、安徽省天长市西北)姓宁的某人。
秦嘉：凌县(今江苏省泗阳县西北)人。响应陈胜，在郯(tán)县(今山东省
郯城县北)起兵，自称大司马。景驹：战国时楚国王族的后裔，姓景名驹。假：

暂时代理。⑭留：县名。治所在今江苏省沛县东南。⑮章邯（？—前205年）：秦末大将。率军镇压以陈胜为首的农民起义军，后投降项羽。楚汉战争中被刘邦击败自杀。⑯别将：配合主将在别处率军作战的将领。尼：古文"夷"字，又古文"仁"字。⑰相：县名。当时是泗水郡的郡治。⑱砀：县名。治所在今河南省夏邑县东南。⑲萧：县名。治所在今安徽省萧县西北。⑳下邑：县名。治所在今安徽省砀山县。㉑从骑（zòng jì）：随从的骑兵。㉒益：增拨。五大夫将：五大夫级的将领。五大夫是秦朝爵位的第九级。

从项梁月余，项羽已拔襄城还①。项梁尽召别将居薛。闻陈王定死②，因立楚后怀王孙心为楚王③，治盱台④。项梁号武信君。居数月⑤，北攻亢父，救东阿⑥，破秦军。齐军归⑦，楚独追北⑧，使沛公、项羽别攻城阳⑨，屠之。军濮阳之东⑩，与秦军战，破之。

【注释】

①襄城：县名。治所在今河南省襄城县西。②定死：确实已死。③怀王孙心（？—前205年）：楚怀王熊槐的孙子熊心。④盱台（xū yí）：即盱眙。县名。治所在今江苏省盱眙县东北。"治盱台"即定都盱台。⑤居数月："月"字或为"日"字之误。⑥东阿（ē）：县名。治所在今山东省东阿县西南之阿城镇。⑦齐军归：东阿之围解除后，田荣引兵东归，驱逐了齐人所立的田假，另立田儋之子田市为王。田假逃到楚地，受到保护，田荣从此与项梁、项羽生怨。⑧追北：追击败退的敌军。⑨城阳：县名。治所在今山东省鄄（juàn）城县东南。⑩军：驻扎。濮阳：县名。治所在今河南省濮阳县西南。

秦军复振，守濮阳，环水①。楚军去而攻定陶②，定陶未下。沛公与项羽西略地至雍丘之下③，与秦军战，大破之，斩李由④。还攻外黄⑤，外黄未下。

【注释】

①环水：环城挖沟引水，以防御敌军。②定陶：县名。治所在今山东省定陶县西北。③雍丘：县名。治所在今河南省杞（qǐ）县。④李由：秦丞相李斯之子。当时任三川郡守。⑤外黄：县名。治所在今河南省民权县西北。

项梁再破秦军，有骄色。宋义谏①，不听。秦益章邯兵，夜衔枚击项梁②，大破之定陶③，项梁死。沛公与项羽方攻陈留④，闻项梁死，引兵与吕将军俱东⑤。吕臣军彭城东⑥，项羽军彭城西．沛公军砀。

【注释】

①宋义：战国末年楚国的令尹。随项羽起兵伐秦，曾任上将军，号称"卿子冠军"。②枚：形状像筷子之类的东西。古代军队秘密行动时，为了防止喧哗，命令士兵将枚横衔在嘴里，两头用绳子系在颈上，叫作"衔枚"。③大破之：下面省略了介词"于"。④陈留：县名。治所在今河南省开封县东南陈留镇。⑤吕将军：即吕臣。⑥彭城：县名。治所在今江苏省徐州市。

章邯已破项梁军，则以为楚地兵不足忧，乃渡河①，北击赵，大破之。当是之时，赵歇为王②，秦将王离围之巨鹿城③，此所谓"河北之军"也。

【注释】

①河：古代黄河的专名。②赵歇：战国时赵国的后裔。陈胜起义后，派部将

武臣到赵地招抚。③王离：秦朝名将王翦的孙子。巨鹿：也作"钜鹿"。县名。治所在今河北省平乡县西南。

秦二世三年，楚怀王见项梁军破，恐，徙盱台，都彭城，并吕臣、项羽军自将之。以沛公为砀郡长，封为武安侯，将砀郡兵。封项羽为长安侯，号为鲁公①。吕臣为司徒②，其父吕青为令尹③。

【注释】

①鲁：县名。在今山东省典阜市。②司徒：楚官名。楚国的司徒职掌后勤事务，与一般所说的六卿之一的司徒（主管教化）不同。③令尹：楚官名。相当于丞相。

赵数请救，怀王乃以宋义为上将军，项羽为次将，范增为末将①，北救赵。令沛公西略地入关。与诸将约，先入定关中者王之②。

【注释】

①范增（前277—前204年）：项氏叔侄的重要谋臣。居鄛（cháo。今安徽巢县西南）人。曾劝项梁立楚怀王。项羽尊称他为"亚父"。②关中：地区名。一般指函谷关以西、散关以东、萧关以南、武关以北为关中。周平王东迁后，秦国一直占据着这一地区，因此通常称秦地为关中。王（wàng）：封为王。用如动词。

当是时，秦兵强，常乘胜逐北，诸将莫利先入关①。独项羽怨秦破项梁军，奋②，愿与沛公西入关。怀王诸老将皆曰："项羽为人僄悍猾贼③。项羽尝攻襄城，襄城无遗类，皆坑之④，诸所过无不残灭。且楚数进取，前陈王、项梁皆败。不如更遣长者扶义而西⑤，告谕秦父兄。秦父兄苦其主久矣，今诚得长者往，毋侵暴，宜可下。今项羽僄悍，今不可遣；独沛公素宽大长者，可遣。"卒不许项羽，而遣沛公西略地，收陈王、项梁散卒。乃道砀至成阳，与杠里秦军夹壁⑥，破〔魏〕秦二军。楚军出兵击王离，大破之。

【注释】

①莫利先入关：没有人认为先入关是有利的。②奋：愤激。③僄（piào）悍猾贼：勇猛凶残。④无遗类：一个不留。⑤更：改。长（zhǎng）者：宽厚而老成的人。扶义：仗义；按照仁义行事。⑥道：取道；经过。成阳：即城阳。在今山东省郓城县东南。杠里：地名。在城阳西面。夹壁：对垒而阵。壁：营垒。

沛公引兵西，遇彭越昌邑①，因与俱攻秦军，战不利。还至栗②，遇刚武侯③，夺其军，可四千余人④，并之。与魏将皇欣、魏申徒武蒲之军并攻昌邑⑤，昌邑未拔。西过高阳⑥。郦食其为监门⑦，曰："诸将过此者多，吾视沛公大人长者。"乃求见说沛公。沛公方踞床⑧，使两女子洗足。郦生不拜，长揖，曰："足下必欲诛无道秦⑨，不宜踞见长者。"于是沛公起，摄衣谢之，延上坐⑩。食其说沛公袭陈留，得秦积粟。乃以郦食其为广野君，郦商为将⑪，将陈留兵，与偕攻开封，开封未拔。西与秦将杨熊战白马，又战曲遇东⑫，大破之。杨熊走之荥阳，二世使使者斩以徇⑬。南攻颍阳⑭，屠之。因张良遂略韩地轘辕⑮。

【注释】

①彭越：陈胜起义后，起兵响应，依附刘邦。汉初被封为梁王，后为刘邦所杀。②栗：县名。治所在今河南省夏邑县。③刚武侯：姓名失传。④可：大约。⑤申徒：官名。即司徒。⑥高阳：聚邑名。在今河南省杞县西南。⑦郦食其（yì jī）：说客。

监门：看守城门的吏卒。⑧踞（jù）床：两脚岔开，坐在床上。这是一种极不礼貌的见客姿态。床，坐具。⑨足下：敬称。⑩摄：整理；提起。谢：道歉。延：引进。⑪郦商：郦食其之弟。汉初封曲周侯。⑫白马：县名。治所在今河南省滑县东。曲遇：聚邑名。在今河南省中牟县东。⑬荥阳：县名。治所在河南省荥阳市东北。⑭颍阳：县名。治所在今河南省许昌市西南。⑮轩辕：山名。在今河南省偃师县东南。山路盘旋，形势险峻，是有名的要隘。

当是时，别将司马卬方欲渡河入关①，沛公乃北攻平阴②，绝河津③。南，战雒阳东④，军不利，还至阳城⑤，收军中马骑，与南阳守齮战犨东⑥，破之。略南阳郡，南阳守齮走，保城守宛。沛公引兵过而西。张良谏曰："沛公虽欲急入关，秦兵尚众，距险⑦。今不下宛，宛从后击，强秦在前，此危道也。"于是沛公乃夜引兵从他道还，更旗帜，黎明，围宛城三匝⑧。南阳守欲自刭⑨。其舍人陈恢曰⑩："死未晚也。"乃逾城见沛公，曰："臣闻足下约，先入咸阳者王之。今足下留守宛。宛，大郡之都也，连城数十，人民众，积蓄多，吏人自以为降必死，故皆坚守乘城⑪。今足下尽日止攻⑫，士死伤者必多；引兵去宛，宛必随足下后：足下前则失咸阳之约，后又有强宛之患。为足下计，莫若约降，封其守，因使止守⑬，引其甲卒与之西。诸城未下者，闻声争开门而待，足下通行无所累。"沛公曰："善。"乃以宛守为殷侯，封陈恢千户。引兵西，无不下者。至丹水⑭，高武侯鳃、襄侯王陵降西陵⑮。还攻胡阳，遇番君别将梅鋗，与皆，降析、郦⑯。遣魏人宁昌使秦⑰，使者未来。是时章邯已以军降项羽于赵矣。

【注释】

①司马卬（áng）：原为赵将，后归项羽，被封为殷王。②平阴：县名。治所在今河南省孟津县东北。③绝：切断。河津：指黄河渡口。④雒阳：雒，三国魏改作"洛"。县名。治所在今河南省洛阳市东北。⑤阳城：县名。治所在今河南省登封市东南。⑥南阳：郡名。辖今河南省西南部及湖北省北部地区。郡治在宛（今河南省南阳市）。齮（yǐ）：吕齮。犨（chōu）：县名。治所在今河南省鲁山县东南，属南阳郡。⑦距险：依险固守，以拒敌人。⑧匝（zā）：环绕一周。三匝：指重重包围。⑨自刭：用刀割颈自杀。⑩舍人：侍从于左右的亲信或门客。⑪坚守乘城：即乘城坚守。乘，登。⑫止攻：指停止前进，攻击宛城。⑬止守：留守。⑭丹水：县名。在今河南省淅川县西南、丹水北岸。⑮高武侯鳃：姓氏不详。襄侯王陵。西陵：地名。在今湖北省宜昌市西。但此地方位与史文不符，疑为衍文。⑯胡阳：一作"湖阳"。县名。治所在今河南省唐河县西南。番（pó）君：即吴芮（ruì，？—前202年）。秦时曾任番县令。皆：通"偕"。析：邑名。在今河南省西峡县。郦：县名。治所在今河南省南阳市西北。⑰使秦：指入秦与赵高通谋。

初，项羽与宋义北救赵，及项羽杀宋义，代为上将军，诸将黥布皆属①；破秦将王离军，降章邯，诸侯皆附。及赵高已杀二世②，使人来，欲约分王关中。沛公以为诈，乃用张良计，使郦生、陆贾往说秦将③，啖以利，因袭攻武关④，破之。又与秦军战于蓝田南⑤，益张疑兵旗帜，诸所过毋得掠卤，秦人憙，秦军解⑥，因大破之。又战其北，大破之。乘胜，遂破之。

【注释】

①黥布：原名英布。因受过黥刑，人称黥布。②赵高（？—前207年）：以宦官任中车府令。③郦生：即郦食其。陆贾：刘邦的谋士。汉初拜太中大夫。④啖：

以食与人。引申为以利诱人。武关：在今陕西省丹凤县东南丹江上。⑤蓝田：县名。治所在今陕西省蓝田县西。⑥卤：通"虏"。憙：通"喜"。解：通"懈"。

汉元年十月①，沛公兵遂先诸侯至霸上②。秦王子婴素车白马③，系颈以组④，封皇帝玺符节⑤，降轵道旁⑥。诸将或言诛秦王。沛公曰："始怀王遣我，固以能宽容⑦；且人已服降，又杀之，不祥。"乃以秦王属吏⑧，遂西入咸阳。欲止宫休舍⑨，樊哙、张良谏，乃封秦重宝财物府库，还军霸上。召诸县父老豪杰曰："父老苦秦苛法久矣，诽谤者族⑩，偶语者弃市⑪。吾与诸侯约，先入关者王之，吾当王关中。与父老约⑫，法三章耳：杀人者死，伤人及盗抵罪⑬。余悉除去秦法。诸吏人皆案堵如故⑭。凡吾所以来，为父老除害，非有所侵暴⑮，无恐！且吾所以还军霸上，待诸侯至而定约束耳。"乃使人与秦吏行县乡邑，告谕之。秦人大喜，争持牛羊酒食献飨军士⑯。沛公又让不受，曰："仓粟多，非乏，不欲费人⑰。"人又益喜，唯恐沛公不为秦王。

【注释】
①汉元年十月：即公元前206年阴历十月。这一年刘邦被封为汉王，所以称"汉元年"。为汉纪元的开始。秦朝历法建亥，以夏历十月为岁首，汉承秦制，元年十月即汉元年的第一个月，也就是正月。②霸上：也作"灞上"。地名。在今陕西省西安市东，是古代咸阳、长安附近的军事要地，因地处霸水以西的高原上而得名。③子婴（？—前206年）：秦朝末代王，秦二世兄之子。公元前207年，赵高杀二世后，他被立为王。④系颈以组：用丝带系颈。组，丝织的宽带子。素车白马、颈上系带，表示自己该死，服降请罪。⑤玺（xǐ）：本为印的通称，从秦代起专指皇帝用的印。符：古代朝廷派遣使者传达命令、征调兵将用的凭证。⑥轵（zhǐ）道：一作"枳道"。亭名。在今陕西省西安市东北。⑦固：本来；原来。以：认为。⑧属（zhǔ）吏：交给主管官吏处理。属，交付。⑨止宫休舍：留住宫中休息。⑩诽谤者族：批评朝政的灭族。⑪偶语：相聚在一起议论。弃市：刑法名。在闹市执行死刑，并将尸体暴露街头示众，表示为人所弃，称为"弃市"。⑫约：约定，达成协议。⑬抵罪：当其罪。意思是根据罪行大小来确定刑的轻重。⑭案堵如故：一切照旧。案堵，即"安堵"，安定而不变动的意思。⑮侵暴：侵犯残害。⑯飨（xiǎng）：用酒肉款待、慰劳。⑰费人：叫人破费。

或说沛公曰："秦富十倍天下，地形强。今闻章邯降项羽，项羽乃号为雍王，王关中①。今则来②，沛公恐不得有此。可急使兵守函谷关③，无内诸侯军④，稍征关中兵以自益，距之。"沛公然其计⑤，从之。十一月中，项羽果率诸侯兵西，欲入关，关门闭。闻沛公已定关中，大怒，使黥布等攻破函谷关。十二月中，遂至戏。沛公左司马曹无伤闻项王怒⑥，欲攻沛公，使人言项羽曰："沛公欲王关中，令子婴为相，珍宝尽有之。"欲以求封。亚父劝项羽击沛公⑦，方飨士，旦日合战⑧。是时项羽兵四十万，号百万。沛公兵十万，号二十万，力不敌。会项伯欲活张良⑨，夜往见良，因以文谕项羽，项羽乃止。沛公从百余骑，驱之鸿门⑩，见谢项羽⑪。项羽曰："此沛公左司马曹无伤言之。不然，籍何以生此⑫！"沛公以樊哙、张良故，得解归⑬。归，立诛曹无伤。

【注释】
①"项羽乃号为雍王"二句：意思是项羽传出要封章邯为雍王的话，使之统辖关中之地。②则：如果。③函谷关：在今河南省灵宝市东北，是河南通往关中

地区的门户。④内：通"纳"。⑤然其计：以其计为然，即赞同他的建议。⑥项王：《汉书·高帝纪》作"项羽"。这时项羽尚未称王，而且本篇此文之前各处都称"项羽"，唯独此处称"项王"，疑误。⑦亚父：即范增。⑧旦日：明早。合战：会战。⑨会：恰巧遇上。项伯（？—前192年）：即项羽的叔父项缠，字伯。当时在项羽军中任左尹。汉初封射阳侯，赐姓刘。⑩鸿门：在今陕西省西安市临潼区东。因项羽曾驻军于此，所以后来又称"项王营"。⑪谢：赔罪。⑫籍：项羽名籍，字羽。这里是以名谦称自己。按："生"字疑为"至"字之误。"生此"应为"至此"。⑬解：解脱。

项羽遂西，屠烧咸阳秦宫室，所过无不残破。秦人大失望，然恐，不敢不服耳。

项羽使人还报怀王。怀王曰："如约①。"项羽怨怀王不肯令与沛公俱西入关，而北救赵，后天下约②。乃曰："怀王者，吾家项梁所立耳③，非有功伐④，何以得主约！本定天下，诸将及籍也。"乃详尊怀王为义帝⑤，实不用其命⑥。

【注释】

①如约：按原先的约定办，即"先入定关中者王之"。②后天下约：失约而落在人后。③吾家项梁：项羽这样直呼其叔，不大合情理。④功伐：功劳。伐，积功，与"功"近义。⑤详：通"佯"。假装；假意。义帝：有两种解释：一说"义"即"假"，义帝就是假皇帝；一说义帝即名义上的皇帝，相当于说"名誉皇帝"。二者都说明，项羽把怀王只是当作傀儡。⑥用：采用；执行。

正月，项羽自立为西楚霸王①，王梁、楚地九郡②，都彭城。负约③，更立沛公为汉王，王巴、蜀、汉中④，都南郑。三分关中，立秦三将：章邯为雍王，都废丘；司马欣为塞王，都栎阳⑤；董翳为翟王⑥，都高奴⑦。楚将瑕丘申阳为河南王⑧，都洛阳。赵将司马卬为殷王，都朝歌⑨。赵王歇徙王代⑩。赵相张耳为常山王⑪，都襄国⑫。当阳君黥布为九江王，都六⑬。怀王柱国共敖为临江王⑭，都江陵⑮。番君吴芮为衡山王，都邾⑯。燕将臧荼为燕王⑰，都蓟⑱。故燕王韩广徙王辽东⑲。广不听，臧荼攻杀之无终⑳。封成安君陈馀河间三县㉑，居南皮㉒。封梅鋗十万户。

【注释】

①西楚霸王：古代楚国有南楚、东楚、西楚之分，项羽建都的彭城，地处西楚，所以这样自称。所谓"霸王"，大致相当于春秋时期作为诸侯之长的盟主（霸主）。②梁、楚地九郡：指战国时梁国和楚国的部分地区，即今河南省东部、山东省西南部和江苏、安徽两省的大部及浙江省北部地区。至于九郡，说法不一。王先谦引全祖望说，认为是指黔中、南阳、东海、砀、薛、楚、泗水、会（kuài）稽、东郡，均秦所立。③负约：指违背楚怀王关于先入关破秦者做关中王的约定。④巴、蜀、汉中：均郡名。⑤栎（yuè）阳：县名。治所在今陕西省西安市临潼区东北。⑥董翳（yì）：原为章邯部下，任都尉，曾劝说章邯投降项羽。⑦高奴：县名。治所在今陕西省延安市东北。⑧瑕丘申阳：即原瑕丘令申阳。瑕丘为秦县名。治所在今山东省兖（yǎn）州东北。申阳为人名。⑨朝歌：县名。治所在今河南省淇县。⑩代：古国名。战国时属赵，秦置郡。⑪张耳（？—前202年）：魏国名士，与陈馀齐名。大梁（今河南省开封市附近）人。陈胜起义后，先后拥立武臣、赵歇为赵王。初附项羽，封常山王；后归刘邦，封赵王。⑫襄国：秦时为信都县，汉改襄国县，治所在今河北省邢台市西南。⑬六：县名。治所在今安徽省六安市北，是黥布的故乡。⑭柱国：楚官名。也称"上柱国"。共（gōng）敖：人名。⑮江陵：县

名。治所在今湖北省江陵县。⑯邾（zhū）：邑名。在今湖北省黄冈市西北。⑰臧荼（tú）：原为燕王韩广的部将，曾领兵援赵，随项羽入关。后归附刘邦。⑱蓟（jì）：县名。在今北京市西南。⑲韩广：原为陈胜部将武臣的下属，后领兵攻取燕地，自立为燕王。辽东：郡名。辖今辽宁省大凌河以东、辽东半岛地区，在襄平（今辽宁省辽阳市）。⑳无终：县名。治所在今天津市蓟县。臧荼杀韩广事在这年八月，这里连带叙及。㉑成安：县名。治所在今河北省成安县东南。陈馀：魏国名士，与张耳齐名。大梁人。陈胜起义后，和张耳一起拥立赵歇为赵王，赵歇封他为代王。河间：汉置河间国，在乐成（今河北省献县东南）。《陈馀传》无"河间"二字，作"即以南皮旁三县以封之"。㉒南皮：县名。在今河北省南皮县东北。

　　四月，兵罢戏下①，诸侯各就国②。汉王之国，项王使卒三万人从，楚与诸侯之慕从者数万人③，从杜南入蚀中④。去辄烧绝栈道⑤，以备诸侯盗兵袭之，亦示项羽无东意。至南郑，诸将及士卒多道亡归，士卒皆歌思东归。韩信说汉王曰⑥："项羽王诸将之有功者，而王独居南郑，是迁也⑦。军吏士卒皆山东之人也⑧，日夜跂而望归⑨，及其锋而用之⑩，可以有大功。天下已定，人皆自宁，不可复用。不如决策东乡⑪，争权天下。"

【注释】

　　①戏下：即"麾（huī）下"，大将的指挥旗下。戏，大旗。②就国：到自己的封国去。③使卒三万人从：刘邦入咸阳时有兵十万，这时仅使卒三万人从，说明项羽已削夺刘邦的兵力。④杜：县名。治所在今陕西省西安市东南。蚀：谷道名。大约就是子午谷，在今陕西省西安市西南，是关中通往汉中的重要谷道。⑤栈道：也叫"阁道"。指在山崖上凿石架木构成的通道。⑥韩信（？—前196年）：汉初著名军事家。淮阴（今江苏省清江市附近）人。⑦迁：贬谪。流放。⑧山东：泛指崤（xiáo）山或华（huà）山、函谷关以东广大地区。⑨跂（qǐ）望：踮起脚跟向前远望。⑩锋：锐。这里指锐气。⑪东乡（xiàng）：向东（进军）。乡，通"向"。

　　项羽出关，使人徙义帝。曰："古之帝者地方千里，必居上游。"乃使使徙义帝长沙郴县①，趣义帝行②，群臣稍倍叛之③，乃阴令衡山王、临江王击之，杀义帝江南④。项羽怨田荣⑤，立齐将田都为齐王⑥。田荣怒，因自立为齐王⑦，杀田都而反楚⑧；予彭越将军印，令反梁地⑨。楚令萧公角击彭越⑩，彭越大破之。陈馀怨项羽之弗王己也，令夏说说田荣⑪，请兵击张耳。齐予陈馀兵，击破常山王张耳，张耳亡归汉。迎赵王歇于代⑫，复立为赵王。赵王因立陈馀为代王。项羽大怒，北击齐。

【注释】

　　①长沙：郡名。辖今湖南省大部和江西省西北部地区，郡治在临湘（今湖南省长沙市）。郴（chēn）县：县名。即今湖南省郴县。当时属长沙郡。②趣（cù）：催促。③稍：逐渐，陆续。倍：通"背"。④"杀义帝江南"二句：这里说项羽暗令衡山王吴芮与临江王共教杀义帝于江南。⑤项羽怨田荣：田荣是齐国王族后裔。陈胜起义后，他随堂兄田儋起兵，重建齐国。曾被秦将章邯围困于东阿，经项梁解救得脱。田荣归齐后，立田儋之子田市为王，驱逐齐王田假。田假逃归项梁。项梁击章邯于定陶，秦大军增援。项梁告急于齐，田荣不救，章邯大败楚军，项梁战死。⑥田都：田假部将。曾随项羽救赵，入关，被项羽封为齐王。项羽同时又封原齐王田建的孙子田安为济北王，而改封田荣所立的齐王田市为胶东王，

使齐地一分为三。⑦"田荣怒"二句：田荣恼恨项羽不封已为王，先后击败田都，击杀田安、田市，尽并三齐之地，自立为齐王。⑧杀田都：田都被田荣击败后，逃归项羽，未被杀。⑨予彭越将军印，令反梁地：《汉书·彭越传》作"汉乃使人赐越将军印"，与此处记载不一。⑩萧公角：原为萧县县令，名角。公，是楚对县令的称呼。⑪夏说（yuè）：陈馀为代王时，曾任相国。⑫迎赵歇于代：指陈馀打败张耳收复赵地之后，将已徙代郡的赵歇迎一回事。

八月，汉王用韩信之计，从故道还①，袭雍王章邯。邯迎击汉陈仓，雍兵败，还走；止战好畤②，又复败，走废丘。汉王遂定雍地。东至咸阳，引兵围雍王废丘，而遣诸将略定陇西、北地、上郡③。令将军薛欧、王吸出武关④，因王陵兵南阳⑤，以迎太公、吕后于沛。楚闻之，发兵距之阳夏⑥，不得前。令故吴令郑昌为韩王⑦，距汉兵。

【注释】

①故道：县名。在今陕西省凤县东北，接甘肃省两当县。②好畤（zhì）：县名。治所在今陕西省乾（qián）县东。③陇西：郡名。辖今甘肃省东南部地区，郡治在狄道（今甘肃省临洮县）。北地：郡名。辖今内蒙古自治区、宁夏回族自治区和甘肃省、陕西省的部分地区，郡治在义渠（今甘肃县镇宁县西北）。上郡：郡名。辖今陕西省北部和内蒙古自治区西南部地区，郡治在肤施（今陕西省榆林县东南）。④薛欧：刘邦部将。以舍人身份随刘邦在丰邑起兵，后被封为广平侯。王吸：刘邦部将。后被封为清阳侯。⑤因：随着。这里指会合王陵在南阳的几千驻军。⑥阳夏（jiǎ）：县名。治所在今河南省太康县。⑦郑昌：项羽部将。

二年，汉王东略地，塞王欣、翟王翳、河南王申阳皆降。韩王昌不听，使韩信击破之①。于是置陇西、北地、上郡、渭南、河上、中地郡②；关外置河南郡③。更立韩太尉信为韩王④。诸将以万人若以一郡降者⑤，封万户。缮治河上塞⑥。诸故秦苑囿园池⑦，皆令人得田之⑧。正月，虏雍王弟章平，大赦罪人。

【注释】

①使韩信击破之：这句省略了主语"汉王"。②渭南、河上、中地郡：这三个郡分别成为后来的京兆尹、左冯翊（píng yì）、右扶风。③河南：郡名。辖今河南省新安县以东、开封市以西地区，郡治在洛阳（今河南省洛阳市东北）。④韩太尉信：战国时韩襄王的后代。⑤若：或者。⑥缮治：修整。河上塞（sài）：指河上郡北部一带防御匈奴的工事。⑦苑囿（yuàn yòu）园池：古代畜养禽兽，种植花木的园林，这里指专供帝王与贵族游猎的风景区。⑧田：开垦；耕种。用如动词。

汉王之出关至陕①，抚关外父老，还，张耳来见②，汉王厚遇之。

【注释】

①陕：县名。治所在今河南省三门峡市西。②张耳来见：指张耳被陈馀打败后，前来归附刘邦。

二月，令除秦社稷①，更立汉社稷。

【注释】

①社稷（jì）即社稷坛。是古代君主祭祀土神和谷神的场所。常用来作为国家的代称。除去秦的社稷坛，再立汉的社稷坛，表示改朝换代。

三月，汉王从临晋渡①，魏王豹将兵从②。下河内，虏殷王，置河内郡③。南渡平阴津，至雒阳。新城三老董公遮说汉王以义帝死故④。汉王闻之，袒而大哭⑤。遂为义帝发丧，临三日⑥。发使者告诸侯曰："天下共立义帝，北面事之⑦。今项羽放杀义帝于江南，大逆无道。寡人亲为发丧，诸侯皆缟素⑧。悉发关内兵，收三河士⑨，南浮江汉以下⑩，愿从诸侯王击楚之杀义帝者。"

【注释】

①临晋：关隘名。在今陕西省大荔县东黄河西岸，是古代秦晋间的重要通道。因关下有蒲津渡，所以又叫蒲津关。②魏王豹：战国时魏国王族的后裔。③河内：泛指今河南省黄河以北地区。河内郡：治所在怀县（今河南省武陟县西南）。④新城：汉改为县。治所在今河南省伊川县西南。三老：官名。掌管一乡的教育与民俗。遮：拦住。⑤袒（tǎn）：裸露。古代丧服有袒露左臂的规定。⑥临（lín）：聚众举哀，祭吊死者。⑦北面：古代君主面南而坐，臣下北面朝见。⑧缟（gǎo）素：这里泛指白色的丧服。⑨三河：河南、河东、河内三郡的合称。⑩江、汉：长江、汉水。

是时项王北击齐，田荣与战城阳。田荣败，走平原①，平原民杀之。齐皆降楚。楚因焚烧其城郭，系虏其子女②。齐人叛之。田荣弟横立荣子广为齐王，齐王反楚城阳。项羽虽闻汉东③，既已连齐兵④，欲遂破之而击汉。汉王以故得劫五诸侯兵⑤，遂入彭城。项羽闻之，乃引兵去齐，从鲁出胡陵⑥，至萧，与汉大战彭城灵璧东睢水上⑦，大破汉军，多杀士卒，睢水为之不流。乃取汉王父母妻子于沛，置之军中以为质⑧。当是时，诸侯见楚强汉败，还皆去汉复为楚。塞王欣亡入楚。

【注释】

①平原：县名。治所在今山东省平原县南。西汉时改置郡。②系虏：拘缚虏掠。③汉东：汉军向东进军。东，用如动词。④连齐兵：指与齐兵交战。⑤五诸侯：指常山王张耳、河南王申阳、韩王郑昌、魏王魏豹、殷王司马卬。劫：控制，把持。⑥鲁：县名。治所在今山东省曲阜市东古城。⑦灵璧：邑名。在今安徽省淮北市西南。睢水：鸿沟支流之一。⑧质：抵押品。此指人质。

吕后兄周吕侯为汉将兵，居下邑①。汉王从之，稍收士卒，军砀。汉王乃西过梁地，至虞②。使谒者随何之九江王布所③，曰："公能令布举兵叛楚，项羽必留击之。得留数月，吾取天下必矣。"随何往说九江王布，布果背楚。楚使龙且往击之④。

【注释】

①周吕侯：即吕泽。下邑：县名。治所在今安徽省砀山县东。②虞：县名。治所在今河南省虞城县北。③谒者：官名。为国君掌管传达等事务的侍从官。随何：刘邦的谋士。④龙且（jū）：项羽的部将。

汉王之败彭城而西，行使人求家室，家室亦亡①，不相得。败后乃独得孝惠，六月，立为太子，大赦罪人。令太子守栎阳，诸侯子在关中者皆集栎阳为卫。引水灌废丘，废丘降，章邯自杀。更名废丘为槐里。于是令祠官祠天地、四方、上帝、山川②，以时祀之。兴关内卒乘塞③。

【注释】

①行：将。亡：逃亡；失散。②上帝：泛指天帝、天神。③兴：发动，征调。

是时九江王布与龙且战，不胜，与随何间行归汉①。汉王稍收士卒，与诸将及关中卒益出②，是以兵大振荥阳，破楚京、索间③。

【注释】

①间（jiàn）行：抄小路秘密而行。②益出：大举出动。③京：县名。治所在今河南省荥阳市东南。索：城名。故址在今荥阳市境内。

三年，魏王豹谒归视亲疾①，至，即绝河津②，反为楚。汉王使郦生说豹，豹不听。汉王遣将军韩信击，大破之，虏豹。遂定魏地，置三郡，曰河东、太原、上党③。汉王乃令张耳与韩信遂东下井陉击赵④，斩陈馀、赵王歇。其明年，立张耳为赵王。

【注释】

①谒归：告假回家。亲：指父母。②绝河津：断绝蒲津关的黄河渡口，以阻止汉军东渡。③河东：郡名。辖今山西省阳城县以西、石楼县以南地区，郡治在安邑（今山西省夏县西北）。太原：郡名。辖今山西省雁门关以南、吕梁山与太行山之间地区，郡治在晋阳（今山西省太原市西南）。上党：郡名。辖今山西省沁源县与河北省涉县以西地区，郡治汉时在长子（今山西省长子县西）。④井陉（xíng）：县名。治所在今河北省井陉县西北。

汉王军荥阳南，筑甬道属之河①，以取敖仓②。与项羽相距岁余。项羽数侵夺汉甬道，汉军乏食，遂围汉王。汉王请和，割荥阳以西者为汉。项王不听。汉王患之，乃用陈平之计③，予陈平金四万斤，以间疏楚君臣④。于是项羽乃疑亚父。亚父是时劝项羽遂下荥阳，及其见疑，乃怒，辞老，愿赐骸骨归卒伍⑤，未至彭城而死。

【注释】

①甬道：两旁筑有高墙以防敌人劫夺的通道。属（zhǔ）之河：指从荥阳一直连通到黄河边上。属，连接。②敖仓：秦代修建的著名大粮仓。因地处荥阳以北的敖山上而得名。③陈平（？—前178年）：刘邦的重要谋臣。④间疏：挑拨离间，使之疏远。⑤愿赐骸骨：古代臣子事君，看作以身许人，"愿赐骸骨"是请求辞职退休的客套话。卒伍：古代乡间基层编制，以五家为一伍，二百家为一卒。归卒伍，即辞职为民。

汉军绝食，乃夜出女子东门二千余人①，被甲②，楚因四面击之。将军纪信乃乘王驾，诈为汉王，诳楚③，楚皆呼"万岁"④，之城东观，以故汉王得与数十骑出西门遁⑤。令御史大夫周苛、魏豹、枞公守荥阳⑥。诸将卒不能从者，尽在城中。周苛、枞公相谓曰："反国之王⑦，难与守城。"因杀魏豹。

【注释】

①女子：妇女。②被：通"披"。③诳（kuáng）：欺骗，迷惑。④万岁：原为古人欢呼、庆贺之辞，后来专用以称皇帝。⑤遁：逃。⑥御史大夫：官名。⑦反国之王：指魏豹。魏豹先依附项羽，后归顺刘邦，不久又叛变，反复无常。

汉王之出荥阳入关，收兵欲复东。袁生说汉王曰："汉与楚相距荥阳数岁①，汉常困。愿君王出武关，项羽必引兵南走，王深壁②，令荥阳、成皋间且得休③。使韩信等辑河北赵地④，连燕、齐⑤，君王乃复走荥阳，未晚也。如此，则楚所备者多，力分，汉得休，复与之战，破楚必矣。"汉王从其计，出军宛、叶间⑥，与黥布行收兵。

【注释】

①袁生：《汉书·高帝纪》作"辕生"。②深壁：深沟高垒，指坚守不战。③成皋：邑名。在今河南省荥阳市西北。④辑：收拾；安抚。⑤连燕齐：以赵地为纽带，把燕地和齐地连成一片。⑥宛（yuān）：邑名。在今河南省南阳市。叶（shè）：邑名。在今河南省叶县境内。

项羽闻汉王在宛，果引兵南。汉王坚壁不与战。是时彭越渡睢水，与项声、薛公战下邳①，彭越大破楚军。项羽乃引兵东击彭越。汉王亦引兵北军成皋。项羽已破走彭越，闻汉王复军成皋，乃复引兵西，拔荥阳，诛周苛、枞公，而虏韩王信，遂围成皋。

【注释】

①项声：项羽部将。薛公：原为楚国令尹，后归附刘邦。黥布叛汉时，他曾为刘邦献策，因而被封为千户侯。下邳（pī）：县名。治所在今江苏省邳州市东。

汉王跳①，独与滕公共车出成皋玉门②，北渡河，驰宿修武③。自称使者，晨驰入张耳、韩信壁④，而夺之军。乃使张耳北益收兵赵地⑤，使韩信东击齐。汉王得韩信军，则复振。引兵临河南飨⑥，军小修武南，欲复战。郎中郑忠乃说止汉王⑦，使高垒深堑，勿与战。汉王听其计，使卢绾、刘贾将卒二万人⑧，骑数百，渡白马津⑨，入楚地，与彭越复击破楚军燕郭西⑩，遂复下梁地十余城。

【注释】

①跳（táo）：通"逃"。②滕公：即夏侯婴。刘邦同乡。玉门：成皋城的北门。③修武：秦县名。治所在今河南省修武县，是为大修武。城东小修武，即汉王所宿之地，在今河南省获嘉县境。④壁：军营。⑤益收兵赵地：到赵地征集更多的兵员。⑥临河南飨：《史记志疑》认为，"南飨"当作"南乡"。乡，通"向"。⑦郎中：官名。说（shuì）止：劝说阻止。⑧卢绾（wǎn）：刘邦的同乡好友。跟随刘邦起兵，汉初封长安侯，后封燕王。因谋反逃入匈奴。刘贾：刘邦堂兄。汉初封荆王，后为黥布所杀。⑨白马津：渡口名。在今河南省滑县东北，是当时黄河中下游的重要渡口。⑩燕：县名。治所在今河南省延津县北、汲县东。

淮阴已受命东①，未渡平原②。汉王使郦生往说齐王田广③，广叛楚④，与汉和，共击项羽。韩信用蒯通计⑤，遂袭破齐。齐王烹郦生，东走高密⑥。项羽闻韩信已举河北兵破齐、赵，且欲击楚，则使龙且、周兰往击之。韩信与战，骑将灌婴击⑦，大破楚军，杀龙且。齐王广奔彭越。当此时，彭越将兵居梁地，往来苦楚兵，绝其粮食。

【注释】

①淮阴：即淮阴侯韩信。淮阴是他后来的封地，在今江苏省淮安市淮阴区西南。②平原：即平原津。在今山东省平原县南。③田广：田荣之子。当时继位为齐王。④广叛楚：田广向来未曾归楚，这里说"叛楚"，不当。⑤蒯（kuǎi）通：当时著名的说客。范阳（在今河北定兴县西南。）人。⑥高密：县名。治所在今山东省高密市西南。⑦灌婴（？——前176年）：刘邦的得力将领。睢阳（今河南省商丘市南）人。绸贩出身，跟随刘邦起兵，屡建奇功，汉初封颍阴侯。后与陈平、周勃诛灭诸吕，拥立文帝，不久任丞相。

四年，项羽乃谓海春侯大司马曹咎曰①："谨守成皋。若汉挑战，慎勿与战，无令得东而已。我十五日必定梁地，复从将军②。"乃行，击陈留、外黄、睢阳③，下之。汉果数挑楚军，楚军不出，使人辱之五六日，大司马怒，度兵汜水④。士卒半渡，汉击之，大破楚军，尽得楚国金玉货赂⑤。大司马咎、长史欣皆自刭汜水上⑥。项羽至睢阳，闻海春侯破，乃引兵还。汉军方围钟离眜于荥阳东⑦，项羽至，尽走险阻⑧。

【注释】

①大司马：官名。掌管军政的高级官员。曹咎：原为蕲县狱掾，项羽叔父项梁因罪在栎阳被捕时，他曾写信给该县狱掾司马欣，为项梁说情，使事情得以了结。②从：这里是"会合"的意思。③睢（suī）阳：县名。治所在今河南省商丘市南。④度：通"渡"。汜（sì）水：水名。发源于河南省荥阳县西南的方山，北流注入黄河。⑤货赂：财物。⑥长（zhǎng）史：官名。丞相、大将军等高级官员的属吏。因为诸吏之长而得名。欣：即司马欣。初为栎阳狱掾，后为秦将章邯的长史。入项羽军后，被封为塞王。⑦钟离眜（mò）：姓钟离，名眜。项羽部将。⑧险阻：指险要之地。

韩信已破齐，使人言曰："齐边楚①，权轻，不为假王，恐不能安齐。"汉王欲攻之②，留侯曰③："不如因而立之，使自为守。"乃遣张良操印绶立韩信为齐王④。

【注释】

①边：邻近。②韩信要称假王事，详见《淮阴侯列传》。③留侯：即张良。留侯是他的封号。留，县名。在今江苏省沛县东南。④印绶（shòu）：印和系印的丝带，即指印信。

项羽闻龙且军破，则恐，使盱台人武涉往说韩信①。韩信不听。

【注释】

①武涉劝韩信联楚反汉，三分天下。

楚汉久相持未决，丁壮苦军旅，老弱罢转饷①。汉王项羽相与临广武之间而语②。项羽欲与汉王独身挑战。汉王数项羽曰③："始与项羽俱受命怀王，曰先入定关中者王之，项羽负约，王我于蜀汉，罪一。项羽矫杀卿子冠军而自尊④，罪二。项羽已救赵，当还报，而擅劫诸侯兵入关，罪三。怀王约入秦无暴掠，项羽烧秦宫室，掘始皇帝冢⑤，私收其财物，罪四。又强杀秦降王子婴⑥，罪五。诈坑秦子弟新安二十万，王其将⑦，罪六。项羽皆王诸将善地，而徙逐故主⑧，令臣下争叛逆，罪七。项羽出逐义帝彭城，自都之⑨，夺韩王地⑩，并王梁、楚⑪，多自予⑫，罪八。项羽使人阴弑义帝江南⑬，罪九。夫为人臣而弑其主，杀已降，为政不平，主约不信，天下所不容，大逆无道，罪十也。吾以义兵从诸侯诛残贼，使刑余罪人击杀项羽⑭，何苦乃与公挑战⑮！"项羽大怒，伏弩射中汉王⑯。汉王伤匈⑰，乃扪足曰⑱："虏中吾指⑲！"汉王病创卧，张良强请汉王起行劳军，以安士卒，毋令楚乘胜于汉。汉王出行军⑳，病甚，因驰入成皋。

【注释】

①罢（pí）：通"疲"。疲惫；劳累。转饷：转运粮秣给养。②广武：广武山。在今河南省荥阳市北。山上有东西二城，隔广武涧相对，据传分别为项羽、刘邦所建。间，通"涧"。③数（shǔ）：这里指列举罪状。④矫：假托名义。卿子冠军：指宋义。"卿子"为敬称；"冠军"谓地位冠于诸将之上。⑤掘始皇帝冢：据《光明日报》1985 年 3 月 29 日报道，秦始皇陵考古队历时 12 年，通过大面积调查钻

探，在始皇陵"只发现两个盗洞，位于陵西铜车马坑道部位，直径90厘米至1米，深不到9米，未能接近地宫，整个封土的土层为秦时原状。考古队认为，封土堆的土层未被掘动，地宫宫墙没有被破坏痕迹，地宫水银分布有规律，均可成为地宫未被盗毁的证明。"从两个盗洞的广度和深度判断，盗洞似非项羽及其部下所为。⑥强（qiǎng）杀：不该杀而杀了。⑦"诈坑秦子弟"二句：指项羽封秦降将章邯、司马欣为王，而将秦降卒二十万坑杀于新安（今河南省渑池县东）一事。⑧"项羽皆王诸将善地"二句：指项羽赶走原来受封的诸侯王，而把这些好地方封给他们的部将。如封臧荼为燕王，而徙燕王韩广为辽东王；封田都为齐王，而徙齐王田市为胶东王；封张耳为常山王，而徙赵王赵歇为代王。⑨都：建都。用如动词。⑩夺韩王地：在熊心被立为楚怀王后，原韩国王族后代韩成曾先后被项梁、项羽封为韩王。⑪并王梁、楚：指项羽兼并了梁国和楚国的土地。⑫多自予：多给自己。⑬阴：暗地。⑭刑余罪人：受过刑法的罪人。⑮乃与公：似应为"与乃公"。乃公，相当于"你老子"。刘邦这样自称以骂人。⑯弩：一种装有机关，利用机栝（guā）发箭，射程很远的弓。⑰匈：通"胸"。⑱扪（mén）：按着；抚摸。⑲虏：对敌人的蔑称。指：指脚趾。⑳行（xíng）军：巡行视察部队。

病愈，西入关，至栎阳，存问父老①，置酒，枭故塞王欣头栎阳市②。留四日，复如军③，军广武。关中兵益出④。

【注释】

①存问：慰问。②枭（xiāo）：悬头示众。塞王司马欣被汉军打败后，在汜水自杀。市：集市；闹市。③如：往；到。④关中兵益出：指汉军开出关中增援前线。

当此时，彭越将兵居梁地，往来苦楚兵，绝其粮食。田横往从之①。项羽数击彭越等，齐王信又进击楚。项羽恐，乃与汉王约，中分天下，割鸿沟而西者为汉②，鸿沟而东者为楚。项王归汉王父母妻子，军中皆呼万岁，乃归而别去。

【注释】

①田横（？—前202年）：田荣之弟。狄县（今山东省高青县东南）人。本齐国贵族。秦末随兄田儋起兵反秦。田儋死后，他立田荣之子田广为齐王，自任齐相。韩信破齐后，他自立为齐王。败投彭越。②鸿沟：一作大沟。战国魏惠王时开凿沟通黄河与淮水的运河。

项羽解而东归。汉王欲引而西归，用留侯、陈平计①，乃进兵追项羽，至阳夏南止军，与齐王信、建成侯彭越期会而击楚军②。至固陵③，不会。楚击汉军，大破之。汉王复入壁，深堑而守之。用张良计④，于是韩信、彭越皆往。及刘贾入楚地，围寿春⑤，汉王败固陵，乃使使者召大司马周殷举九江兵而迎之武王⑥行屠城父⑦，随刘贾、齐梁诸侯皆大会垓下⑧。立武王布为淮南王。

【注释】

①留侯、陈平计：张良、陈平认为汉已得天下大半，楚兵又兵疲粮尽，如果失此机会，将会养虎遗患。因此，他们向刘邦建议乘胜追击，消灭项羽。②期会：约期会合。③固陵：邑名。在今河南省太康县南。④张良计：张良认为韩信、彭越失约，是因为分地的欲望未得到满足，因此劝刘邦答应将陈县至海滨之地、睢阳至谷城之地分别封给韩信、彭越，让他们为自己的封地而战。刘邦依计行事，韩信、彭越果然立即进兵。⑤寿春：县名。即今安徽省寿县，当时为九江郡治。

⑥周殷：项羽部将。武王：即黥布。⑦城父（fǔ）：地名。在今安徽省亳县东南。⑧垓（gāi）下：邑名。在今安徽省灵璧县东南沱河北岸。

五年，高祖与诸侯兵共击楚军，与项羽决胜垓下。淮阴侯将三十万自当之，孔将军居左①，费将军居右②，皇帝在后③，绛侯、柴将军在皇帝后④。项羽之卒可十万。淮阴先合，不利，却。孔将军、费将军纵⑤，楚兵不利，淮阴侯复乘之，大败垓下⑥。项羽卒闻汉军之楚歌⑦，以为汉尽得楚地，项羽乃败而走，是以兵大败。使骑将灌婴追杀项羽东城⑧，斩首八万，遂略定楚地。鲁为楚坚守不下。汉王引诸侯兵北，示鲁父老项羽头，鲁乃降。遂以鲁公号葬项羽谷城⑨。还至定陶，驰入齐王壁⑩，夺其军。

【注释】

①孔将军：韩信部将孔熙。后封为蓼（liǎo）侯。蓼，一作"鄝"县名。治所在今河南省固始县东北。②费将军：韩信部将陈贺。后封为费侯。封地费县，治所在今山东省费县西北。③皇帝：即汉王刘邦。刘邦与项羽决战垓下时尚未称帝，且此以前均称"沛公""汉王"等，因此，这里与下文的"皇帝"都应作"汉王"。④绛（jiàng）侯：即周勃（？—前169年）。刘邦同乡。曾以编织蚕箔为业，后随刘邦起兵反秦，率军转战各地，成为刘邦的重要将领，汉初封绛侯。⑤纵：纵兵伏击。⑥大败垓下：承前句省主语"楚兵"。⑦卒：《项羽本纪》和《汉书·高帝纪》均作"夜"，疑"卒"字误。⑧东城：县名。治所在今安徽省定远县东南。⑨谷城：邑名。在今山东省平阴县西南东阿（ē）镇。一说认为当在曲阜西北的小谷城。⑩齐王：即韩信。

正月，诸侯及将相相与共请尊汉王为皇帝①。汉王曰："吾闻帝贤者有也，空言虚语，非所守也②，吾不敢当帝位。"群臣皆曰："大王起微细③，诛暴逆，平定四海，有功者辄裂地而封为王侯。大王不尊号，皆疑不信④。臣等以死守之⑤。"汉王三让，不得已，曰："诸君必以为便，便国家⑥。"〔二月〕甲午⑦，乃即皇帝位汜水之阳⑧。

【注释】

①相与：一起；共同。②守：求取。③微细：轻微细小。④皆疑不信：意思是人心都会要疑虑不安。⑤守：保持。这里指坚持自己的意见。⑥诸君必以为便，便国家：意思是，大家坚持认为这样做好，是因为这样做有利于国家。⑦甲午：甲午日。即夏历二月初三。这里缺"二月"两字，《汉书·高帝纪》有。⑧汜（fàn）水之阳：汜水的北岸。汜水，水名。故道在今山东省曹县北由古济水分出，流经定陶县北，注入古菏（gē）泽。此水今已湮没。

皇帝曰："义帝无后①。齐王韩信习楚风俗②，徙为楚王，都下邳。"立建成侯彭越为梁王，都定陶。故韩王信为韩王，都阳翟③。徙衡山王吴芮为长沙王，都临湘④。番君之将梅鋗有功，从入武关，故德番君⑤。淮南王布、燕王臧荼、赵王敖皆如故⑥。

【注释】

①义帝无后：此句语意未完。刘邦说这么半句话，是为徙韩信为楚王张本。②韩信习楚风俗：这是刘邦迁调韩信以孤立他的托词。③阳翟（zhái）：县名。治所在今河南省禹县。④临湘：县名。治所在今湖南省长沙市。当时为长沙郡治。

⑤德：感谢、报答人的恩德。用如动词。⑥赵王敖：即赵王张耳之子张敖。

天下大定。高祖都雒阳，诸侯皆臣属①。故临江王骧为项羽叛汉②，令卢绾、刘贾围之，不下。数月而降，杀之雒阳。

【注释】

①臣属：称臣归附。②故临江王骧（huān）：临江王共敖之子共骧。

五月，兵皆罢归家①。诸侯子在关中者复之十二岁②，其归者复之六岁，食之一岁③。

【注释】

①罢：遣散；复员。②复：免除徭役赋税。③食（sì）：供养。

高祖置酒雒阳南宫。高祖曰："列侯诸将无敢隐朕①，皆言其情。吾所以有天下者何？项氏之所以失天下者何？"高起、王陵对曰②："陛下慢而侮人③，项羽仁而爱人。然陛下使人攻城略地，所降下者因以予之④，与天下同利也⑤。项羽妒贤嫉能，有功者害之⑥，贤者疑之，战胜而不予人功，得地而不与人利，此所以失天下也。"高祖曰："公知其一，未知其二。夫运筹策帷帐之中⑦，决胜于千里之外，吾不如子房⑧；镇国家，抚百姓，给馈饷⑨，不绝粮道，吾不如萧何；连百万之军，战必胜，攻必取，吾不如韩信。此三者，皆人杰也，吾能用之，此吾所以取天下也。项羽有一范增而不能用，此其所以为我擒也。"

【注释】

①无敢隐朕（zhèn）：不要瞒我。朕，本为古人自称之词，从秦始皇起，专为皇帝自称。②高起：人名。孟康说："姓高名起。"③陛（bì）下：本意是帝王宫殿的台阶之下，古代臣子不能与君主直接对话，由陛下侍从转达，故以"陛下"尊称帝王。④降下者：指归降的和攻克的城地。⑤天下：这里指刘邦的部属，相当于说"大家"。⑥害：嫉恨。⑦运筹策帷帐之中：在营中定计决策。⑧子房：即张良，表字子房。⑨馈（kuì）饷：粮饷。

高祖欲长都雒阳，齐人刘敬说①，及留侯劝上入都关中，高祖是日驾，入都关中。六月，大赦天下。

【注释】

①刘敬：原姓娄，齐国人。最初只是一名戍卒，他求见高祖，主张定都关中。大臣们大都是山东人，反对西迁。由于张良劝说，刘邦采纳了娄敬的意见，并赐他姓刘。

十月①，燕王臧荼反，攻下代地。高祖自将击之，得燕王臧荼。即立太尉卢绾为燕王②。使丞相哙将兵攻代③。

【注释】

①十月：《汉书·高帝纪》作"七月"又据《秦楚之际月表》载，"八月，帝自将诛燕"，"十月"疑为"七月"之误。②太尉：官名。③哙：即樊哙。按：当时樊哙并未任丞相，《樊哙列传》也无樊哙率兵攻代之事。

其秋，利几反，高祖自将兵击之，利几走。利几者，项氏之将。项氏败，利几为陈公①，不随项羽，亡降高祖②，高祖侯之颍川③。高祖至雒阳，举通侯籍召之④，而利几恐，故反。

【注释】

①陈公：陈县（今河南省淮阳县）县令。②亡降：逃来投降。③侯：封为侯。用如动词。颍川：郡名。辖今河南省中部地区，郡治在阳翟（今河南省禹县）。④举通侯籍召之：即召集所有在名册上的通侯来洛阳。举，全部。通侯，即列侯。

六年，高祖五日一朝太公，如家人父子礼。太公家令说太公曰①："天无二日，土无二王②。今高祖虽子③，人主也；太公虽父，人臣也。奈何令人主拜人臣！如此，则威重不行④。"后高祖朝，太公拥彗迎门却行⑤。高祖大惊，下扶太公。太公曰："帝，人主也，奈何以我乱天下法！"于是高祖乃尊太公为太上皇⑥。心善家令言，赐金五百斤。

【注释】

①家令：即家臣。管理家事的官吏。②"天无二日"二句：语出《礼记·坊记》。③高祖：与家令口吻不合，也与情理不符（"高祖"是刘邦死后的庙号），此处当依《汉书·高帝纪》作"皇帝"。④威重不行：指天子贵重的权威不能推行于全国。⑤拥彗（huì，旧读suì）迎门却行：手拿扫帚，面向门户倒退着行走以引进贵人，表示自己地位低贱，愿为人清扫道路。⑥太上皇：帝王对父亲的尊称，始于秦始皇。

十二月，人有上变事告楚王信谋反①，上问左右，左右争欲击之。用陈平计，乃伪游云梦②，会诸侯于陈，楚王信迎，即因执之③。是日，大赦天下。田肯贺，因说高祖曰："甚善。陛下得韩信，又治秦中④。秦，形胜之国⑤，带河山之险，县隔千里⑥，持戟百万，秦得百二焉⑦。地势便利，其以下兵于诸侯，譬犹居高屋之上建瓴水也⑧。夫齐，东有琅邪、即墨之饶⑨，南有泰山之固，西有浊河之限⑩，北有勃海之利⑪。地方二千里，持戟百万，县隔千里之外，齐得十二焉。故此东西秦也⑫。非亲子弟，莫可使王齐矣。"高祖曰："善。"赐黄金五百斤。

【注释】

①上变事：指上报揭发谋反情况的书状。②云梦：泽名。③执：拘捕。④治：建都。秦中：即关中。因曾为古秦国之地，所以当时崤山以东之人又称其为"秦中"。⑤形胜之国：形势险要，足以取胜的地方。⑥县隔千里：形势险要，易守难攻，好像跟敌对诸侯隔绝千里一样。县，通"悬"。⑦百二：众说纷纭，一般认为，古人以"二"为"倍"，"百二"也就是"百倍"。⑧居高屋之上建瓴（líng）水：在高屋上让水从瓦沟中顺势流下，比喻居高临下，势不可挡。建通"瀽"（jiǎn），倾倒。瓴，瓦沟。⑨琅邪（yá）：郡名。辖今山东省东南部地区，郡治在东武（今山东省诸城市）。即墨：县名。治所在今山东省平度市东南。⑩浊河：即黄河。因河水浑浊而得名。限：隔；断。⑪勃海之利：指勃海出产鱼盐。⑫东西秦：指齐地形胜而又富饶，可与秦地东西抗衡。

后十余日，封韩信为淮阴侯，分其地为二国。高祖曰："将军刘贾数有功，以为荆王，王淮东①。弟交为楚王，王淮西②。子肥为齐王，王七十余城，民能齐言者皆属齐。"乃论功，与诸列侯剖符行封③。徙韩王信太原④。

【注释】

①淮东：指今安徽省淮河东部和南部一带。②淮西：指今安徽省淮河西部和北部一带。③剖符行封：将符的一半给受封者，作为受封的凭证，以示信用。

④太原：郡名。辖今山西省中部地区，郡治在晋阳（今山西省太原市西南）。

七年，匈奴攻韩王信马邑①，信因与谋反太原。白土曼丘臣、王黄立故赵将赵利为王以反②。高祖自往击之。会天寒，士卒堕指者什二三③，遂至平城④。匈奴围我平城，七日而后罢去⑤。令樊哙止定代地⑥。立兄刘仲为代王⑦。

【注释】

①匈奴：也称"胡"。先后叫"鬼方""混夷""猃狁"（xiǎn yǔn）"山戎"。马邑：县名。治所在今山西省朔县。当时为韩王信的国都。②白土：县名。治所在今内蒙古自治区鄂尔多斯市。曼（màn）丘臣：韩王信的将领。姓曼丘，名臣。王黄：韩王信的部将。③什二三：十分之二三。什，通"十"。④平城：县名。在今山西省大同市东北。⑤"匈奴围我平城"二句：高祖被匈奴围于平城东南的白登山，七日不得食。后用陈平计，厚赂阏氏（yān zhī，匈奴语称王后），阏氏以"两主不相困"等语劝冒顿单于解围一角，汉军趁大雾突围，与大军会合；冒顿也收兵而去。⑥止定代地：留下来平定代地。⑦刘仲：刘邦的二哥。"仲"是他的排行。

二月，高祖自平城过赵、雒阳，至长安①。长乐宫成②，丞相已下徙治长安③。

【注释】

①长安：西汉都城。在今陕西省西安市西北。②长乐宫：宫名。在长安城内东南隅，即今阁老门村。③丞相已下徙治长安：指丞相属下的整个中央政府机构，由栎阳迁至长安。已，通"以"。

八年，高祖东击韩王信余反寇于东垣①。

【注释】

①余：残余。东垣（yuán）：县名。治所在今河北省石家庄市东北。

萧丞相营作未央宫①，立东阙、北阙、前殿、武库、太仓②。高祖还，见宫阙壮甚，怒谓萧何曰："天下匈匈苦战数岁③，成败未可知，是何治宫室过度也？"萧何曰："天下方未定，故可因遂就宫室④。且夫天子以四海为家，非壮丽无以重威⑤，且无令后世有以加也⑥。"高祖乃说⑦。

【注释】

①未央宫：宫名。在长安城内西南隅，即今马家寨村。②阙（què）：宫殿前的高台建筑物。③匈匈：纷扰，动乱。与"汹汹"同。④因遂：趁此机会。就：建成。⑤重威：使威重。即"充分显示威严"的意思。⑥加：超过。⑦说（yuè）：通"悦"。

高祖之东垣，过柏人①，赵相贯高等谋弑高祖②，高祖心动，因不留③。代王刘仲弃国亡④，自归雒阳，废以为合阳侯⑤。

【注释】

①柏人：邑名。在今河北省隆尧县西。②贯高等谋弑高祖：赵王张敖是高祖的女婿。高祖先年在平城脱围，路过赵都时，对赵王傲慢无礼。赵相贯高等气愤不平，请杀高祖，张敖不肯。③高祖心动，因不留：据说高祖打算在柏人留宿时，心有所动。当得知县名为"柏人"时，便说："柏人者，迫于人也。"因此不宿而去。④刘仲弃国亡：当时匈奴攻代，代王刘仲不能守，便弃国而逃。刘仲名喜，刘邦次兄。⑤废以为合阳侯：指取消刘仲的代王封爵，改封为合阳侯。合阳，即

郃阳。县名。治所在今陕西省合阳县东南。

九年，赵相贯高等事发觉，夷三族[1]。废赵王敖为宣平侯[2]。是岁，徙贵族楚昭、屈、景、怀、齐田氏关中[3]。

【注释】

①夷：灭。三族：其说不一，有说为父母、兄弟、妻子，有说为父族、母族、妻族，还有说为父、子、孙。②宣平：为张敖封号，非封邑名。③昭、屈、景、怀：都是战国时楚国王族后裔。田氏：战国时齐国王族后裔。

未央宫成。高祖大朝诸侯群臣，置酒未央前殿。高祖奉玉卮[1]，起，为太上皇寿，曰："始大人常以臣无赖[2]，不能治产业，不如仲力。今某之业所就孰与仲多[3]？"殿上群臣皆呼万岁，大笑为乐。

【注释】

①奉：恭敬地捧着。玉卮（zhī）：玉制的酒器。②无赖：没有赖以谋生的本领。③孰与仲多：即"与仲孰多"的倒装。意思是，与刘仲相比，究竟谁的产业多？

十年十月，淮南王黥布、梁王彭越、燕王卢绾、荆王刘贾、楚王刘交、齐王刘肥、长沙王吴芮皆来朝长乐宫。春夏无事。

七月，太上皇崩栎阳宫[1]。楚王、梁王皆来送葬。赦栎阳囚。更命郦邑曰新丰[2]。

【注释】

①崩：古代称帝王死为"崩"。②郦邑：县名。治所在今陕西省西安市临潼区东北。"新丰"，含意为"新的丰邑"。

八月，赵相国陈豨反代地[1]。上曰："豨尝为吾使，甚有信。代地吾所急也[2]，故封豨为列侯，以相国守代，今乃与王黄等劫掠代地[3]！代地吏民非有罪也，其赦代吏民。"九月，上自东往击之。至邯郸[4]，上喜曰："豨不南据邯郸而阻漳水[5]，吾知其无能为也。"闻豨将皆故贾人也，上曰："吾知所以与之。"乃多以金啗豨将[6]，豨将多降者。

【注释】

①赵相国：下文说"以相国守代"，又《汉书·高帝纪》也作"代相国陈豨反"，所以此处似应为"代相国"。②急：认为紧要；看重。③乃：竟然。劫掠：劫持，指胁迫他人一同造反。④邯郸：都邑名。即今河北省邯郸市。汉初为赵国国都。⑤漳水：水名。源出山西省，有清漳、浊漳二支，合流后流经河北、河南两省边境，东北注入古黄河。⑥啗（dàn）：引诱；利诱。

十一年，高祖在邯郸诛豨等未毕，豨将侯敞将万余人游行[1]，王黄军曲逆[2]，张春渡河击聊城[3]。汉使将军郭蒙与齐将击[4]，大破之。太尉周勃道太原入[5]，定代地。至马邑，马邑不下，即攻残之。

【注释】

①游行：游击；运动作战。②曲逆（qū nì）：县名。治所在今河北省顺平县东南。③张春：陈豨部将。河：黄河。聊城：县名。治所在今山东省聊城市西北。④郭蒙：汉将。曾以都尉为汉守敖仓，后封东武侯。⑤道：从；由。

豨将赵利守东垣，高祖攻之，不下。月余，卒骂高祖，高祖怒。城降，令出骂者斩之，不骂者原之[1]。于是乃分赵山北[2]，立子恒以为代王[3]，都晋阳[4]。

【注释】

①原：原宥；赦罪。②分赵山北：将赵国常山（即恒山）以北地区划归代国。③恒：即汉文帝刘恒，薄太后所生。④晋阳：县名。治所在今山西省太原市西南古城晋源镇。当时为太原郡治。

春，淮阴侯韩信谋反关中，夷三族。

夏，梁王彭越谋反①，废迁蜀；复欲反，遂夷三族。立子恢为梁王②，子友为淮阳王③。

【注释】

①彭越谋反：高祖领兵讨伐陈豨时，向彭越征兵，彭越称病不去。部将扈辄劝他叛变，彭越没有答应。②恢：即刘恢。高祖第五子，后徙为赵共王。③友：即刘友。高祖第六子，后徙为赵幽王。

秋七月，淮南王黥布反①，东并荆王刘贾地，北渡淮，楚王交走入薛。高祖自往击之。立子长为淮南王②。

【注释】

①黥布反：高祖杀死彭越后，把他剁成肉酱分赐各诸侯。黥布见状大恐，便决定叛变。②长：即刘长。高祖第七子。

十二年十月，高祖已击布军会甀①，布走，令别将追之。

【注释】

①甀（zhuì）：邑名。在今安徽省宿县西南。当时属蕲县。

高祖还归，过沛，留。置酒沛宫，悉召故人父老子弟纵酒①，发沛中儿得百二十人，教之歌。酒酣，高祖击筑②，自为歌诗曰："大风起兮云飞扬，威加海内兮归故乡，安得猛士兮守四方！"令儿皆和习之。高祖乃起舞，慷慨伤怀，泣数行下。谓沛父兄曰："游子悲故乡③。吾虽都关中，万岁后吾魂魄犹乐思沛。且朕自沛公以诛暴逆，遂有天下，其以沛为朕汤沐邑④，复其民，世世无有所与⑤。"沛父兄诸母故人日乐饮极欢，道旧故为笑乐⑥。十余日，高祖欲去，沛父兄固请留高祖。高祖曰："吾人众多，父兄不能给⑦。"乃去。沛中空县皆之邑西献⑧。高祖复留止，张饮三日⑨。沛父兄皆顿首曰⑩："沛幸得复，丰未复，唯陛下哀怜之。"高祖曰："丰吾所生长，极不忘耳，吾特为其以雍齿故反我为魏⑪。"沛父兄固请，乃并复丰，比沛⑫。于是拜沛侯刘濞为吴王⑬。

【注释】

①纵酒：开怀饮酒。②筑（zhú）：古代的一种弹拨乐器。外形像筝，有十三弦，演奏时左手按弦，右手以竹尺击弦发音。③游子：行游之客。悲：这里是"想念"、"眷恋"的意思。④其：副词。表祈使。汤沐邑：原指古代天子在自己的领地内，赐给诸侯以供其朝拜天子时住宿、斋戒、沐浴的封地，后用以称天子、诸侯、皇后、公主等的私邑。⑤无有所与（yù）：与徭役没有关系，即不服任何徭役。⑥道旧故：谈论往事。⑦给：供给。⑧空县：意谓全县出动。献：指献酒食。⑨张（zhàng）饮：在郊外搭起帐篷钱饮。张，通"帐"。⑩顿首：叩头。⑪特：只是。⑫比：比照。⑬刘濞（bì，前215—

前154年）：刘仲次子。二十岁为骑将，随高祖破黥布有功。高祖为了加强对东南一带的统治，特封他为吴王。

汉将别击布军洮水南北①，皆大破之，追得斩布鄱阳。

【注释】

①洮（音道，dào）水：水名。在今江淮间。

樊哙别将兵定代①，斩陈豨当城②。

【注释】

①樊哙别将兵定代：《汉书·高帝纪》作"周勃定代"，且《樊哙列传》中无定代之事，疑此处史文有误。②当城：邑名。在今河北省蔚县东。

十一月，高祖自布军至长安①。十二月，高祖曰："秦始皇帝、楚隐王陈涉、魏安釐王、齐缗王、赵悼襄王皆绝无后②，予守冢各十家，秦皇帝二十家，魏公子无忌五家③。"赦代地吏民为陈豨、赵利所劫掠者④，皆赦之。陈豨降而言豨反时，燕王卢绾使人之豨所，与阴谋。上使辟阳侯迎绾⑤，绾称病。辟阳侯归，具言绾反有端矣⑥。二月，使樊哙、周勃将兵击燕王绾。赦燕吏民与反者。立皇子建为燕王⑦。

【注释】

①布军：指征讨黥布叛乱的大军。②楚隐王：即陈涉。"隐"是他的谥号。③魏公子无忌：即信陵君（？—前243年）。魏安釐王异母弟，战国时著名"四公子"之一。④赦代地吏民：下句既有"皆赦之"，这句的"赦"字当删。⑤辟阳侯：即审食其（yì jī）：刘邦同乡。受吕后宠信，封辟阳侯，后官至左丞相。文帝时被淮南厉王刘长击杀。辟阳，县名。治所在今河北省冀州市东南。⑥端：迹象；苗头。⑦建：即刘建。高祖第八子。

高祖击布时，为流矢所中，行道病①。病甚，吕后迎良医。医入见，高祖问医。医曰："病可治②。"于是高祖嫚骂之曰："吾以布衣提三尺剑取天下，此非天命乎？命乃在天，虽扁鹊何益③！"遂不使治病，赐金五十斤罢之。已而吕后问④："陛下百岁后，萧相国即死⑤，令谁代之？"上曰："曹参可。"问其次，上曰："王陵可。然陵少戆⑥，陈平可以助之。陈平智有余，然难以独任。周勃重厚少文⑦，然安刘氏者必勃也，可令为太尉。"吕后复问其次，上曰："此后亦非而所知也⑧。"

【注释】

①行道病：在途中患病。②病可治：这是医生婉转的说法。③扁鹊：战国时名医。姓秦，名越人。齐国勃海郑（mò。今河北省任丘市）人。因医术高明，人们便以传说中黄帝时的神医扁鹊相称。④已而：随后；不久。⑤即：倘若；如果。⑥少：稍微。戆（zhuàng）：憨厚刚直。⑦重厚少文：稳重厚道，但缺少文才。⑧而：通"尔"。

卢绾与数千骑居塞下候伺①，幸上病愈自入谢②。

【注释】

①候伺：侦察。这里是观望等待的意思。②幸：希望。

四月甲辰①，高祖崩长乐宫。四日不发丧。吕后与审食其谋曰："诸将与帝为编户民②，今北面为臣，此常怏怏③，今乃事少主④，非尽族是⑤，天下不安。"

人或闻之，语郦将军⑥。郦将军往见审食其，曰："吾闻帝已崩，四日不发丧，欲诛诸将。诚如此，天下危矣。陈平、灌婴将十万守荥阳，樊哙、周勃将二十万定燕、代，此闻帝崩，诸将皆诛，必连兵还乡以攻关中⑦。大臣内叛，诸侯外反，亡可翘足而待也⑧。"审食其入言之，乃以丁未发丧⑨，大赦天下。

【注释】

①四月甲辰：即公元前195年夏历四月二十五日。②编户民：编入户籍的平民。③此：此辈；这班人。怏（yàng）怏：因不平或不满而闷闷不乐的样子。④少主：小主子。指汉惠帝刘盈。⑤族：族诛，灭族。是：这些人。指诸将。⑥郦将军：即郦商。郦食其的弟弟。⑦还乡：反向；回过头来。乡，通"向"。⑧可翘（qiáo）足而待：指可在短时间内实现。翘足，跷起二郎腿。⑨丁未：夏历四月二十八日。

卢绾闻高祖崩，遂亡入匈奴。

丙寅①，葬。己巳，立太子②，至太上皇庙。群臣皆曰："高祖起微细③，拨乱世反之正④，平定天下，为汉太祖，功最高。"上尊号为高皇帝⑤。太子袭号为皇帝，孝惠帝也。令郡国诸侯各立高祖庙，以岁时祠⑥。

【注释】

①丙寅：夏历五月十七日。②立太子：指立太子刘盈为皇帝。③当时群臣尚在议论上尊号的事，不应先称庙号"高祖"。④拨乱世反之正：治理好乱世，使之回到正轨上来。反，通"返"。⑤尊号：即谥（shì）号。⑥以岁时祠：每年按时祭祀。祠，通"祀"。

及孝惠五年①，思高祖之悲乐沛②，以沛宫为高祖原庙③。高祖所教歌儿百二十人，皆令为吹乐，后有缺，辄补之④。

【注释】

①孝惠五年：即公元前190年。②悲乐：想念和喜爱。③原庙：即第二宗庙。④辄（zhé）：即；就。

高帝八男：长庶齐悼惠王肥①；次孝惠，吕后子；次戚夫人子赵隐王如意②；次代王恒，已立为孝文帝，薄太后子③；次梁王恢，吕太后时徙为赵共王；次淮阳王友，吕太后时徙为赵幽王；次淮南厉王长；次燕王建。

【注释】

①庶：旧时称姬妾所生之子。②戚夫人：高祖宠姬。生赵王刘如意。高祖晚年曾想废掉太子刘盈，另立如意为太子，因遭大臣反对而止。高祖死后，吕后先后将戚夫人母子杀害。③薄太后：高祖之姬。文帝刘恒即位后改称皇太后。

太史公曰：夏之政忠①。忠之敝②，小人以野③，故殷人承之以敬。敬之敝，小人以鬼④，故周人承之以文⑤。文之敝小人以僿⑥，故救僿莫若以忠。三王之道若循环⑦，终而复始⑧。周、秦之间，可谓文敝矣。秦政不改，反酷刑法⑨，岂不缪乎⑩？故汉兴，承敝易变⑪，使人不倦，得天统矣⑫。朝以十月。车服黄屋左纛。葬长陵⑬。

【注释】

①忠：忠厚朴实。②敝：坏处。③小人：本为古代统治者对劳动人民的蔑称，这里用以称平民百姓。④鬼：迷信鬼神。⑤文：讲究礼仪。⑥僿（sài）：不诚恳。

⑦三王：指夏禹、商汤、周文王和周武王，即三代开国之王。⑧"终而复始"二句：司马迁认为秦始皇应行夏政，严刑苛政是违反三王之道循环规律的，因而招致灭亡。⑨酷：使之严酷。⑩缪：通"谬"。错误。⑪承敝易变：承受弊病，加以改变。指高祖废除秦朝苛法，与民约法三章，实行与民休息的各项政策。承，受。⑫天统：天然的顺序、规律。⑬朝以十月：以每年的十月作为诸侯王入京朝见皇帝的时间。黄屋：用黄色丝织物作顶篷的车，供帝王乘坐。长陵：高祖陵墓。在今陕西省咸阳市东北。按："朝以十月"以下三句，文义不连贯，疑有脱误；且三句为叙事语气，与上文议论不合。从上句"得天统矣"的文气看，似为收束之语。

吕太后本纪第九

吕太后者①，高祖微时妃也②，生孝惠帝、女鲁元太后③。及高祖为汉王，得定陶戚姬④，爱幸，生赵隐王如意⑤。孝惠为人仁弱，高祖以为不类我⑥，常欲废太子，立戚姬子如意，如意类我。戚姬幸，常从上之关东⑦，日夜啼泣，欲立其子代太子。吕后年长，常留守，希见上⑧，益疏。如意立为赵王后，几代太子者数矣⑨，赖大臣争之⑩，及留侯策⑪，太子得毋废。

【注释】

①吕太后：即吕雉（zhì。前241—前180年），字娥姁（xǔ）。砀（dàng）郡单父（shàn fǔ。今山东省单县）人。儿子刘盈即位后，她为皇太后。②高祖：即刘邦（前256—前195年）。前202年至前195年在位。"高祖"是他的庙号。微时：贫贱的时候。③孝惠帝：即刘盈。鲁元太后：刘盈的姐姐。后嫁给张敖为妻。因其子张偃被封为鲁王，其夫张敖谥鲁元王，所以称鲁元太后。④定陶：县名。治所在今山东省定陶县西北。⑤赵隐王：即赵王刘如意，谥号"隐"。封国辖今河北省南部地区，都城在邯郸（今河北省邯郸市）。⑥不类：不像。⑦关东：古代泛指函谷关或潼关以东，即今河南、河北、山东等省地区。⑧希：通"稀"。⑨几（jī）：几乎，⑩争：通"诤"。谏诤；劝阻。⑪留侯：即张良（？—前189年）。

吕后为人刚毅，佐高祖定天下，所诛大臣多吕后力①。吕后兄二人，皆为将。长兄周吕侯死事②，封其子吕台为郦侯③，子产为交侯④；次兄吕释之为建成侯⑤。

【注释】

①多吕后力：韩信、黥布、彭越等被诛，吕后均参与其事。②周吕侯：即吕泽。随刘邦起兵，后封周吕侯。周、吕：皆国名。济阴有吕都县，约在今山东省菏泽市西。③郦：县名。在今河南省南阳市北。④交：《汉兴以来诸侯王年表》作"洨"（xiáo）。洨，县名。治所在今安徽省固镇县东南。北临洨水（今沱河）。⑤吕释之：随刘邦起兵，汉初封建成侯，后谥康王。建成：县名。治所在今河南省永城县东南。

高祖十二年四月甲辰①，崩长乐宫②，太子袭号为帝。是时高祖八子：长男肥，孝惠兄也，异母③，肥为齐王④；余皆孝惠弟，戚姬子如意为赵王，薄夫人子恒为代王⑤，诸姬子恢为梁王⑥，子友为淮阳王⑦，子长为淮南王⑧，子建为燕王⑨。高祖弟交为楚王⑩，兄子濞为吴王⑪。非刘氏功臣番君吴芮子臣为长沙王⑫。

【注释】

　　①高祖十二年：即前195年。甲辰：二十五日。②长乐宫：汉宫名。在当时长安城内东南隅，即今阁老门村。③异母：指曹氏。④齐：汉初封国。辖今山东省北部、东部地区，都城在临淄（今山东省淄博市东北）。⑤薄夫人：刘邦的妃嫔。吴（今江苏省苏州市）人。生子刘恒，即孝文帝。刘恒即皇帝位后，尊她为皇太后。⑥梁：汉初封国。辖今河南、安徽两省交界地区，都城在睢（suī）阳（今河南省商丘市南）。⑦淮阳：汉初封国。辖今河南省东部部分地区，都城在陈县（今河南省淮阳县）。⑧淮南：汉初封国。辖今安徽省中部地区，都城在寿春（今安徽省寿县）。⑨燕（yān）：汉初封国。辖今河北省北部、中部部分地区，都城在蓟（jì）（今北京市西南）。⑩楚：汉初封国。⑪濞（bì）：即刘濞。高祖次兄刘仲之子。二十岁为骑将，随高祖破黥布有功，被封为吴王。吴：汉初封国。辖今江苏、浙江、安徽等省部分地区，都城在广陵（今江苏省扬州市东北）。⑫番（pó）君吴芮（ruì）：吴芮秦时曾为番阳（今江西省鄱阳县东北）县令，所以称番君。刘邦起兵时，吴芮曾派梅鋗（xuān）率兵相助，汉初被封为长沙王。刘邦在诛灭韩信、彭越等异姓诸侯王后，与功臣、宗室定盟时曾说："非刘氏者不得王，非有功者不得侯。"而非刘氏者却保留王号的，仅吴芮一人。长沙：汉初封国。

　　吕后最怨戚夫人及其子赵王，乃令永巷囚戚夫人①，而召赵王。使者三反②，赵相建平侯周昌谓使者曰③："高帝属臣赵王④，赵王年少。窃闻太后怨戚夫人，欲召赵王并诛之，臣不敢遣王。王且亦病，不能奉诏。"吕后大怒，乃使人召赵相。赵相征至长安⑤，乃使人复召赵王。王来，未到。孝惠帝慈仁，知太后怒，自迎赵王霸上⑥，与入宫，自挟与赵王起居饮食⑦。太后欲杀之，不得间⑧。孝惠元年十二月，帝晨出射。赵王少，不能蚤起⑨，太后闻其独居，使人持鸩饮之⑩。犁明⑪，孝惠还，赵王已死。于是乃徙淮阳王友为赵王。夏，诏赐郦侯父追谥为令武侯⑫。太后遂断戚夫人手足，去眼，煇耳⑬，饮瘖药⑭，使居厕中，命曰"人彘"⑮。居数日，乃召孝惠帝观人彘。孝惠见，问，知其戚夫人，乃大哭，因病，岁余不能起。使人请太后曰⑯："此非人所为。臣为太后子，终不能治天下。"⑰孝惠以此日饮为淫乐，不听政，故有病也。

【注释】

　　①永巷：永巷令的省称。永巷本为宫女住所，因群室相连，排列如街巷而得名。②反：通"返"。③周昌（？—约前191年）：刘邦同乡。随刘邦起兵反秦，先后任中尉、御史大夫等，封汾阴侯。为人坚忍质直。④属：通"嘱"。托付。⑤征：召；调。长安：西汉都城。在今陕西省西安市西北。⑥霸上：地名。在今陕西省西安市东南。因地处霸水西面的高原之上而得名。⑦自挟（xié）：亲自守护。挟，持，携带。引申为伴随、保护。⑧间（jiàn）：空隙；机会。⑨蚤：通"早"。⑩鸩（zhèn）：传说中的一种毒鸟，黑身赤目，以蝮蛇为食。据传鸩鸟羽毛浸过的酒，人喝了很快就可丧命。这里泛指毒酒。⑪犁明：等到天亮以后。犁，通"黎"。迟；等到。⑫郦侯：即吕台。吕泽之子。⑬煇：通"熏"。用火灼烧。⑭饮（yìn）：使之喝。

这里是灌的意思。瘖（yīn）药：喝了使人变哑的药。瘖，哑。⑮彘（zhì）：猪。⑯请：告诉。⑰"臣为太后子"二句：意思是，母后如此残虐，作为你的儿子，我没有脸面再来治理天下了。终：终归。

二年，楚元王、齐悼惠王皆来朝①。十月，孝惠与齐王燕饮太后前②，孝惠以为齐王兄，置上坐③，如家人之礼。太后怒，乃令酌两卮鸩，置前，令齐王起为寿④。齐王起，孝惠亦起，取卮欲俱为寿。太后乃恐，自起泛孝惠卮⑤。齐王怪之，因不敢饮，详醉去⑥。问，知其鸩，齐王恐，自以为不得脱长安，忧。齐内史士说王曰⑦："太后独有孝惠与鲁元公主。今王有七十余城，而公主乃食数城。王诚以一郡上太后，为公主汤沐邑⑧，太后必喜，王必无忧。"于是齐王乃上城阳之郡⑨，尊公主为王太后⑩。吕后喜，许之。乃置酒齐邸，乐饮，罢，归齐王⑪。三年，方筑长安城，四年就半，五年六年城就。诸侯来会。十月朝贺。

【注释】

①楚元王、齐悼惠王：即高祖的异母弟刘交，高祖的庶子刘肥。"元"和"悼惠"分别是他们的谥号。②燕饮：指安闲而不拘礼仪的宴饮，相当于现在说的设便宴而饮。③坐：通"座"。④卮（zhī）：酒器。寿：祝寿。⑤泛（fěng）：通"覂"。翻覆；倒掉。⑥详（yáng）：通"佯"。假装。⑦内史：官名。治理京师及其附近的高级官员，相当于后来的京兆尹。士：人名。一作"出"。⑧汤沐邑：古代天子赐给诸侯以供其斋戒时沐浴费用的领地，后用以指皇室收取赋税的私邑。⑨上：献上。城阳：郡名。辖今山东省沂南县一带，都城在莒（jǔ）县（今山东省莒县）。⑩尊为王太后：齐王与鲁元公主为异母兄妹，按理不应以母礼事之，尊称鲁元公主为王太后，刘肥违背常理这么做，是为了讨好吕太后。⑪齐邸（dǐ）：指齐王刘肥设在京城长安的官邸。依汉法规定，各诸侯王可在京城建立府舍，以供来京入朝时使用。归齐王：让齐王归国。

七年秋八月戊寅①，孝惠帝崩。发丧，太后哭，泣不下②。留侯子张辟疆为侍中③，年十五，谓丞相曰④："太后独有孝惠，今崩，哭不悲，君知其解乎⑤？"丞相曰："何解？"辟疆曰："帝毋壮子，太后畏君等。君今请拜吕台、吕产、吕禄为将，将兵居南北军⑥，及诸吕皆入宫，居中用事⑦，如此则太后心安，君等幸得脱祸矣。"丞相乃如辟疆计⑧。太后说，其哭乃哀。吕氏权由此起。乃大赦天下。九月辛丑，葬。太子即位为帝⑨，谒高庙⑩。元年，号令一出太后⑪。

【注释】

①七年：前188年。这年惠帝二十三岁。②泣：眼泪。③侍中：官名。侍从于皇帝左右，以备参谋顾问之用。④丞相：当时右丞相为王陵，左丞相为陈平。⑤解：解释。引申为道理、缘故。⑥将（jiàng）：统率；带领。南北军：西汉时京城长安和皇宫的卫戍部队。因分驻在京城南北，所以统称"南北军"。⑦用事：执政；当权。也泛指管事。⑧如：依照。⑨太子：名字不详。⑩谒高庙：到高庙里去朝拜，祭祀。古代皇帝登位时，都到祖庙里去举行朝拜礼。⑪元年：高后元年，即前187年。一：都；一概。

太后称制①，议欲立诸吕为王，问右丞相王陵②。王陵曰："高帝刑白马盟曰③：'非刘氏而王，天下共击之。'今王吕氏，非约也。"太后不说。问左丞相陈平、绛侯周勃④。勃等对曰："高帝定天下，王子弟，今太后称制，王昆弟诸吕，无所不可。"太后喜，罢朝。王陵让陈平、绛侯曰⑤："始与高帝喋血盟，诸君不在邪？今高帝崩，太后女主，欲王吕氏，诸君从欲阿意背约⑥，何面目见高帝地下！"陈平、绛侯曰："于面折廷争⑦，臣不如君；夫全社稷⑧，定刘氏之后，君亦不如臣。"王陵无以应之。十一月，太后欲废王陵，乃拜为帝太傅⑨，夺之相权。王陵遂病免归。乃以左丞相平为右丞相，以辟阳侯审食其为左丞相⑩。左丞相不治事，令监宫中，如郎中令⑪。食其故得幸太后，常用事，公卿因而决事⑫。乃追尊郦侯父为悼武王，欲以王诸吕为渐⑬。

【注释】

①称制：行使皇帝的权力。制，特指皇帝的诏命。②王陵（？—前181年）：刘邦同乡。在陈胜首义后，他聚众数千人在南阳起兵反秦。楚汉战争时归附刘邦，曾先后被封为襄侯、安国侯，继曹参之后担任右丞相。③刑白马盟：杀白马订立盟约。④陈平（？—前178年）：汉初大臣。周勃（？—前169年）：刘邦同乡。随刘邦起兵后，率军转战各地，是刘邦的重要将领。汉初以军功封绛侯，文帝时任右丞相。⑤让：责怪。⑥阿（ē）意：曲意逢迎他人的意见。背约：违背刘邦的规约。⑦面折廷争：在朝廷上当面指责，竭力谏争。⑧全社稷（jì）：保全维护国家。社稷，即社稷坛。是古代帝王祭祀土神和谷神的地方，后常用以代称国家。⑨太傅：官名。职掌辅导君主施行政教。⑩审食其（yì jī）：刘邦同乡。因长期侍奉吕后，深受宠信，汉初被封为辟阳侯。文帝时为淮南厉王刘长击杀。⑪不治事：不管理本职内的事务。监宫中：管理宫内事务。郎中令：官名。皇帝的高级侍从官，负责守卫宫门及管理内廷事务，为"九卿"之一。⑫公卿：指三公九卿，这里泛指朝廷大臣。皆因决事：都通过他来决断大事。⑬渐：逐渐。引申为"事物发展的开始"。

四月，太后欲侯诸吕①，乃先封高祖之功臣郎中令无择为博城侯②。鲁元公主薨，赐谥为鲁元太后。子偃为鲁王。鲁王父，宣平侯张敖也③。封齐悼惠王子章为朱虚侯，以吕禄女妻之。齐丞相寿为平定侯④。少府延为梧侯⑤。乃封吕种为沛侯⑥，吕平为扶柳侯⑦，张买为南宫侯⑧。

【注释】

①侯：封……为侯。用如动词。②无择：即冯无择。他跟随刘邦起兵，力战有功，特别在荥阳之役中，曾保护吕后长兄吕泽杀出重围。③张敖：汉初赵王张耳之子，鲁元公主之夫。原袭父爵为赵王，后因其臣下贯高等企图刺杀高祖而降为宣平侯。④寿：即齐寿。曾任齐王刘肥的丞相。⑤少府：官名。九卿之一。延：人名。姓阳成，名延。军匠出身，因参加营建长乐宫、未央宫和长安城有功而被封。⑥吕种：吕后次兄建成侯吕释之之子。⑦吕平：吕后妹妹吕长婴（xū）之子。⑧张买：刘邦骑将张越人之子。后因诸吕事件牵连被杀。

太后欲王吕氏，先立孝惠后宫子强为淮阳王①，子不疑为常山王②，子山为襄城侯③，子朝为轵侯④，子武为壶关侯⑤。太后风大臣⑥，大臣请立郦侯吕台为吕王⑦，太后许之。建成康侯释之卒⑧，嗣子有罪⑨，废，立其弟吕禄为胡陵侯⑩，续康侯后。二年，常山王薨，以其弟襄城侯山为常山王，更名义。十一月，吕王台薨，谥为肃王，太子嘉代立为王。三年，无事。四年，封吕婴为临光侯⑪，吕他为俞侯⑫，吕更始为赘其侯，吕忿为吕城侯⑬，及诸侯丞相五人⑭。

【注释】

①后宫：妃嫔居住的宫室。②常山：汉初封国。辖今河北省西南部部分地区，

都城在元氏（今河北省元氏县西北）。③襄城：县名。即今河南省襄城县。④轵（zhī）：县名。治所在今河南省济源市东南。⑤壶关：地名。在今山西省长治市北。今址在长治市东南。⑥风（fěng，旧读fèng）：通"讽"。用含蓄的语言暗示。⑦吕：吕台封国都，在今山东省菏（hé，旧读gē）泽县一带。⑧建成康侯释之：即吕释之。被封为建成侯，谥号为"康"。⑨嗣子：指嫡生的长子。按照古代礼制，爵位一般传给嫡生的长子。⑩吕禄：建成侯吕释之最小的儿子。胡陵：县名。治所在今山东省鱼台县东南。⑪吕嬃（xū）：吕后之妹，樊哙之妻。历史上女人封侯，自她为始。⑫吕他（tuō）：吕嬃之子。俞：即郰（shū）县。治所在今山东省平原县西南。⑬"吕更始为赘其侯"二句：吕更始、吕忿都是吕后之侄。⑭诸侯丞相五人：指做过诸侯王丞相的五个人。这五个人，《集解》引徐广语，认为是"中邑侯朱通、山都侯王恬开、松兹侯徐厉、滕侯吕更始、醴陵侯越"。

　　宣平侯女为孝惠皇后时，无子，佯为有身，取美人子名之①，杀其母，立所名子为太子。孝惠崩，太子立为帝。帝壮，或闻其母死②，非真皇后子，乃出言曰："后安能杀吾母而名我？我未壮，壮即为变。"太后闻而患之，恐其为乱，乃幽之永巷中③，言帝病甚，左右莫得见。太后曰："凡有天下治为万民命者④，盖之如天，容之如地，上有欢心以安百姓，百姓欣然以事其上，欢欣交通而天下治。今皇帝病久不已，乃失惑惛乱⑤，不能继嗣奉宗庙祭祀，不可属天下⑥，其代之⑦。"群臣皆顿首言⑧："皇太后为天下齐民计所以安宗庙社稷甚深⑨，群臣顿首奉诏。"帝废位，太后幽杀之⑩。五月丙辰，立常山王义为帝，更名曰弘。不称元年者，以太后制天下事也。以轵侯朝为常山王。置太尉官⑪，绛侯勃为太尉。五年八月，淮阳王薨，以弟壶关侯武为淮阳王。六年十月，太后曰吕王嘉居处骄恣⑫，废之，以肃王台弟吕产为吕王。夏，赦天下。封齐悼惠王子兴居为东牟侯⑬。

【注释】
　　①美人：西汉时妃嫔的称号之一。名之：称为自己所生的儿子。名，称。动词。②帝壮：下文有"我未壮，壮即为变"的话，可知当时帝并未壮。③患：忧虑。幽：囚禁。④《集解》引徐广语，说一本无"命"字。⑤惛（hūn）：糊涂。⑥属（zhǔ）：通"嘱"。托付。⑦其：副词。表示祈使，相当于"当"。"其代之"，《汉书·高后纪》作"其议代之"，意思是希望大家讨论一下换了他。⑧顿首：叩头。古代"九拜"之一。下文的"顿首"则用于下对上的敬语。⑨齐民：平民。齐，相等。平民百姓彼此地位相等，所以称为"齐民"。计：考虑；谋划。⑩幽杀：禁闭折磨死。⑪太尉：官名。西汉时全国最高军事长官，与丞相、御史大夫合称"三公"。汉初，这一官职时设时废。⑫居处（chǔ）：生活。这里相当于现在说的"生活作风"。⑬东牟：县名。在今山东省烟台市牟平区。

　　七年正月，太后召赵王友。友以诸吕女为后，弗爱，爱他姬，诸吕女妒，怒去，谗之于太后，诬以罪过，曰"吕氏安得王！太后百岁后，吾必击之。"太后怒，以故召赵王。赵王至，置邸不见，令卫围守之①，弗与食。其群臣或窃馈②，辄捕论之③。赵王饿，乃歌曰："诸吕用事兮刘氏危，迫胁王侯兮强授我妃。我妃既妒兮诬我以恶，谗女乱国兮上曾不寤④。我无忠臣兮何故弃国？自决中野兮苍天举直⑤！于嗟不可悔兮宁蚤自财⑥。为王而饿死兮谁者怜之！吕氏绝理兮托天报仇。"丁丑，赵王幽死⑦，以民礼葬之长安民冢次⑧。

【注释】

①卫：指卫士。②其群臣：指随赵王来京的臣属。窃馈（kuì）：偷着送给食物。馈，进食于人。③辄：即；就。论：判罪。这里指处死。④谗女：指刘友的王后吕氏女。乱国：这里指败坏赵国。曾（zēng）：乃；竟然。⑤自决：自杀。中野：荒野之中。举直：行为完全正直。⑥于（xū）嗟：叹词。于，通"吁"。自财：自杀。财，通"裁"。⑦幽死：指幽禁困饿而死。⑧次：侧；旁。

己丑，日食，昼晦。太后恶之，心不乐，乃谓左右曰："此为我也。"

二月，徙梁王恢为赵王。吕王产徙为梁王，梁王不之国，为帝太傅。立皇子平昌侯太为吕王①。更名梁曰吕②，吕曰济川。太后女弟吕嬃有女为营陵侯刘泽妻③，泽为大将军④。太后王诸吕，恐即崩后刘将军为害，乃以刘泽为琅邪王⑤，以慰其心。

【注释】

①据《惠景间侯者年表》与《汉书·外戚恩泽侯表》，刘太为"昌平侯"，此处言"平昌侯"，记载不一。②吕：汉初封国。③营陵：县名。治所在今山东省昌乐县东南。刘泽：刘邦的堂兄弟。汉初为郎中，因军功封营陵侯。文帝时被封为燕王。④大将军：官名。是将军的最高称号，职掌统兵征战，大多由贵戚担任。后来还以大司马（太尉）为大将军所兼官号，成为朝廷中最高军政长官。⑤琅邪（láng yá）：汉初封国。辖今山东半岛南部地区，治所在东武（今山东省诸城市）。

梁王恢之徙王赵，心怀不乐。太后以吕产女为赵王后。王后从官皆诸吕，擅权，微伺赵王①，赵王不得自恣②。王有所爱姬，王后使人鸩杀之。王乃为歌诗四章，令乐人歌之。王悲，六月即自杀。太后闻之，以为王用妇人弃宗庙礼③，废其嗣④。

【注释】

①擅权：独揽大权。微伺：暗中监视。②自恣：自由放任。这里指行动自由。③用：因为。弃宗庙礼：背弃了宗庙的礼仪。④废其嗣：废除其后代继承王位的权利。

宣平侯张敖卒①，以子偃为鲁王，敖赐谥为鲁元王。秋，太后使使告代王，欲徙王赵。代王谢②，愿守代边。

【注释】

①一说张敖卒于高后六年。这里书于七年。②谢：谢绝。

太傅产、丞相平等言，武信侯吕禄上侯①，位次第一②，请立为赵王。太后许之，追尊禄父康侯为赵昭王③。九月，燕灵王建薨④，有美人子，太后使人杀之，无后，国除⑤。八年十月，立吕肃王子东平侯吕通为燕王⑥，封通弟吕庄为东平侯。

【注释】

①武信侯吕禄：吕禄已于高后元年被封为胡陵侯，这里称"武信侯"，想是中间曾有改封之事。上侯：上等的侯爵。②位次第一：在爵位的等第中名列第一。③康侯：即建成侯吕释之。④燕灵王：即刘建。"灵"是他的谥号。⑤国除：取消封国。⑥东平：地名。在今山东省东平县东南。

三月中，吕后被①，还过轵道②，见物如苍犬，据高后掖③，忽弗复见。卜之，云赵王如意为祟④。高后遂病掖伤。

【注释】

①祓（fú）：古代为除灾去邪而举行的一种祭礼。②轵（zhǐ）道：古亭名。故址在今陕西省西安市东北。"轵"亦作"枳"③据：这里是"击""撞"的意思。掖：通"腋"。④祟：古人称神鬼作怪害人。

高后为外孙鲁元王偃年少①，蚤失父母，孤弱，乃封张敖前姬两子，侈为新都侯②，寿为乐昌侯，以辅鲁元王偃。及封中大谒者张释为建陵侯③，吕荣为祝兹侯。诸中宦者令丞皆为关内侯④，食邑五百户⑤。

【注释】

①鲁元王偃："元"为张偃之父张敖的谥号，按理不应用来称张偃；《汉书·张耳传》无"元"字，可知这里的"元"字为衍文。②新都：《惠景间侯者年表》作"信都"。故城在今河北省冀州市。③大谒者：官名。掌管为皇帝接收文件，传达诏命，接待宾客等事宜。前面加"中"字者，多指宦官。④诸中宦者令丞：指宫中的各宦官头目。令为正职，丞为副手，二者都为少府属官。关内侯：侯爵名。因常居关内京师而得名。⑤食邑：也叫"采邑"。指天子封给诸侯收取赋税以供衣食之用的封地。一般为世袭，但受封者在食邑里只能收取民户赋税，没有行政统治之权。

七月中，高后病甚，乃令赵王吕禄为上将军①，军北军②；吕王产居南军。吕太后诫产、禄曰："高帝已定天下，与大臣约，曰'非刘氏王者，天下共击之'。今吕氏王，大臣弗平。我即崩，帝年少，大臣恐为变。必据兵卫宫，慎毋送丧，毋为人所制③。"辛巳，高后崩，遗诏赐诸侯王各千金，将、相、列侯、郎、吏皆以秩赐金④。大赦天下。以吕王产为相国，以吕禄女为帝后⑤。

【注释】

①上将军：官名。掌管军政的最高武官。②军北军：统辖北军。军，驻扎，引申为统领。③制：控制。④以秩：按级别。秩，次序，等级。⑤"以吕王产为相国"二句：以吕产为相国事在高后七年七月，以吕禄女为帝后则在高后四年少帝弘即位之时。

高后已葬，以左丞相审食其为帝太傅①。

【注释】

①审食其为帝太傅事在高后七年七月，这里叙于吕后死后，似误。

朱虚侯刘章有气力①，东牟侯兴居其弟也，皆齐哀王弟②，居长安。当是时，诸吕用事擅权，欲为乱，畏高帝故大臣绛、灌等③，未敢发。朱虚侯妇，吕禄女，阴知其谋④。恐见诛，乃阴令人告其兄齐王，欲令发兵西，诛诸吕而立⑤。朱虚侯欲从中与大臣为应。齐王欲发兵，其相弗听。八月丙午，齐王欲使人诛相，相召平乃反⑥，举兵欲围王，王因杀其相，遂发兵东，诈夺琅邪王兵⑦，并将之而西。语在"齐王语"中⑧。

【注释】

①气力：气魄和勇力。②齐哀王：即刘肥之子刘襄，是刘章和刘兴居的兄长。下文所说的"齐王"，也是指他。③绛、灌：即绛侯周勃和颍阴侯灌婴。灌婴（？—前176年），汉初大将，睢（suī）阳（今河南省商丘市南）人。丝绸小商出身。随刘邦转战各地，陷阵却敌，以年轻善战闻名，成为刘邦的得力将领。汉初封颍

阴侯，文帝时先后任太尉、丞相。④阴知其谋：指刘章因其妻为吕禄之女，暗中知道了诸吕的阴谋。⑤诛诸吕而立：即叫刘襄发兵诛灭诸吕而自立为帝。当时齐国在诸侯国中势力最大，而刘襄在刘邦诸孙中年龄又最长，所以刘章有这样的设想。⑥召（shào）平：姓召名平。⑦诈夺琅邪王兵：刘襄不知琅邪王刘泽意向如何，于是派人将他骗到齐国加以扣留，然后把他的军队全部调出。⑧语在"齐王语"中：指有关此事的详细情况，都载在《齐悼惠王世家》中。《史记》记事，凡采用互见法时，常以"语在某某语（或事）中"提示。所谓"某某语（或事）"，即指某人的传记（"本纪""世家"或"列传"）。

　　齐王乃遗诸侯王书曰："高帝平定天下，王诸子弟，悼惠王王齐。悼惠王薨，孝惠帝使留侯良立臣为齐王。孝惠崩，高后用事，春秋高①，听诸吕，擅废帝更立，又比杀三赵王②，灭梁、赵、燕以王诸吕③，分齐为四④。忠臣进谏，上惑乱弗听。今高后崩，而帝春秋富⑤，未能治天下，固恃大臣诸侯。而诸吕又擅自尊官，聚兵严威⑥，劫列侯忠臣，矫制以令天下⑦，宗庙所以危。寡人率兵入诛不当为王者。"汉闻之⑧，相国吕产等乃遣颍阴侯灌婴将兵击之⑨。灌婴至荥阳⑩，乃谋曰："诸吕权兵关中⑪，欲危刘氏而自立。今我破齐还报，此益吕氏之资也。"乃留屯荥阳，使使谕齐王及诸侯，与连和，以待吕氏变，共诛之。齐王闻之，乃还兵西界待约。

【注释】

　　①春秋高：指年老，上了岁数。②比（bǐ）：接连。三赵王：即先后为赵王的刘如意、刘友、刘恢。③灭梁、赵、燕以王诸吕：指吕后徙梁王刘恢为赵王而后杀之，封吕产为梁王；连杀三赵王后，封吕禄为赵王；杀燕王刘建之子而除其国，封吕通为燕王。④分齐为四：指吕后削夺齐地，另建吕、琅邪、城阳三国，使齐国分而为四。⑤春秋富：指年纪小。⑥擅自尊官：私自升官。聚兵严威：集中兵权，以加强自己的威势。"严"，用如动词。⑦劫：挟持；威胁。矫制：假托皇帝的命令。⑧汉：这里指诸吕把持的朝廷。⑨颍阴：县名。治所在今河南省许昌市。⑩荥（xíng）阳：县名。治所在今河南省荥阳市东北。⑪权兵：拥兵；掌握军队。关中：地区名。

　　吕禄、吕产欲发乱关中，内惮绛侯、朱虚等，外畏齐、楚兵，又恐灌婴畔之①，欲待灌婴兵与齐合而发②，犹豫未决。当是时，济川王太、淮阳王武、常山王朝名为少帝弟③，及鲁元王吕后外孙，皆年少未之国，居长安。赵王禄、梁王产各将兵居南北军，皆吕氏之人。列侯群臣莫自坚其命④。

【注释】

　　①惮（dàn）：害怕。畔：通"叛"。②合：合战；交战。③名为少帝弟：名义上说是少帝的弟弟。刘太、刘武、刘朝三人，均惠帝后宫美人之子，而被孝惠张皇后称为自己所生。④自坚：自固，自己确保。

　　太尉绛侯勃不得入军中主兵①。曲周侯郦商老病②，其子寄与吕禄善③。绛侯乃与丞相陈平谋，使人劫郦商，令其子寄往绐说吕禄曰："高帝与吕后共定天下，刘氏所立九王，吕氏所立三王④，皆大臣之议，事已布告诸侯，诸侯皆以为宜。今太后崩，帝少，而足下佩赵王印，不急之国守藩，乃为上将，将兵留此，为大臣诸侯所疑。足下何不归将印，以兵属太尉？请梁王归相国印，与大臣盟而之国，齐兵必罢，大臣得安，足下高枕而王千里，此万世之利也。"吕禄信然其计⑤，欲归将印，以兵属太尉。使人报吕产及诸吕老人，或以为便，或曰不便⑥，计犹豫未有所决。吕禄信郦寄，时与出游猎。过其姑吕嬃⑦，嬃大怒，曰："若为将军而弃军，吕氏今无处矣⑧。"乃悉出珠玉宝器散堂下，曰："毋为他人守也⑨。"

【注释】

①主兵：掌管兵权。②郦商：刘邦的重要将领，谋士郦食其之弟。刘邦起兵反秦后，他率四千人来归。后封曲周侯，任右丞相。曲周：县名。治所在今河北省曲周县东北。③善：亲善；友好。④绐（dài）：欺骗。⑤信然：相信并赞同。⑥便：有利；适宜。⑦过：探望。⑧若：你（们）。弃军：放弃兵权。无处：没有安身之处。⑨毋：通"无"。不，勿。

左丞相食其免。

八月庚申旦①，平阳侯窋行御史大夫事②，见相国产计事。郎中令贾寿使从齐来，因数产曰③："王不蚤之国，今虽欲行，尚可得邪？"具以灌婴与齐楚合从④，欲诛诸吕告产，乃趣产急入宫⑤。平阳侯颇闻其语，乃驰告丞相、太尉。太尉欲入北军，不得入。襄平侯通尚符节⑥，乃令持节矫内太尉北军⑦。太尉复令郦寄与典客刘揭先说吕禄曰⑧："帝使太尉守北军⑨，欲足下之国，急归将印辞去，不然，祸且起。"吕禄以为郦兄不欺己⑩，遂解印属典客，而以兵授太尉。太尉将之入军门⑪，行令军中曰："为吕氏右袒，为刘氏左袒⑫。"军中皆左袒为刘氏。太尉行至，将军吕禄亦已解上将印去，太尉遂将北军⑬。

【注释】

①八月庚申：上文已有"八月丙午"（八月二十六日），此处当作"九月庚申"（九月十日）。②平阳侯窋（zhú）：即曹参之子曹窋，袭父爵为平阳侯。平阳，县名。治所在今山西省临汾市西南。③数（shǔ）：责备。④合从（zōng）：联合。本指战国时六国联合抗秦，后也泛指弱国联合抵抗强国。从，通"纵"。⑤趣：通"促"。催促。⑥襄平侯通：即纪通。尚：主管。符节：古代作为传达朝廷命令、调动军队、出入门关等用的凭证，用金、玉、铜或竹木制成。⑦矫：假传命令。内（nà）：通"纳"。放进来。⑧典客：官名。主管诸侯及国内少数民族事务，为"九卿"之一。后改称"大鸿胪"。⑨守：掌管。⑩郦兄（kuàng）：即郦寄。"兄"（通"况"）是他的字。⑪将之：指带着将印。⑫袒（tǎn）：指裸露臂膀。右袒，即露出右臂。⑬"太尉行至"三句可看作对太尉入北军前的补充交代。《汉书·高后纪》删去了这几句，显得简洁些。

然尚有南军。平阳侯闻之，以吕产谋告丞相平①，丞相平乃召朱虚侯佐太尉。太尉令朱虚侯监军门，令平阳侯告卫尉②："毋入相国产殿门。"吕产不知吕禄已去北军，乃入未央宫，欲为乱，殿门弗得入，徘徊往来③。平阳侯恐弗胜，驰语太尉。太尉尚恐不胜诸吕，未敢讼言诛之④，乃遣朱虚侯谓曰："急入宫卫帝。"朱虚侯请卒⑤，太尉予卒千余人。入未央宫门，遂见产廷中。日铺时⑥，遂击产。产走。天风大起，以故其从官乱，莫敢斗。逐产，杀之郎中府吏厕中⑦。

【注释】

①"平阳侯闻之"二句：《史记志疑》认为这两句与上下文不相接，且与前文"平阳侯颇闻其语，乃驰告丞相、太尉"重复，是衍文，当删。②卫尉：官名。掌管宫廷防卫事务，为"九卿"之一。③未央宫：汉宫名。位于长安城内西南隅，即今马家寨村。当时是西汉朝廷的朝会之所。④讼言：明说；公开声称。⑤请卒：请求拨给士兵。⑥日铺（bǔ）时：傍晚时候。铺，通"晡"。申时，相当15点至17点。

⑦郎中府：郎中令的官府。因郎中令职掌守卫宫殿门户，其官府设在未央宫中。

　　朱虚侯已杀产，帝命谒者持节劳朱虚侯。朱虚侯欲夺节信①，谒者不肯，朱虚侯则从与载②，因节信驰走③，斩长乐卫尉吕更始。还，驰入北军，报太尉。太尉起，拜贺朱虚侯曰："所患独吕产④，今已诛，天下定矣。"遂遣人分部悉捕诸吕男女，无少长皆斩之。辛酉，捕斩吕禄，而笞杀吕嬃。使人诛燕王吕通，而废鲁王偃。壬戌，以帝太傅食其复为左丞相。戊辰，徙济川王王梁，立赵幽王子遂为赵王⑤。遣朱虚侯章以诛诸吕事告齐王，令罢兵。灌婴兵亦罢荥阳而归。

【注释】

　　①节信：表示凭证的符节。②从与载：跟着谒者上车，与之同车共载。③因：凭借。④所患独吕产：因为吕产身为相国，又掌握着南军，所以周勃有这样的担心。⑤立赵幽王子遂为赵王：据《孝文本纪》与《汉兴以来诸侯王年表》，刘遂被立在文帝即位之后，不在吕后八年；又，刘遂为文帝所立，非大臣所立。

　　诸大臣相与阴谋曰①："少帝及梁、淮阳、常山王，皆非真孝惠子也。吕后以计诈名他人子，杀其母，养后宫，令孝惠子之②，立以为后，及诸王，以强吕氏。今皆已夷灭诸吕，而置所立③，即长用事④，吾属无类矣⑤。不如视诸王最贤者立之。"或言"齐悼惠王高帝长子，今其适子为齐王⑥，推本言之，高帝适长孙，可立也。"大臣皆曰："吕氏以外家恶而几危宗庙⑦，乱功臣。今齐王母家驷⑧，驷钧，恶人也，即立齐王，则复为吕氏。"欲立淮南王，以为少，母家又恶。乃曰："代王方今高帝见子⑨，最长，仁孝宽厚。太后家薄氏谨良。且立长故顺，以仁孝闻于天下，便。"乃相与共阴使人召代王。代王使人辞谢。再反，然后乘六乘传⑩。后九月，晦日己酉⑪，至长安，舍代邸。大臣皆往谒，奉天子玺上代王，共尊立为天子。代王数让，群臣固请，然后听。

【注释】

　　①相与：共同；一起。阴谋：秘密谋划。②少帝及梁、淮阳、常山王皆非真孝惠子也：指少帝刘弘和梁王刘太、淮阳王刘武、常山王刘朝都不是惠帝之子。事实上，既然前文说了这几个人是"孝惠后宫子"，是惠帝张皇后"无子，佯为有身，取美人子名之"，就说明这几个人仍是惠帝之子。大臣们这么说，只是一种托词。③置：放；留着。所立：指吕后所立的少帝刘弘。④即：如果；倘若。⑤无类：绝种。指被杀光。⑥适（dí）：通"嫡"。⑦外家：外祖母家。几（jī）：几乎；差点儿。⑧母家驷：母家姓驷。⑨见子：现存的儿子。见，通"现"。⑩反：通"返"。乘传（shèng zhuàn）：古代驿站用四匹下等马拉的车。传，指驿站或驿站的车马。⑪后九月：闰九月。

　　东牟侯兴居曰："诛吕氏吾无功，请得除宫①。"乃与太仆汝阴侯滕公入宫②，前谓少帝曰："足下非刘氏，不当立。"乃顾麾左右执戟者掊兵罢去③。有数人不肯去兵，宦者令张泽谕告④，亦去兵。滕公乃召乘舆车载少帝出⑤。少帝曰："欲将我安之乎？"滕公曰："出就舍。"舍少府。乃奉天子法驾⑥，迎代王于邸。报曰："宫谨除。"代王即夕入未央宫。有谒者十人持戟卫端门⑦，曰："天子在也，足下何为者而入？"代王乃谓太尉。太尉往谕，谒者十人皆掊兵而去。代王遂入而听政⑧。夜，有司分部诛灭梁、淮阳、常山王及少帝于邸⑨。

【注释】

①除宫：清除皇宫。即清除少帝及诸吕残余势力。②太仆：官名。掌管皇帝车马，是"九卿"之一。汝阴：县名。治所在今安徽省阜阳市。③麾：通"挥"。指挥。这里是挥手示意。捭（fù）兵：放下武器。捭，通"踣（bó）"，放倒。④宦者令：即宦官头目。⑤乘（shèng）舆车：帝王乘坐的一般车驾。⑥天子法驾：古代天子举行典礼时乘坐的车驾。⑦端门：宫殿的正门。⑧听政：处理政务。⑨有司：主管有关事务的官员。

代王立为天子。二十三年崩①，谥为孝文皇帝。

【注释】

①二十三年：指文帝在位二十三年（前179—前157年）。

太史公曰：孝惠皇帝、高后之时，黎民得离战国之苦①，君臣俱欲休息乎无为②，故惠帝垂拱③，高后女主称制，政不出房户，天下晏然④。刑罚罕用，罪人是希⑤。民务稼穑⑥，衣食滋殖⑦。

【注释】

①黎民：众民；老百姓。②无为：古代道家的一种哲学思想。③垂拱：垂衣拱手。形容天下太平安乐，统治者安闲无事的局面。④"政不出房户"二句：指皇帝用不着出门处理政务，而天下就能太平无事。晏然：形容平静、安逸的样子。⑤希：通"稀"。稀少。⑥稼穑（sè）：播种和收获，泛指农业生产。⑦滋殖：日益富足。滋，愈加；殖，繁殖，生长。

孝文本纪第十

孝文皇帝①，高祖中子也②。高祖十一年春③，已破陈豨军④，定代地⑤，立为代王，都中都⑥。太后薄氏子⑦，即位十七年，高后八年七月，高后崩⑧。九月，诸吕吕产等欲为乱⑨，以危刘氏，大臣共诛之，谋召立代王，事在"吕后语"中⑩。

【注释】

①孝文皇帝（前203—前157年）：名恒，刘邦之子。前180年至前157年在位。"孝文"是他的谥号。②高祖：即刘邦。中子：排行在中间的儿子。③高祖十一年：即前196年。④陈豨（xī）：宛句（今山东省东明县东南）人。汉初封阳夏侯，任代国相，并监管代、赵两国边防军。⑤代：汉初封国。辖有今河北省与内蒙古自治区交界地区和山西省东北部地区，都城先在代县（今河北省蔚县），后迁中都（今山西省平遥县西南）。⑥都：定都。用如动词。⑦薄氏：高祖的妃嫔。刘恒生母。刘恒尊她为代太后；即帝位后，尊为皇太后。⑧高后：即吕太后。⑨诸吕：吕后执政时，分封她的吕氏子侄四人为王，六人为侯，史称"诸吕"。吕产：吕后长兄吕泽之子。吕后执政时，被封为梁王，后任相国。⑩事在"吕后语"中：

即有关此事的详情细节，都记在《吕太后本纪》中。

丞相陈平、太尉周勃等使人迎代王①。代王问左右郎中令张武等②。张武等议曰："汉大臣皆故高帝时大将，习兵，多谋诈，此其属意非止此也③，特畏高帝、吕太后威耳④。今已诛诸吕，新喋血京师⑤，此以迎大王为名，实不可信。愿大王称疾毋往，以观其变。"中尉宋昌进曰⑥："群臣之议皆非也。夫秦失其政⑦，诸侯豪桀并起⑧，人人自以为得之者以万数⑨，然卒践天子之位者⑩，刘氏也，天下绝望⑪，一矣。高帝封王子弟，地犬牙相制，此所谓盘石之宗也⑫，天下服其强，二矣。汉兴，除秦苛政，约法令，施德惠，人人自安，难动摇，三矣。夫以吕太后之严，立诸吕为三王⑬，擅权专制，然而太尉以一节入北军⑭，一呼士皆左袒⑮，为刘氏，叛诸吕，卒以灭之。此乃天授，非人力也。今大臣虽欲为变，百姓弗为使⑯，其党宁能专一邪⑰？方今内有朱虚、东牟之亲⑱，外畏吴、楚、淮南、琅邪、齐、代之强。方今高帝子独淮南王与大王，大王又长，贤圣仁孝，闻于天下，故大臣因天下之心而欲迎立大王，大王勿疑也。"代王报太后计之，犹与未定⑲。卜之龟⑳，卦兆得大横。占曰㉑："大横庚庚㉒，余为天王，夏启以光㉓。"代王曰："寡人固已为王矣，又何王？"卜人曰："所谓天王者乃天子。"于是代王乃遣太后弟薄昭往见绛侯㉔，绛侯等具为昭言所以迎立王意。薄昭还报曰："信矣，毋可疑者。"代王乃笑谓宋昌曰："果如公言。"乃命宋昌参乘㉕，张武等六人乘传诣长安㉖。至高陵休止㉗，而使宋昌先驰之长安观变。

【注释】

①丞相：西汉初曾称"相国"，与太尉、御史大夫合称"三公"。②郎中令：官名。掌管皇宫侍卫事务的高级武官。③此其属意非止此也：意思是，他们的意图并不仅止于像现在这样当个大臣。属（zhǔ）意，用意。④特：但；只。⑤喋（dié）血：踏血。形容杀人很多，血流遍地。喋，通"蹀"，踏。⑥中尉：官名。掌管京城治安的武官。宋昌：楚将宋义的孙子。随刘邦起兵反秦，文帝时被封为壮武侯。进：指进言，建议。⑦失其政：政治混乱，不清明。⑧桀：通"杰"。⑨以万数：即"数以万计"的意思。⑩卒：最终。⑪绝望：指断绝了当皇帝的希望。⑫盘石：厚而大的石头。盘，通"磐"。⑬诸吕三王：即梁王吕产、赵王吕禄、燕王吕通。⑭节：符节。古代使者所持的一种凭证，用金、玉、竹、木等制成。北军：西汉时京城长安的警卫部队，因驻地在城北，所以称"北军"。⑮左袒：裸露左臂。"太尉以一节入北军，一呼士皆左袒"事，详见《吕太后本纪》。⑯弗为使：不会被他们所利用。⑰宁（nìng）：难道。⑱朱虚：即朱虚侯刘章。封地在朱虚县（今山东省临朐〔qú〕县东南）东牟：即东牟侯刘兴居。封地在东牟县（今山东省烟台市牟平区）⑲犹与：同"犹豫"。⑳卜之龟：通过龟甲上的裂纹形状来推测吉凶。下文的"大横"，即指大的横向裂纹。㉑占：本指占卜时观察龟甲上的裂纹以判断吉凶，这里指卜辞。㉒庚庚：坚强的样子。㉓夏启以光：像夏启那样继承和发扬光大先人的帝业。启，夏禹之子。㉔绛（jiàng）侯：即太尉周勃。封地在绛县（今山西省侯马市东北）。㉕参乘：也叫"陪乘"，指立在车右随行。古人乘车，主人在左，中为驭手，右则为参乘，作保卫及平衡车座之用。㉖乘传（shèng zhuàn）：古代驿站用四匹下等马拉的车。传，指驿站或驿站的车马。㉗高陵：县名。即今陕西省高陵县。

昌至渭桥①，丞相以下皆迎。宋昌还报。代王驰至渭桥，群臣拜谒称臣。代王下车拜。太尉勃进曰："愿请间言②。"宋昌曰："所言公，公言之。所言私，王者不受私。"太尉乃跪上天子玺符③。代王谢曰④："至代邸而议之⑤。"遂驰入代邸。群臣从至。丞相陈平、太尉周勃、大将军陈武、御史大夫张苍、宗正刘郢、朱虚侯刘章、东牟侯刘兴居、典客刘揭皆再拜言曰⑥："子弘等皆非孝惠帝子⑦，不当奉宗庙⑧。臣谨请阴安侯、列侯顷王后与琅邪王、宗室、大臣、列侯、吏二千石议曰⑨：'大王高帝长子⑩，宜为高帝嗣。'愿大王即天子位。"代王曰："奉高帝宗庙，重事也。寡人不佞⑪，不足以称宗庙⑫。愿请楚王计宜者⑬，寡人不敢当。"群臣皆伏固请。代王西乡让者三，南乡让者再⑭。丞相平等皆曰："臣伏计之，大王奉高帝宗庙最宜称，虽天下诸侯万民以为宜。臣等为宗庙社稷计⑮，不敢忽⑯。愿大王幸听臣等。臣谨奉天子玺符再拜上。"代王曰："宗室将相王列侯以为莫宜寡人⑰，寡人不敢辞。"遂即天子位。

【注释】

①渭桥：指中渭桥。②间言：指私下秘密进言。③玺（xǐ）：皇帝的印。符：和前文的"节"一样，是古代朝廷传达命令或调动军队用的凭证。用金、铜、玉或竹、木制成，剖而为二，双方各执一半，以验真伪。④谢：辞谢。⑤代邸（dǐ）：代王设在京城的公馆。⑥大将军：官名。是将军的最高称号。御史大夫：官名。"三公"之一。主管弹劾、监察以及图籍秘书等。张苍（？—前152年）：汉初大臣。阳武（今河南省原阳县东南）人。⑦弘：指吕后所立，后被周勃等人所杀的少帝刘弘，是惠帝后宫所生之子。⑧宗庙：古代帝王或诸侯祭祀祖先的场所，后成为王室、国家的代称。⑨阴安侯：指刘邦长兄刘伯的妻子，阴安侯是她的封号。阴安，县名。治所在今河南省清丰县西南。顷王后：指刘邦次兄刘仲的妻子。顷王是刘仲的谥号。宗室：即皇族。二千石（shí）：汉代内自九卿郎将，外至郡守尉官，其俸禄等级，均为年俸二千石。⑩高帝长子：在当时高帝尚存的两个儿子（代王刘恒、淮南王刘长）中，刘恒居长。⑪不佞（nìng）：不才，不贤。自谦之词。⑫称（chèn）宗庙：配得上祭祀宗庙。称，适合，符合。⑬愿请楚王计：楚王刘交是刘邦之弟，在皇族中年辈最高，所以刘恒要和他商议。⑭"代王西乡让者"三句：古代礼仪，宾主之间一般东西而坐，以向东坐为尊；君臣之间南北相对，以君主向南坐为尊。代王朝西谦让了三次，是按宾主礼；朝南谦让了两次，则是依君臣礼。乡：通"向"。再：两次。⑮社稷（jì）：即社稷坛。是古代帝王祭祀土神（社）和谷神（稷）的地方，后常用以作为国家的代称。⑯忽：不经意。指草率从事。⑰莫宜寡人：没有人比我更合适。

群臣以礼次侍。乃使太仆婴与东牟侯兴居清宫①，奉天子法驾②，迎于代邸。皇帝即日夕入未央宫③。乃夜拜宋昌为卫将军④，镇抚南北军。以张武为郎中令，行殿中⑤。还坐前殿。于是夜下诏书曰："间者诸吕用事擅权⑥，谋为大逆⑦，欲以危刘氏宗庙，赖将相、列侯、宗室、大臣诛之，皆伏其辜⑧。朕初即位，其赦天下⑨，赐民爵一级⑩，女子百户牛酒⑪，酺五日⑫。"

【注释】

①太仆：官名。"九卿"之一。是掌管皇帝车马的高级侍从官员。清宫：清除皇宫。这里指为保护文帝登基的安全，预先清除皇宫中的诸吕残余势力。②法驾：也叫"法车"。皇帝专用的车驾之一。古代皇帝的车仗根据人员、设备规模，有大驾、法驾、小驾之分。③未央宫：汉宫名。位于京城长安城内西南隅，是当时

群臣朝见皇帝的场所。④卫将军：官名。掌管京城卫戍事务。⑤行（xíng）：巡行。⑥间者：近来。用事：当权；执政。⑦大逆：指谋反作乱。⑧伏其辜：受到了应得的惩罚。辜，罪。⑨其：副词。表示祈使、命令。⑩赐民爵一级：汉代常例，每逢新皇帝登位或朝廷有大庆典，要授予担任过军吏或文吏的家长（有时也可以扩大到一般民户）一级爵位，最高限于五大夫或公乘。⑪女子百户牛酒：依照上例赏赐受爵者的妻子，按每百户为单位分配一定数量的牛和酒。⑫酺（pú）：相聚饮酒。特指命令所准许的大聚饮。

孝文皇帝元年十月庚戌①，徙立故琅邪王泽为燕王②。

【注释】

①元年：即前179年。②燕（yān）：汉初封国。辖今河北省北部和中部部分地区，都蓟（jì。今北京市西南）。

辛亥，皇帝即阼①，谒高庙②。右丞相平徙为左丞相，太尉勃为右丞相，大将军灌婴为太尉③。诸吕所夺齐、楚故地，皆复与之。

【注释】

①即阼（zuò）：即位。阼，帝王即位时所登的台阶。②高庙：汉高祖刘邦之庙。古代皇帝登基时，都要到祖庙里去举行祭祀、朝拜之礼。③灌婴（？—前176年）：汉初大将。

壬子，遣车骑将军薄昭迎皇太后于代①。皇帝曰："吕产自置为相国，吕禄为上将军②，擅矫遣灌将军婴将兵击齐③，欲代刘氏，婴留荥阳弗击④，与诸侯合谋以诛吕氏。吕产欲为不善，丞相陈平与太尉周勃谋夺吕产等军。朱虚侯刘章首先捕吕产等。太尉身率襄平侯通持节承诏入北军⑤。典客刘揭身夺赵王吕禄印。益封太尉勃万户⑥，赐金五千斤。丞相陈平、灌将军婴邑各三千户，金二千斤。朱虚侯刘章、襄平侯通、东牟侯兴居邑各二千户，金千斤。封典客揭为阳信侯⑦，赐金千斤。"

【注释】

①车骑将军：官名。汉代将军名号繁多，其中大将军、骠骑将军，职位次于丞相；车骑将军、卫将军、左右前后将军等，职位次于上卿。②吕禄：吕后次兄吕释之之子。上将军：官名。掌管全国军队的最高武官。③擅矫：擅自假借皇帝的诏令。④荥（xíng）阳：县名。治所在今河南省荥阳市东北，是古代的军事要地。⑤襄平侯通：即纪（jì）成的儿子纪通。其父封襄平侯，父死后他继承父爵。⑥益封：加封。⑦阳信：县名。在今山东省阳信县境内。

十二月，上曰："法者，治之正也，所以禁暴而率善人也①。今犯法已论，而使毋罪之父母妻子同产坐之②，及为收帑③，朕甚不取。其议之。"有司皆曰④："民不能自治，故为法以禁之。相坐坐收⑤，所以累其心，使重犯法⑥，所从来远矣。如故便⑦。"上曰："朕闻法正则民悫，罪当则民从⑧。且夫牧民而导之善者⑨，吏也。其既不能导，又以不正之法罪之⑩，是反害于民为暴者也⑪。何以禁之？朕未见其便，其孰计之⑫。"有司皆曰："陛下加大惠，德甚盛，非臣等所及也。请奉诏书，除收帑诸相坐律令。"

【注释】

①正：通"证"。凭证；依据。率：率领；引导。②同产：指同母的兄弟姊

妹。③收帑（nú）：指将全家老小都抓来治罪。帑，通"孥"，妻子儿女。这里用以代指上文所说的"父母妻子同产"。④有司：有关主管官员。古代设官分职，各有专司，所以称"有司"。这里泛指朝廷大臣。⑤相坐：一人犯法，株连他人同时治罪。⑥重：看重；不轻视。⑦如故便：照老办法合适。⑧悫（què）：忠诚；谨慎。当：恰当。⑨牧民：牧养民众，引申为统治百姓。这是统治阶级鄙视劳动人民的说法。⑩罪：治罪。⑪为暴者：干凶暴的事。⑫其：表示祈使语气的副词。

正月，有司言曰："蚤建太子①，所以尊宗庙。请立太子。"上曰："朕既不德，上帝神明未歆享②，天下人民未有嗛志③。今纵不能博求天下贤圣有德之人而禅天下焉④，而曰豫建太子⑤，是重吾不德也。谓天下何？其安之⑥。"有司曰："豫建太子，所以重宗庙社稷，不忘天下也。"上曰："楚王，季父也⑦，春秋高⑧，阅天下之义理多矣，明于国家之大体；吴王于朕，兄也，惠仁以好德；淮南王，弟也，秉德以陪朕⑨。岂为不豫哉！诸侯王宗室昆弟有功臣，多贤及有德义者，若举有德以陪朕之不能终，是社稷之灵，天下之福也。今不选举焉⑩，而曰必子，人其以朕为忘贤有德者而专于子，非所以忧天下也。朕甚不取也。"有司皆固请曰："古者殷周有国，治安皆千余岁，古之有天下者莫长焉，用此道也⑪。立嗣必子，所从来远矣。高帝亲率士大夫⑫，始平天下，建诸侯，为帝者太祖。诸侯王及列侯始受国者皆亦为其国祖。子孙继嗣，世世弗绝，天下之大义也，故高帝设之以抚海内。今释宜建而更选于诸侯及宗室⑬，非高帝之志也。更议不宜。子某最长⑭，纯厚慈仁，请建以为太子。"上乃许之。因赐天下民当代父后者爵各一级⑮。封将军薄昭为轵侯⑯。

【注释】

①蚤：通"早"。②歆（xīn）享：指鬼神享受祭品、香火。③嗛（qiè）志：满足；快意。嗛，通"慊"。④禅（shàn）：禅让；将帝位让给别人。⑤豫：通"预"，预先。⑥其：副词，表示祈使。⑦季父：叔父。⑧春秋高：年纪大。⑨陪：这里是"辅佐"的意思。⑩选举：挑选，推荐。⑪用：因；由于；此道：指预立太子的办法。⑫士大夫：这里泛指跟随刘邦起兵的文臣武将，后用以指官僚阶层。⑬释：放下；舍弃。⑭某：当时应是汉景帝刘启的名字"启"，史官为了避讳，改用"某"字代替。⑮当代父后者：应当继承父亲后代的人（一般为长子）。⑯轵（zhǐ）：县名。治所在今河南省济源市东南。

三月，有司请立皇后。薄太后曰："诸侯皆同姓①，立太子母为皇后。"皇后姓窦氏。上为立后故，赐天下鳏寡孤独穷困及年八十已上、孤儿九岁已下布帛米肉各有数②。上从代来，初即位，施德惠天下，填抚诸侯四夷皆洽欢③，乃循从代来功臣④。上曰："方大臣之诛诸吕迎朕⑤，朕狐疑，皆止朕，唯中尉宋昌劝朕，朕以得保奉宗庙。已尊昌为卫将军，其封昌为壮武侯⑥。诸从朕六人，官皆至九卿⑦。"

【注释】

①诸侯：指文帝的儿子刘启和刘武，他们都是窦氏所生。同姓：同母所生。②鳏（guān）：指老而丧妻的人。寡：指死了丈夫的妇人。孤：指幼年丧父的人。独：指老而无子的人。③填（zhèn）抚：镇抚。填，通"镇"，安定。四夷：即东夷、西戎、南蛮、北狄，是古代统治者对华夏族以外各部族的蔑称。④循：依照。这里指依次论功行赏。⑤方：当。⑥壮武：县名。⑦九卿：汉代对太常、光禄勋、卫尉、太仆、廷尉、大鸿胪、宗正、大司农、少府等中央九个重要行政机关高级首长的总称，其职位仅次于"三公"。

上曰："列侯从高帝入蜀、汉中者六十八人皆益封各三百户[1]，故吏二千石以上从高帝颍川守尊等十人食邑六百户[2]，淮阳守申徒嘉等十人五百户[3]，卫尉定等十人四百户[4]。封淮南王舅父赵兼为周阳侯[5]，齐王舅父驷钧为清郭侯[6]。"秋，封故常山丞相蔡兼为樊侯[7]。

【注释】

①蜀：郡名。辖今四川省中部一带，郡治在成都（今四川省成都市）。汉中：郡名。辖今陕西省秦岭以南地区，郡治在南郑（今陕西省汉中市）。②颍川：郡名。辖今河南省中部地区，郡治在阳翟（今河南省禹县）。守（shòu）：郡守。食邑：又叫"采邑"，是皇帝赐给诸侯收取赋税以供衣食的封地，以征收赋税的民户数来表示等级大小。③淮阳：郡名。辖今河南省东部太康、淮阳县一带地区，郡治在陈县（今河南省淮阳县）。申徒嘉：一作"申屠嘉"，复姓申徒，名嘉。梁（今河南省商丘市南）人。初随刘邦击项羽、黥布，任都尉，惠帝时为淮阳郡守。④卫尉：官名。掌管宫门警卫等事务，为"九卿"之一。⑤周阳：地名。在今山西省闻喜县东北。⑥清郭：地名。疑即战国时齐国的靖郭邑，当在今山东省滕州市境内。⑦常山：汉初封国。辖今河北省中部和山西省东部部分地区，郡治在元氏（今河北省元氏县西北）。樊：县名。治所在今山东省兖州市西南。

人或说右丞相曰："君本诛诸吕，迎代王，今又矜其功[1]，受上赏，处尊位，祸且及身[2]。"右丞相勃乃谢病免罢[3]，左丞相平专为丞相。

【注释】

①矜（jīn）其功：即居功骄傲。矜，自负。②且：将要。③谢病：托病自动请求免职。

二年十月，丞相平卒，复以绛侯勃为丞相[1]。上曰："朕闻古者诸侯建国千余岁，各守其地，以时入贡[2]，民不劳苦，上下欢欣，靡有遗德[3]。今列侯多居长安，邑远[4]，吏卒给输费苦[5]，而列侯亦无由教驯其民[6]。其令列侯之国，为吏及诏所止者，遣太子。"

【注释】

①《汉兴以来将相名臣年表》载：周勃复相在十一月。②以时：按规定时间。③靡：无。遗德：失德。④邑远：指列侯的封邑离长安遥远。⑤给输费苦：从封邑往长安给列侯运送供给的物资，费用大且辛苦。⑥无由：无从；没有机会。

十一月晦[1]，日有食之。十二月望[2]，日又食。上曰："朕闻之，天生蒸民[3]，为之置君以养治之。人主不德，布政不均[4]，则天示之以灾，以诫不治。乃十一月晦，日有食之，适见于天[5]，灾孰大焉！朕获保宗庙，以微眇之身托于兆民君王之上[6]，天下治乱，在朕一人，唯二三执政犹吾股肱也[7]。朕下不能理育群生，上以累三光之明[8]，其不德大矣。令至，其悉思朕之过失，及知见思之所不及[9]，丐以告朕[10]。及举贤良方正能直言极谏者[11]，以匡朕之不逮[12]。因各饬其任职[13]，务省繇费以便民。朕既不能远德，故悯然念外人之有非[14]，是以设备未息[15]。今纵不能罢边屯戍[16]，而又饬兵厚卫[17]，其罢卫将军军[18]。太仆见马遗财足，余皆以给置传（传置）[20]。"

【注释】

①晦：夏历每月的最末一天。②望：夏历每月的十五日。③蒸民：众民。蒸，通"烝"（zhēng）。众多。④布政：施行政教。⑤适（zhé）：通"谪"。谴责。见：通"现"。显现；出现。⑥眇：通"秒"。微小。⑦股肱（gōng）：大腿和手臂。

⑧三光：日、月、星的合称。⑨知见思：知识、见识和思考。⑩丐：乞求；希望。⑪及：和；以及。贤良方正：指有德有才、端平正直的人。汉代自文帝这次下诏后，始设"贤良方正"（又称"贤良文学"）这一科目，以选拔人才，询访政治得失。凡中选者，由朝廷授予官职。⑫匡：帮助；补救。⑬饬（chì）其任职：整顿好自己的本职工作。饬：整治。⑭悁（xiàn）然：忧虑不安的样子。非：非分之想。这里指侵略野心。⑮设备：设防。⑯罢边屯戍：撤除边防驻军。⑰饬兵厚卫：整顿军队，重重防卫。⑱罢：撤销。⑲见马：现有的马匹。见，通"现"。现在。遗财足：只保留刚刚够用的马匹。财，通"才"。仅仅。⑳置传（传（chuán）置）：驿站。

正月，上曰："农，天下之本，其开籍田①，朕亲率耕，以给宗庙粢盛②。"

【注释】

①籍田：古代帝王亲自耕种的田。实际上，只是每年春耕时由帝王犁几下，象征亲自耕种，用以奉祀宗庙，并以此表示提倡农业之意。因为这种田靠征籍（借）民力耕种，所以称"籍田"。②粢盛（zī chéng）：盛在祭器内以供祭祀的饭食。

三月，有司请立皇子为诸侯王。上曰："赵幽王幽死①，朕甚怜之，已立其长子遂为赵王。遂弟辟强及齐悼惠王子朱虚侯章、东牟侯兴居有功，可王。"乃立赵幽王少子辟强为河间王②，以齐剧郡立朱虚侯为城阳王③，立东牟侯为济北王④，皇子武为代王⑤，子参为太原王⑥，子揖为梁王⑦。

【注释】

①赵幽王：即刘友。刘邦第六子。被封为淮阳王，吕后时改封为赵王，后为吕后幽禁而饿死。②河间：汉初封国。辖今河北省献县、交河等县的部分地区，都城在乐成（今献县东南）。③剧郡：指地位重要、政务繁重、复杂难治的大郡。城阳：汉初封国。辖今山东省沂南县一带地区，都城在莒（jǔ）县（今山东省莒县）。④济北：汉初封国。辖今山东省平阴、肥城等县地区，都城在卢县（今山东省济南市长清区西南）。⑤武：文帝次子刘武。⑥参：文帝第三子刘参。封为太原王后，又曾改封为代王。太原：汉初封国。辖今山西省中部地区，都城在晋城（今山西省太原市西南）。⑦揖：文帝幼子刘揖。后从马上跌落而死。

上曰："古之治天下，朝有进善之旌，诽谤之木①，所以通治道而来谏者②。今法有诽谤妖言之罪，是使众臣不敢尽情，而上无由闻过失也。将何以来远方之贤良？其除之。民或祝诅上以相约结而后相谩③，吏以为大逆④，其有他言，而吏又以为诽谤。此细民之愚无知抵死⑤，朕甚不取。自今以来，有犯此者勿听治⑥。"

【注释】

①进善之旌，诽谤之木：相传帝尧时，曾在交通要道上树立旗帜和木牌，让人们在旗下提意见，在牌上写谏言。②通治道：疏通治政的渠道。③祝诅（zǔ）：祈求鬼神降祸以加害所憎恨的人。相约结：一起誓盟定约，相当于现在说的"订立攻守同盟"。相谩：指互相欺骗，向官府告发。④大逆：犯上作乱，罪大恶极。⑤细民：小民。⑥听治：追究治罪。

九月，初与郡国守相为铜虎符、竹使符。

三年十月丁酉晦，日有食之。十一月，上曰："前日计遣列侯之国，或辞未行①。丞相朕之所重，其为朕率列侯之国。"绛侯勃免丞相就国，以太尉颍阴侯婴为丞相②。

罢太尉官，属丞相。四月，城阳王章薨。淮南王长与从者魏敬杀辟阳侯审食其③。

【注释】

①辞：托词；借故。②颍阴：县名。即今河南省许昌市。③长：即刘邦第七子刘长，封淮南王。从（cóng）者：随从的人。审食其（yì jī）：刘邦同乡。因侍奉吕后受到宠信，封辟阳侯，吕后时官至左丞相。辟阳：县名。治所在今河北省冀州市东南。

五月，匈奴入北地①，居河南为寇②。帝初幸甘泉③。六月，帝曰："汉与匈奴约为昆弟，毋使害边境，所以输遗匈奴甚厚④。今右贤王离其国⑤，将众居河南降地⑥，非常故⑦，往来近塞，捕杀吏卒，驱保塞蛮夷⑧，令不得居其故，陵轹边吏⑨，入盗，甚敖无道⑩，非约也⑪。其发边吏骑八万五千诣高奴⑫，遣丞相颍阴侯灌婴击匈奴。"匈奴去，发中尉材官属卫将军，军长安⑬。

【注释】

①匈奴：又称"胡"。中国古代北方游牧民族。北地：郡名。辖今甘肃省东北部和宁夏回族自治区东南部地区，郡治在马岭（今甘肃省庆阳市西北）。②河南：指今内蒙古鄂尔多斯的部分地区。③甘泉：宫名。旧址在今陕西省淳化县西北甘泉山。④输遗（wèi）：供给和赠送。⑤右贤王：匈奴官名。⑥河南降地：指今内蒙古境内黄河以南一带地区。最初为胡人所占，后被秦始皇攻取，胡人归降。⑦非常故：无正当理由。⑧保塞蛮夷：指当时居住在边塞一带保卫边防的少数民族。⑨陵轹（lì）：同"凌轹"。欺侮；侵犯。⑩敖：通"傲"。⑪非约：违背了协约。⑫高奴：县名。治所在今陕西省延安市东北。⑬中尉：官名。掌管京城的治安，兼管北军。材官：指勇武有力、精于骑射的步兵。

辛卯，帝自甘泉之高奴，因幸太原①，见故群臣，皆赐之。举功行赏，诸民里赐牛酒。复晋阳、中都民三岁②。留游太原十余日。

【注释】

①太原：郡名。辖今山西省北部地区，郡治在晋阳（今山西省太原市西南）。②复：免除徭役或赋税。晋阳、中都均为文帝任代王时的旧都。

济北王兴居闻帝之代，欲往击胡①，乃反，发兵欲袭荥阳。于是诏罢丞相兵，遣棘蒲侯陈武为大将军②，将十万往击之。祁侯贺为将军③，军荥阳。七月辛亥，帝自太原至长安。乃诏有司曰："济北王背德反上，诖误吏民④，为大逆。济北吏民兵未至先自定，及以军地邑降者⑤，皆赦之，复官爵。与王兴居去来⑥，亦赦之。"八月，破济北军，虏其王。赦济北诸吏民与王反者。

【注释】

①胡：即匈奴。②棘蒲：地名。在今河北省赵县境内。③祁：县名。治所今山西省祁县东南。祁侯贺：祁侯缯（zēng）贺。④诖（guà）误：贻误；连累。⑤地邑：土地城邑。⑥去来：指去来者，即与济北王刘兴居通往来的人。

六年，有司言淮南王长废先帝法，不听天子诏，居处毋度①，出入拟于天子②，擅为法令，与棘蒲侯太子奇谋反，遣人使闽越及匈奴③，发其兵，欲以危宗庙社稷。群臣议，皆曰"长当弃市"④。帝不忍致法于王，赦其罪，废勿王⑤。群臣请处王蜀严道、邛都⑥，帝许之。长未到处所，行病死，上怜之。后十六年⑦，追尊淮南王长谥为厉王，立其子三人为淮南王、衡山王、庐江王⑧。

【注释】

①居处（chǔ）毋度：居住的宫室和穿戴的服饰等超过了法度。毋，通"无"。②出入拟于天子：出入的车马仪仗模仿天子。③闽越：古族名。古代越人的一支。④弃市：执行死刑后将尸体暴露街头示众。⑤废勿王：废除其爵位，不叫他当王。⑥严道：县名。治所在今四川省荥经县。邛（qióng）都：地名。在今四川省西昌市东南。⑦后十六年：指后来到文帝十六年，即公元前164年。⑧淮南王、衡山王、庐江王：即刘长之子刘安、刘勃、刘赐。

十三年夏，上曰："盖闻天道祸自怨起而福繇德兴①。百官之非，宜由朕躬②。今秘祝之官移过于下③，以彰吾之不德④，朕甚不取。其除之。"

【注释】

①天道：古代唯心论者指支配人类命运的天神意志，唯物论者则指自然规律。从；自。②躬：自身。这里指由自己来承担。③秘祝：官名。掌管为皇帝向神灵求福消灾。④彰：表明；显扬。

五月，齐太仓令淳于公有罪当刑①，诏狱逮徙系长安②。太仓公无男，有女五人。太仓公将行会逮③，骂其女曰："生子不生男，有缓急非有益也！"其少女缇萦自伤泣④，乃随其父至长安，上书曰："妾父为吏⑤，齐中皆称其廉平，今坐法当刑。妾伤夫死者不可复生，刑者不可复属⑥，虽复欲改过自新，其道无由也⑦。妾愿没入为官婢⑧，赎父刑罪，使得自新。"书奏天子，天子怜悲其意，乃下诏曰："盖闻有虞氏之时⑨，画衣冠异章服以为僇⑩，而民不犯。何则⑪？至治也⑫。今法有肉刑三⑬，而奸不止⑭，其咎安在⑮？非乃朕德薄而教不明欤？吾甚自愧。故夫驯道不纯而愚民陷焉⑯。诗曰：'恺悌君子⑰，民之父母。'今人有过，教未施而刑加焉，或欲改行为善而道毋由也⑱。朕甚怜之。夫刑至断支体⑲，刻肌肤，终身不息，何其楚痛而不德也，岂称为民父母之意哉⑳！其除肉刑。"

【注释】

①太仓令：官名。掌管国家粮库，属大司农。淳于公：复姓淳于，名意，汉初名医。临菑（今山东省淄博市东北临淄镇）人。因曾任齐国太仓令，所以又称"仓公"。②诏狱：奉皇帝诏令拘禁犯人的监狱。③会：恰逢。④缇萦（tí yíng）：淳于意的小女儿。⑤妾：古代女子自称的谦辞。⑥复属（zhǔ）：复原。属，连接，聚合。⑦其道无由：指无从走向改过自新的道路。⑧没（mò）入为官婢：被没收进官府充当奴婢。⑨有虞氏：传说中的远古部落名。居住在蒲阪（今山西省永济市蒲州镇）一带。⑩画衣冠：将衣帽画上特别的图形或颜色作标志，以示区别。章服：以图文为标志的衣服。僇（lù）：羞辱。⑪何则：相当于"何者"。⑫至治：指政治清明，达到了最高境界。⑬肉刑三：古代残害犯人肉体的三种刑法，一般指黥（qíng。在脸上刺字）、劓（yì。割去鼻子）、刖（yuè。断足），也有人认为是指劓、刖、宫（残害生殖机能）三种。⑭奸：指违法作乱的人和事。⑮咎：罪责。⑯驯道不纯：教导的方法不对头。驯，通"训"。⑰恺悌（kǎi tì）：和易近人。⑱道毋由：无路可通。⑲支：通"肢"。⑳楚痛：痛苦。称（chèn）：符合，相当。

上曰："农，天下之本，务莫大焉。今勤身从事而有租税之赋，是为本末者无以异①，其于劝农之道未备②。其除田之租税。"

【注释】

①本末者毋以异：即本末不分。本，指农业；末，指商业和手工业等。②未备：不够完善。备，完备。

十四年冬，匈奴谋入边为寇，攻朝那塞①，杀北地都尉印②。上乃遣三将军军陇西、北地、上郡③，中尉周舍为卫将军④，郎中令张武为车骑将军，军渭北⑤，车千乘⑥，骑卒十万。帝亲自劳军，勒兵申教令⑦，赐军吏卒。帝欲自将击匈奴，群臣谏，皆不听。皇太后固要帝⑧，帝乃止。于是以东阳侯张相如为大将军⑨，成侯赤为内史⑩，栾布为将军⑪，击匈奴，匈奴遁走。

【注释】

①朝（zhū）那（nuó）：县名。治所在今宁夏回族自治区固原市原州县东南。②都尉：官名。掌管全郡军事，维持地方治安。印（áng）：孙印。③三将军：指陇西将军隆虑侯周灶、北地将军宁侯魏敕（chì）、上郡将军昌侯卢卿。陇西：郡名。辖今甘肃省东南部一带，郡治为狄道（今甘肃省临洮县）。上郡：郡名。④卫将军：和下文的"车骑将军"一样，都是征伐时所加的将军名号。⑤渭：渭水。⑥乘（shèng）：古代以一车四马为一乘。⑦勒兵申教令：检阅军队，发布训令。申，申明。⑧固要（yāo）：坚决阻拦。要，通"邀"，中途拦截。⑨东阳：县名。治所在今山东省武城县东北。⑩成：县名。治所在今山东宁阳县东北，一说在今河北省保定市境。⑪栾布：汉初将领。梁（今河南省商丘市南）人。

春，上曰："朕获执牺牲珪币以事上帝宗庙①，十四年于今，历日绵长，以不敏不明而久抚临天下②，朕甚自愧。其广增诸祀墠场珪币③。昔先王远施不求其报，望祀不祈其福④，右贤左戚⑤，先民后己，至明之极也。今吾闻祠官祝釐⑥，皆归福于朕躬，不为百姓。朕甚愧之。夫以朕不德，而躬享独美其福，百姓不与焉⑦，是重吾不德。其令祠官致敬，毋有所祈。"

【注释】

①牺牲：古代对供祭祀用的牲畜的通称。珪（guī）币：祭祀、朝聘用的玉和帛。②绵长：长久。③墠（shàn）场：祭祀的场所。④望祀：遥望而致祭。是祭祀的一种形式。⑤右贤左戚：先贤后戚。即推荐贤才，使居于亲戚之上。⑥祝釐（xī）：祭祀上天，祈求降福。釐，通"僖"。幸福，吉祥。⑦不与（yù）：不在其中，即没有份儿。

是时北平侯张苍为丞相①，方明律历②。鲁人公孙臣上书陈终始传五德事③，言方今土德时，土德应黄龙见④，当改正朔服色制度⑤。天子下其事与丞相议⑥。丞相推以为今水德，始明正十月上黑事⑦，以为其言非是，请罢之。

【注释】

①北平：县名。治所在今河北省满城县北。②律历：乐律和历法，这里主要指后者。③终始传五德事：指天地间的事物都是由五德（又叫"五行"，即金、木、水、火、土等构成各种物质的五种元素）终而复始，循环往复相传下来的。这是阴阳家用以解释王朝兴废原因的一种理论。④土德应黄龙见：根据阴阳家的理论，与金木水火土五德相应的是白青黑红黄五色。公孙臣认为汉朝正值土德，相应的是黄色，所以这样推断。⑤改正朔服色制度：改变一年起始时间和车马服饰颜色的制度。正（zhēng），一年的开始；朔，一月的开始。正朔指历法制度。

⑥下其事：将事情下交给有关部门处理。⑦正十月：定每年的十月为岁首（即正月）。上黑：崇尚黑色。上，通"尚"。

十五年，黄龙见成纪①，天子乃复召鲁公孙臣，以为博士②，申明土德事。于是上乃下诏曰："有异物之神见于成纪，无害于民，岁以有年③。朕亲郊祀上帝诸神④。礼官议，毋讳以劳朕⑤。"有司礼官皆曰："古者天子夏躬亲礼祀上帝于郊，故曰郊。"于是天子始幸雍⑥，郊见五帝⑦，以孟夏四月答礼焉⑧。赵人新垣平以望气见⑨，因说上设立渭阳五庙⑩。欲出周鼎⑪，当有玉英见⑫。

【注释】

①成纪：县名。治所在今甘肃省秦安县北。②博士：官名。③有年：有年成；有丰收的年景。④郊祀：在郊外祭祀天地，是祭祀的形式之一。⑤毋讳以劳朕："毋以劳朕讳"的倒装形式。劳朕，使我劳累。⑥雍：即辟雍，古代设在郊外的祭祀之所。⑦五帝：五天帝。⑧孟夏：夏季的头一个月，即夏历四月。⑨新垣平：复姓新垣，名平。望气：一种借观望云气以附会人事，占卜吉凶的迷信方术。⑩渭阳：地名。在今陕西省咸阳市东北。五庙：即五帝之庙。⑪周鼎：周朝传国的九个宝鼎，相传沉没在泗水之中。⑫玉英：精美的宝玉。见：通"现"。出现。

十六年，上亲郊见渭阳五帝庙，亦以夏答礼而尚赤①。

【注释】

①尚赤：崇尚红色。

十七年，得玉杯，刻曰"人主延寿"。于是天子始更为元年①，令天下大酺。其岁，新垣平事觉②，夷三族③。

【注释】

①更为元年：把十七年（前163年）改为元年，以表示划时代的转变，史书称此后的纪年为"后元"。②新垣平事觉：指新垣平诡称望气，让人诈献刻有"人主延寿"字样玉杯的骗局被发觉。③夷：诛灭。

后二年①，上曰："朕既不明，不能远德，是以使方外之国或不宁息②。夫四荒之外不安其生③，封畿之内勤劳不处④，二者之咎，皆自于朕之德薄而不能远达也。间者累年⑤，匈奴并暴边境⑥，多杀吏民，边臣兵吏又不能谕吾内志⑦，以重吾不德也。夫久结难连兵⑧，中外之国将何以自宁？今朕夙兴夜寐⑨，勤劳天下，忧苦万民，为之怛惕不安⑩，未尝一日忘于心，故遣使者冠盖相望，结轶于道⑪，以谕朕意于单于⑫。今单于反古之道⑬，计社稷之安，便万民之利，亲与朕俱弃细过，偕之大道⑭，结兄弟之义，以全天下元元之民⑮。和亲已定⑯，始于今年。"

【注释】

①后二年：即公元前162年。②既：已；尽。远德：使恩德到达远方。方外：汉边界以外。指外族。③四荒：四方荒远之地。④封畿（jī）之内：京都一带地区。这里泛指内地。⑤间者：近来。⑥并暴：接连侵犯。⑦谕吾内志：理解我内心的想法。⑧结难连兵：灾难相结，战火相连。⑨夙（sù）兴夜寐：早起晚睡。形容勤奋不懈。⑩怛（dá）惕：忧虑戒惧。⑪冠盖相望，结轶（zhé）于道：前后车篷相望，路上车辙交错。形容车马络绎不绝。⑫单（chán）于：匈奴最高首领的简称。全称为"撑黎（天）孤涂（子）单于（广大）"。⑬反：通"返"。返回。⑭偕：一起。之：

前往；走。大道：和睦相处的正道。⑮元元之民：善良的老百姓。元元，善。⑯和亲：与敌议和，结为姻亲。多指汉族封建王朝与少数民族首领之间的联姻。

后六年冬，匈奴三万人入上郡，三万人入云中①。以中大夫令勉为车骑将军②，军飞狐③；故楚相苏意为将军，军句注④；将军张武屯北地；河内守周亚夫为将军⑤，居细柳⑥；宗正刘礼为将军，居霸上⑦；祝兹侯军棘门⑧：以备胡。数月，胡人去，亦罢。

【注释】

①云中：郡名。辖今内蒙古自治区四子王旗以南、前房子以北地区，郡治为云中（今内蒙古托克托县东北）。②中大夫：官名。大夫中的一种。职位略低于卿，是朝廷的顾问官。令（lìng）勉：姓令名勉。车骑将军：地位仅低于大将军的高级武官。③飞狐：即飞狐口。关隘名。④句（gōu）注：也作"勾注"。即雁门山。在今山西省代县西北，是古代著名的九大要塞之一。⑤河内：郡名。辖今河南省黄河以北地区，郡治在怀县（今河南省武陟县西南）。周亚夫（？—前143年）：绛侯周勃之子，以治军谨严著称。初封条侯，景帝时任太尉，后因平定吴楚七国之乱有功，升为丞相。⑥细柳：地名。在今陕西省咸阳市西南渭水北岸。⑦霸上：又称"霸头"。地名。在今陕西省西安市东，是古代咸阳、长安附近的军事要地。⑧祝兹侯：《表》作松兹侯，姓徐，名悍。棘门：地名。在今陕西省咸阳市东北，原为秦宫门。

天下旱，蝗。帝加惠：令诸侯毋入贡，弛山泽①，减诸服御狗马②，损郎吏员③，发仓庾以振贫民④，民得卖爵⑤。

【注释】

①弛山泽：开放封禁的山林湖泊。②服御狗马：衣服、车马和玩好之物。③损：裁减。郎吏：泛指皇帝的随从人员。员：人数；名额。④仓庾：泛指各种贮存粮食的仓库。振：通"赈"。救济。

孝文帝从代来，即位二十三年，宫室苑囿狗马服御无所增益①，有不便，辄弛以利民②。尝欲作露台，召匠计之，直百金③。上曰："百金中民十家之产，吾奉先帝宫室，常恐羞之，何以台为！"上常衣绨衣，所幸慎夫人，令衣不得曳地④，帏帐不得文绣，以示敦朴，为天下先⑤。治霸陵皆以瓦器⑥，不得以金银铜锡为饰，不治坟⑦，欲为省，毋烦民。南越王尉佗自立为武帝⑧，然上召贵尉佗兄弟，以德报之，佗遂去帝称臣。与匈奴和亲，匈奴背约入盗，然令边备守，不发兵深入，恶烦苦百姓⑨。吴王诈病不朝，就赐几杖⑩。群臣如袁盎等称说虽切⑪，常假借用之⑫。群臣如张武等受赂遗金钱，觉，上乃发御府金钱赐之，以愧其心，弗下吏⑬。专务以德化民，是以海内殷富，兴于礼义。

【注释】

①苑囿（yòu）：种植林木、畜养禽兽的园林风景区，多为帝王或贵族的游猎之所。②有不便：指凡有对老百姓不利的事。③露台：供休息、赏景等用的露天平台。直：通"值"。④衣（yì）：穿。绨（tì）：一种质地粗糙厚实的丝织品。曳（yè）地：拖到地上。⑤文绣：绣有彩色花纹的丝织品或衣服。文，花纹，引申为刺绣花纹。⑥治：建造。霸陵：文帝陵墓。在长安城东（今陕西省西安市东北）。⑦坟：古代埋葬之处封土成丘的叫"坟"，平的叫"墓"。后来坟墓连用，不再区别。⑧尉佗：即赵佗。本为真定（今河北省正定县南）人，因秦时做过南海郡尉，

所以称"尉佗"。⑨恶（wù）：讨厌。这里是"不愿""生怕"的意思。⑩就：立即。几（jī）杖：坐时靠身用的木几和行走时扶持用的手杖。古代以"赐几杖"表示敬老。文帝赐几杖，是示意吴王不必进京朝见。⑪袁盎（àng）：即爰盎。楚人，后徙安陵（今陕西省咸阳市东北），历任齐相、吴相。⑫假借：宽容；原谅。⑬愧：使之感到羞愧。下吏：交法官审判。

后七年六月己亥，帝崩于未央宫。遗诏曰："朕闻盖天下万物之萌生，靡不有死。死者天地之理，物之自然者，奚可甚哀！当今之时，世咸嘉生而恶死①，厚葬以破业，重服以伤生②。吾甚不取。且朕既不德，无以佐百姓；今崩，又使重服久临③，以离寒暑之数④，哀人之父子，伤长幼之志，损其饮食，绝鬼神之祭祀，以重吾不德也，谓天下何！朕获保宗庙，以眇眇之身托于天下君王之上，二十有余年矣。赖天地之灵，社稷之福，方内安宁⑤，靡有兵革⑥。朕既不敏，常畏过行⑦，以羞先帝之遗德；维年之久长⑧，惧于不终。今乃幸以天年，得复供养于高庙，朕之不明与嘉之⑨，其奚哀悲之有！其令天下吏民，令到出临三日，皆释服⑩，毋禁取妇、嫁女、祠祀、饮酒、食肉者。自当给丧事服临者，皆无践⑪。绖带无过三寸，毋布车及兵器⑫，毋发民男女哭临宫殿。宫殿中当临者，皆以旦夕各十五举声⑬，礼毕罢。非旦夕临时，禁毋得擅哭。已下⑭，服大红十五日，小红十四日，纤七日⑮，释服。佗不在令中者，皆以此令比率从事⑯。布告天下，使明知朕意。霸陵山川因其故，毋有所改。归夫人以下至少使⑰。"令中尉亚夫为车骑将军，属国悍为将屯将军⑱，郎中令武为复土将军，发近县见卒万六千人⑲，发内史卒万五千人，藏郭穿复土属将军武⑳。

【注释】
①咸：都。嘉：赞美；喜欢。②服：居丧。③临（lìn）：哭吊死者。④离：通"罹"。遭受。数：气数；命运。这里指遭遇。⑤方内：四境之内，即国内。⑥兵革：兵器和衣甲的总称。⑦过行：错误的行为。⑧维：语助词，常用在句首，起强调作用。⑨乃：竟然。朕之不明与（yú）嘉之：也许我的见识不高明吧，却喜欢这样的归宿。与，语助词。⑩释服：除去丧服。⑪践：赤脚踏地。古人哭吊死者，赤脚踏地，表示十分悲痛。⑫绖（dié）带：古代治丧期间结在头上或腰间的麻带。布：陈列。⑬"皆以"句：都只在早晚各哭十五声。⑭已下：下葬以后。⑮"服大红（gōng）十五日"句：这是文帝根据俭约精神独创的丧服制度。⑯比率：比照，参照。⑰归夫人以下至少使：后宫从夫人以下的美人、良人、八子、七子、长使、少使，一律遣回娘家改嫁。归，遣散回家。⑱属国：即典属国。官名。主管民族交往事务。悍：人名。⑲见卒：现有士卒；现役士兵。见，通"现"。⑳藏郭：埋葬棺椁（guǒ）。郭，即椁，棺外的套棺。穿复土：穿土和复土。即挖穴出土和填土。复，返还。

乙巳，群臣皆顿首上尊号曰"孝文皇帝"①。太子即位于高庙。丁未，袭号曰"皇帝"。

【注释】
①顿首：叩头。古代"九拜"之一。

孝景皇帝元年十月①，制诏御史②："盖闻古者祖有功而宗有德③，制礼乐各有由④。闻歌者，所以发德也；舞者，所以明功也。高庙酎⑤，奏《武德》《文始》《五行》之舞⑥。孝惠庙酎⑦，奏《文始》《五行》之舞。孝文皇帝临天下，通关梁，不异远方⑧。除诽谤，去肉刑，赏赐长老，收恤孤独，以育群生。减嗜欲，不受献，不私其利也。罪人不帑，不诛无罪。除肉刑，出美人，重绝人之世。朕既不敏，不能识。此皆上古之所不及，而孝文皇帝亲行之。德厚侔天地[9]，利泽施四海，靡不获福焉。明象乎日月，而庙乐不称，朕甚惧焉。其为孝文皇帝庙为《昭德》之舞[10]，以明休德[11]。然后祖宗之功德著于竹帛，施于万世[12]，永永无穷，朕甚嘉之。其与丞相、列侯、中二千石、礼官具为礼仪奏[13]。"丞相臣嘉等言[14]："陛下永思孝道，立《昭德》之舞以明孝文皇帝之盛德，皆臣嘉等愚所不及。臣谨议：曰功莫大于高皇帝，德莫盛于孝文皇帝，高皇庙宜为帝者太祖之庙，孝文皇帝庙宜为帝者太宗之庙。天子宜世世献祖宗之庙。郡国诸侯宜各为孝文皇帝立太宗之庙。诸侯王列侯使者侍祠天子，岁献祖宗之庙，请著之竹帛，宣布天下。"制曰："可。"

【注释】

①孝景皇帝元年：即前156年。②制诏：汉代皇帝文书的两种形式——制书诏令三公，传达州郡；诏书则布告臣民。御史：官名。有侍御史、符玺御史、治书御史、监军御史等，都属御史大夫。③祖、宗：古代帝王世系中，一般称开国皇帝为"祖"，祖的继承者为"宗"。另说，第一个治理天下有功绩的皇帝为"宗"。④礼乐：礼仪和音乐的合称。⑤酎（zhòu）：指经过多次酿制而成的醇酒。⑥《武德》：古代乐舞有文武之分。⑦孝惠：刘邦的嫡长子刘盈。前194年至前188年在位。"孝惠"是他的谥号。⑧通关梁：指文帝十二年废除禁止百姓自由出入关隘的法令一事。⑨侔（móu）：相等。⑩《昭德》：景帝时参照刘邦《武德》舞所编制的一种乐舞，意在颂扬文帝的功德。见《汉书·礼乐志》。⑪休德：美德。⑫施（yí）：延及，流传。竹帛：古代书写用的竹简和素绢。这里代指史册。⑬中（zhòng）二千石：汉代官职品级的一种，高于二千石。汉制，官吏品级为二千石者，一年俸禄实为一千四百四十石，而中二千石者，实为二千一百六十石。中，"满"的意思。⑭嘉：即申徒嘉。文帝时先任御史大夫，后为丞相，封故安侯。

太史公曰：孔子言"必世然后仁[1]。善人之治国百年，亦可以胜残去杀[2]"。诚哉是言！汉兴，至孝文四十有余载，德至盛也。廪廪乡改正服封禅矣[3]，谦让未成于今[4]。呜呼，岂不仁哉！

【注释】

①世：古代以三十年为一世。②残：指暴政。杀：指刑戮。③廪（lǐn）廪：渐渐接近的样子。封禅（shàn）：古代帝王祭祀天地的一种大典。④今：指汉武帝刘彻时期，也即司马迁作《史记》之时。

孝景本纪第十一

孝景皇帝者[1]，孝文之中子也[2]。母窦太后[3]。孝文在代时[4]，前后有三男，及窦太后得幸[5]，前后死，及三子更死[6]，故孝景得立。

【注释】

①孝景皇帝：刘启（前188—前141年）。公元前156年继位，在位十六年。"孝景"是他的谥号。②孝文：文帝刘恒（前203—前157年）。高祖之子。③窦太后：景帝即位后，她被尊为皇太后。④代：汉初封国。辖有今河北省与内蒙古自治区交界地带和山西省东北部地区，都城先在代县（今河北省蔚县东北），后迁中都（今山西省平遥县西南）。⑤得幸：旧指得到帝王宠爱。⑥更（gēng）：递，连续，接连。

元年四月乙卯①，赦天下。乙巳②，赐民爵一级。五月，除田半租③。为孝文立太宗庙④。令群臣无朝贺。匈奴入代，与约和亲⑤。

【注释】

①元年：指景帝前元元年，即公元前156年。汉以夏历十月为一年之始，故前156年夏历十月，即算作元年正月。②乙巳：乙巳日上距乙卯日共五十天，不可能出现在四月份，因而与上句"四月乙卯"、下句"五月"有抵牾。③除田半租：减去田地租税的一半。文帝时规定田十五而税一，景帝再减收一半，即田三十而税一。除，减去。④太宗：文帝的庙号。⑤匈奴：又称"胡"，汉代时北方的游牧民族。

二年春，封故相国萧何孙系为武陵侯①。男子二十而得傅②。四月壬午，孝文太后崩③。广川、长沙王皆之国④。丞相申屠嘉卒⑤。八月，以御史大夫开封侯陶青为丞相⑥。彗星出东北。秋，衡山雨雹⑦，大者五寸，深者二尺。荧惑逆行，守北辰⑧。月出北辰间。岁星逆行天廷中⑨。置南陵及内史、祋祤为县⑩。

【注释】

①封系为武陵侯：《高祖功臣侯者年表》谓"武阳，前二年，封炀侯弟幽侯嘉"，又《汉书·高惠高后文功臣表》谓"武阳，孝景二年，侯嘉以则弟绍封"。②得傅：指男子到了服役年龄，将名字登记入册。傅，正卒。《史记志疑》认为，"得"字因下"傅"字误衍。汉旧制，男子服役需年满二十三岁，景帝时改为二十岁。③孝文太后：指文帝的母亲薄太后，高祖的妃嫔。④广川：汉初封国。原名信都，景帝前元二年改。辖今河北省武邑、景县以南，南宫县以北部分地区和山东省德州市一带。都城在信都（今河北省冀州市）。这时的广川王是景帝的第八子刘彭祖。长沙：汉初封国。辖今湖南省溆浦县以东，衡山县以北地区。都城在临湘（今湖南省长沙市）。⑤申屠嘉（？—前155年）：汉初大臣。高祖时任都尉，惠帝时任淮阳郡守，文帝时迁御史大夫，不久位至丞相。景帝时，他反对晁（cháo）错，借晁错穿宗庙垣为门之事，奏请斩错，景帝却袒护晁错，他因此呕血而死。⑥御史大夫：官名。其位仅次于丞相。主管监察、弹劾及掌管图籍秘书。⑦衡山：汉初封国。辖今湖北省东部、河南省南部和安徽省西部地区，以境内有衡山（今安徽省境内的霍山）而得名。都城为邾（zhū，今湖北省黄冈市北）。⑧荧惑：即火星。北辰：即北极星。⑨岁星：即木星。⑩南陵：《汉兴以来将相名臣年表》载，孝文七年"四月丙子，初置南陵"。

三年正月乙巳，赦天下。长星出西方①。天火燔雒阳东宫大殿城室②。吴王濞、楚王戊、赵王遂、胶西王卬、济南王辟光、菑川王贤、胶东王雄渠反③，发兵西向。天子为诛晁错，遣袁盎谕告，不止，遂西围梁④。上乃遣大将军窦婴、太尉周亚夫将兵诛之⑤。六月乙亥，赦亡军及楚元王子艺等与谋反者⑥。封大将军窦婴为魏其侯^⑦。立楚元王子平陆侯刘礼为楚王^⑧。立皇子端为胶西王，子胜为中山王^⑨。徙济北王志为菑川王，淮阳王馀为鲁王，汝南王非为江都王^⑩。齐王将庐、燕王嘉皆薨。

【注释】

①长星：即流星。②天火：指自然界产生的火，如雷电闪击而生的火等。燔（fán）：烧。雒阳：县名。治所在今河南省洛阳市东北。③吴王濞（bì）：即高祖次兄刘仲之子刘濞。曾随高祖破黥布，以功封为吴王。景帝时，他反对削夺诸侯封地，联合楚、赵等六国发动叛乱。兵败后逃入东越，为越人所杀。④梁：汉初封国。辖今河南省与安徽省交界地区。都城在睢（suī）阳（今河南省商丘市南）。⑤窦婴（？—前131年）：窦太后姪，字王孙，观津（今河北武邑县东南）人。太尉："三公"之一，最高军事长官。周亚夫（？—前143年）：沛县（今江苏省沛县）人，周勃之子。⑥楚元王：即高祖异母弟刘交。"元"是他的谥号。⑦魏其（jī）：县名。治所在今山东省临沂市东南。⑧平陆：韦昭云"平陆，西河县"。误。此为东平陆。梁玉绳说为邑名，故城在今山东汶上县北。钱穆说为县名，故城在今河南尉氏县东北。⑨中山：汉初封国。辖今河北省满城县至无极县一带地区。都城在卢奴（今河北省定县）。⑩江都：秦时为广陵县，汉改为江都。治所在今江苏省扬州市西南。

四年夏，立太子^①。立皇子彻为胶东王^②。六月甲戌，赦天下。后九月，更以弋阳为阳陵^③。复置津关，用传出入^④。冬，以赵国为邯郸郡^⑤。

【注释】

①太子：指栗太子刘荣，为栗姬所生。后于景帝七年被废。②彻：即汉武帝刘彻。③阳陵：景帝的陵墓。故址在今陕西省西安市北。④津关：设在水陆冲要之处的关卡。⑤邯郸：郡名。辖今河北省南部地区。郡治邯郸，即今邯郸市。

五年三月，作阳陵、渭桥^①。五月，募徙阳陵，予钱二十万。江都大暴风从西方来，坏城十二丈。丁卯，封长公主子蟜为隆虑侯^②。徙广川王为赵王。

【注释】

①渭桥：长安附近横跨渭水的桥，有中渭、东渭、西渭三座。这里指东渭桥。②长公主：指景帝的姐姐刘嫖，窦太后所生。汉代称皇帝的姊妹为长公主，皇帝的女儿为公主。隆虑：县名。在今河南省林县。

六年春，封中尉绾为建陵侯^①，江都丞相嘉为建平侯^②，陇西太守浑邪为平曲侯^③，赵丞相嘉为江陵侯^④，故将军布为鄃侯^⑤。梁楚二王皆薨^⑥。后九月，伐驰道树，殖兰池^⑦。

【注释】

①中尉：官名。主管京城长安的治安事务。建陵：县名。治所在今江苏省沭阳县西北。②嘉：程嘉。建平：县名在今河南省永城市西南。③陇西：郡名。郡治狄道，在今甘肃省临洮县境内。太守：官名。一郡的最高行政长官。浑邪（yé）：公孙浑邪。平曲：邑名。在今河北省霸州市东。④嘉：苏嘉。江陵：县名。在今湖北省江陵县西北。⑤布：栾布。鄃（shū）：又作"俞"，县名。治所在今山东省平原县西南。⑥梁楚二王皆薨：下文中元六年有梁孝王薨的记载，另《汉兴以来诸侯王年表》《梁孝王世家》和《汉书·诸侯表》均载梁孝王死于中元六年。此处关于梁孝王死的记载显然有误，当为"楚文王薨"。楚文王：即楚元王刘交的儿子刘礼。⑦后九月：即闰九月。殖：一本作"填"。

七年冬，废栗太子为临江王①。十一月晦，日有食之。春，免徒隶作阳陵者②。丞相青免③。二月乙巳，以太尉条侯周亚夫为丞相④。四月乙巳，立胶东王太后为皇后⑤。丁巳，立胶东王为太子。名彻⑥。

【注释】

①临江：县名。治所在今四川省忠县。②免：赦免，解除。徒隶：服劳役的罪犯和奴隶。③青：陶青。免：指罢免职务。④条：也作"荼"或"脩（tiáo）""蓨"。县名。治所在今河北省景县南。⑤胶东王太后：指刘彻的母亲王美人。⑥名彻：胶东王的名字，在前文已有交代；且《本纪》无此写法。

中元年，封故御史大夫周苛孙平为绳侯①，故御史大夫周昌孙左车为安阳侯②。四月乙巳，赦天下，赐爵一级。除禁锢③。地动。衡山、原都雨雹④，大者尺八寸。

【注释】

①周苛：周昌的堂兄，高帝时在荥阳被俘遭烹。绳：今地名不详。据《清一统志》，山东省境内有绳、渑二水。在益都县境内者为绳水，在临淄县境内者为渑水。②周昌（？—前192年）：刘邦同乡。随刘邦起兵反秦，任中尉。汉初为御史大夫，封汾阴侯。为人刚直敢言。安阳：县名。治所在今河南安阳市西南。③禁锢：禁止，封闭。指勒令不准做官，相当于后来所说的"永不录用"。西汉初曾有不准商人和上门女婿做官，不准犯罪官吏重新做官的法令。④原都：县名。今地名不详。《汉志》原都属上郡。约在今陕西省北部。

中二年二月，匈奴入燕①，遂不和亲。三月，召临江王来，即死中尉府中②。夏，立皇子越为广川王，子寄为胶东王。封四侯③。九月甲戌，日食。

【注释】

①燕：泛指古代燕国之地，即今河北省北部和辽宁省西部一带地区。②"召临江王来"二句：临江王刘荣因人告发他犯有侵占宗庙罪，被景帝召来京城，交给主管京城治安的中尉郅（zhì）都处置，刘荣畏罪，在中尉府中自杀。③封四侯：吴楚七国叛乱时，楚国丞相张尚、太傅赵夷吾，赵国丞相建德、内史王悍因拒绝参与谋反而被楚王刘戊、赵王刘遂杀害，所以景帝封张尚之子张当居、赵夷吾之子赵周、建德之子横、王悍之子玉弃分别为山阳侯、商陵侯、遽侯和新市侯。

中三年冬，罢诸侯御史中丞①。春，匈奴王二人率其徒来降②，皆封为列侯③。立皇子方乘为清河王④。三月，彗星出西北。丞相周亚夫免，以御史大夫桃侯刘舍为丞相⑤。四月，地动。九月戊戌晦，日食。军东都门外⑥。

【注释】

①御史中丞：官名。汉代御史大夫下设两丞：一称御中丞，一称中丞。中丞掌管图籍文书，外负责督察刺史，内负责接受公卿奏事，举劾案章。因居殿中，所以得名。当时各诸侯王国也设有这一官职。②匈奴王二人：据《惠景间侯者年表》，这年匈奴王来降者共七人。③列侯：爵位名。原名彻侯，因避武帝刘彻名讳，改为通侯，又称列侯，是秦汉时二十级爵位中的最高一级。④清河：汉初封国。约辖今河北省南部南宫市与山东省北部高唐县之间的地区，都城在清阳（今

河北省清河县东）。⑤桃：地名，即桃丘。在今山东省东阿县西南。⑥东都门：当时长安城东北的外城门。

中四年三月，置德阳宫①。大蝗。秋，赦徒作阳陵者。

【注释】

①德阳宫：景帝为自己建的庙。故址在今陕西省咸阳市东北。

中五年夏，立皇子舜为常山王①。封十侯②。六月丁巳，赦天下，赐爵一级。天下大潦③。更命诸侯丞相曰相。秋，地动。

【注释】

①常山：汉初封国。辖今河北省中部和山西省东部的部分地区。都城为元氏（今河北省元氏县西北）。②封十侯：据《惠景间侯者年表》载，这年夏封五侯，非十侯。③潦（lào）：通"涝"。水淹。

中六年二月己卯，行幸雍①，郊见五帝②。三月，雨雹。四月，梁孝王、城阳共王、汝南王皆薨③。立梁孝王子明为济川王，子彭离为济东王，子定为山阳王，子不识为济阴王。梁分为五。封四侯④。更命廷尉为大理⑤，将作少府为将作大匠⑥，主爵中尉为都尉⑦，长信詹事为长信少府⑧，将行为大长秋⑨，大行为行人⑩，奉常为太常⑪，典客为大行⑫，治粟内史为大农⑬。以大内为二千石⑭，置左右内官，属大内。七月辛亥，日食。八月，匈奴入上郡⑮。

【注释】

①雍：即辟雍。古代设在郊外的祭祀之所。②郊：即郊祀。在郊外祭祀天地，是古代祭礼之一。五帝：传说中上古时代的五个帝王，说法不一。参见《孝文本纪》。③梁孝王：即景帝的胞弟刘武。封于梁，国辖今河南省与安徽省交界地区，都城为睢阳（今河南省商丘市南）。城阳共（gōng）王：即城阳王刘章之子、刘悼惠王刘肥之孙刘喜。国辖今山东省沂南县一带，都城为莒（jǔ）县（今山东省莒县）。汝南王：上文说前元三年六月，已徙"汝南王非为江都王"。④封四侯：据《汉书·景帝本纪》载："梁王薨，分梁为五国，立孝王子五人皆为王。"与此处记载不一。所立五人，即梁王刘买、济川王刘明、济东王刘彭离、山阳王刘定、济阴王刘不识。⑤廷尉：官名。掌管刑狱的最高司法官，为"九卿"之一。⑥将（jiāng）作少（shào）府：官名。主管宫室、宗庙、路寝、陵园等土木营建。⑦主爵中尉：官名。掌管有关封爵事宜。⑧长信詹事：官名。在长信宫（皇太后的住所）掌管皇太后事务的官员。⑨将（jiāng）行：官名。掌管传达皇后意旨与皇后宫中事务。是皇后的近侍人员，大多由宦官充任。⑩大行：官名。掌管接待诸侯等宾客的事务。⑪奉常：官名。掌管宗庙礼仪的高级官员，是"九卿"之一。⑫典客：官名。掌管接待四方边境各族来朝人员事务，为"九卿"之一。⑬治粟内史：官名。⑭大内：官名。掌管京城仓库。二千石（shí）：官名。因每年俸禄为二千石（月俸一百二十斛）而得名。地位相当于太守。⑮上郡：郡名。辖今陕西省北部和内蒙古自治区河套以南地带，郡治为肤施（今陕西省榆林县东南）。

后元年冬，更命中大夫令为卫尉①。三月丁酉，赦天下，赐爵一级，中二千石、诸侯相爵右庶长②。四月，大酺。五月丙戌，地动，其蚤食时复动③。上庸地动二十二日④，坏城垣。七月乙巳，日食。丞相刘舍免。八月壬辰，以御史大夫绾为丞相⑤。封为建陵侯⑥。

【注释】

①中大夫令：官名。掌管宫门警卫事务，并统辖南军。②中（zhòng）二千石：官名。③蚤食时：早饭时分。蚤，通"早"。④上庸：县名。治所在今湖北省竹山县西南。⑤绾：即卫绾。⑥卫绾封为建陵侯事，在前元六年，前文已叙及，此处当删。

后二年正月，地一日三动。郅将军击匈奴①，醋五日。令内史、郡不得食马粟，没入县官②。令徒隶衣七缲布③。止马春④。为岁不登⑤，禁天下食不造岁⑥。省列侯，遣之国⑦。三月，匈奴入雁门⑧。十月，租长陵田⑨。大旱。衡山国、河东、云中郡民疫⑩。

【注释】

①郅将军：郅都。②食（sì）：通"饲"。喂养。县官：古代指天子，这里指朝廷、官府。③七缲（zōng）布：一种质地很粗糙的布。古代布帛在二尺二寸的幅度内以八十根经线为一缲，七缲就是只有五百六十根经线，所以极粗糙。④止：禁止。马春：用马春粮食。⑤不登：没成熟。指庄稼没有收成。⑥造岁：到秋收时。造，到。⑦省列侯，遣之国：减少京城里的列侯，让他们回到自己的封地去，以减轻京城压力和民众负担。⑧雁门：郡名。辖今山西省北部和内蒙古自治区黄旗海、岱海以南的部分地区，郡治为善无（今山西省右玉县东南）。⑨十月：应当记在正月的前面。有人认为"十"是"七"的误字，也说是通。长陵：汉高祖的陵墓，在今陕西省咸阳市东北。⑩河东：郡名。辖今山西省石楼县以南、沁水县以西地区，郡治为安邑（今山西省夏县西北）。云中：郡名。辖今内蒙古自治区四子王旗以南、前房子以北地区，郡治为云中（今内蒙古自治区托克托县东北）。

后三年十月，日月皆食赤五日。十二月晦，雷①。日如紫。五星逆行守太微②。月贯天廷中。正月甲寅，皇太子冠③。甲子，孝景皇帝崩。遗诏赐诸侯王以下至民为父后爵一级，天下户百钱④。出宫人归其家，复无所与⑤。太子即位，是为孝武皇帝⑥。三月，封皇太后弟蚡为武安侯⑦，弟胜为周阳侯⑧。置阳陵⑨。

【注释】

①雷：《集解》引徐广语："一作'雷'字，又作'图'字，实所未详。"②五星：即金、木、水、火、土五大行星。太微：星宿名。是"三垣"（太微垣、紫微垣、天市垣）之一。③冠（guàn）：加冠。④民为父后：即继承父业的百姓。天下户百钱：指赏给全体百姓每户一百钱。⑤复无所与：即终身免除赋税。⑥是为孝武皇帝：司马迁在《史记》中称武帝均为"今上""今帝""今天子""今皇帝"，此处独以谥号相称，疑为后人所改。⑦蚡（fén）：即田蚡（？—前131年）。长陵（今陕西省咸阳市）人，景帝王皇后的同母弟。武安：县名。治所在今河北省武安县。⑧胜：即田蚡的弟弟田胜。周阳：据《索隐》说，"县名。属上郡。"按属上郡者为阳周。周阳在今山西省闻喜县东北。⑨置阳陵：设置阳陵县。汉代皇帝生前即建陵，死后陵地往往置县。

太史公曰："汉兴，孝文施大德，天下怀安①。至孝景，不复忧异姓②，而晁错刻削诸侯，遂使七国俱起，合从而西向③，以诸侯太盛，而错为之不以渐也。

及主父偃言之④，而诸侯以弱，卒以安。安危之机⑤，岂不以谋哉？"

【注释】

①怀安：怀念帝王的德政而安居乐业。②忧异姓：担心异姓诸侯王的反叛。③合从（zōng）：本指战国时南北六国联合起来共同抗秦，这里借指吴楚七国联合起兵反叛朝廷。④主父偃（？—前127年）：复姓主父。武帝时上书言事，任郎中，官至中大夫。⑤机：关键。

孝武本纪第十二①

孝武皇帝者②，孝景中子也③。母曰王太后。孝景四年，以皇子为胶东王④。孝景七年，栗太子废为临江王⑤，以胶东王为太子。孝景十六年崩，太子即位，为孝武皇帝。孝武皇帝初即位，尤敬鬼神之祀。

【注释】

①孝武本纪《太史公自序》作"今上本纪"，且本纪中叙武帝事迹时都称"上""今上""今天子"等，可知篇名称谥号"孝武"，于理所无。②孝武皇帝（前156—前87年）：名彻。景帝之子。前141年至前87年在位。他继承文、景之业，对内实行经济统制，加强中央集权，对外用兵，进击匈奴，开拓疆土。尊儒术，倡仁义，黜百家，建太学，置五经博士。在位期间，为西汉一代军事、政治、经济、文化的极盛时期。③孝景（前188—前141年）：即景帝刘启。文帝之子。前157—前141年在位。他继文帝之后，继续采取"与民休息"政策，轻徭薄赋，重农抑商，兴办水利，发展农业生产。④胶东：封国名。辖今山东半岛中部地区，都城在即墨（今山东省平度市东南）。⑤栗太子：即景帝之子刘荣，为栗姬所生。后因罪自杀。临江：封国名。辖今湖北省西南部地区，都城在江陵（今湖北省江陵县）。

元年①，汉兴已六十余岁矣②，天下乂安③，荐绅之属皆望天子封禅改正度也④。而上乡儒术⑤，招贤良⑥，赵绾、王臧等以文学为公卿⑦，欲议古立明堂城南⑧，以朝诸侯。草巡狩封禅改历服色事未就⑨。会窦太后治黄老言⑩，不好儒术，使人微得赵绾等奸利事⑪，召案绾、臧⑫，绾、臧自杀，诸所兴为者皆废。

【注释】

①元年：汉武帝建元元年（前140年）。②六十余岁：指从汉高祖刘邦公元前202年称帝，到这时已六十多年。③乂（yì）安：太平无事。④荐绅：同"搢绅""缙绅"。指将笏（hù）插在官服的大带与革带之间，是古代高级官吏的装束，后用作官宦的代称。封禅（shàn）：帝王祭祀天地的典礼。曾登泰山封禅，此后的历代王朝也都以此作为国家大典。改正（zhēng）度：改换正朔（一年和一月的开始，即一年的正月初一）和服色等制度。古时改朝换代，新即位的帝王为了表示"应天承运"，

改故用新，必须重新确定正朔等制度。⑤上：指君主。乡：通"向"。倾向。引申为崇尚。儒术：儒家的学术。⑥贤良：又称"贤良方正""贤良文学"。汉代选拔统治人才的科目之一。汉文帝为了询访政治得失，始诏"举贤良方正能直言极谏者"，中选者则授予官职。⑦赵绾（wǎn）：代（今河北省蔚县东北）人，当时任御史大夫。王臧：兰陵（今山东省枣庄市东南）人，当时任郎中令。公卿：三公、九卿的统称。⑧明堂：古代帝王宣明政教的地方，凡朝会、祭祀、庆赏、选士、养老、教学等大典，都在此举行。后来宫室渐备时，另在近郊东南面建明堂，以存古制。⑨"草巡狩"句：草拟的巡狩、封禅和改换历法、服色等计划没有实现。巡狩，指皇帝出巡，视察诸侯所守的封地，一般每五年一次。⑩窦太后：文帝的皇后。景帝即位后，尊她为皇太后。是武帝的祖母。⑪微：暗中察访。奸利事：指以非法手段牟取私利，如贪污受贿等情事。⑫召案：传讯审查定罪。案，通"按"，考问。

后六年①，窦太后崩。其明年，上征文学之士公孙弘等②。

【注释】

①后六年：指建元六年，即公元前135年。②公孙弘（前200—前121年）：菑川薛（今山东省寿光市南）人。狱吏出身，学《春秋》杂说，武帝初征为博士。

明年，上初至雍①，郊见五畤②。后常三岁一郊③。是时上求神君④，舍之上林中蹄氏观⑤。神君者，长陵女子⑥，以子死悲哀故，见神于先后宛若⑦。宛若祠之其室，民多往祠。平原君往祠⑧，其后子孙以尊显。及武帝即位，则厚礼置祠之内中，闻其言，不见其人云。

【注释】

①雍：县名。治所在今陕西省凤翔县南。②郊：古代祭礼之一。即在郊外祭祀天地。五畤（zhì）：古代祭祀天地五帝的五个固定处所。地在今陕西省凤翔县南。③三岁一郊：即三年中头年祭天，次年祭地，第三年祭五畤，每三年轮到一次。④神君：古代对神灵的敬称，这里指长陵女子。⑤上林：苑名。秦时所建，武帝加以扩大，周围达两百多里，内有离宫、馆、观七十多座。苑中放养各种禽兽，供皇帝春秋时打猎。在今陕西省西安市西及周至、户县界。蹄氏观（guàn）：庙宇名。在上林苑中。⑥长陵：县名。汉高帝陵墓所在，故址在今陕西省西安市西北。⑦先后：古代兄弟的妻子之间相称为"先后"，相当于"妯娌"。宛（yuān）若：人名。⑧平原君：武帝的外祖母，叫臧儿。

是时而李少君亦以祠灶、谷道、却老方见上①，上尊之。少君者，故深泽侯入以主方②。匿其年及所生长③，常自谓七十，能使物④，却老。其游以方遍诸侯。无妻子。人闻其能使物及不死，更馈遗之⑤，常馀金钱帛衣食。人皆以为不治产业而饶给⑥，又不知其何所人，愈信，争事之⑦。少君资好方⑧，善为巧发奇中⑨。尝从武安侯饮⑩，坐中有年九十余老人，少君乃言与其大父游射处⑪，老人为儿时从其大父行，识其处，一坐尽惊。少君见上，上有故铜器，问少君。少君曰："此器齐桓公十年陈于柏寝。"已而案其刻⑫，果齐桓公器。一宫尽骇，以少君为神，数百岁人也。

【注释】

①是时：这时；当时。而：助词。祠灶：祭祀灶神以求安。谷道：种谷得金的道术。一说不吃粮食而能生活，是长生不老的方术。却老：防止衰老，延

长寿命。方：方术；道术。②深泽侯：赵胡。他继承祖爵为深泽侯。主方：主管方术医药之事。③匿：隐瞒。生长：指生平履历等。④使物：驱使鬼神或使用药物。⑤更：连续；纷纷。⑥治：管理；经营。饶给：富裕。⑦事：侍奉。⑧资：资质，指人的天资禀赋。⑨巧发奇中（zhòng）：能用巧言猜中。⑩武安侯：田蚡（fén）。长陵人。景帝王皇后的弟弟。武帝时封武安侯，拜太尉，后迁丞相。⑪大父：祖父。游射：出游射猎。⑫已而：随即。案：通"按"。查验。

少君言于上曰："祠灶则致物①，致物而丹沙可化为黄金②，黄金成以为饮食器则益寿，益寿而海中蓬莱仙者可见③，见之以封禅则不死，黄帝是也④。臣尝游海上，见安期生⑤，食臣枣⑥，大如瓜。安期生仙者，通蓬莱中，合则见人⑦，不合则隐。"于是天子始亲祠灶，而遣方士入海求蓬莱安期生之属⑧，而事化丹沙诸药齐为黄金矣⑨。

【注释】

①致物：指招来鬼神。②丹沙：即朱砂（硫化汞）。矿物名。供药用，也可作颜料。古代方士说它可以炼制长生不老药或黄金。③蓬莱：古代传说东海中的三座仙山之一。④黄帝：传说中中原各族的共同祖先。相传他得到各部落的拥戴，先后打败炎帝，击杀蚩尤，被推为部落联盟领袖。⑤安期生：古代传说中的道家仙人。⑥食（sì）：通"饲"。给人吃。枣：传说中的仙果。⑦合：和合；融洽。这里指道相合。⑧方士：方术之士。指古代求仙、炼丹，自称能长生不死的人。这些人常以修炼成仙和不死之药等方术骗取统治者的信任。⑨事：从事。齐（jì）：通"剂"。

居久之①，李少君病死。天子以为化去不死也②，而使黄锤史宽舒受其方③。求蓬莱安期生莫能得，而海上燕齐怪迂之方士多相效，更言神事矣。

【注释】

①居久之：过了许久。②"天子以为"句：据《汉书起居》载："李少君将去，武帝梦与共登嵩高山，半道，有使乘龙时从云中云'太一请少君'，帝谓左右'将舍我去矣'。数月而少君病死。又发棺看，唯衣冠在也。"③黄：县名。治所在今山东省黄县东。锤：县名。治所在今山东省文登市西。宽舒：后任祠官。

亳人薄诱忌奏祠泰一方①，曰："天神贵者泰一，泰一佐曰五帝②。古者天子以春秋祭泰一东南郊，用太牢具③，七日，为坛开八通之鬼道④。"于是天子令太祝立其祠长安东南郊⑤，常奉祠如忌方。其后人有上书，言"古者天子三年一用太牢具祠神三一：天一、地一⑥，泰一"。天子许之，令太祝领祠之忌泰一坛上，如其方。后人复有上书，言"古者天子常以春秋解祠⑦，祠黄帝用一枭破镜⑧；冥羊用羊⑨；祠马行用一青牡马⑩；泰一、皋山山君、地长用牛⑪；武夷君用干鱼⑫；阴阳使者以一牛⑬"。令祠官领之如其方，而祠于忌泰一坛旁。

【注释】

①亳（bó）：地名。有南亳（今河南省商丘市南）、北亳（今山东曹县南）、西亳（今河南省偃师县西）等几处，都曾为商朝的都城。②佐：辅佐。指辅佐泰一的神。五帝：传说中的天上五方之帝：东方苍帝，名为灵威仰；南方赤帝，名为赤熛怒；中央黄帝，名为含枢纽；西方白帝，名为招拒；北方黑帝，名为汁光纪。一说五帝即太昊（hào）、炎帝、黄帝、少昊、颛顼（zhuān xū）。③太牢：古代盛肉食用的器具叫牢，大的叫太牢。太牢用来盛牛、羊、猪三牲，所以也把

祭祀时并用的三牲叫作"太牢"。④坛：土筑的高台。古代用来举行祭祀、朝会、盟誓等大事。八通之鬼道：坛的八方有通行的石阶，作为神鬼来往的走道。⑤太祝：官名。主管祭祀祈祷之事。⑥天一，地一：都是神名。⑦解祠：为了消灾解祸而举行祭祀。⑧枭（xiāo）：通"鸮"。传说中吃母的恶鸟。破镜：又叫"獍"。传说中吃父的恶兽。⑨冥羊：神名。⑩马行：神名。⑪皋山山君、地长（zhǎng）：都是神名。⑫武夷君：武夷山神，武夷山在今福建省崇安县南。⑬阴阳使者：神名。

其后，天子苑有白鹿①，以其皮为币②，以发瑞应③，造白金焉④。

【注释】

①天子苑：指当时的皇家园林上林苑。②币：指既作货币，又用以作垫璧礼品的白鹿皮币。法律规定，鹿皮方尺，值黄金一斤。③瑞应：吉祥的征兆。④白金：银。这里指银锡合金。

其明年，郊雍，获一角兽①，若麃然②。有司曰③："陛下肃祗郊祀④，上帝报享⑤，锡一角兽⑥，盖麟云⑦。"于是以荐五畤⑧，畤加一牛以燎⑨。赐诸侯白金，以风符应合于天地⑩。

【注释】

①一角兽：长着一只角的野兽。②麃（páo）：同"麌"。古代鹿的一种，据说外形像獐，牛尾，一角。③有司：即主管官吏。古代设官分职，诸事各有专人主管，所以称有关主管官员为"有司"。④陛（bì）下：臣下对帝王的尊称。肃祗（zhī）：庄严恭敬。⑤报享：报答对他的祭祀。⑥锡：赐；给予。麟：麒麟。古代传说中的一种动物，外形像鹿，独角，全身生鳞甲，牛尾。一般认为是吉祥的象征，与龙、凤、龟一起称为"四灵"。⑦荐：进献。⑧燎（liào）：焚柴祭天的祭礼。⑩风（fěng）：通'讽'。暗示。符应：古代迷信，以所谓天降祥瑞来附会人事，称为符应，又叫'瑞应'。

于是济北王以为天子且封禅①，乃上书献泰山及其旁邑②。天子受之，更以他县偿之。常山王有罪③，迁④，天子封其弟于真定⑤，以续先王祀，而以常山为郡。然后五岳皆在天子之郡。

【注释】

①济北王：刘胡。汉高帝曾孙。②泰山：在今山东省中部。古称东岳，主峰玉皇顶在今泰安市北。古代帝王常在泰山举行封禅大典。③常山王：刘勃。汉景帝之孙。国辖今河北省西南部分地区，都城在元氏（今元氏县西北。）④迁：流放。⑤真定：县名。在今河北省正定县南。武帝置真定国，都城设此。

其明年，齐人少翁以鬼神方见上①。上有所幸王夫人②，夫人卒，少翁以方术盖夜致王夫人及灶鬼之貌云③，天子自帷中望见焉④。于是乃拜少翁为文成将军⑤，赏赐甚多，以客礼礼之⑥。文成言曰："上即欲与神通⑦，宫室被服不象神，神物不至。"乃作画云气车，及各以胜日驾车辟恶鬼⑧。又作甘泉宫⑨，中为台室，画天、地、泰一诸神，而置祭具以致天神。居岁余，其方益衰⑩，神不至。乃为帛书以饭牛⑪，详弗知也，言此牛腹中有奇。杀而视之，得书，书信甚怪，天子疑之。有识其手书，问之人，果伪书。于是诛文成将军而隐之。

【注释】

①少翁：即"少年老人"的意思。②王夫人：武帝的爱妾。③云：句末助词。④帷：帐幕。⑤拜：授予官职。⑥礼之：以礼节接待他。⑦即：如果；假使。⑧胜日：指干支五行相胜（克）之日。如甲乙日驾青车，丙丁日驾赤车占据优势。又驾青车办土事，驾赤车办金事占据优势之类。辟：排除；驱走。⑨甘泉宫：宫名。又叫云阳宫。⑩益衰：越发不见灵验。⑪饭牛：喂牛。指将帛书让牛吞食下去。

其后则又作柏梁、铜柱承露仙人掌之属矣①。

【注释】

①柏梁：台名。台高二十丈，相传以香柏为梁，所以称"柏梁台"。

文成死明年，天子病鼎湖甚①，巫医无所不致，不愈。游水发根乃言曰②："上郡有巫③，病而鬼下之。"上召置祠之甘泉。及病，使人问神君④。神君言曰："天子毋忧病⑤。病少愈，强与我会甘泉⑥。"于是病愈，遂幸甘泉⑦，病良已⑧。大赦天下，置寿宫神君⑨。神君最贵者大夫，其佐曰大禁、司命之属，皆从之。非可得见，闻其音，与人言等。时去时来，来则风肃然也。居室帷中。时昼言，然常以夜。天子祓⑩，然后入。因巫为主人，关饮食⑪。所欲者言行下。又置寿宫、北宫⑫，张羽旗⑬，设供具，以礼神君。神君所言，上使人受书其言，命之曰"画法"⑭。其所语，世俗之所知也，毋绝殊者⑮，而天子独喜⑯。其事秘，世莫知也。

【注释】

①鼎湖：宫名。故址在今陕西省蓝田县境，地近宜春（今陕西省西安市长安区南）；一为地名，在今河南省灵宝市，此说似不确。②游水发根：姓游水，名发根。③上郡：郡名。辖今陕西省北部和内蒙古河套以南地区，郡治在肤施（今陕西省榆林县东南）。④神君：指巫师所说的鬼。⑤毋：莫；不用。⑥强（qiǎng）：勉强；勉强支持。⑦幸：封建时代称帝王亲临。⑧良：的确；真的。⑨寿宫：神庙。⑩祓（fú）：为除灾去邪而举行的一种祭礼。⑪关：领取。⑫北宫：宫名。旧址在今陕西省西安市长安区西北。⑬羽旗：用羽毛作装饰的旗帜。⑭画法：记下法术。⑮毋：通"无"。⑯独：单独；独自。

其后三年，有司言元宜以天瑞命①，不宜以一二数。一元曰"建元"②，二元以长星曰"元光"③，三元以郊得一角兽曰"元狩"云④。

【注释】

①元：开始。这里指纪元。②建元：我国古代第一个年号。汉武帝以前，帝王纪年只有年数，没有年号。到武帝元狩年间，才开始采用年号纪年，并追定建元以来的年号。③长星：彗星的一种。④三元：武帝的第三个年号为"元朔"，第四个年号才是"元狩"。元狩：即上文所叙武帝元狩元年在雍县郊祀五帝时获得独角兽一事，因附会为天赐麒麟，所以定年号为"元狩"。

其明年冬，天子郊雍，议曰："今上帝朕亲郊①，而后土毋祀②，则礼不答也③。"有司与太史公、祠官宽舒等议④："天地牲角茧栗⑤。今陛下亲祀后土，后土宜于泽中圜丘为五坛⑥，坛一黄犊太牢具，已祠尽瘗⑦，而从祠衣上黄⑧。"于是天子遂东⑨，立后土祠汾阴脽上⑩，如宽舒等议。上亲望拜⑪，如上帝礼。礼毕，天子遂至荥阳而还⑫。过雒阳⑬，下诏曰："三代邈绝⑭，远矣难存。其以三十里地封周后为周子南君⑮，以奉先王祀焉。"是岁，天子始巡郡县，侵寻于泰山矣⑯。

【注释】

①朕（zhèn）：皇帝自称。②后土：地神。③答：回报，引申为周全。④太史公：指司马谈（司马迁的父亲）。⑤天地牲角茧栗：祭祀天地用的牛，其角要小如蚕茧或板栗。⑥圜（yuán）丘：祭天的坛。因外形圆如天体，高如小丘，所以称"圜丘"。圜，同"圆"。⑦瘗（yì）：埋葬。⑧从祠：陪祭。这里指陪祭者。上：通"尚"。崇尚。⑨东：⑩汾阴脽（shuí）：即汾脽。汾阴县治（今山西省万荣县西南）所在地。宽约二里，高十余丈。县西后土祠，为武帝时所建。脽，高丘。⑪望拜：遥望远方，拜祭神灵。⑫荥（xíng）阳：县名。在今河南省荥阳市东北。⑬雒（luò）阳：都邑名。在今河南省洛阳市东北。当时是河南郡的郡治。雒，三国时改作"洛"。⑭三代：指夏、商、周三代。⑮周子南君：指周朝的后代姬嘉。⑯侵寻于泰山：指武帝将有泰山之行。侵寻，同"侵淫"，渐近。

其春，乐成侯上书言栾大①。栾大，胶东宫人②，故尝与文成将军同师，已而为胶东王尚方③。而乐成侯姊为康王后④，毋子⑤。康王死，他姬子立为王。而康后有淫行，与王不相中⑥，得相危以法⑦。康后闻文成已死，而欲自媚于上，乃遣栾大因乐成侯求见言方⑧。天子既诛文成，后悔恨其早死，惜其方不尽，及见栾大，大悦。大为人长美，言多方略⑨，而敢为大言，处之不疑⑩。大言曰："臣尝往来海中，见安期、羡门之属⑪。顾以为臣贱⑫，不信臣。又以为康王诸侯耳，不足予方。臣数言康王，康王又不用臣。臣之师曰：'黄金可成，而河决可塞，不死之药可得，仙人可致也⑬。'臣恐效文成，则方士皆掩口，恶敢言方哉⑭！"上曰："文成食马肝死耳⑮。子诚能修其方⑯，我何爱乎⑰！"大曰："臣师非有求人，人主求之。陛下必欲致之，则贵其使者⑱，令为亲属，以客礼待之，勿卑，使各佩其信印，乃可使通言于神人。神人尚肯邪不邪⑲。致尊其使⑳，然后可致也。"于是上使先验小方，斗旗㉑，旗自相触击。

【注释】

①乐成侯：丁义。②胶东：指当时的胶东王、景帝之子刘寄。宫人：官名。掌管诸侯王的日常生活事务。③尚方：官名。掌管配制药方等事务。④康王：刘寄的谥号。⑤毋：通"无"。⑥中（zhòng）：投合。⑦危：危害；倾轧。⑧因：凭借；通过。⑨方略：计谋策略。⑩处之不疑：指说谎话而神色自若。⑪安期、羡门：即传说中的仙人安期生、羡门高。⑫顾：但；不过。⑬致：求得。⑭恶（wū）：何；怎么。⑮马肝：相传马肝有毒，人吃了会丧命。⑯诚：果真；如果。副词。⑰爱：吝惜；舍不得。⑱贵：使之尊贵。⑲邪（yé）：语助词，表疑问。不（fǒu）：同"否"。⑳致尊：尽量尊重他的使者。㉑斗旗：方士利用磁性相斥相引的作用，使棋子在棋盘上自相触击，用这种魔术手段来骗人。

是时上方忧河决①，而黄金不就②，乃拜大为五利将军。居月余，得四金印，佩天士将军、地士将军、大通将军、天道将军印。制诏御史③："昔禹疏九江④，决四渎⑤。间者河溢皋陆⑥，堤繇不息⑦。朕临天下二十有八年⑧，天若遗朕士而大通焉⑨。《乾》称'蜚龙'，'鸿渐于般'⑩，意庶几与焉⑪。其以二千户封地士将军大为乐通侯⑫。"赐列侯甲第⑬，僮千人⑭。乘舆斥车马帷帐器物以充其家⑮。

又以卫长公主妻之⑯，赍金万斤⑰，更名其邑曰当利公主⑱。天子亲如五利之第⑲。使者存问所给，连属于道⑳。自大主将相以下㉑，皆置酒其家，献遗之。于是天子又刻玉印曰"天道将军"，使使衣羽衣㉒，夜立白茅上㉓，五利将军亦衣羽衣，立白茅上受印，以示弗臣也㉔。而佩"天道"者，且为天子道天神也㉕。于是五利常夜祠其家，欲以下神㉖。神未至而百鬼集矣，然颇能使之。其后治装行㉗，东入海，求其师云。大见数月㉘，佩六印，贵振天下㉙，而海上燕齐之间，莫不搤捥而自言有禁方㉚，能神仙矣。

【注释】

①方：正当。河：黄河。②黄金不就：指用丹砂、铅锡来提炼黄金的事没有成功。③御史：官名。④禹：古代部落联盟领袖。也称大禹、夏禹。姓姒（sì）。原为夏后氏部落领袖，奉舜之命治理洪水有功，被舜选为继承人。九江：指长江在今湖北省境内的九条水道。《汉书·郊祀志》作"九河"，则是指黄河在河北省境内的九条水道。⑤决：开道引水。四渎（dú）：古代对四条独流入海的大川的总称，即是江（长江）、河（黄河）、淮（淮河）、济（济水）四水。⑥间（jiān）者：指近年以来。皋陆：高地。指河岸。皋，通"高"。⑦堤繇（yáo）：修筑堤防的劳役。繇，通"徭"，劳役。⑧临：统管；治理。⑨通：通晓。指了解天意。⑩乾（qián）称蜚龙，鸿渐于般（pán）：称赞获得了道术，如飞龙在天上游弋，腾跃自如；找到了方士，似鸿鸟渐近涯岸，高飞远翔。⑪庶几（jǐ）：也许；差不多。表希望推测之词。与：赞许。⑫其：应当。祈使副词。乐：地名。在今江苏省泗洪县东南。⑬列侯：秦汉时二十等爵位的最高一级。甲第：上等房屋。旧时官僚住宅有甲乙等第之分，所以称豪华住宅为甲第。⑭僮（tóng）：奴仆。⑮乘（shèng）舆：帝王乘坐的车辆。斥：剩余的；不用的。帷帐：宫室的帐幕，借指宫廷。⑯卫长公主：武帝卫皇后的长女。妻（qì）：以女嫁人。动词。⑰赍（jī）：赠送；赐给。⑱当利：县名。治所在今山东省莱州市西南。⑲如：往；去。动词。⑳存问：慰问；省视。所：当依《封禅书》和《汉书·郊祀志》作"供"。㉑大主：大长公主的省称。㉒使（shǐ）使（旧读shì，今读shǐ）：派遣使者。衣（yì）：穿。动词。羽衣：用鸟羽制成的衣服，后用来称道士的衣服。㉓白茅：多年生野草。古代常用来包裹祭祀用的礼物。㉔臣：以动用法。㉕道：通"导"。引导。㉖下：使动用法。㉗治装：整理行装。㉘见：被引见。㉙振：通"震"。震惊。㉚搤捥（èwàn）：同"扼腕"。握着手腕，表示情绪激动精神振奋的动作。

其夏六月中，汾阴巫锦为民祠魏脽后土营旁①，见地如钩状，掊视得鼎②。鼎大异于众鼎，文缕毋款识③，怪之，言吏。吏告河东太守胜④，胜以闻⑤。天子使使验问巫锦得鼎无奸诈，乃以礼祠，迎鼎至甘泉，从行，上荐之。至中山⑥，晏温⑦，有黄云盖焉。有麃过，上自射之，因以祭云。至长安，公卿大夫皆议请尊宝鼎⑧。天子曰："间者河溢，岁数不登⑨，故巡祭后土，祈为百姓育谷。今年丰庑未有报⑩，鼎曷为出哉⑪？"有司皆曰："闻昔大帝兴神鼎一⑫，一者一统，天地万物所系终也⑬。黄帝作宝鼎三，象天地人也⑭。禹收九牧之金⑮，铸九鼎，皆尝鬺烹上帝鬼神⑯。遭圣则兴⑰，迁于夏商。周德衰，宋之社亡⑱，鼎乃沦伏而不见⑲。《颂》云'自堂徂基，自羊徂牛；鼏鼎及鼒。不虞不骜，胡考之休'⑳。今鼎至甘泉，光润龙变㉑，承休无疆。合兹中山，有黄白云降盖，若兽为符㉒，路弓乘矢㉓，集获坛下㉔，报祠大飨㉕。惟受命而帝者心知其意而合德焉㉖。鼎宜见于祖祢㉗，藏于帝廷㉘，以合明应㉙。"制曰㉚："可。"

【注释】

①巫：古代称能够以舞降神的人。女的称巫，男的称觋（xí）。锦：人名。魏脽：即汾阴脽，因原属魏国，所以称魏脽。营：祠庙周围的界限。②掊（póu）：通"抔"。用手扒土。③文缕（lǚ）：雕刻的花纹。④河东：郡名。辖今山西省西南部地区，郡治在安邑（今夏县西北）。太守：官名。郡的最高行政长官。胜：人名。⑤闻：传报。⑥中（zhòng）山：山名。在今陕西省淳化县东南。⑦晏温：天气晴和温暖。⑧大夫：官名。名目甚繁，多系中央要职和顾问。⑨登：庄稼成熟。⑩丰庑（wú）：丰收。庑，茂盛。报：报赛。农事完毕之后举行的祭祀。⑪曷（hé）为：为何；为什么。⑫大帝：也作"泰帝"。传说中的太昊伏羲氏。神鼎：对宝鼎的美称。⑬系终：归结。⑭象：象征；代表。⑮九牧：即九州。牧原指州的长官。⑯鬺（shāng）烹：烹煮，特指烹煮牲畜以祭祀。⑰兴：兴起，出现。⑱宋：国名。⑲见：通"现"。出现。⑳《颂》：指《诗经》中的《周颂·丝衣》。徂：往；到。基：指门外两侧房屋的地基。鼐（nài）：大鼎。鼒（zī）：小鼎。虞：喧哗。赘：通"傲"。傲慢。胡考：长寿。休：福禄。㉑光润：指鼎的外表光彩华美。龙变：龙是古代传说中的一种神异动物，能上天下海，变化莫测，这里用"龙变"来形容鼎的光彩的变幻神奇。㉒符：祥瑞；吉祥之兆。㉓路弓：大弓。㉔集：会聚。㉕大飨：古代帝王诸侯合祭历代祖先的祭礼。㉖合德：天人互相感应。迷信者认为天能干预人事，人的行为也能感动上天。㉗祖祢（nǐ）：祖先。古代父死，神主进入祖庙以后称"祢"。㉘帝廷：指甘泉宫内供奉天帝的殿廷。㉙明应：上天所降符瑞的应验。㉚制：称帝王的命令。

入海求蓬莱者言蓬莱不远，而不能至者，殆不见其气①。上乃遣望气佐候其气云②。

【注释】

①殆（dài）：大概。②望气佐：指善于望气的官员。候：等候观察。

其秋，上幸雍，且郊①。或曰"五帝，泰一之佐也，宜立泰一而上亲郊之"。上疑未定。齐人公孙卿曰②："今年得宝鼎，其冬辛巳朔旦冬至③，与黄帝时等。"卿有札书曰④："黄帝得宝鼎宛朐⑤，问于鬼臾区⑥。区对曰：'帝得宝鼎神策⑦，是岁己酉朔旦冬至，得天之纪⑧，终而复始。'于是黄帝迎日推策⑨，后率二十岁得朔旦冬至⑩，凡二十推⑪，三百八十年，黄帝仙登于天。"卿因所忠欲奏之⑫。所忠视其书不经⑬，疑其妄书。谢曰⑭："宝鼎事已决矣，尚何以为！"卿因嬖人奏之⑮。上大说⑯，召问卿。对曰："受此书申功⑰，申功已死。"上曰："申功何人也？"卿曰："申功，齐人也。与安期生通，受黄帝言，无书，独有此鼎书。曰'汉兴复当黄帝之时，汉之圣者在高祖之孙且曾孙也⑱。宝鼎出而与神通，封禅。封禅七十二王，唯黄帝得上泰山封'。申功曰：'汉主亦当上封，上封则能仙登天矣。黄帝时万诸侯，而神灵之封居七千⑲。天下名山八，而三在蛮夷⑳，五在中国㉑。中国华山、首山、太室、泰山、东莱㉒，此五山黄帝之所常游，与神会。黄帝且战且学仙。患百姓非其道㉓，乃断斩非鬼神者㉔。百余岁然后得与神通。黄帝郊雍上帝，宿三月。鬼臾区号大鸿㉕，死葬雍，故鸿冢是也㉖。其后黄帝接万灵明廷。明廷者，甘泉也。所谓寒门者㉗，谷口也㉘。黄帝采首山铜，铸鼎于荆山下㉙。鼎既成，有龙垂胡髯下迎黄帝㉚。黄帝上骑，群臣后宫从上龙七千余人，龙乃上去。余小臣不得上，乃悉持龙髯，龙髯拔，堕黄帝之弓。百姓仰望黄帝既上天，乃抱其弓与龙胡髯号㉛，故后世因名其处曰鼎湖㉜，其弓曰乌号。'"于是天子曰："嗟乎㉝！吾诚得如黄帝，吾视去妻子如脱躧耳㉞。"乃拜卿为郎㉟，东使候神于太室。

【注释】

①且：将要。②公孙卿：方士。③其冬辛巳朔旦冬至：这年仲冬辛巳日是朔日，早晨交冬至中气。朔，指月亮运行到太阳与地球之间和太阳同时出没时所呈现的新月月相，这种现象一般出现在夏历每月初一，因此一般称初一为朔日。④札书：写在木简上的文章。⑤宛朐（yuān qú）：县名。治所在今山东省菏泽市西南。⑥鬼臾（yú）区：传说中黄帝的臣子。⑦神策：占卜用的蓍（shī）草。⑧纪：历数。⑨迎日推策：按日月推算历法，预知朔望节气等。⑩率：大率；通常。⑪推：指推算次数。⑫所忠：武帝的近臣。⑬经：正常；寻常。⑭谢：推托。⑮嬖（bì）人：宠爱的人。⑯说：通"悦"。高兴。⑰申功：方士。⑱且：或者。选择连词。⑲神灵之封：指为主持祭祀名山大川而建立的封国。居：占。有。⑳蛮夷：古代对南方和东方各族的泛称。这里指中原华夏族以外的四方各族。㉑中国：指中原地区。㉒华山：山名。古称西岳。在今陕西省东部。首山：山名。在今山西省永济市南。太室：指嵩山。古称中岳（按中岳实含太室、少室二山）。在今河南省登封市北。东莱：即莱山。有两座：一在今山东省莱阳县北，一在今山东省龙口市东南。㉓患：忧虑。非：非难；反对。㉔断斩：审判斩杀。㉕号：别名。㉖冢（zhǒng）：隆起的坟墓。㉗寒门：一作"塞门"。㉘谷口：即中山的谷口，因谷北寒凉，所以称为"寒门"。㉙荆山：山名。在今河南省灵宝市境。㉚胡：颈部下垂之肉。髯（rán）：颊上的长须。㉛号（háo）：大声哭喊。㉜名：命名；起名。动词。㉝嗟（jiē）乎：感叹声。㉞躧（xǐ）：鞋子。㉟郎：皇帝侍从官的通称。

上遂郊雍，至陇西①，西登空桐②，幸甘泉。令祠官宽舒等具泰一祠坛③，坛放薄忌泰一坛④，坛三垓⑤。五帝坛环居其下，各如其方⑥，黄帝西南，除八通鬼道。泰一所用，如雍一畤物⑦，而加醴枣脯之属⑧，杀一牦牛以为俎豆牢具⑨。而五帝独有俎豆醴进⑩。其下四方地，为馈食群神从者及北斗云⑪。已祠，胙余皆燎之⑫。其牛色白，鹿居其中，彘在鹿中⑬，水而洎之⑭。祭日以牛，祭月以羊彘特⑮。泰一祝宰则衣紫及绣⑯。五帝各如其色，日赤，月白。

【注释】

①陇西：郡名。辖今甘肃省东南部地区，郡治在狄道（今甘肃省临洮县）。②空桐：即崆峒。山名。在今甘肃省平凉市西。③具：备置；供设。④放（fǎng）：通"仿"。⑤垓（gāi）：台阶的级次。⑥方：方位。⑦一畤：指五畤之一。⑧醴（lǐ）：甜酒。脯（fǔ）：干肉。牦牛：一种毛很长的牛。⑩独：只；仅。进：进献；供奉。⑪馈（zhuì或chuò）：连续祭祀。⑫胙（zuò）余：祭祀后剩余的酒肉。⑬"鹿居其中"二句：指将鹿纳入牛的体腔内，又把猪纳入鹿的体腔内。彘（zhì）猪。⑭洎（jì）：添水浸润。⑮特：牲畜一头称为"特"。⑯祝宰：指主持司祭的官员。

十一月辛巳朔旦冬至，昧爽①，天子始郊拜泰一。朝朝日②，夕夕月③，则揖；而见泰一如雍礼。其赞飨曰④："天始以宝鼎神策授皇帝，朔而又朔，终而复始，皇帝敬拜见焉。"而衣上黄。其祠列火满坛，坛旁烹炊具。有司云"祠上有光焉"。公卿言"皇帝始郊见泰一云阳，有司奉瑄玉嘉牲荐飨⑤"。是夜有美光，及昼，黄气上属天⑥"。太史公、祠官宽舒等曰⑦："神灵之休⑧，祐福兆祥，宜因此地光域立泰畤坛以明应⑨。令太祝领祠，及腊间祠⑩。三岁天子一郊见。"

【注释】

①昧爽：即拂晓。②朝朝（zhāo cháo）日：早晨朝拜太阳。③夕夕月：傍晚祭祀月亮。后一"夕"字为动词，古代称祀月为"夕"。④赞飨：祭祀时的祝词。⑤奉（fèng）："捧"。瑄（xuān）玉：古代祭天所用的璧，直径为六寸。嘉牲：肥美的牲畜。荐飨：进献。⑥属（zhǔ）：连接。⑦太史公：指司马谈。⑧休：指神灵所显示的美好气象。⑨光域：指美光所出现的地域。⑩腊：夏历十二月。

其秋，为伐南越①，告祝泰一，以牡荆画幡日月北斗登龙②，以象天一三星③，为泰一锋④，名曰"灵旗"。为兵祷，则太史奉以指所伐国。而五利将军使不敢入海⑤，之泰山祠⑥。上使人微随验，实无所见。五利妄言见其师，其方尽，多不雠⑦。上乃诛五利。

【注释】

①南越：也作"南粤"。指今广东、广西两省以及越南部分地区。②牡荆：灌木，用做旗柄。登龙：飞龙。③天一：星官名。④锋：指最前面的旗帜。⑤使：被派遣出使。⑥之：到；往。动词。⑦雠（chóu）：应答。引申为应验。

其冬，公孙卿候神河南①，见仙人迹缑氏城上②，有物若雉，往来城上。天子亲幸缑氏城视迹。问卿："得毋效文成、五利乎③？"卿曰："仙者非有求人主，人主求之。其道非少宽假④，神不来。言神事，事如迂诞⑤，积以岁乃可致。"于是郡国各除道⑥，缮治宫观名山神祠所，以望幸矣。

【注释】

①其冬：《汉书·武帝纪》载公孙卿言仙人事在元鼎六年（前111年），此处当作"明年冬"。河南：郡名。②缑（gōu）氏：县名。治所在今河南省偃师县。③得毋：即"得无"。④少（shǎo）：稍微。宽假：宽容。指延长一段时间。⑤迂诞：迂阔荒诞，不切实际。⑥除道：修筑和清扫道路。

其年，既灭南越，上有嬖臣李延年以好音见①。上善之②，下公卿议③，曰："民间祠尚有鼓舞之乐④，今郊祀而无乐，岂称乎⑤？"公卿曰："古者祀天地皆有乐，而神祇可得而礼⑥。"或曰："泰帝使素女鼓五十弦瑟⑦，悲，帝禁不止，故破其瑟为二十五弦⑧。于是塞南越⑨，祷祠泰一、后土，始用乐舞，益召歌儿⑩，作二十五弦及箜篌瑟自此起⑪。"

【注释】

①李延年（？——前87年）：汉代著名音乐家。中山（今河北省定县）人。②善：赞许；宠爱。③下：下交。④鼓舞：古代的一种杂舞。⑤称（chèn）：相称；合适。⑥神祇（qí）：天神和地神。⑦素女：神女名。擅长弦歌。瑟（sè）：一种拨弦乐器，形似古瑟，通常为二十五弦，弦各有柱，可上下移动，以确定声音的高低清浊。⑧破：打破。引申为改变。⑨塞（sài）：同"赛"。古代称举行祭祀酬谢神灵。⑩益：增加。歌儿：歌童，泛指歌手。⑪箜篌（kōng hóu）：一种拨弦乐器，有卧式、竖式两种。

其来年冬，上议曰："古者，先振兵泽旅①，然后封禅。"乃遂北巡朔方②，勒兵十余万③，还祭黄帝冢桥山④，泽兵须如⑤。上曰："吾闻黄帝不死，今有冢，何也？"或对曰："黄帝已仙上天⑥，群臣葬其衣冠。"既至甘泉，为且用事泰山⑦，先类祠泰一⑧。

【注释】

①振兵泽（shì）旅：表示不再用武，天下太平的意思。振，收。泽，通"释"，解除，遣散。②朔方：郡名。辖今内蒙古西南部河套地区，郡治在朔方（今乌拉特前旗东南）。③勒：统率。④桥山：也称子午山。⑤须如：地名。方位不详。⑥仙：成仙。用如动词。⑦为且用事泰山：为了将封禅泰山。⑧类祠：祭名。为特定目的而举行的临时祭礼。

自得宝鼎，上与公卿诸生议封禅①。封禅用希旷绝②，莫知其仪礼，而群儒采封禅《尚书》《周官》《王制》之望祀射牛事③。齐人丁公年九十余，曰："封者，合不死之名也④。秦皇帝不得上封⑤。陛下必欲上，稍上即无风雨，遂上封矣。"上于是乃令诸儒习射牛，草封禅仪。数年，至且行。天子既闻公孙卿及方士之言，黄帝以上封禅，皆致怪物与神通，欲放黄帝以尝接神仙人蓬莱士，高世比德于九皇⑥，而颇采儒术以文之⑦。群儒既已不能辩明封禅事，又牵拘于《诗》《书》古文而不敢骋⑧。上为封祠器示群儒，群儒或曰"不与古同"，徐偃又曰"太常诸生行礼不如鲁善⑨"，周霸属图封事⑩，于是上绌偃、霸⑪，尽罢诸儒弗用。

【注释】

①诸生：许多儒生。②用希：很少举行。希，通"稀"。③《尚书》：简称《书》，我国现存最早的关于上古时代典章文献的汇编，其中也保存了商及西周初期的一些重要史料。④合：应当。⑥高世：超出世俗。九皇：传说中远古时的帝王。兄弟九人，分管天下九州，所以称九皇。⑦文（wén）：修饰。⑧不敢骋：不敢自由发表见解。⑨徐偃：博士。太常：官名。鲁：国名。公元前11世纪周分封的诸侯国，辖今山东省南部地区，都城在曲阜（今曲阜市）。⑩周霸：人名。属（zhǔ）图：聚会谋划。封事：指封禅之事。⑪绌（chù）：通"黜"。贬退；排斥。

三月，遂东幸缑氏，礼登中岳太室①。从官在山下闻若有言"万岁"云②。问上③，上不言④；问下，下不言。于是以三百户封太室奉祠，命曰崇高邑⑤。东上泰山，山之草木叶未生，乃令人上石立之泰山颠⑥。

【注释】

①中岳太室：即中岳嵩山。②从（zòng，亦读cóng）官：皇帝的侍从官。③上：指山上的人。④不言：不曾呼喊。⑤崇高邑：武帝取崇拜敬奉嵩高山之意，所以将嵩山的封邑命名为崇高邑。⑥上石：指将石刻运上山。颠：最高峰。

上遂东巡海上，行礼祠八神①。齐人之上疏言神怪奇方者以万数②，然无验者。乃益发船③，令言海中神山者数千人求蓬莱神人。公孙卿持节常先行候名山④，至东莱，言夜见一人，长数丈，就之则不见⑤，见其迹甚大，类禽兽云。群臣有言见一老父牵狗⑥，言"吾欲见巨公⑦"，已忽不见⑧。上既见大迹，未信，及群臣有言老父，则大以为仙人也⑨。宿留海上⑩，与方士传车及间使求仙人以千数⑪。

【注释】

①八神：即天主、地主、兵主、阴主、阳主、月主、日主、四时主。②疏（shū）：

奏章。③益发：增派。④节：古代使者所持作为凭证的信物，用玉、角或竹制成。⑤就：接近；靠拢。⑥老父（fù）：老人的尊称。⑦巨公：天子。⑧已忽：随即；一会儿。⑨大：很；完全。⑩宿留：停留；逗留。⑪传（zhuàn）车：古代驿站的专用车辆。间（jiàn）使：随时派出的使者。

四月，还至奉高①。上念者儒及方士言封禅人人殊②，不经，难施行。天子至梁父③，礼祠地主④。乙卯，令侍中儒者皮弁荐绅⑤，射牛行事。封泰山下东方，如郊祠泰一之礼。封广丈二尺⑥，高九尺，其下则有玉牒书⑦，书秘⑧。礼毕，天子独与侍中奉车子侯上泰山⑨，亦有封。其事皆禁⑩。明日，下阴道⑪。丙辰，禅泰山下址东北肃然山⑫，如祭后土礼。天子皆亲拜见，衣上黄而尽用乐焉。江淮间一茅三脊为神藉⑬。五色土益杂封。纵远方奇兽蜚禽及白雉诸物⑭，颇以加祠。兕旄牛犀象之属弗用⑮。皆至泰山然后去。封禅祠，其夜若有光，昼有白云起封中。

【注释】

①奉高：县名。在今山东省泰安县东北。②殊：异；不同。③梁父（fǔ）：一作"梁甫"。山名。在今山东省泰安县东南，是泰山下的一座小山。④地主：地神。⑤侍中：官名。是从列侯以下至郎中的加官，侍从于皇帝左右。皮弁（biàn）：冠名。用白鹿皮制作，朝会时的常服。⑥封：指祭天的坛。⑦玉牒书：古代帝王告天的文书，写在简册上，用玉作装饰。⑧书秘：文书的内容保密。⑨奉车：即奉车都尉。官名。掌管皇帝车马。⑩禁：禁止向外泄露。⑪阴道：山北的道路。⑫址：基地；山脚下。肃然山　山名。是泰山的东麓，在今山东省莱芜市西北。⑬一茅三脊：一种有三条脊棱的茅草，即菁茅，又叫灵茅。⑭纵：放出。白雉：白毛野鸡。古代迷信以为祥瑞之物。⑮兕（sì）：古代称犀牛一类的野兽。旄（máo）牛：一种长着长毛的牛。犀（xī）：即犀牛。

天子从封禅还，坐明堂①，群臣更上寿②。于是制诏御史："朕以眇眇之身承至尊③，兢兢焉惧弗任④。维德菲薄⑤，不明于礼乐。修祀泰一⑥，若有象景光⑦，屑如有望⑧，依依震于怪物⑨，欲止不敢，遂登封泰山，至于梁父，而后禅肃然。自新，嘉与士大夫更始⑩，赐民百户牛一酒十石，加年八十孤寡布帛二匹。复博、奉高、蛇丘、历城⑪，毋出今年租税。其赦天下，如乙卯赦令。行所过毋有复作⑫。事在二年前，皆勿听治⑬。"又下诏曰："古者天子五载一巡狩⑭，用事泰山，诸侯有朝宿地⑮。其令诸侯各治邸泰山下⑯。"

【注释】

①明堂：在泰山东北麓，是古代帝王巡狩时朝会诸侯的场所。②更：陆续。③眇（miǎo）眇：微小。至尊：最尊贵的地位，指帝王之位。④兢兢：小心谨慎的样子。⑤维：助词。通常在句首，也可放在句中。⑥修：修治。⑦景光：吉祥之光。⑧屑（xiè）：古"屑"字。众多；连续。⑨依依：深深。⑩嘉：希望。士大夫：通称居官有职位的人。更（gēng）始：重新开始。⑪复：免除赋税或徭役。博：县名。治所在今山东省泰安县东南。蛇（yí）丘：县名。在今山东省泰安县西南。⑫复作：汉刑律名。指解除枷锁的罪犯在监外服劳役。⑬勿听治：不处理；不追究。⑭巡狩（shòu）：指帝王到各地巡行视察诸侯所守的地方，所以又作"巡守"。⑮朝宿地：朝会时的住宿之所。⑯邸（dǐ）：府第。

天子既已封禅泰山，既无风雨灾，而方士更言蓬莱诸神山若将可得①，于是上欣然庶几遇之②，乃复东至海上望，冀遇蓬莱焉③。奉车子侯暴病，一日死，上乃遂去，并海上④，北至碣石⑤，巡自辽西⑥，历北边至九原⑦。五月，返至甘泉。有司言宝鼎出为元鼎⑧，以今年为元封元年⑨。

【注释】

①若：或许。②庶几（jī）：也许可以。表希望、推测之词。③冀：希望。④并（bàng）：通"傍"。挨着；沿着。⑤碣（jié）石：山名。在今河北省昌黎县北。⑥辽西：郡名。辖今辽宁省中西部及河北省承德等地区，郡治在且虑（今河北省卢龙县东）。⑦九原：县名。治所在今内蒙古包头市西。⑧元鼎：汉武帝第五个年号（前116—前111年）。⑨元封：汉武帝第六个年号（前110—前105年）。

其秋，有星茀于东井①。后十余日，有星茀于三能②。望气王朔言③："候独见其星出如瓠④，食顷复入焉⑤。"有司言曰："陛下建汉家封禅，天其报德星云⑥。"

【注释】

①茀（bó）：通"孛"。指星星光芒四射的现象。东井：即井宿。星官名。②三能（tái）：即三台。星官名。③王朔：方士。④候：占验星象。瓠（hù）：瓠瓜；葫芦瓜。⑤食顷：吃一顿饭的工夫。形容时间很短。⑥其：语气副词。报德星：以德星报答。德星，迷信者把某些具有异常现象的天体称为德星，说它是吉祥幸福的象征。这里或以为指木星，或以为指土星。

其来年冬，郊雍五帝①，还，拜祝祠泰一②。赞飨曰："德星昭衍③，厥维休祥④。寿星仍出⑤，渊耀光明⑥。信星昭见⑦，皇帝敬拜泰祝之飨⑧。"

【注释】

①郊雍五帝：郊祀五帝于雍地。②祝：向神灵说话求福。③昭衍：光明广布。④厥：助词。维：是。休祥：吉祥。⑤寿星：南极星。仍：跟随；接着。⑥渊耀：光照深远。⑦信星：即土星。见：通"现"。显现。⑧泰祝：也作"太祝"。

其春，公孙卿言见神人东莱山，若云"见天子"①。天子于是幸缑氏城，拜卿为中大夫②。遂至东莱，宿留之数日③，毋所见，见大人迹。复遣方士求神怪采芝药以千数④。是岁旱。于是天子既出毋名⑤，乃祷万里沙⑥，过祠泰山。还至瓠子⑦，自临塞决河⑧，留二日，沉祠而去⑨。使二卿将卒塞决河⑩，河徙二渠⑪，复禹之故迹焉。

【注释】

①《封禅书》和《汉书·郊祀志》都作"欲见天子"。此处当补"欲"字。②中大夫：官名。掌论议，备顾问。③之：语中助词。④芝：即灵芝。菌类植物，有光泽，可供观赏，又供药用。⑤毋名：没有正当理由。毋，通"无"。⑥万里沙：地名。在今山东省招远市与莱州市之间。这里指建在万里沙的神庙。⑦瓠子：即瓠子口。在今河南省濮阳县西南，是当时黄河的决口。⑧自临塞决河：汉武帝元光三年（前132年），黄河决于瓠子口，洪水泛滥成灾。⑨沉祠：沉白马、玉璧以祭祀河神。⑩二卿：指将军汲仁、郭昌。将：率领。⑪二渠：一为大河（在今河南省滑县境内），一为漯水（在今河南省南乐县附近），分流于当时瓠子口的上游和下游。

是时既灭南越，越人勇之乃言"越人俗信鬼①，而其祠皆见鬼，数有效。昔东瓯王敬鬼②，寿至百六十岁。后世谩怠③，故衰耗④"。乃令越巫立越祝祠，安台无坛，亦祠天神上帝百鬼，而以鸡卜⑤。上信之，越祠鸡卜始用焉⑥。

【注释】

①勇之：人名。②东瓯（ōu）王：即东海王。东越人的首领，名摇。惠帝三年（前192年）被立为东海王，建都东瓯（今浙江省永嘉县西南）。③谩怠：指怠慢鬼神。谩，通"慢"，怠忽，轻视。④衰耗（hào）：衰败。耗，同"耗"。⑤鸡卜：古代占卜法之一。⑥用：采用；流行。

公孙卿曰："仙人可见，而上往常遽①，以故不见。今陛下可为观②，如缑氏城，置脯枣③，神人宜可致④。且仙人好楼居。"于是上令长安则作蜚廉桂观⑤，甘泉则作益延寿观⑥，使卿持节设具而候神人⑦。乃作通天台⑧，置祠具其下，将招来神仙之属。于是甘泉更置前殿，始广诸宫室⑨。夏，有芝生殿防内中⑩。天子为塞河，兴通天台，若有光云，乃下诏曰："甘泉防生芝九茎⑪，赦天下，毋有复作⑫。"

【注释】

①遽（jù）：急促。②观（guàn）：台阁；庙宇。③脯：干肉。④宜：大概。⑤蜚廉：观名。桂观：观名。⑥益：《史记志疑》认为是衍文。⑦具：指祠具，祭神用的供具。⑧通天台：台名。在甘泉宫内，台高三十丈，可以望见二百里外的长安城。⑨广：扩大；扩充。⑩防：通"房"。⑪九茎：长有九株菌柄的灵芝。⑫复作：汉刑律名。轻刑徒，不戴刑具刑衣而服劳役者。一说为不戴刑具服劳役的女刑徒，刑期为三月至一年。

其明年，伐朝鲜①。夏，旱。公孙卿曰："黄帝时封则天旱，干封三年。"上乃下诏曰："天旱，意干封乎？其令天下尊祠灵星焉②。"

【注释】

①朝鲜：国名。在今辽宁、吉林两省部分地区和朝鲜半岛北部。相传周初箕子被封于此，汉初由卫满继之。其南部为三韩诸国，当时都属汉朝所辖。②灵星：一说是主宰庄稼的星；一说是主宰庄稼的神。

其明年，上郊雍，通回中道①，巡之。春，至鸣泽②，从西河归③。

【注释】

①回中：地名。在今陕西省陇县西北。②鸣泽：泽名。在今河北省涿州市东北。一说即今甘肃平凉县西之独鹿（都卢山）鸣泽，今谓之弹筝峡。③西河：郡名。汉武帝元朔四年（前125年）置。

其明年冬，上巡南郡①，至江陵而东。登礼潜之天柱山②，号曰南岳。浮江③，自寻阳出枞阳④，过彭蠡⑤。祀其名山川。北至琅邪⑥，并海上。四月中，至奉高修封焉。

【注释】

①南郡：郡名。辖今湖北省西南部，郡治在江陵（今江陵县）。②登礼：登山祭祀。潜：县名。治所在今安徽省霍山县东北。天柱山：又名皖山、潜山。在安徽省霍山县西南。③浮江：指乘船游览长江。④寻阳：县名。治所在今湖北省黄梅县西南。枞（zōng）阳：县名。即治所在今安徽省枞阳县。⑤彭蠡（lǐ）：泽名。

约当今鄂东皖西一带滨江湖泊，后演变成现在的鄱阳湖。⑥琅邪（láng yá）：郡名。

初，天子封泰山，泰山东北址古时有明堂处，处险不敞。上欲治明堂奉高旁，未晓其制度。济南人公王带上黄帝时明堂图①。明堂图中有一殿，四面无壁，以茅盖，通水，圜宫垣为复道②，上有楼，从西南入，命曰昆仑③，天子从之入，以拜祠上帝焉。于是上令奉高作明堂汶上④，如带图。及五年修封，则祠泰一、五帝于明堂上坐⑤，令高皇帝祠坐对之⑥。祠后土于下房，以二十太牢⑦。天子从昆仑道入，始拜明堂如郊礼。礼毕，燎堂下。而上又上泰山，有秘祠其颠。而泰山下祠五帝，各如其方，黄帝并赤帝，而有司侍祠焉。泰山上举火，下悉应之。

【注释】

①济南：郡名。辖今山东省历城、济南、章丘等县地区，郡治在东平陵（今章丘市西北）。公王（sù，也读xiù）带：人名。姓公王，名带。②圜：通"环"。环绕。复道：高楼间或山岩险要处架空的通道。③昆仑：山名。在今西藏、新疆之间。④汶（wèn）：水名。从泰山东北流过，经奉高县城西南注入巨野泽。⑤上坐：受尊敬的席位。坐，通"座"。⑥高皇帝：即汉高帝。⑦太牢：本指牛、羊、猪三牲一套（三者各一）。

其后二岁①，十一月甲子朔旦冬至，推历者以本统②。天子亲至泰山，以十一月甲子朔旦冬至日祠上帝明堂，每修封禅③。其赞飨曰："天增授皇帝泰元神策④，周而复始。皇帝敬拜泰一。"东至海上，考入海及方士求神者⑤，莫验，然益遣，冀遇之⑥。

【注释】

①其后二岁：即汉武帝太初元年（前104年）。②推历者：推算历法的人。本统：正统。③每修封禅：封禅每五年一次，这时还只两年，所以仅祭祀于明堂，而不举行封禅大典。④泰元：天的别称。⑤考：考查验证。⑥冀：希望。

十一月乙酉，柏梁灾①。十二月甲午朔，上亲禅高里②，祠后土。临渤海③，将以望祠蓬莱之属，冀至殊庭焉④。

【注释】

①柏（bó）梁：即柏梁台。在今陕西省西安市长安区西北。灾：指失火遭灾。②高里：山名。在泰山南麓，今泰安市西南。③渤海：也作"勃海"。在今辽东半岛与山东半岛之间。④殊庭：异域，指神仙居住的地方。

上还，以柏梁灾故，朝受计甘泉①。公孙卿曰："黄帝就青灵台②，十二日烧，黄帝乃治明庭。明庭，甘泉也。"方士多言古帝王有都甘泉者③。其后天子又朝诸侯甘泉，甘泉作诸侯邸。勇之乃曰："越俗有火灾，复起屋必以大，用胜服之。"于是作建章宫，度为千门万户④。前殿度高未央⑤。其东则凤阙⑥，高二十余丈。其西则唐中⑦，数十里虎圈⑧。其北治大池，渐台高二十余丈⑨，名曰泰液池，中有蓬莱、方丈、瀛洲、壶梁⑩，像海中神山龟鱼之属。其南有玉堂、璧门、大鸟之属⑪。乃立神明台、井幹楼⑫，度五十余丈，辇道相属焉⑬。

【注释】

①朝受计：临朝受理各郡国上报的表册。计，计簿，登记政府财物、人事等情况的簿册。②就：建成。③都（dū）：建都。动词。④度：制度；规模。⑤未

央：宫名。汉高帝时修建，周围二十八里，规模十分宏伟。故址在今陕西省西安市西北。⑥凤阙（què）：宫阙名。因阙上以五尺铜凤为饰而得名。⑦唐中：池名。在今陕西省西安市长安区西北，太液池南。⑧虎圈（juàn）：养虎的地方。在今西安市偏西。⑨渐（jiān）台：台名。因建于太液池中，为水所浸而得名。⑩蓬莱、方丈、瀛（yíng）洲、壶梁：都是传说中的海上仙山，这里是托名的建筑。⑪玉堂：宫名。璧门：宫门名。门高二十五丈，因门上以玉璧为饰而得名。⑫井幹（hán）楼：楼名。因楼形像井上围栏而得名。⑬辇（niǎn）道：指楼阁间可通手推车的空中通道，相当现在的天桥。

夏，汉改历，以正月为岁首，而色尚黄，官名更印章以五字①，因为太初元年②。是岁，西伐大宛③。蝗大起。丁夫人、雒阳虞初等以方祠诅匈奴、大宛焉④。

【注释】

①更印章以五字：据方士们推算，汉朝为土德，而在五行中土的序数为五，所以应将官印一律改为五字。②因为：因而定为。③大宛（yuān）：西域国名。位于今苏联中亚境内，都城在贵山城（今中亚卡散赛），盛产葡萄、名马。④丁夫人：姓丁，名夫人。虞初：曾任侍郎，号称"黄衣使者"，相传著有《虞初周说》。祠诅（zǔ）：举行祭祀，祈求鬼神加祸于人。

其明年，有司言雍五畤无牢熟具①，芬芳不备②。乃命祠官进畤犊牢具③，五色食所胜④，而以木禺马代驹焉⑤。独五帝用驹，行亲郊用驹。及诸名山川用驹者，悉以木禺马代。行过，乃用驹⑥。他礼如故。

【注释】

①牢熟具：指煮熟的牲畜等祭品。具，酒肴和食器，泛指祭品。②芬芳：指芳香的祭品。③犊：小牛。④五色食所胜：指所用的牲牢的颜色，按照五行相克的道理，加以选择。⑤木禺（ǒu）：木雕的偶像。禺，通"偶"。木偶马代替。⑥独五帝用驹……乃用驹：这几句文字有错乱，如《汉书·郊祀志》作"及诸名山川用驹者，悉以木禺马代。独行过亲祠，乃用驹"，文意才顺。

其明年，东巡海上，考神仙之属，未有验者。方士有言"黄帝时为五城十二楼①，以候神人于执期②，命曰迎年③"。上许作之如方，名曰明年④，上亲礼祠上帝，衣上黄焉。

【注释】

①五城十二楼：相传黄帝时在昆仑山顶建有金台五座，玉楼十二座，以供神仙居住。②执期：传说中的地名。③迎年：楼名。取祈求丰年之意。④明年：楼名。

公王带曰："黄帝时虽封泰山，然风后、封巨、岐伯令黄帝封东泰山①，禅凡山合符②，然后不死焉。"天子既令设祠，其至东泰山，东泰山卑小，不称其声③，乃令祠官礼之，而不封禅焉。其后令带奉祠候神物。夏，遂还泰山，修五年之礼如前，而加禅祠石闾④。石闾者，在泰山下址南方，方士多言此仙人之闾也⑤，故上亲禅焉。

【注释】

①风后、封巨、岐伯：都是黄帝时的臣子。东泰山：山名。在今山东省沂源、沂水两县间。②凡山：山名。在今山东省昌乐县西南。合符：古代以竹木或金玉

为符，上刻文字，剖而为二，双方各执其半，检验时相合以证真假，叫作"合符"。③称（chèn）：适合，相副。④石闾：山名。在今山东省泰安县南。⑤闾：里巷的大门；里巷。

其后五年，复至泰山修封，还过祭常山①。

【注释】

①常山：即恒山。古称北岳。在今河北省曲阳县西北。汉时因避文帝刘恒名讳，改称"常山"。

今天子所兴祠，泰一、后土，三年亲郊祠，建汉家封禅，五年一修封。薄忌泰一及三一、冥羊、马行、赤星①，五，宽舒之祠官以岁时致礼②。凡六祠③，皆太祝领之。至如八神诸神，明年、凡山他名祠，行过则祀，去则已。方士所兴祠，各自主④，其人终则已，祠官弗主。他祠皆如其故。今上封禅，其后十二岁而还⑤，遍于五岳、四渎矣。而方士之候祠神人，入海求蓬莱，终无有验。而公孙卿之候神者，犹以大人迹为解⑥，无其效。天子益怠厌方士之怪迂语矣⑦，然终羁縻弗绝⑧，冀遇其真。自此之后，方士言祠神者弥众⑨，然其效可睹矣⑩。

【注释】

①薄忌泰一：指根据亳人谬忌所奏而建的泰一神祠。三一、冥羊、马行、赤星：都是神祠名。赤星，即灵星。②宽舒之祠官：字句疑有误。似应作"祠官宽舒"。③凡六祠：指上述五座神祠外加后土祠。凡，总共。④主：主持致祭。⑤还：行，过，回顾。⑥解：解释。指解说的依据。⑦益：更加；越发。⑧羁縻（jī mí）：笼络。⑨弥：更加。⑩其效可睹矣：其效验可以想见了。言外之意是，可见其效验是等于零了。

太史公曰①：余从巡祭天地诸神名山川而封禅焉。入寿宫侍祠神语，究观方士祠官之言②，于是退而论次自古以来用事于鬼神者③，具见其表里④。后有君子，得以览焉。至若俎豆珪币之详⑤，献酬之礼⑥，则有司存焉⑦。

【注释】

①太史公：司马迁自称。②究观：推究体察。③论次：依次论述。④表里：指祭祀之事的内外情形。⑤至若：至于。珪（guī）币：祭祀用的玉和帛。⑥献酬之礼：指献祭神灵，酬报神功的礼仪。⑦存：保存；记载存案。

三代世表第一①

太史公曰：五帝、三代之记，尚矣②。自殷以前诸侯不可得而谱③，周以来乃颇可著。孔子因史文次《春秋》④，纪元年，正时日月，盖其详哉。至于序《尚书》则略无年月⑤；或颇有，然多阙，不可录。故疑则传疑，盖其慎也。

余读谍记⑥，黄帝以来皆有年数。稽其历谱谍终始五德之传，古文咸不同，乖异。

夫子之弗论次其年月，岂虚哉！于是以《五帝系谍》《尚书》集世纪黄帝以来讫共和为《世表》。⑦

【注释】

①世表：表，是以表格形式记事的一种体裁，为司马迁所创始。记事较略的为世表，一般的为年表，较详的为月表。②五帝：传说中的五位皇帝。《五帝本纪》以黄帝、颛顼、帝喾、帝尧、帝舜为五帝。三代：夏、商、周。③谱：按照事物的类别和内在联系，编列事物。④次：编次；辑录。《春秋》：我国最早的编年史。记载自鲁隐公元年（前722年）至鲁哀公十四年（前481年）间列国的史事。⑤序：同"叙"。编排次第。《尚书》我国上古文献的汇编。据说孔子曾删定为一百篇。但在秦时已被焚毁。汉初，伏生传出二十九篇；用当时通行的隶书写成，称今文《尚书》。武帝时又从孔子住宅的墙壁中发现用古文写的竹简，称古文《尚书》，但不久即亡佚了。今传古文《尚书》是伪作。⑥谍记：《索隐》认为是记载帝王世系和谥号的书。⑦五帝系谱：古书名。今《大戴礼》中有《五帝德》《帝系》两篇。共和：因周厉王实行暴虐统治，国人于前841年放逐厉王于彘（在今山西省霍县境内）之后，周公、召（shào）公联合执政。史称"共和"。一说由诸侯共伯和执政，故称"共和"。共和元年，是我国历史上有确切纪年的开端。

帝王世国号	黄帝号有熊	帝颛顼，黄帝孙。起黄帝至颛顼三世	帝喾，黄帝曾孙。起黄帝至帝喾四世。号高辛	帝尧，起黄帝，至喾子五世。号唐
颛顼属	黄帝生昌意	昌意生颛顼。为高阳氏		
喾属	黄帝生玄嚣	玄嚣生蛟极	蛟极生高辛，高辛生帝喾	
尧属	黄帝生玄嚣	玄嚣生蛟极	蛟极生高辛。高辛生放勋	放勋为尧
舜属	黄帝生昌意	昌意生颛顼。颛顼生穷蝉	穷蝉生敬康。敬康生句望	句望生蛟牛。蛟牛生瞽叟
夏属	黄帝生昌意	昌意生颛顼		
殷属	黄帝生玄嚣	玄嚣生蛟极。蛟极生高辛	高辛生离	离为殷祖
周属	黄帝生玄嚣	玄嚣生蛟极。蛟极生高辛	高辛生后稷，为周祖	后稷生不窋
帝舜，黄帝玄孙之玄孙。号虞	帝禹，黄帝耳孙，号夏	帝启，伐有扈，作《甘誓》【注】帝启：禹之子。有扈：部族名。东夷族的一。《甘誓》：《尚书》篇名	帝太康【注】启之子	帝仲康，太康弟
瞽叟生重华，是为帝舜。				
颛顼生鲧。鲧生文命	文命，是为禹			
离生昭明	昭明生相土	相土生昌若	昌若生曹圉。曹圉生冥	冥生振
不窋生鞠	鞠生公刘。	公刘生庆节。庆节生皇仆。皇仆生差弗	差弗生毁渝，毁渝生公非	
帝相	帝少康	帝予		
振生微。微生报丁	报丁生报乙。报乙生报丙	报丙生主壬。主壬生主癸		
公非生高圉。高圉生亚圉。亚圉生公祖类	亚圉生公祖类。	公祖类生太王亶父		
帝槐	帝芒	帝泄	帝不降	帝扃，不降弟

主癸生天乙,是为殷汤							
亶父生季历。季历生文王昌。益《易卦》		文王昌生武王发					
帝廑(qín)	帝孔甲,不降子。好鬼神,淫乱不好德,二龙去	帝皋	帝发	帝履癸,是为桀。从禹至桀十七世。从黄帝至桀二十世	殷汤代夏氏。从黄帝至汤十七世	帝外丙。汤太子。太子蚤卒。故立次弟外丙	帝仲壬,外丙弟
帝太甲。故太子太丁子。淫,伊尹放之桐宫。三年,悔过自责,伊尹乃迎之复位。	帝沃丁,伊尹卒。	帝太庚,沃丁弟。		帝小甲,太庚弟。殷道衰,诸侯或不至。	帝雍己,小甲弟。	帝太戊,雍己弟。以桑穀生,称中宗。	
帝中丁【注】太戊之子。	帝外壬,中丁弟。【注】外壬:太戊之子。	帝河亶甲,外壬弟。	帝祖乙【注】卜辞作中丁子,称为中宗。	帝祖辛		帝沃甲,祖辛弟。【注】帝沃甲:《世本》作"开甲"	帝祖丁,祖辛子。
帝南庚,沃甲子。	帝阳甲,祖丁子	帝盘庚,阳甲弟,徙河南。【注】盘庚:商汤第九代孙,继位后,从奄(今山东省曲阜市)迁都至殷(今河南省安阳市西北小屯村)	帝小辛,盘庚弟。		帝小乙,小辛弟。	帝武丁。雉升鼎耳雊得傅说。称高宗。【注】武丁:小乙之子。死后被谥称高宗。雉:亦称野鸡雊(gōu):雉鸣的声音。傅说(yuè):商相。	
帝祖庚	帝甲,祖庚弟。淫。	帝廪辛。【注】帝甲之子。或作"冯辛"。《世本》作"祖辛",误。	帝庚丁,廪辛弟。殷徙河北。	帝武乙。慢神震死。【注】武乙:庚丁之子。		帝太丁。【注】武乙之子。一作"文丁"。	
帝乙。殷益衰	帝辛,是为纣。弑。从汤至纣二十九世。从黄帝至纣四十六世。【注】《史记志疑》认为,"弑字,史公误书。		周武王伐殷。从黄帝至武王十九世。	成王诵【注】周武王之子,名诵。幼年即位。由叔父周公旦摄政。			
				鲁周公旦,武王弟。 初封			
				齐太公尚,文王、武王师。初封			
				晋唐叔虞,武王子。初封			
				秦恶来,助纣。父飞廉,有力。			
				楚熊绎,绎父鬻熊,事文王。　　初封【注】熊绎:熊盈族(祝融氏)的后裔,周成王时受封,都丹阳(今湖北省秭归县东南)。			
				宋微子启,纣庶兄。初封【注】宋微子:名启,一作"开"。宋国的始祖。			
				卫康叔,武王弟。 初封【注】康叔:名封。原封于康(今河南省禹县西北)。卫国始祖。			
				陈胡公满,舜之后。初封			
				蔡叔度,武王弟。初封【注】《史记志疑》:"叔度是武王时初封,蔡仲是成王时复封,此误分书于成康二王之世耳"。			
				曹叔振铎,武王弟。初封			
				燕召公奭,周同姓。初封【注】名姬奭(shì),一作"召公"、"召伯"。文王庶子。采邑在召(今陕西省岐山县西南)。燕国始祖。			
康王钊。刑错四十余年。【注】即周康王,成王之子。有"刑错不用"之说,史称"成康之治"				昭王瑕。南巡不返,不赴,讳之。【注】周康王之子。			

鲁公伯禽 【注】周公旦长子，一称禽父。	孝公 【注】伯禽之子。
丁公吕伋 【注】太公之子。	乙公 【注】丁公之子。
晋侯燮 【注】唐叔之子。	武侯 【注】晋侯之子。
女防 【注】恶来之子。	旁皋 【注】女防之子。
熊乂 【注】熊绎之子。	熊黚 【注】熊艾之子。
微仲，启弟。	宋公 【注】微仲之子。
康伯。【注】康叔之子。	孝伯 【注】康伯之子。
申公 【注】胡公之子。	相公 【注】申公之子。
蔡仲 【注】蔡叔度之子。成王时封于蔡。	蔡伯 【注】蔡仲之子。
	太伯 【注】曹叔振铎之子。
九世至惠侯。	

穆王满。作《甫刑》。荒服不至。 【注】穆王满：相传他联合楚国灭徐，并西征犬戎，又曾西游至昆仑之丘。	恭王伊扈 【注】又作"繄扈"。	懿王坚。周道衰，诗人作刺。 【注】共王之子。
炀公，考公弟。 【注】名熙。	幽公 【注】炀公之子。	魏公 【注】幽公之弟。名弗其。
癸公 【注】乙公之子。	哀公 【注】癸公之子。	胡公 【注】哀公之弟。
成侯 【注】武侯之子。	厉侯 【注】成侯之子。	靖侯 【注】厉侯之子。
大几 【注】旁皋之子。	大骆 【注】大几之子。	非子 【注】嬴姓部落首领。因善于养马，为周朝主管牧畜，封于秦（今甘肃省清水县东北、张家川东），秦国的始祖。
熊胜 【注】熊黚之子。	熊炀 【注】熊胜之弟。	熊渠 【注】熊炀之子。他攻灭庸（国都在今湖北省竹山县）和杨越，扩地至长江，奠定了楚国的国基。
丁公 【注】宋公之子。	湣公，丁公弟。 【注】名共。	炀公，湣王弟。 【注】湣公之弟。
嗣伯 【注】考伯之子。	疌伯 【注】《索隐》："音捷"。	潜伯 【注】潜伯之子。
孝公 【注】申公之子。	慎公 【注】孝公之子。	幽公 【注】慎公之子。
宫侯 【注】蔡伯之子。	厉侯 【注】宫侯之子。	武侯 【注】厉侯之子。
仲君 【注】太伯之子。	宫伯 【注】仲君之子。	孝伯 【注】宫伯之子。

孝王方，懿王弟。 【注】方：名辟方。或认为乃共王弟。	夷王燮，懿王子。	厉王胡，以恶闻过乱，出奔，遂死于彘。 【注】彘：在今山西霍县。	共和，二伯行政。
厉公 【注】魏公之子。	献公，厉公弟	真公 【注】献公之子，名濞。或作"慎公"。	武公，真公弟。
献公弑胡公 【注】献公：哀公少弟。	武公 【注】献公之子。		

秦侯 【注】秦赢之子。	公伯 【注】秦侯之子。	秦仲 【注】公伯之子。周宣王时封为大夫。	
熊无康 【注】熊渠长子。	熊鸷红 【注】熊渠中子。	熊延，红弟。	熊勇 【注】熊延之子。
厉公 【注】湣公之子。	禧公 【注】厉公之子。名举。		
贞伯 【注】《世本》作"箕伯"。靖伯之子。	顷侯 【注】贞伯之子。	禧侯 【注】顷侯之子	
禧公 【注】幽公之子。名孝禧，通"禧"（今读xī）。			
夷伯 【注】孝伯之子。			

张夫子问褚先生曰[1]："《诗》言契[2]、后稷皆无父而生[3]。今案诸传记咸言有父[4]，父皆黄帝子也，得无与《诗》谬乎？"[5]

【注释】

①张夫子：张长安。褚先生：褚少孙。二人均汉元帝、成帝时博士。②契（xiè）：传说中的商部族的始祖，母为简狄氏。曾为舜的司徒。从契到汤共传十四世。③后稷：传说中的周部族的始祖，姬姓，名弃，姜嫄所生。舜时被任为农官。后世祀为农神。④按：考察。⑤得无：难道不。

褚先生曰："不然。"《诗》言契生于卵，后稷人迹者，欲见其有天命精诚之意耳[1]。鬼神不能自成，须人而生，奈何无父而生乎！一言有父，一言无父，信以传信，疑以传疑，故两言之。尧知契、稷皆贤人，天之所生，故封之契七十里，后十余世至汤，王天下。尧知后稷子孙之后王也，故益封之百里，其后世且千岁，至文王而有天下。《诗传》曰：'汤之先为契，无父而生。契母与姊妹浴于玄丘水，有燕衔卵堕之，契母得，故含之，误吞之，即生契。契生而贤，尧立为司徒[2]，姓之曰子氏[3]。子者兹；兹，益大也。诗人美而颂之曰："殷社芒芒[4]，天命玄鸟，降而生商。"商者质，殷号也。文王之先为后稷，后稷亦无父而生。后稷母为姜嫄[5]，出见大人迹而履践之，知于身，则生后稷。姜嫄以为无父，贱而弃之道中，牛羊避不践也。抱之山中[6]，山者养之。又捐之大泽，鸟覆席食之[7]。姜嫄怪之，于是知其天子，乃取长之。尧知其贤才，立以为大农，姓之曰姬氏。姬者，本也。诗人美而颂之曰"厥初生民[8]"，深修益成，而道后稷之始也。'孔子曰："昔者尧命契为子氏，为有汤也。命后稷为姬氏，为有文王也。大王命季历[9]，明天瑞也。太伯之吴[10]，遂生源也[11]。'天命难言，非圣人莫能见。舜、禹、契、后稷皆黄帝子孙也。黄帝策天命而治天下，德泽深后世，故其子孙皆复立为天子，是天之报有德也。人不知，以为氾从布衣匹夫起耳[12]。夫布衣匹夫安能无故而起王天下乎？其有天命然。"

【注释】

①天命：上天的意旨。②司徒：古代掌管土地和人民的最高长官。官司籍田，负责征发徒役。③子氏：《礼纬》说："祖以玄鸟生子也。"④殷社芒芒：殷社，

《诗经》作"殷土"。指商地，盘庚迁殷前，国号商（故城在今河南省商丘市）；盘庚迁殷以后，国号殷（故城在今河南省安阳市小屯村）。此诗见《诗经·商颂·玄鸟》。原诗为："天命玄鸟，降而生商，宅殷土芒芒。"玄鸟：燕子。芒芒：广大貌。⑤姜嫄：一作姜原。传说她是有邰氏的女儿，帝喾的妃子，周始祖后稷的母亲。⑥抱：钱大昕说："抱读作'抛'。"⑦席：《史记会注考证》："席，藉也。"《周本纪》作荐。藉：垫的意思。⑧厥初生民：见《诗经·周颂公刘》，厥：其。⑨大王：指周太王古公亶父，周部族的杰出首领。商末，他率领族人卜居在岐山南的周原，并设置官吏，规划土田，营建城郭都邑，奠定了东进灭商的基础。季历：古公亶父的少子，周文王之父，一作王季、公季。继古公亶父为周族首领。⑩太伯：古父亶父的长子，一作"泰伯"。他让位给季历，率领部分周人逃往江南，被推为君长，都梅里（在今江苏省无锡市东南），为春秋时吴国的始祖。⑪生源：生的源本。《索隐》说："言太伯之让季历居吴不返者，欲使传文王，武王拨乱反正，成周道，遂天下生生之源本也。"⑫汜：同"泛"。普遍。

"黄帝后世何王天下之久远邪？"

曰："《传》云天下之君王为万夫之黔首请赎民之命者帝[1]，有福万世。黄帝是也。五政明则修礼义[2]，因天时举兵征伐而利者王，有福千世。蜀王[3]，黄帝后世也，至今在汉西南五千里，常来朝降[4]，输献于汉，非以其先之有德，泽流后世邪？行道德岂可以忽乎哉！人君王者举而观之。汉大将军霍子孟名光者，亦黄帝后世也。此可为博闻远见者言，固难为浅闻者说也。何以言之？古诸侯以国为姓。霍者，国名也[5]。武王封弟叔处于霍，后世晋献公灭霍公，后世为庶民，往来居平阳。平阳在河东[6]，河东晋地，分为卫国。以《诗》言之，亦可为周世[7]。周起后稷，后稷无父而生。以三代世传言之，后稷有父名高辛；高辛，黄帝曾孙。"《黄帝终始传》曰[8]："汉兴百有余年，有人不短不长，出白燕之乡[9]，持天下之政，时有婴儿主[10]，却行车[11]。"霍将军者，本居平阳白燕。臣为郎时[12]，与方士考功会旗亭下[13]，为臣言。岂不伟哉！[14]

【注释】

①"天下之君王"句疑有脱误。黔首：《史记会注考证》引中井积德说当作"元首"。赎：通"续"。延续。②五政：古代以兴农桑，审好恶、宣文教、立武备，明赏罚为五政。③蜀王：《正义》说，黄帝之子昌意，娶蜀山氏之女，生帝佶被立为帝之后，封其支庶于蜀，最先称王的为蚕丛。蜀：古国名。在今四川省西部。④朝降：《史记会注考证》引中井积德说"降字疑衍"。⑤霍：古国名。在今山西霍县西南。⑥河东：汉郡名。辖境在今山西省沁水以西、霍山以南地区。平阳：县名。县治在今山西省临汾市西南。⑦世：犹言子孙。⑧《黄帝·终始传》：阴阳家书，阐述五德终始之说。《索隐》："盖谓五行谶纬之说，若今之童谣言。"⑨白燕之乡：《正义》："一作'白麤'。疑'白麤'是乡名。"⑩婴儿主：指汉昭帝。汉武帝少子，名刘弗陵。年幼时登帝位，由霍光辅政。⑪却行车：《索隐》："言霍光持政擅权，逼帝令如却行车，使不前也。"⑫郎：汉官名。郎中令的属吏。⑬方士：古代好讲神仙、方术的人。考功：方士的官衔。旗亭：指市楼。因立旗于上，故名。⑭《索隐》："末引蜀王、霍光，竟欲证何事？而言之不经，芜秽正史，辄云'岂不伟哉'，一何诬也！"《史记志疑》："褚少孙，元、成

间俗儒也。所续《史记》，此篇乃其首制。徒见《世表》讫于共和，天位久虚，人臣摄政，遂以其事与霍光相类，因附论焉。霍氏所出微，而持权甚盛，故造为'契、稷无父'之说以神之，妄引《黄帝终始传》有人生白燕乡之谣以验之。诚小司马所谓'言之不经，芜秽正史'者也。"伟，奇异。

十二诸侯年表第二^①

太史公读《春秋历谱谍》^①，至周厉王，未尝不废书而叹也。曰：呜呼，师挚见之矣^②！纣为象箸而箕子唏^③，周道缺，诗人本之衽席^④，《关雎》作^⑤。仁义陵迟，《鹿鸣》刺焉^⑥。及至厉王，以恶闻其过，公卿惧诛而祸作，厉王遂奔于彘^⑦，乱自京师始，而共和行政焉。是后或力政，强乘弱^⑧，兴师不请天子。然挟王室之义，以讨伐为会盟主，政由五伯^⑨，诸侯恣行，淫侈不轨，贼臣篡子滋起矣^⑩。齐、晋、秦、楚其在成周微甚^⑪，封或百里或五十里。晋阻三河，齐负东海，楚介江、淮，秦因雍州之固^⑫，四海迭兴，更为伯主，文武所褒大封，皆威而服焉。是以孔子明王道，干七十余君^⑬，莫能用，故西观周室，论史记旧闻，兴于鲁而次《春秋》，上记隐，下至哀之获麟^⑭，约其辞文，去其烦重，以制义法，王道备，人事浃^⑮。七十子之徒口授其传指，为有所刺讥褒讳挹损之文辞不可以书见也^⑯。鲁君子左丘明惧弟子人人异端，各安其意，失其真，故因孔子史记具论其语，成《左氏春秋》^⑰。铎椒为楚威王傅，为王不能尽观《春秋》，采取成败，卒四十章，为《铎氏微》^⑱。赵孝成王时，其相虞卿上采《春秋》，下观近势，亦著八篇，为《虞氏春秋》^⑲。吕不韦者，秦庄襄王相，亦上观尚古，删拾《春秋》，集六国时事，以为八览、六论、十二纪，为《吕氏春秋》^⑳及如荀卿、孟子、公孙固、韩非之徒，各往往捃摭《春秋》之文以著书，不可胜纪。^㉑汉相张苍历谱五德，上大夫董仲舒推《春秋》义，颇著文焉^㉒。

【注释】

①《春秋历谱谍》：古代治《春秋》的学者，有年历和谱谍之说。《汉书·艺文志》载有《黄帝五家历》《颛顼历》《古来帝王年谱》《帝王诸侯世谱》等历谱方面的著作名称，共十八家，六百六卷。司马迁曾读过这方面的资料，并效法这些作品，写成世表、年表。②师挚（zhì）：鲁国的太师名挚。师，太师，周代乐官名。③纣：商代的暴君。　象箸：象牙所制的筷子。　箕子：商纣王的叔父，封于箕（故址在今山西省太谷县东北）。因直谏，被商纣王囚禁。周武王灭商后才被释放。　唏（xī）：哀叹。通"欷"。④衽（rèn）席：卧席。⑤《关雎》：《诗经·周南》篇名，为《诗经》的首篇。《诗序》说是歌咏"后妃之德"；《鲁诗》则说是大臣（毕公）刺周康王好色晏起之作。经后来人研究，认为此诗是描写男女恋爱的作品。司马迁采用了《鲁诗》的说法。⑥陵迟：衰

败，衰落。　鹿鸣：《诗·小雅》的首篇，是周天子、诸侯、大奴隶主贵族宴飨群臣、宾客的乐歌。古代有《鹿鸣》为刺诗的说法。《史记志疑》引《文选》注十八蔡邕《琴操》云："鹿鸣者，周大臣之所作也。王道衰，大臣知贤者幽隐，故弹弦风谏。"以此类证，司马迁采用《鹿鸣》为刺诗的说法，一定有他的依据。⑦厉王遂奔于彘：周厉王即位，任荣夷公为卿士，下令把山林川泽收归国有，实行专利。这一措施引起了人民的不满，人民对厉王进行指责。厉王为了压制言论，命卫巫去监视诽谤的人，一旦发现有人指责厉王，便马上杀掉，因此"国人莫敢言，道路以目"，终于在"国人暴动"时被推翻。他逃奔到彘（今山西霍县东北），后死于此。⑧力政：致力于战争攻取。政，通"征"。乘：欺凌。⑨五伯：即五霸，指春秋时的齐桓公、秦穆公、晋文公、宋襄公、楚庄王。伯，通"霸"，意指诸侯中的盟主。⑩贼臣：作乱叛国的臣子。　篡子：篡权者。滋：增多。⑪成周：即西周的东都洛邑。故址在今河南省洛阳市东。这里用"成周"借指西周。⑫阻：依仗。　三河：指黄河、淮河、洛河。　介：同"界"；一说是"夹"的意思。　江淮：一说"淮"当作"汉"。雍州：相传古代分天下为九州，雍州为九州之一。约辖今陕东、陕北及甘肃部分地区。⑬干七十余君：孔子周游列国，所到不及十个国家。"干七十余君"，是战国时人一种夸张的说法。⑭兴：出发于。　鲁：指鲁史。上记隐：隐，指鲁隐公（前722—前712年）。孔子作《春秋》始于鲁隐公元年。　哀：指鲁哀公（前494—前467年）。获麟：鲁哀公于十四年（前481年）狩猎，获得麒麟。《春秋》记事到这一年止。⑮义法：义理、法度。　浃（jiā）：通透。⑯指：通"旨"。要指。　讥：规劝。抑：通"抑"，贬抑。⑰左丘明：春秋时鲁国太史。《左氏春秋》，又称《春秋左氏传》《左传》。有人认为，它是左丘明根据《春秋》所编的编年史。但根据近代点者研究，它是战国初期人根据各诸侯国的史料编写而成。它记载了自鲁隐公元年（前722年）至鲁哀公二十七年（前468年）春秋各国的重要史实。　异端：儒家称儒家以外的学说或学派为异端。⑱《铎氏微》：《汉书·艺文志》载《铎氏微》三篇。今已亡。⑲《虞氏春秋》：《史记志疑》案："此与《虞卿传》并言八篇，而《艺文志》是十五篇，又有《虞氏微传》二篇，溢数甚多，疑《史》误。"⑳《吕氏春秋》：一名《吕览》，又名《吕子》。每《览》分八篇，每《论》分六篇，每《纪》分五篇，故细目分为一百六十篇。《有始览》中缺一篇，以《序意》一篇补之。此书旧本题秦吕不韦撰，实则为其宾客所集。㉑荀卿：战国时赵人，名况。著《荀子》三十三篇。　孟子：名轲，邹人。著《孟子》十一篇。事详《孟子荀卿列传》。公孙固：齐闵王时人。《汉书·艺文志》载《公孙固》一篇，十八章。今已亡佚。韩非：战国末韩国诸公子，法家代表人物。著有《韩非子》五十五篇。事详见《老子韩非列传》。捃摭（jùn zhí）：拾取。㉒张苍：西汉大臣，历算家。汉文帝时任丞相，著《终始五德传》。

太史公曰：儒者断其义，驰说者骋其辞①，不务综其终始；历人取其年月，数家隆于神运②，谱谍独记世谥③，其辞略，欲一观诸要难。于是谱十二诸侯④，自共和讫孔子，表见《春秋》《国语》学者所讥盛衰大指著于篇，为成学治古文者要删焉⑤。

【注释】

①驰说：游说。　骋：施展。②数家：指阴阳数术家。数术也称术数，指天

文、历谱、五行、蓍龟、杂占、形法等六种。③世谥：世系和谥号。④谱：编排记录。十二诸侯：司马迁《十二诸侯年表》实际上记载了春秋时代的鲁、齐、晋、秦、楚、宋、卫、陈、蔡、曹、郑、燕、吴等十三个诸侯国的盛衰大事。《索隐》："篇言十二，实叙十三者，贱夷狄不数吴，又霸在后故也。不数而叙之者，阖闾霸盟上国故也。"《史记志疑》："吴为太伯之后，安得以夷狄外之？……且《世家》又奚以首吴耶？"⑤《国语》：相传春秋时左丘明所作。以记西周末年和春秋时期周鲁等国贵族的言论为主。后经西汉刘向考校。今存二十一篇。起自周穆王，终于鲁悼公。　讯：考察，稽考。

	公元前841年	840	839	838
	庚申			
周	共和元年。厉王子居召公宫，是为宣王。王少，大臣共和行政	二	三	四
鲁	真公濞十五年，一云十四年	十六	十七	十八
齐	武公寿十年	十一	十二	十三
晋	靖侯宜臼十八年【注】厉侯之子。唐叔五代孙。	晋釐侯司徒元年【注】靖侯之子。名司徒。	二	三
秦	秦仲四年【注】非子曾孙，公伯之子。周宣王时大夫。	五	六	七
楚	熊勇七年【注】熊延之子，楚国第一代君主熊绎之十一代孙。	八	九	十
宋	釐公十八年【注】厉公之子。微仲六代孙。	十九	二十	二十一
卫	釐侯十四年【注】顷侯之子。唐叔七代孙。	十五	十六	十七
陈	幽公宁十四年【注】慎公之子。	十五	十六	十七
蔡	武侯二十三年【注】厉侯之子。蔡仲五代孙。	二十四	二十五	二十六
曹	夷伯二十四年【注】孝伯之子。振铎六代孙。	二十五	二十六	二十七
郑				
燕	惠侯二十四年	二十五【注】燕召公九代孙。	二十六	二十七
吴				

	837	836	835	834	833	832
	甲子					
周	五	六	七	八	九	十
鲁	十九	二十	二十一	二十二	二十三	二十四
齐	十四	十五	十六	十七	十八	十九
晋	四	五	六	七	八	九
秦	八	九	十	十一	十二	十三
楚	楚熊严元年	二	三	四	五	六
宋	二十二	二十三	二十四	二十五	二十六	二十七
卫	十八	十九	二十	二十一	二十二	二十三
陈	十八	十九	二十	二十一	二十二	二十三
蔡	蔡夷侯元年	二	三	四	五	六
曹	二十八	二十九	三十	曹幽伯强元年	二	三
郑						
燕	二十八	二十九	三十	三十一	三十二	三十三
吴						

十二诸侯年表第二

831	830	829	828〈至前477〉
十一	十二	十三	十四
宣王即位，共和罢			
二十五	二十六	二十七	二十八
二十	二十一	二十二	二十三
十	十一	十二	十三
十四	十五	十六	十七
七	八	九	十
二十八	宋惠公覸元年	二	三
二十四	二十五	二十六	二十七
陈禧公孝元年	二	三	四
七	八	九	十
四	五	六	七
三十四	三十五	三十六	三十七

六国年表第三

　　太史公读《秦记》①，至犬戎败幽王②，周东徙洛邑③，秦襄公始封为诸侯④，作西畤用事上帝⑤，僭端见矣⑥。《礼》曰："天子祭天地，诸侯祭其域内名山大川⑦。"今秦杂戎翟之俗⑧，先暴戾，后仁义，位在藩臣而胪于郊祀⑨，君子惧焉。及文公逾陇⑩，攘夷狄，尊陈宝⑪，营岐、雍之间⑫，而穆公修政，东竟至河⑬，则与齐桓、晋文中国侯伯侔矣。是后陪臣执政，大夫世禄，六卿擅晋权⑭，征伐会盟，威重于诸侯。及田常杀简公而相齐国，诸侯晏然弗讨，海内争于战功矣⑮。三国终之卒分晋，田和亦灭齐而有之⑯，六国之盛自此始。务在强兵并敌，谋诈用而从横短长之说起⑰。矫称蜂出，誓盟不信，虽置质剖符犹不能约束也⑱。秦始小国僻远，诸夏宾之，比于戎翟，至献公之后常雄诸侯⑲。论秦之德义不如鲁卫之暴戾者⑳，量秦之兵不如三晋之强也，然卒并天下，非必险固便形势利也，盖若天所助焉。

【注释】

　　①《秦记》：即秦国的史记。②犬戎：西戎的别名，古代活动在今陕西凤翔以北的一个部族。幽王：西周的末代国王。前771年，犬戎入侵，杀死幽王于骊山（今陕西省临潼附近）之下，西周遂亡。③洛邑：周公旦经营洛邑，分筑王城和成周城。王城在今河南省洛阳市西部。周幽王被杀后，子平王东迁洛邑的王城。④秦襄公：秦开国君主。因护送周平王东迁洛邑有功，被封为诸侯。前777—前766年在位。⑤畤：祭祀上帝的处所。白帝：指西方之神。神话中的五天帝之一。⑥僭（jiàn）端：越位犯上的迹象。⑦《礼》曰句：见《礼记·曲礼下》。⑧戎翟：泛指我国古代西部及北部的部族。西周覆亡后，西周王都地区为戎翟所占领。秦国在与戎翟的交往中，曾吸收了他们的礼俗及文化，因而被关东诸国看作是戎翟之国。翟，通"狄"。⑨胪（lú）：陈列。郊祀：在郊外祭天地。谓秦是诸侯国而陈列天子郊祭，是越位犯上的举动。⑩文公：指秦文公。襄公之子。文公击退犬戎后，占有

岐山以西之地。陇：指陇坂，在今陕西省陇县西北。⑪陈宝：神名。秦文公十九年（前747年）在陈仓（今陕西省宝鸡东）北陬城获得异石，就在那里筑坛祭祀，故称陈宝。⑫岐：邑名。在今陕西省岐山县东北。雍：邑名。在今陕西省凤翔县南。⑬穆公：指秦穆公。竟：同"境"。⑭陪臣：古代诸侯大夫，对天子自称为陪臣。六卿：指春秋末晋国的六卿，即：韩、赵、魏、范、智、中行氏六家贵族。春秋末晋六卿的势力强大，逐渐掌握了晋国的政权。擅：独揽。⑮田常：齐大臣。曾相简公，后又杀简公，立平公，专制朝政。晏然：平静；平淡。⑯三国：晋国的韩、赵、魏三卿，于前377年瓜分晋国。亦称"三晋"。田和：齐大臣，田常的曾孙。他夺取了齐国的政权。前386年，周安王承认田和称为齐侯。⑰从横：指合纵与连横。⑱质：人质。符：凭信工具。常剖为两半，双方各执其一，用以勘验。⑲诸夏：周王室所分封的诸侯国。这里指中原六国。宾：同"摈"。屏弃，排挤。献公：指秦献公。他迁都栎（yuè）阳（在今陕西省西安市临潼区东），战败韩魏，使秦的势力逐渐向东扩张。⑳崔适《史记探源》说，此句当作"论秦之暴戾不如鲁卫之德义者"。

或曰"东方物所始生，西方物之成孰"。夫作事者必于东南，收功实者常于西北。故禹兴于西羌①，汤起于亳②，周之王也以丰镐伐殷③，秦之帝用雍州兴④，汉之兴自蜀汉⑤。

【注释】

①西羌：活动于西方的部族。②亳（bó）：地名。此指西北之亳。③丰：一作"鄷"。周都。在今陕西省西安市长安区西南沣水以西，周文王伐崇侯虎后自岐迁此。镐（hào）：周武王所都。故址在今陕西省西安市长安区境。④雍州：相传古代分天下为九州，雍州居九州之一。辖今陕东、陕北及甘肃部分地区。⑤蜀：指今四川省成都地区。汉：指今陕西秦岭以南及湖北省西北部地区，项羽曾分封刘邦于此。

秦既得意，烧天下《诗》《书》，诸侯史记尤甚，为其有所刺讥也。《诗》《书》所以复见者，多藏人家，而史记独藏周室，以故灭。惜哉，惜哉！独有《秦记》，又不载日月，其文略不具①。然战国之权变亦有可颇采者，何必上古。秦取天下多暴，然世异变，成功大。传曰"法后王"，②何也？以其近己而俗变相类，议卑而易行也。学者牵于所闻③，见秦在帝位日浅，不察其终始，因举而笑之，不敢道，此与以耳食无异④。悲夫！

【注释】

①具：完全。②法：效法，学习。《荀子·非相》"欲观圣王之迹，则于其粲然者，后王是也"。③牵：拘泥。④耳食：进饮食必须用嘴；耳食，比喻不知味。

余于是因《秦记》，踵《春秋》之后，起周元王，表六国时事，讫二世①，凡二百七十年，著诸所闻兴坏之端。后有君子，以览观焉。

【注释】

①踵：追随。引申为继承、因袭。此表的记载从周元王元年开始，但《春秋》的记载止于周敬王四十一年。讫（qì）：至，到。

秦楚之际月表第四①

　　太史公读秦楚之际，曰：初作难，发于陈涉；虐戾灭秦，自项氏②；拨乱诛暴，平定海内，卒践帝祚③，成于汉家。五年之间④，号令三嬗⑤，自生民以来，未始有受命若斯之亟也。

【注释】

　　①《秦楚之际月表》以谱牒的形式胪列了前209（秦二世元年）至前202年（汉高祖五年）间的错综史事。②虐戾（lì）：残暴、凶狠。　项氏：指项羽。项羽进入咸阳后，杀秦王子婴，烧秦宫室，以残暴手段灭亡秦朝。③帝祚（zuò）：帝位。④五年之间：由陈涉称王（前209年）至汉五年（前202年）刘邦称帝，实共八年。五年指前206—前202年。⑤号令三嬗（shàn）：指秦末农民起义经过陈胜、项羽、刘邦，建立三次政权，号令演变了三次。　嬗，同"禅"。演变，更替。

　　昔虞、夏之兴，积善累功数十年，德洽百姓，摄行政事，考之于天，然后在位①。汤、武之王，乃由契、后稷修仁行义十余世②，不期而会孟津八百诸侯，犹以为未可，其后乃放弑③。秦起襄公，章于文、缪、献、孝之后，稍以蚕食六国④，百有余载，至始皇乃能并冠带之伦⑤。以德若彼，用力如此，盖一统若斯之难也。

【注释】

　　①洽：润泽。　摄：代理。②汤：指商汤。　武：指周武王。　契：商部落的始祖，传十四代至汤。　后稷：周部落的始祖传十五世至武王。③孟津：古黄河津渡名。在今河南省孟津县东北，周武王曾在此大会诸侯，检阅军容；并从这里渡河伐纣。故又名盟津。　放弑：指汤放桀，武王弑纣事。④襄公：指秦襄公，春秋时期秦国的开国之君。他因护送周平王东迁洛邑，有功，被封为诸侯，赐给岐西之地。从此秦日益强盛。　章：同"彰"。彰著显名。　文：指秦文公，秦襄公之子，曾战胜戎翟，扩地至岐山以西之地。　缪（mù）：指秦穆公，名任好。秦秋五霸之一。缪，同"穆"。　献：指秦献公，名师隰（xí）。曾战败韩、魏，使秦国进一步向东扩张至黄河以西地区。　孝：指秦孝公，名渠梁。任用商鞅变法，改革制度，徙都咸阳，国富兵强，使秦国奠定了兼并六国的基础。　蚕食：形容逐渐吞并。⑤冠带：戴冠束带，一般指华夏族装束，这里是指文明程度较高的关东六国。

　　秦既称帝，患兵革不休，以有诸侯也，于是无尺土之封，堕坏名城①。销锋镝，鉏豪杰，维万世之安②。然王迹之兴，起于闾巷，合从讨伐，轶于三代③，乡秦之禁，适足以资贤者为驱除难耳④。故愤发其所为天下雄⑤，安在无土不王⑥。此乃传之所谓大圣乎？岂非天哉，岂非天哉！非大圣孰能当此受命而帝者乎？

【注释】

　　①无尺寸之封：秦始皇统一天下之后，废除周代以来封国建藩的制度，设置

郡县，子弟功臣没有封邑。②销锋镝：销毁兵器。销，熔化。锋，刀口。镝（dí），箭头。锋镝，泛指兵器。　钼：同"锄"。铲除。　维：希望。③起于闾巷：指刘邦起自民间，原为亭长，处于社会底层。　闾巷，街巷，指民间。　轶（yì）：本义为后车超过前车，引申为超过，超越。④乡（xiàng）：通"嚮（向）"。过去，以前。⑤"故愤发"句：指汉高祖刘邦愤发闾巷成就帝业。⑥"无土不王"：这是古语，没有封地，便不能为王。

汉兴以来诸侯年表第五

太史公曰：殷以前尚矣①。周封五等：公、侯、伯、子、男。然封伯禽、康叔于鲁、卫②，地各四百里，亲亲之义，褒有德也；太公于齐③，兼五侯地，尊勤劳也。武王、成、康所封数百，而同姓五十五④，地上不过百里，下三十里，以辅卫王室。管、蔡、康叔、曹、郑⑤，或过或损。厉、幽之后，王室缺，侯伯强国兴焉，天子微，弗能正⑥。非德不纯，形势弱也。

【注释】

①尚：通"上"。很久以前。②伯禽：周公旦长子，成王时，封于鲁（国都曲阜，在今山东省曲阜市）。康叔：周武王之弟，名封。成王时，封于卫（国都在今河南省淇县）。③太公：指姜太公吕尚。封于齐（国都临淄，在今山东省淄博市东北）。④同姓五十五：《索隐》引《汉书》，认为周初封国有八百，其中同姓五十余。⑤管：指管叔姬鲜。　蔡：指蔡叔姬度。　曹：指曹叔姬铎。　郑：指郑叔姬友。⑥厉：指周厉王。　幽：指周幽王。　正：匡正。一说作"征"，征伐。

汉兴，序二等①。高祖末年，非刘氏而王者，若无功上所不置而侯者，天下共诛之。高祖子弟同姓为王者九国，唯独长沙异姓②，而功臣侯者百余人。自雁门、太原以东至辽阳，为燕、代国③；常山以南，太行左转，度河、济、阿、甄以东薄海，为齐、赵国④；自陈以西，南至九疑，东带江、淮、榖、泗，薄会稽，为梁、楚、淮南、长沙国⑤：皆外接于胡、越⑥。而内地北距山以东尽诸侯地，大者或五六郡，连城数十，置百官宫观，僭于天子。汉独有三河、东郡、颍川、南阳⑦，自江陵以西至蜀，北自云中至陇西，与内史凡十五郡，而公主列侯颇食邑其中⑧。何者？天下初定，骨肉同姓少，故广强庶孽⑨，以镇抚四海，用承卫天子也。

【注释】

①序二等：汉初分王、侯二等封爵。序，排次序。②九国：指楚、荆、淮南、燕、赵、梁、代、淮阳、齐。长沙：高祖五年置长沙国，封吴芮。③雁门：郡名。辖境约今山西省西北地区。太原：郡名。辖境约当今山西省中部偏东地区。辽阳：县名。故城在今辽宁省辽阳市西北。燕：封国名。燕王为刘邦之子刘建。都蓟（今北京市西南）。代：封国名。代王为高祖之兄刘仲。④常山、太行：均山名。常

山即恒山，在今河北曲阳县西。太行山在今山西河北边界上。河：指黄河。济：指济水。阿：指东阿（故城在今山东省东阿县西南）。甄：《读史方舆纪要》作鄄城（故城在今山东省鄄城县北）。齐：封国名。高祖六年，刘邦立其子刘肥为齐王，都临淄（今山东省淄博市东北）。赵：封国名。高祖九年，刘邦立其子刘如意为赵王，都邯郸（今河北省邯郸市）。⑤陈：县名。故城在今河南省淮阳县。九疑：山名。在今湖南省宁远县南。江：指长江。淮：指淮河。穀：指穀水。汴河的支流，经徐州南流入泗水。泗：指泗水，源出今山东省泗水县。会稽：指会稽山，在今浙江省绍兴市东南。梁：封国名。高祖十一年，分梁王彭越故地及东郡地区，立子恢为梁王。都睢阳（今河南省商丘市南）。楚：封国名。高祖六年以楚王韩信故地，及淮河以南的薛郡、东海郡、彭城郡三十六县，立弟交为楚王。都彭城（今江苏省徐州市）。淮南：高祖十一年，以淮南王英布故地，立子长为淮南王。都寿春（今安徽省寿县）。⑥胡：泛指北方或西北方的游牧民族，有时专指匈奴。越：古族名。分布在今浙江、两广、福建一带。因部族众多，号称"百越"或"百粤"。⑦内地：指京都长安周围关中一带。北：疑作"比"，比及等到的意思。距：至。三河：指河内、河东、河南三郡。辖境约当今山西、河南的大部分地区。东郡：辖境约当今山东省西部和河南省东部部分地区。郡治濮阳（今河南濮阳县西南）。颍川：郡名。辖境约在今河南登封：宝丰以东，尉氏、鄢城以西，密县以南，叶县、舞阳以北地区。郡治阳翟（今河南禹县）。南阳：郡名。辖境当今河南省熊耳山以南和湖北省大洪山以北应山、郧县间地。郡治宛（今河南南阳市）⑧江陵：县名。故城在今湖北省江陵县。蜀：郡名。辖境在今四川省西部地区。郡治成都（今四川成都市）。云中：郡名。辖境相当今土默特右旗以东，大青山以南，卓资县以西，黄河南岸及长城以北地区。郡治云中（今内蒙古托克托县东北）。陇西：郡名。辖境相当今甘肃省境内洮河中游、渭河上游、汉水上游及天水市东部地区。郡治狄道（今甘肃临洮县）。内史：政区名。辖境相当今陕西省关中地区。十五郡：指河东、河南、河内、东郡、颍川、南阳、南郡、汉中、巴、蜀、陇西、北地、上郡、云中、内史等。列侯：爵位名。秦爵二十等爵的最高一级，汉沿用。亦称"通侯"、"彻侯"。⑨庶孽：指妾媵之子。

　　汉定百年之间，亲属益疏，诸侯或骄奢，忕邪臣计谋为淫乱，大者叛逆，小者不轨于法①，以危其命，殒身亡国。天子观于上古，然后加惠，使诸侯得推恩分子弟国邑②，故齐分为七③，赵分为六④，梁分为五⑤，淮南分三⑥，及天子支庶子为王，王子支庶为侯，百有余焉。吴楚时，前后诸侯或以適削地⑦，是以燕、代无北边郡，吴、淮南、长沙无南边郡，齐、赵、梁、楚支郡名山陂海咸纳于汉⑧。诸侯稍微，大国不过十余城，小侯不过数十里，上足以奉贡职，下足以供养祭祀，以蕃辅京师。而汉郡八九十，形错诸侯间，犬牙相临，秉其阨塞地利⑨，强本干，弱枝叶之势，尊卑明而万事各得其所矣。

　　臣迁谨记高祖以来至太初诸侯，谱其下益损之时，令后世得览，形势虽强，要之以仁义为本。

【注释】

　　①忕（shì）：习惯，惯于。　轨：遵循。②推恩：推恩惠于他人。元朔二年（前127年），武帝接受主父偃的建议，颁布推恩令，规定除嫡长子继承王位外，其他子弟得分割王国的部分土地为列侯，列侯归郡统辖。王国越分越小，诸侯国被

削弱，中央集权因而进一步加强。③齐分为七：齐国分为城阳、济北、济南、菑川、胶西、胶东、齐等七国。文帝前元二年（前178 威海市文登区西北），封朱虚侯章为城阳王，辖境约当今山东省莒县、沂南和蒙阴县东部地区；又封东牟侯兴居为济北王，辖境约当今山东省威海市文登区西北。文帝前元十六年（前164年）封扐侯辟光为济南王，辖境约当今山东省济南市、章丘、济阳、邹平等县地；封武城侯贤为菑川王，辖境约当今山东省淄博市及寿光、益都等县部分地区；封平昌侯邲为胶西王，辖境约当今山东省胶河以西，高密以北地区；封白石侯雄渠为胶东王，辖境约当今山东省平度、莱阳、莱西等县及迤南地带。均见下表。④赵分为六：指赵国分为河间、广川、中山、常山、清河及赵等六国。⑤梁分为五：景帝中元六年（前144年），分梁国为五，除仍保留梁国外，另封梁孝王子明为济川王，子彭离为济东王，子定为山阳王，子不识为济阴王。均见下表。⑥淮南分三：淮南国分为淮南、庐江、衡山三国。文帝前元十六年（前164年）封淮南厉王子赐为庐江王，又封淮南厉王子勃为衡山王。均见下表。⑦吴楚时：指吴、楚、赵、胶西、胶东、菑川、济南七国为乱之时（前154年）。適：通"谪"，贬谪。⑧燕、代、吴、淮南、长沙五国原来都有边郡。吴楚叛乱前后，这些边郡均收归中央。支郡：诸侯国内由诸侯王自置的郡称支郡，原由诸侯王统辖。吴楚之乱以后，汉朝廷乘势剥夺了各诸侯王国的支郡，由中央直接统辖。　陂（bēi）：池塘。⑨阨（è）：通"厄"。狭隘、险要处。

公元前206	205	204
高祖元年	二	三
楚	都彭城。　【注】在今江苏徐州市。	
齐	都临淄。	
荆	都吴。　【注】在今江苏省苏州市。	
淮南	都寿春。　【注】在今安徽寿县。	
燕	都蓟。	
赵	都邯郸。	
梁	都淮阳。　【注】应为"睢阳"。在今河南商丘市南。	
淮阳	都陈。　【注】在今河南淮阳县。	
代	十一月初韩王信元年。都马邑。	二
长沙		

203	202	〈至前101〉
四	五	
	齐王信徙为楚王元年。反，废。	
初王信元年。故相国	二　徙楚。	

十月乙丑，初王英布元年。	二
	后九月壬子，初王卢绾元年。
初王张耳元年。薨。	王敖元年。敖，耳子。
	初王彭越元年
三	四　降匈奴，国除为郡。
	二月乙未初王文王吴芮元年。薨。

高祖功臣侯者年表第六

太史公曰：古者人臣功有五品①，以德立宗庙定社稷曰勋，以言曰劳，用力曰功，明其等曰伐，积日曰阅②。封爵之誓曰："使河如带，泰山若厉③。国以永宁，爰及苗裔④"。始未尝不欲固其根本，而枝叶稍陵夷衰微也⑤。

【注释】

①品：等级。②德：德泽，德政。宗庙：古代开国的皇帝和始封的王侯，即位后就建立宗庙，祭祀祖先。立宗庙的意思，就是创建基业。言：言词。这里指为国事出谋划策。伐：同"阅"。功绩。积日：指计算掌政任事时间的长短。阅：资历。③河：指黄河。带：衣带。厉：同"砺"。磨刀石。④爰（yuán）：乃，于是。苗裔：后代子孙。⑤根本：指中央政权。枝叶：指诸侯王国。陵夷：衰颓。

余读高祖侯功臣，察其首封，所以失之者，曰：异哉所闻！《书》曰："协和万国"①，迁于夏商，或数千岁。盖周封八百，幽厉之后②，见于《春秋》。《尚书》有唐虞之侯伯，历三代千有余载，自全以蕃卫天子，岂非笃于仁义，奉上法哉③？汉兴，功臣受封者百有余人④。天下初定，故大城名都散亡，户口可得而数者十二三，是以大侯不过万家，小者五六百户。后数世，民咸归乡里，户益息，萧、曹、绛、灌之属或至四万，小侯自倍，富厚如之⑤。子孙骄溢，忘其先，淫嬖⑥。至太初百年之间，见侯五，余皆坐法陨命亡国，耗矣⑦。罔亦少密焉，然皆身无兢兢于当世之禁云⑧。

【注释】

①协和万国：见《尚书·尧典》。原文为"百姓昭明，协和万邦"。汉避

高祖刘邦讳，改"邦"为"国"。万国，极言远古部落之多。②幽、厉：指周幽王、周厉王。③唐虞：均传说中的远古部落名。唐：即陶唐氏，尧为陶唐氏；虞；即有虞氏，舜为有虞氏。侯、伯：五等爵位中的第二、第三等爵。自全：自我保全。蕃：同"藩"。篱笆，引申为屏障、卫护。笃：忠厚；忠诚。④受封者百有余人：刘邦分封的功臣有一百三十七人，如加上受封的外戚及王子，共一百四十三人。⑤息：繁育，增长。萧、曹、绛、灌：指萧何、曹参、周勃、灌婴。自倍：增加自己过去受封的户数的一倍。⑥溢：自满。淫嬖（bì）：邪恶放荡。⑦太初：武帝的年号（前104—前101年）。自太初上推至汉朝初建，正为一百来年。见侯五：现在为侯者仅剩下五人，即平阳侯曹宗、曲周侯郦终根、阳阿侯齐仁、戴侯祕蒙、穀陵侯冯偃，均汉初功臣后代。见，同"现"。坐法：因犯法而获罪。耗：同"耗"。无，没有；穷尽。⑧罔：同"网"。法网。少：稍微。禁：法禁。

　　居今之世，志古之道，所以自镜也①，未必尽同。帝王者各殊礼而异务，要以成功为统纪，岂可绲乎②？观所以得尊宠及所以废辱，亦当世得失之林也，何必旧闻？于是谨其终始，表见其文，颇有所不尽本末③；著其明，疑者阙之。后有君子，欲推而列之，得以览焉。

【注释】

　　①志：同"誌"。记住。自镜：自我借鉴。②礼：礼法。务：政务；政署。统纪：准则。绲（gǔn）：缝合。引申为捏合，强求一致。③谨：表示郑重，态度严肃。本末：指事情的原委。

国名	平阳 【注】汉县名，故城在今山西省临汾市西南。
侯功	以中涓从起沛①，至霸上②，侯。以将军入汉，以左丞相③出征齐、魏④，以右丞相为平阳侯，万六百户。 【注释】①中涓：官名，掌传达之官，一说为宫中主管卫生之官。沛：汉县名，故城在今江苏省沛县东。②霸上：汉地名，指霸水以西的白鹿原，地在今陕西省西安市东。③左丞相：秦朝分左、右丞相，汉初仍沿用秦制。④齐：项羽分齐地为三、中部齐，东部胶东，西北部济北，合称三齐。魏：项羽分封魏豹为魏王，建都平阳。
高祖十二	六年十二月甲申，懿侯曹参元年。 七
孝惠七	五　其二年为相国①。 六年十月，靖侯窋元年②。 　　【注】①相国：汉高祖十一年更名丞相为相国。　②窋（zhuó或kū）： 二　曹参之子，吕后时曾任御史大夫。
高后八	八
孝文二十三	十九 后元四年，简侯奇元年。 　　【注】后元四年：指孝文帝后元四年（前160年）。 四
孝景十六	三 四年，夷侯时元年。 　　【注】时：一作畤（zhǐ），又音（zā）。《汉书·卫青传》作平阳侯曹寿。 十三
建元至元封六年三十六，太初元年尽后元二年十八。	十 元光五年，恭侯襄元年。 元鼎三年，今侯宗元年。 十六
侯第	二

信武	清阳
【注】《汉书·地理志》无信武县，当是汉县名，后废。一说为封名号。	【注】汉县名，故城在今河北省清河县东南。
以中涓起宛朐①，入汉，以骑都尉定三秦②，击项羽，别定江陵③，侯，五千三百户，以车骑将军攻黥布、陈豨④。 【注】①宛朐（yuān qú）；秦县名，故城在今山东省菏泽市西南。　②三秦：指被项羽封于秦国境内的雍王、塞王、翟王。　③江陵：今湖北省江陵县。　④黥布：即英布，六（今安徽省六安市）人，秦时因犯罪黥面，故名。　陈豨：宛朐人，汉初为代国相，因谋反被杀。	以中涓从起丰①，至霸上，为骑郎将②，入汉，以将军击项羽功，侯，三千一百户③。 【注】①丰：汉县名，今江苏省丰县。　②骑郎将：郎分车郎、户郎、骑郎，主管骑郎的长官称骑郎将。　③《汉表》作二千二百户。
六年十二月甲申，肃侯靳歙元年。 【注】歙：音 shè，又音 xì。 七	六年十二月甲申，定侯王吸元年。 【注】王吸，一作王隆。 七
七	七
五 　六年，夷侯亭元年。 三	八
十八 　后元三年，侯亭坐事国人过律，夺侯，国除。	七　元年，哀侯强元年。 十六　八年，孝侯偃元年。
	四 　五年，哀侯不害元年。 十二
	七 　元光二年，侯不害薨，无后，国除。
十一	十四

惠景间侯者年表第七

　　太史公读列封至便侯①，曰：有以也夫②！长沙王者，著令甲③，称其忠焉。昔高祖定天下，功臣非同姓疆土而王者八国④。至孝惠时，唯独长沙全，禅五世，以无嗣绝，竟无过⑤，为藩守职，信矣。故其泽流枝庶⑥，毋功而侯者数人。及孝惠讫孝景间五十载，追修高祖时遗功臣，及从代来，吴楚之劳，诸侯子弟若肺腑，外国归义，封者九十有余。或表始终，当世仁义成功之著者也。

【注释】

　　①便（biān）侯：便，县名。故城在今湖南省永兴县，西汉属桂阳郡。长沙王吴芮之子吴浅封为便侯。②以：缘故，因由。③令甲：西汉时决事集诏令三百余篇，令有先有后，所以有令甲、令乙、令丙之序。汉初规定，非刘氏不王。但吴芮因至忠于汉朝，所以著在令甲上，表示褒扬。④疆：划分界限。八国：指汉初分封的八个异姓王国，即齐王韩信、韩王韩信、燕王卢绾、梁王彭越、赵王张耳、淮南王英布、临江王共敖、长沙王吴芮。⑤孝惠：即刘邦的太子刘盈。禅五世：禅，传。吴芮至其玄孙吴产，共传五代。竟：始终。⑥枝庶：旁支庶孽。

国名	便	轪（dài）
	【注】县名。故城在今湖南省永兴县。	【注】县名。故城在今河南省罗山县东南。一说在今湖北浠水县西南长江北岸兰溪镇。
侯功	长沙王子，侯，二千户。 【注】高祖五年，徙衡山王吴芮为长沙王，都临湘（今长沙市）。	长沙相，侯，七百户。
孝惠七	元年九月，顷侯吴浅元年。 【注】《汉表》作九月癸卯封。 七	二年四月庚子，侯利仓元年。 【注】《汉书》作轪侯朱仓。其《表》作黎朱仓，姓黎名朱仓。 六
高后八	八	二 三年，侯豨元年。 六
孝文二十三	二十二 后七年，恭侯信元年。 一	十五 十六年，侯彭祖元年。 八
孝景十六	五 前六年，侯广志元年。 十一	十六
建元至元封六年三十六	二十八 元鼎五年，侯千秋坐酎金，国除。	三十 元封元年，侯秩为东海太守，行过不请，擅发卒兵为卫，当斩，会赦，国除。
太初已后		

建元以来侯者年表第八①

太史公曰："匈奴绝和亲，攻当路塞②；闽越擅伐，东瓯请降③。"二夷交侵，当盛汉之隆，以此知功臣受封侔于祖考矣④。何者？自《诗》《书》称三代"戎狄是膺，荆荼是征"⑤，齐桓越燕伐山戎，武灵王以区区赵服单于，秦缪用百里霸西戎，吴楚之君以诸侯役百越⑥。况乃以中国一统，明天子在上，兼文武，席卷四海，内辑亿万之众，岂以晏然不为边境征伐哉⑦！自是后，遂出师北讨强胡，南诛劲越，将卒以次封矣⑧。

【注释】

①《索隐》："七十二国，太史公旧；余四十五国，褚先生补也"。②绝和亲：自高祖至景帝，汉对匈奴实行和亲政策。但匈奴仍不断内侵，所以到武帝时终止了和亲政策，对匈奴发动了大规模的防御反击战争。 当路塞：在要路上的关塞。《匈奴列传》苏林注云："直当道之塞。"③闽越：越人的一支，生活在今浙江省南部及福建省北部地区，据传说是越王勾践的后代，秦置闽中郡以统辖之。公元前202年，汉王朝立其首领无诸为闽越王。建元三年（前138年）闽越进攻东瓯。东瓯向汉告急，武帝派严助往救，闽越退兵。东瓯：生活在今浙江省温州市西南东海沿岸的越族。惠帝三年（前193年），汉立闽越君摇为东瓯王。东瓯受闽越攻击时，举国内徙，汉朝廷把他们安置在江淮间，居庐江郡（郡治在今安徽省庐江县西一带）。④二夷：指匈奴与闽越。侔：相当，相等。祖：指父亲以上的长辈。考：称已死的父亲。⑤《诗》指《诗经》，《书》指《尚

书》。戎：泛指我国西方的部族。 狄：泛指我国北方的部族。 荆：楚国的别称。荼：同"舒"，国名。活动中心在今安徽省庐江县一带。 膺：打击。

征：同"惩"，惩罚。"戎狄是膺，荆楚是惩"，见《诗经·閟宫》。⑥山戎：或称北戎。是生活在今河北省东北部一带的部族。前664年，齐桓公曾越过燕国讨伐山戎。 武灵王：战国时赵国国君。 单（chán）于：匈奴族的君主。

秦缪：指秦穆公。百里：指百里奚。秦大夫，又称五羖大夫，帮助穆公建立霸业。 西戎：春秋时生活在今陕西省境内的西方戎族。百越：分布在我国西南的越族。⑦辑：和同。 晏然：和平安定。⑧胡：指匈奴。 诛：讨伐。将卒："卒"字误，当作"率"，同"帅"。

	翕	持装
国名	【注】翕（xī）：《汉表》在内黄，即今河南省内黄县北。	【注】《汉表》作"辕"，在南阳郡。疑在今湖北应山县东北。
侯功	匈奴相降，侯。元朔二年，属车骑将军，击匈奴有功，益封。 【注】元朔：汉武帝年号，为前128—前123年。车骑将军：将军名号。为主管城门、北军兵马的最高长官，地位相当于公。	匈奴都尉降侯。 【注】都尉：相当于郡的最高军事长官。
元光	四年七月壬午，侯赵信元年。 【注】按《汉表》作"十月"。是年七月无"壬午"日分，"七"字误。 三【注】指元光六年期间，赵信受封侯有三年。	六年后九月丙寅，侯乐元年。
元朔	五 六年，侯信为前将军击匈奴，遇单于兵，败，信降匈奴，国除。 【注】五：指元朔六年时间，赵信称侯只有五年，第六年国除。以下以此数字类推。	六
元狩		六
元鼎		元年，侯乐死，无后，国除。
元封		
太初已后		

	亲阳 【注】《汉表》在舞阴。舞阴西汉属南阳郡。故城在今河南社旗县东南。	若阳 【注】《汉表》在平氏。故城在今河南唐河县东南。	长平 【注】长平，县名，西汉属汝南郡，在今河南西华县东北。
	匈奴相降，侯。	匈奴相降，侯。	以元朔二年再以车骑将军击匈奴，取朔方、河南功侯①。元朔五年，以大将军击匈奴②，破右贤王，益封三千户。 【注】①朔方：郡名，郡治在今内蒙古乌拉特前旗南。河南：今内蒙古河套以南地区。②大将军：武官名，为将军的最高称号，始于战国，汉代沿置。
		三 二年十月癸巳，侯猛元年。 五年，侯猛坐亡斩，国除。	
	三 二年十月癸巳，侯月氏元年。 五年，侯月氏坐亡斩，国除。		二年三月丙辰，烈侯卫青元年。
			六
			六
			六
			太初元年，今侯伉元年。

国名	侯功	元光	元朔	元狩	元鼎	元封	太初已后
平陵	以都尉从车骑将军青击匈奴功侯。以元朔五年，用游击将军从大将军，益封。		五 二年三月丙辰，侯苏建元年。	六	六 六年，侯建为右将军，与翕侯信俱败，独身脱来归，当斩，赎，国除。		
岸头	以都尉从车骑将军青击匈奴功侯。元朔六年，从大将军，益封。		五 二年六月壬辰，侯张次公元年。	元年，次公坐与淮南王女奸，及受财物罪，国除。			
平津	以丞相诏所褒侯。		四 五年十一月乙丑，献侯公孙弘元年。	二 四 三年，侯庆元年。	六	三 四年，侯庆坐为山阳太守有罪，国除	
涉安	以匈奴单于太子降侯。		一 三年，四月丙子，国除。后，侯于单元年。五月卒，无后，				
昌武	以匈奴王降侯。以昌武侯从骠骑将军击左贤王功，益封。		三 四年十月庚申，坚侯赵安稽元年。	六	六	一 二年，侯充国元年。 五	太初元年，侯充国薨，亡后，国除。
襄城	以匈奴相国降侯。		三 四年十月庚申，侯无龙元年。	六	六	六	一 太初二年，无龙从浞野侯战死。 二侯已 三年侯病已元年。
南窌	以骑将军从大将军青击匈奴得王功侯。太初二年，以丞相封为葛绎侯。		二 五年四月丁未，侯公孙贺元年。	六	四 五年，贺坐酎金，国除，绝，七岁。	十三	太初二年三月丁卯，封葛绎侯。征和二年，贺子敬声有罪，国除。
合骑	以护军都尉三从大将军击匈奴，至右贤王庭，得王功侯。元朔六年益封。		二 五年四月丁未，侯公孙敖元年。	一 二年，侯敖将兵击匈奴，与骠骑将军期，后，畏懦，当斩，赎为庶人，国除。			
乐安	以轻车将军再从大将军青击匈奴得王功侯。		二 五年四月丁未，侯李蔡元年。	四 五年，侯蔡以丞相盗孝景园神道壖地罪，自杀，国除。			
龙额	以都尉从大将军青击匈奴得王功侯。元鼎六年，以横海将军击东越功，为案道侯。		二 五年四月丁未，侯韩说元年。	六	四 五年，侯说坐酎金，国绝。二岁复侯。	六 元年五月丁卯，案道侯说元年。	十三 征和二年，子长代，有罪，绝。子曾复封为龙额侯。
随成	以校尉三从大将军青击匈奴，攻农吾，先登石累，得王功侯。		二 五年四月乙卯，侯赵不虞元年。	三 三年，侯不虞坐为定襄都尉，匈奴败太守，以闻非实，谩，国除。			
从平	以校尉三从大将军青击匈奴，至右贤王庭，数为雁行上石山先登功侯。		二 五年四月乙卯，公孙戎奴元年。	二 二年，侯戎奴坐为上郡太守发兵击匈奴，不以闻，谩，国除。			

国名	侯功	元光	元朔	元狩	元鼎	元封	太初已后
涉轵	以校尉三从大将军击匈奴，至右贤王庭，得王，房阏氏功侯。		二 五年四月丁未，侯李朔元年。	元年，侯朔有罪，国除。			
宜春	以父大将军青破右贤王功侯。		二 五年四月丁未，侯卫伉元年。	六	元年，侯伉坐矫制不害，国除。		
阴安	以父大将军青破右贤王功侯。		二 五年四月丁未，侯卫不疑元年。	六	四 五年，侯不疑坐酎金，国除。		
发干	以父大将军青破右贤王功侯。		二 五年四月丁未，侯卫登元年。	六	四 五年，侯登坐酎金，国除。		
博望	以校尉从大将军六年击匈奴，知水道，及前使绝域大夏功侯。		一 六年三月甲辰，侯张骞元年。	一 二年，侯骞坐以将军击匈奴畏懦，当斩，赎，国除。			
冠军	以嫖姚校尉再从大将军，六年从大将军击匈奴，斩相国功侯。元狩二年，以骠骑将军击匈奴，至祁连，益封；迎浑邪王，益封；击左右贤王，益封。		一 六年四月壬申，景桓侯霍去病元年。	六	六 元年，哀侯嬗元年。	元年，哀侯嬗薨，无后，国除。	
众利	以上谷太守四从大将军，六年击匈奴，首房千级以上功侯。		一 六年五月壬辰，侯郝贤元年。	一 二年，侯贤坐为上谷太守入戍卒财物上计谩罪，国除。			
潦	以匈奴赵王降，侯。			一 元年七月壬午，悼侯赵煖訾元年。	二年，煖訾死，无后，国除。		
宜冠	以校尉从骠骑将军二年再出击匈奴功侯。故匈奴归义。			二 二年正月乙亥，侯高不识元年。赎罪，	四年，不识击匈奴战军功增首不以实，当斩，国除。		
煇渠	以校尉从骠骑将军二年再出击匈奴，得王功侯。以校尉从骠骑将军二年房五功，益封。故匈奴归义。			五 二年二月乙丑，忠侯仆多元年。	三 四年，侯电元年。	六	四
从骠	以司马再从骠骑将军数深入匈奴，得两王子骑功侯。以匈河将军元封三年击楼兰功，复侯。			五 二年五月丁丑，侯赵破奴元年。	四 五年，侯破奴坐酎金，国除。	浞野四 三年，侯破奴元年。	一 二年，侯破奴以浚稽将军击匈奴，失军，为房所得，国除。
下麾	以匈奴王降侯。			五 二年六月乙亥，侯呼毒尼元年。	四　　二 五年，炀侯伊即轩元年。	六	四
漯阴	以匈奴浑邪王将众十万降侯，万户。			四 二年七月壬午，定侯浑邪元年。	六 元年，魏侯苏元年。	五 五年，魏侯苏薨。无后，国除。	
煇渠	以匈奴王降侯。			四 三年七月壬午，悼侯扁訾元年。	一 二年，侯扁訾死，无后，国除。		

国名	侯功	元光	元朔	元狩	元鼎	元封	太初已后
河綦	以匈奴右王与浑邪降侯。			四 三年七月壬午，康侯乌犁元年。	二 三年，余利鞮元年。 四	六	四
常乐	以匈奴大当户与浑邪降侯。			四 三年七月壬午，肥侯稠雕元年。	六	六	二 太初三年，今侯广汉元年。
符离	以右北平太守从骠骑将军四年击右王，将重会期，首虏二千七百人功侯。			三 四年六月丁卯，侯路博德元年、	六	六	太初元年，侯路博德有罪，国除。
壮	以匈奴归义因淳王从骠骑将军四年击左王，以少破多，捕虏二千一百人功侯。			三 四年六月丁卯，侯复陆支元年	二 三年，今侯偃元年。 四	六	四
众利	以匈奴归义楼剸王从骠骑将军四年击右王，手自剑合功侯。			三 四年六月丁卯，质侯伊即轩元年。	六	五 六年，今侯当时元年。 一	四
湘成	以匈奴符离王降侯。			三 四年六月丁卯，侯敞屠洛元年。	四 五年，侯敞屠洛坐酎金，国除。		
义阳	以北地都尉从骠骑将军四年击左王，得王功侯。			三 四年六月丁卯，侯卫山元年。	六	六	四
散	以匈奴都尉降侯。			三 四年六月丁卯，侯董荼吾元年。	六	六	二 二 太初三年，今侯安汉元年。
臧马	以匈奴王降侯。			一 四年六月丁卯，康侯延年元年。	五年，侯延年死，不得置后，国除。		
周子南君	以周后绍封。				三 四年十一月丁卯，侯姬嘉元年。	三 四年，君买元年。 三	四
乐通	以方术侯。				一 四年四月乙巳，侯五。利将军栾大元年。 五年，侯大有罪，斩，国除。		
瞭	以匈奴归义王降侯。				一 四年六月丙午，侯次公元年。 五年，侯建德有罪，国除。		
术阳	以南越王兄越高昌侯。				一 四年，侯建德元年。 五年，侯建德有罪，国除。		
龙亢	以校尉㧑乐击南越，死事，子侯。				二 五年三月壬午，侯广德元年。	六 六年，侯广德有罪诛，国除。	
成安	以校尉韩千秋击南越死事，子侯。				二 五年三月壬子，侯延年元年。	六 六年，侯延年有罪，国除。	
昆	以属国大且渠击匈奴功侯。				二 五年五月戊戌，侯渠复累元年。	六	四

国名	侯功	元光	元朔	元狩	元鼎	元封	太初已后
骐	以属国骑击匈奴,捕单于兄功侯。				二 五年,六月壬子,侯驹几元年。	六	四
梁期	以属国都尉五年间出击匈奴,得复累绨缦等功侯。				二 五年七月辛巳,侯任破胡元年。	六	四
牧丘	以丞相及先人万石积德谨行侯。				二 五年九月丁丑,恬侯石庆元年。	六	二 三年,侯德元年。
瞭	以南越将降侯。				一 六年三月乙酉,侯毕取元年。	六	四
将梁	以楼船将军击南越,椎锋却敌侯。				一 六年三月乙酉,侯杨仆元年。	三 四年,侯仆有罪,国除。	
安道	以南越揭阳令闻汉兵至自定降侯。				一 六年三月乙酉,侯揭阳令史定元年。	六	四
随桃	以南越苍梧王闻汉兵至降侯。				一 六年四月癸亥,侯赵光元年。	六	四
湘成	以南越桂林监闻汉兵破番禺,谕瓯骆兵四十余万降侯。				一 六年五月壬申,侯监居翁元年。	六	四
海常	以伏波司马捕得南越王建德功侯。				一 六年七月乙酉,庄侯苏弘元年。	六	太初元年,侯弘死,无后,国除。
北石	以故东越衍侯佐繇王斩余善功侯。					六 元年正月壬午,侯吴阳元年。	三 太初四年,今侯首元年。
下郦	以故瓯骆左将斩西于王功侯。					六 元年四月丁酉,侯左将黄同元年。	四
缭嫈	以故校尉从横海将军说击东越功侯。					一元 年五月己卯,侯刘福元年。	二年,侯福有罪,国除。
襄儿	以军卒斩东越徇北将军功侯。					六 元年闰月癸卯,庄侯辕终古元年。	太初元年,终古死,无后,国除。
开陵	以故东越建成侯与繇王共斩东越王余善功侯。					六 元年闰月癸卯,侯建成元年。	
临蔡	以故南越郎闻汉兵破番禺,为伏波得南越相吕嘉功侯。					六 元年闰月癸卯,侯孙都元年。	
东成	以故东越繇王斩东越王余善功侯,万户。					六 元年闰月癸卯,侯居服元年。	
无锡	以东越将军汉兵至弃军降侯。					六 元年,侯多军元年。	
涉都	以父弃故南海守,汉兵至以城邑降,子侯。					六 元年中,侯嘉元年。	二 太初二年,侯嘉麃,无后,国除。

国名	侯功	元光	元朔	元狩	元鼎	元封		太初已后
平州	以朝鲜将汉兵至降侯。					一 三年四月丁卯,侯唊元年。	四年,侯唊毚,无后,国除。	
荻苴	以朝鲜相汉兵至围之降侯。					四 三年四月,侯朝鲜相韩阴元年。		
澅清	以朝鲜尼溪相使人杀其王右渠来降侯。					四 三年六月丙辰,侯朝鲜尼溪相参元年。		
骓兹	以小月氏若苴王将众降侯。					三 四年十一月丁卯,侯稽谷姑元年。		太初元年,侯稽谷姑毚,无后,国除。
浩	以故中郎将将兵捕得车师王功侯。					一 四年正月甲申,侯王恢元年。	四年四月,侯恢坐使酒泉矫制害,当死,赎,国除。封凡三月。	
瓡讘	以小月氏王将众千骑降侯。					二 一四年正月乙酉,侯扜者元年。	六年,侯胜元年。	四
几	以朝鲜王子汉兵围朝鲜降侯。					二 四年三月癸未,侯张陷归义元年。	六年,侯张陷使朝鲜,谋反,死,国除。	
涅阳	以朝鲜相路人,汉兵至,首先降,道死,其子侯。					三 四年三月壬寅,康侯子最元年。		二 太初二年,侯最死,无后,国除。
右太史公本表①								

后进好事儒者褚先生曰：太史公记事尽于孝武之事②，故复修记孝昭以来功臣侯者，编于左方③，令后好事者得览观成败长短绝世之适，得以自戒焉。当世之君子，行权合变，度时施宜，希世用事，以建功有土封侯，立名当世，岂不盛哉！观其持满守成之道，皆不谦让，骄蹇争权，喜扬声誉，知进不知退，终以杀身灭国。以三得之④，及身失之，不能传功于后世，令恩德流子孙，岂不悲哉！夫龙雒侯曾为前将军⑤，世俗顺善，厚重谨信，不与政事，退让爱人。其先起于晋六卿之世。有土君国以来，为王侯，子孙相承不绝，历年经世，以至于今，凡百余岁，岂可与功臣及身失之者同日而语之哉？悲夫，后世其诫之！

【段意】

以上褚少孙补后序，全文一段，说明补表内容，武帝一朝为原表，孝昭以后为补表。

【注释】

①右太史公本表：此为褚少孙所补之语，说明以上（即直行的右方）为太史公原表。当涂，蒲，潦阳，富民四封，旧本均列于褚少孙序之前，今改列在序之后。 ②太史公记事尽于孝武之事：《史记》断限太初四年，为全表大事之终始而附记尽于武帝之末。③编于左方：直行书写则云编于左方，今横行书写则云记载如下。④以三得之：指上文所云"行权合变，度时施宜，希世用事"。⑤龙雒侯：有两龙雒侯，前将军龙雒侯为韩说。韩说为弓高侯韩颓当庶孙。韩颓当为韩王信之子。韩王信为韩襄王庶孙。故下文云"其先起于晋六卿之世"。韩王信追随刘邦入关，封韩王，后徙王太原，降匈奴。其子韩颓当孝文时降汉封弓高侯。韩氏封王封侯，绵延不绝，故褚少孙引以为论。韩王信，事详《韩信卢绾列传》。

当涂	魏不害，以圉守尉捕淮阳反者公孙勇等侯。
蒲	苏昌，以圉尉史捕淮阳反者公孙勇等侯。
潦阳	江德，以园厩啬夫共捕淮阳反者公孙勇等侯。
富民	田千秋，家在长陵。以故高庙寝郎上书谏孝武曰："子弄父兵，罪当笞。父子之怒，自古有之。蚩尤畔父，黄帝涉江。"上书至意，拜为大鸿胪。征和四年为丞相，封三千户。至昭帝时病死，子顺代立，为虎牙将军，击匈奴，不至质，诛死，国除。
右孝武封国名	
博陆	霍光，家在平阳。以兄骠骑将军故贵。前事武帝，觉捕得侍中谋反者马何罗等功侯，三千户。中辅幼主昭帝，为大将军，谨信，用事擅治，尊为大司马，益封邑万户。后事宣帝，历事三主，天下信乡之，益封二万户。子禹代立，谋反，族灭，国除。
秺	金翁叔名日磾，以匈奴休屠王太子从浑邪王将众五万，降汉归义，侍中，事武帝，觉捕侍中谋反者马何罗等功侯，三千户。中事昭帝，谨厚，益封三千户。子弘代立，为奉车都尉，事宣帝。
安阳	上官桀，家在陇西。以善骑射以军，稍贵，事武帝，为左将军。觉捕斩侍中谋反者马何罗弟重合侯通功侯，三千户。中事昭帝，与大将军霍光争权，因以谋反，族灭，国除。
桑乐	上官安，以父桀为将军故侍，侍中，事昭帝。安女为昭帝夫人，立为皇后故侯，三千户。骄蹇，与大将军霍光争权，因以父子谋反，族灭，国除。
富平	张安世，家在杜陵。以故御史大夫张汤子武帝时给事尚书，为尚书令。事昭帝，谨厚习事，为光禄勋右将军。辅政十三年，无谪过，侯，三千户。及事宣帝，代霍光为大司马，用事，益封万六千户。子延寿代立，为太仆侍中。
义阳	傅介子，家在北地。以从军为郎，为平乐监。昭帝时，刺杀外国王，天子下诏书曰："平乐监傅介子使外国，杀楼兰王，以直报怨，不烦师，有功，其以邑千三百户封介子为义阳侯。"子厉代立，争财相告，有罪，国除。
商利	王山，齐人也。故为丞相史，会骑将军上官安谋反，山说安与俱入丞相，斩安。山以军功为侯，三千户。上书愿治民，为代太守。为人所上书言，系狱当死，会赦，出为庶人，国除。
建平	杜延年，以故御史大夫杜周子给事大将军幕府，发觉谋反者骑将军上官安等罪，封为侯，邑二千七百户，拜为太仆。元年，出为西河太守。五凤三年，入为御史大夫。
弋阳	任宫，以故上林尉捕谋反者左将军上官桀，杀之便门，封为侯，二千户。后为太常，及行卫尉事。节俭谨信，以寿终，传于子孙。
宜城	燕仓，以故大将军幕府军吏发谋反者骑将军上官安罪，封侯，邑二千户。为汝南太守，有能名。
宜春	王䜣，家在齐。本小吏佐史，稍迁至右辅都尉。武帝数幸扶风郡，䜣共置办，拜为右扶风。至孝昭时，代桑弘羊为御史大夫。元凤三年，代田千秋为丞相，封二千户。立二年，为人所上书言暴，自杀，不殊。子代立，为属国都尉。
安平	杨敞，家在华阴。故给事大将军幕府，稍迁至大司农为御史大夫。元凤六年，代王䜣为丞相，封二千户。立二年，病死。子贲代立，十三年病死。子翁君代立，为典属国。三岁，以季父恽故出恶言，系狱当死，得免，为庶人，国除。
右孝昭所封国名	
阳平	蔡义，家在温。故师受《韩诗》，为博士，给事大将军幕府，为杜城门侯。入侍中，授昭帝《韩诗》，为御史大夫。是时年八十，衰老，常两人扶持乃行。然公卿大臣议，以为为人师，当以为相。以元平元年代杨敞为丞相，封二千户。病死，绝无后，国除。
扶阳	韦贤，家在鲁。通《诗》《礼》《尚书》，为博士，授鲁大儒，入侍中，为昭帝师，迁为光禄大夫，大鸿胪，长信少府。以为人主师，本始三年代蔡义为丞相，封扶阳侯，户八百户。为丞相五岁。多恩，不习吏事，免相就第，病死。子玄成代立，为太常。坐祠庙骑，夺爵，为关内侯。

平陵	范明友，家在陇西。以家世习外国事，使护西羌。事昭帝，拜为度辽将军，击乌桓功侯，二千户。取霍光女为妻。地节四年，与诸霍子禹等谋反，族灭，国除。
营平	赵充国，以陇西骑士从军得官，侍中，事武帝。数将兵击匈奴有功，为护军都尉，侍中，事昭帝。昭帝崩，议立宣帝，决疑定策，以安宗庙功侯，封二千五百户。
阳成	田延年，以军吏事昭帝，以发觉上官桀谋反事，后留迟不得封，为大司农。本造废昌邑王议立宣帝，决疑定策，以安宗庙功侯，二千七百户。为上事方急，因以盗都内钱三千万。发觉，自杀，国除。
平丘	王迁，家在卫。为尚书郎，习刀笔之文。侍中，事昭帝。帝崩，议立宣帝，决疑定策，以安宗庙功侯，二千户。为光禄大夫，秩中二千石。坐受诸侯王金钱财，漏泄中事，诛死，国除。
乐成	霍山，山者，大将军兄子侯。光未死时上书曰："臣兄骠骑将军去病从军有功，病死，赐谥景桓侯，绝无后，臣光愿以所封东武阳邑三千五百户分与山。"天子许之，拜山为侯。后坐谋反，族灭，国除。
冠军	霍云，以大将军兄骠骑将军嫡孙为侯。地节三年，天子下诏书曰："骠骑将军去病击匈奴有功，封为冠军侯，蚤卒，子侯代立，病死无后。《春秋》之义，善善及子孙，其以邑三千户封云为冠军侯。"后坐谋反，族灭，国除。
平恩	许广汉，家昌邑。坐事下蚕室，独有一女，嫁之。宣帝未立时，素与广汉出入相通，卜相者言当大贵，以故广汉施恩甚厚。地节三年，封为侯，邑三千户。病死无后，国除。
昌水	田广明，故郎，为司马，稍迁至南郡都尉、淮阳太守、鸿胪、左冯翊。昭帝崩，议废昌邑王，立宣帝，决疑定策，以安宗庙。本始三年，为侯，邑二千三百户。为御史大夫。后为祁连将军，击匈奴，军不至质，当死，自杀，国除。
高平	魏相，家在济阴。少学《易》，为府卒史，以贤良举为茂陵令，迁河南太守。坐贼杀不辜，系狱，当死，会赦，免为庶人。有诏守茂陵令，为扬州刺史，入为谏议大夫，复为河南太守，迁为大司农、御史大夫。地节三年，潜毁书贤，代为丞相，封千五百户。病死，长子宾代立，坐宗庙失侯。
博望	许中翁，以平恩侯许广汉弟封为侯，邑二千户。亦故有私恩，为长乐卫尉。死，子延年代立。
乐平	许翁孙，以平恩侯许广汉少弟故为侯，封二千户。拜为强弩将军，击破西羌，还，更拜为大司马、光禄勋。亦故有私恩，故得封。嗜酒好色，以早病死。子汤代立。
将陵	史子回，以宣帝大母家封为侯，二千六百户，与平台侯昆弟行也。子回妻宜君，故成王孙，嫉妒，绞杀侍婢四十余人，盗断妇人初产子臂膝以为媚道。为人所上书言，论弃市。子回以外家故，不失侯。
平台	史子叔，以宣帝大母家封为侯，二千五百户。卫太子时，史氏内一女于太子，嫁一女鲁王，今见鲁王亦史氏外孙也。外家有亲，以故贵，数得赏赐。
乐陵	史子长，以宣帝大母家贵，侍中，重厚忠信，以发觉霍氏谋反事，封三千五百户。
博成	张章，父故颍川人，为长安亭长。失官，之北阙上书，寄宿霍氏第舍，卧马枥间，夜闻养马奴相与语，言诸霍氏子孙欲谋反状，因上书告反，为侯，封三千户。
都成	金安上，先故匈奴。以发觉故大将军霍光子禹等谋反事有功，封侯，二千八百户。安上者，奉车都尉秺侯从群子。行谨善，退让以自持，欲传功德于子孙。
平通	杨恽，家在华阴，故丞相杨敞少子。任为郎。好士，自喜知人，居众人中常与人颜色，以故高昌侯董忠引与屏语，言霍氏谋反状，共发觉告反，二千户，为光禄勋。到五凤四年，作为妖言，大逆罪腰斩，国除。
高昌	董忠，父故颍川阳翟人，以习书诣长安。忠有材力，能骑射，用短兵，给事期门。与张章相习知，章告语忠霍禹谋反状，忠以语常侍骑郎杨恽，共发觉告反，侯，二千户。今为奉骑都尉，侍中。坐祠宗庙乘小车，夺百户。
爰戚	赵成，用发觉楚国事侯，二千三百户。地节元年，楚王与广陵王谋反，成发觉反状，天子推恩广德义，下诏书曰"无治广陵王"，广陵不变更。后复坐祝诅灭国。自杀，国除。今帝复立子为广陵王。
鄌	地节三年，天子下诏书曰："朕闻汉之兴，相国萧何功第一，今绝无后，朕甚怜之，其以邑三千户封萧何玄孙建世为鄌侯。"
平昌	王长君，家在赵国，常山广望邑人也。卫太子时，嫁太子家，为太子男史皇孙为配，生子男，绝不闻声问，行且四十余岁，至元康元年中，诏征，立以为侯，封五千户。宣帝舅父也。
乐昌	王稚君，家在赵国，常山广望邑人也。以宣帝舅父外家封为侯，邑五千户。平昌侯王长君弟也。
邛成	王奉光，家在房陵，以立女为宣帝皇后，故封千五百户。言奉光初生时，夜见光其上，传闻者以为当贵云。后果以女故为侯。
安远	郑吉，家在会稽。以卒伍起从军为郎，使护将弛刑士田渠犁。会匈奴单于死，国乱，相攻，日逐王将众来降汉，先使语吉，吉将吏卒数百人往迎之。众颇有欲还者，斩杀其渠率，遂与俱入汉。以军功侯，二千户。
博阳	邴吉，家在鲁。本以治狱为御史属，给事大将军幕府。常施旧恩宣帝，迁为御史大夫，封侯，二千户。神爵二年，代魏相为丞相。立五岁，病死。子翁孟代立，为将军，侍中。甘露元年，坐祠宗庙不乘大车而骑至庙门，有罪，夺爵，为关内侯。
建成	黄霸，家在阳夏，以役使徙云阳。以廉吏为河内守丞，迁为廷尉监，行丞相长史事。坐见知夏侯胜非诏书大不敬罪，久系狱三岁，从胜受《尚书》。会赦，以贤良举为扬州刺史，颍川太守。善化，男女异路，耕者让畔，赐黄金百斤，秩中二千石。居颍川，入为太子太傅，迁御史大夫。五凤三年，代邴吉为丞相。封千八百户。
西平	于定国，家在东海。本以治狱给事为廷尉史，稍迁御史中丞。上书谏昌邑王，迁为光禄大夫，为廷尉。乃师受《春秋》，变道行化，谨厚爱人。迁为御史大夫，代黄霸为丞相。
右孝宣时所封	
阳平	王稚君，家在魏郡。故丞相史。女为太子妃。太子立为帝，女为皇后，故侯，千二百户。初元以来方盛贵用事，游宦求官于京师者多得其力，未闻其有知略广宣于国家也。

建元以来王子侯者年表第九

制诏御史："诸侯王或欲推私恩分子弟邑者①，令各条上，朕且临定其号名。"

太史公曰："盛哉，天子之德！一人有庆，天下赖之②。"

【注释】

①制诏：皇帝颁发的命令和文书。推私恩：将自己的所爱，推广到他人。元朔二年（前127年），汉武帝接受主父偃的建议，颁布推恩令。目的是削弱诸侯国的地方势力，进一步加强中央集权。②一人有庆，天下赖之：《尚书·吕刑》作"一人有庆，兆民赖之"。一人，指天子。庆，善。赖，利。

国名	王子号	元光	元朔	元狩	元鼎	元封	太初
兹	河间献王子。	二 五年正月壬子，侯刘明元年。	二 三年，侯明坐谋反杀人，弃市，国除。				
安成	长沙定王子。	一 六年七月乙巳，思侯刘苍元年。	六	六	六 元年，今侯自当元年。	六	四
宜春	长沙定王子。	一 六年七月乙巳，侯刘成元年。	六	六	四 五年，侯成坐酎金，国除。		
句容	长沙定王子。	一 六年七月乙巳，哀侯刘党元年。	元年，哀侯党薨，无后，国除。				
句陵	长沙定王子。	一 六年七月乙巳，侯刘福元年。	六	六	四 五年，侯福坐酎金，国除。		
杏山	楚安王子。	一 六年后九月壬戌，侯刘成元年。	六	六	四 五年，侯成坐酎金，国除。		
浮丘	楚安王子。	一 六年后九月壬戌，侯刘不审元年。	六	四　二 五年，侯霸元年。	四 五年，侯霸坐酎金，国除。		
广戚	鲁共王子。		六 元年十月丁酉，节侯刘择元年。	六 元年，侯始元年。	四 五年，侯始坐酎金，国除。		
丹杨	江都易王子。		六 元年十二月甲辰，哀侯敢元年。	元狩元年，侯敢薨，无后，国除。			
盱台	江都易王子。		六 元年十二月甲辰，侯刘象之元年。	六	四 五年，侯象之坐酎金，国除。		

国名	王子号	元光	元朔	元狩	元鼎	元封	太初
湖孰	江都易王子。		六 元年正月丁卯，顷侯刘胥元年。	六	四 五年，今侯圣元年。	六	四
秩阳	江都易王子。		六 元年正月丁卯，终侯刘涟元年。	六	三 四年，终侯涟薨，无后，国除。		
睢陵	江都易王子。		六 元年正月丁卯，侯刘定国元年。	六	四 五年，侯定国坐酎金，国除。		
龙丘	江都易王子。		五 二年五月乙巳，侯刘代元年。	六	四 五年，侯代坐酎金，国除。		
张梁	江都易王子。		五 二年五月乙巳，哀侯刘仁元年。	六	二 三年，今侯顺元年。 四	六	四
剧	菑川懿王子。		五 二年五月乙巳，原侯刘错元年。	六	一 二年，孝侯广昌元年。 五	六	四
壤	菑川懿王子。		五 二年五月乙巳，夷侯刘高遂元年。	六	六 元年，今侯延元年。	六	四
平望	菑川懿王子。		五 二年五月乙巳，夷侯刘赏元年。	二 三年，今侯楚人元年。 四	六	六	四
临原	菑川懿王子。		五 二年五月乙巳，敬侯刘始昌元年。	六	六	六	四
葛魁	菑川懿王子。		五 二年五月乙巳，节侯刘宽元年。	三 四年，侯戚元年。 三	三 三年，侯戚坐杀人，弃市，国除。		
益都	菑川懿王子。		五 二年五月乙巳，侯刘胡元年。	六	六	六	四
平酌	菑川懿王子。		五 二年五月乙巳，戴侯刘强元年。	六	六 元年，思侯中时元年。	六	四
剧魁	菑川懿王子。		五 二年五月乙巳，夷侯刘墨元年。	六	六	三 元年侯昭元年。 三 四年，侯德元年。	四
寿梁	菑川懿王子。		五 二年五月乙巳，侯刘守元年。	六	四 五年，侯守坐酎金，国除。		
平度	菑川懿王子。		五 二年五月乙巳，侯刘衍元年。	六	六	六	四
宜成	菑川懿王子。		五 二年五月乙巳，康侯刘偃元年。	六	六 元年，侯福元年。	六	元年，侯福坐杀弟，弃市，国除。
临朐	菑川懿王子。		五 二年五月乙巳，哀侯刘奴元年。	六	六	六	四
雷	城阳共王子。		五 二年五月甲戌，侯刘稀元年。	六	五 五年，侯稀坐酎金，国除。		
东莞	城阳共王子。		三 二年五月甲戌，侯刘吉元年。	五年，侯吉有癃疾，不朝，废，国除。			

国名	王子号	元光	元朔		元狩	元鼎	元封	太初
辟	城阳共王子。		三 二年五月甲戌，节侯刘壮元年。	五年，侯朋元年。	六	四 五年，侯朋坐酎金，国除。		
尉文	赵敬肃王子。		五 二年六月甲午，节侯刘丙元年。		六 元年，侯犊元年。	四 五年，侯犊坐酎金，国除。		
封斯	赵敬肃王子。		五 二年六月甲午，共侯刘胡阳元年。		六	六	六	二 二 三年，今侯如意元年。
榆丘	赵敬肃王子。		五 二年六月甲午，侯刘寿福元年。		六	四 五年，侯寿福坐酎金，国除。		
襄嚵	赵敬肃王子。		五 二年六月甲午，侯刘建元年。		六	四 五年，侯建坐酎金，国除。		
邯会	赵敬肃王子。		五 二年六月甲午，侯刘仁元年。		六	六	六	四
朝	赵敬肃王子。		五 二年六月甲午，侯刘义元年。		六	二 四 三年，今侯禄元年。	六	四
东城	赵敬肃王子。		五 二年六月甲午，侯刘遗元年。		六	元年，侯遗有罪，国除。		
阴城	赵敬肃王子。		五 二年六月甲午，侯刘苍元年。		六	六	元年，侯苍有罪，国除。	
广望	中山靖王子。		五 二年六月甲午，侯刘安中元年。		六	六	六	四
将梁	中山靖王子。		五 二年六月甲午，侯刘朝平元年。		六	四 五年，侯朝平坐酎金，国除。		
新馆	中山靖王子。		五 二年六月甲午，侯刘未央元年。		六	四 五年，侯未央坐酎金，国除。		
新处	中山靖王子。		五 二年六月甲午，侯刘嘉元年。		六	四 五年，侯嘉坐酎金，国除。		
陉城	中山靖王子。		五 二年六月甲午，侯刘贞元年。		六	四 五年，侯贞坐酎金，国除。		
蒲领	广川惠王子。		四 三年十月癸酉，侯刘嘉元年。					
西熊	广川惠王子。		四 三年十月癸酉，侯刘明元年。					
枣强	广川惠王子。		四 三年十月癸酉，侯刘晏元年。					
毕梁	广川惠王子。		四 三年十月癸酉，侯刘婴元年。		六	六	三 四年，侯婴有罪，国除。	
房光	河间献王子。		四 三年十月癸酉，侯刘殷元年。		六	元年，侯殷有罪，国除。		

国名	王子号	元光	元朔	元狩	元鼎	元封	太初
距阳	河间献王子。		四 三年十月癸酉，侯刘匄元年。	四 二 五年，侯渡元年。	四 五年，侯渡有罪，国除。		
蒌	河间献王子。		四 三年十月癸酉，侯刘邈元年。	六	六	六 元年，今侯婴元年。	四
阿武	河间献王子。		四 三年十月癸酉，滑侯刘豫元年。	六	六	六	二 二 三年，今侯宽元年。
参户	河间献王子。		四 三年十月癸酉，侯刘勉元年。	六	六	六	四
州乡	河间献王子。		四 三年十月癸酉，节侯刘禁元年。	六	六	五 一 六年，今侯惠元年。	四
成平	河间献王子。		四 三年十月癸酉，侯刘礼元年。	二 三年，侯礼有罪，国除。			
广	河间献王子。		四 三年十月癸酉，侯刘顺元年。	六	四 五年，侯顺坐酎金，国除。		
盖胥	河间献王子。		四 三年十月癸酉，侯刘让元年。	六	四 五年，侯让坐酎金，国除。		
陪安	济北贞王子。		四 三年十月癸酉，康侯刘不害元年。	六	一 二 二年，哀侯秦客薨，元年。 / 二 三年，侯秦客薨，无后，国除。		
荣简	济北贞王子。		四 三年十月癸酉，侯刘骞元年。	二 三年，侯骞有罪，国除。			
周坚	济北贞王子。		四 三年十月癸酉，侯刘何元年。	四 二 五年，侯当时元年。	四 五年，侯当时坐酎金，国除。		
安阳	济北贞王子。		四 三年十月癸酉，侯刘杰元年。	六	六	六	四
五据	济北贞王子。		四 三年十月癸酉，侯刘腰丘元年。	六	四 五年，侯腰丘坐酎金，国除。		
富	济北贞王子。		四 三年十月癸酉，侯刘袭元年。	六	六	六	四
陪	济北贞王子。		四 三年十月癸酉，缪侯刘明元年。	六	二 二 三年，侯邑元年。 / 五年，侯邑坐酎金，国除。		
丛	济北贞王子。		四 三年十月癸酉，侯刘信元年。	六	四 五年，侯信坐酎金，国除。		
平	济北贞王子。		四 三年十月癸酉，侯刘遂元年。	元年，侯遂有罪，国除。			
羽	济北贞王子。		四 三年十月癸酉，侯刘成元年。	六	六	六	四
胡母	济北贞王子。		四 三年十月癸酉，侯刘楚元年。	六	四 五年，侯楚坐酎金，国除。		

国名	王子号	元光	元朔	元狩	元鼎	元封	太初
离石	代共王子。		四 三年正月壬戌，侯刘绾元年。	六	六	六	四
邵	代共王子。		四 三年正月壬戌，侯刘慎元年。	六	六	六	四
利昌	代共王子。		四 三年正月壬戌，侯刘嘉元年。	六	六	六	四
蔺	代共王子。		三年正月壬戌，侯刘熹元年。				
临河	代共王子。		三年正月壬戌，侯刘贤元年。				
隰成	代共王子。		三年正月壬戌，侯刘忠元年。				
土军	代共王子。		三年正月壬戌，侯刘郢客元年。		侯郢客坐与人妻奸，弃市。		
皋狼	代共王子。		三年正月壬戌，侯刘迁元年。				
千章	代共王子。		三年正月壬戌，侯刘遇元年。				
博阳	齐孝王子。		四 三年三月乙卯，康侯刘就元年。	六	二 三年，侯终吉吉元 二 五年，侯终吉坐酎金，国除。		
宁阳	鲁共王子。		四 三年三月乙卯，节侯刘恢元年。	六	六		四
瑕丘	鲁共王子。		四 三年三月乙卯，节侯刘贞元年。	六	六	六	四
公丘	鲁共王子。		四 三年三月乙卯，夷侯刘顺元年。	六	六	六	四
郁狼	鲁共王子。		四 三年三月乙卯，侯刘骑元年。	六	四 五年,侯骑坐酎金，国除。		
西昌	鲁共王子。		四 三年三月乙卯，侯刘敬元年。	六	四 五年,侯敬坐酎金，国除。		
陉城	中山靖王子。		四 三年三月癸酉，侯刘义元年。	六	四 五年,侯义坐酎金，国除。		
邯平	赵敬肃王子。		四 三年四月庚辰，侯刘顺元年。	六	四 五年,侯顺坐酎金，国除。		
武始	赵敬肃王子。		四 三年四月庚辰，侯刘昌元年。	六	六	六	四
象氏	赵敬肃王子。		四 三年四月庚辰，节侯刘贺元年。	六	六	二 三年，思侯安德元年。 四 二	四
易			四 三年四月庚辰，安侯刘平元年。	六	六	四 五年，今侯种元年。 二	四
洛陵	长沙定王子。		三 四年三月乙丑，侯刘章元年。	一 二年，侯章有罪，国除。			

214

国名	王子号	元光	元朔	元狩	元鼎	元封	太初
攸舆	长沙定王子。		三 四年三月乙丑，侯刘则元年。	六	六	六	元年，侯则篡死罪，弃市，国除。
茶陵	长沙定王子。		三 四年三月乙丑，侯刘欣元年。	六	一　　　　五 二年，哀侯阳元年。	六	元年，侯阳薨，无后，国除。
建成	长沙定王子。		三 四年二月乙丑，侯刘拾元年。	五 六年，侯拾坐不朝，不敬，国除。			
安众	长沙定王子。		三 四年三月乙丑，康侯刘丹元年。	六	六	五　　　一 六年，今侯山拊元年。	四
叶	长沙定王子。		三 四年三月乙丑，康侯刘嘉元年。	六	四 五年，侯嘉坐酎金，国除。		
利乡	城阳共王子。		三 四年三月乙丑，康侯刘婴元年。	二 三年，侯婴有罪，国除。			
有利	城阳共王子。		三 四年三月乙丑，侯刘钉元年。	元年，侯钉坐遗淮南书称臣，弃市，国除。			
东莞	城阳共王子。		三 四年三月乙丑，侯刘庆元年。	二 三年，侯庆坐与姊妹奸，有罪，国除。			
运平	城阳共王子。		三 四年三月乙丑，侯刘䜣元年。	六	四 五年，侯䜣坐酎金，国除。		
山州	城阳共王子。		三 四年三月乙丑，侯刘齿元年。	六	四 五年，侯齿坐酎金，国除。		
海常	城阳共王子。		三 四年三月乙丑，侯刘福元年。	六	四 五年，侯福坐酎金，国除。		
钧丘	城阳共王子。		三 四年三月乙丑，侯刘宪元年。	三　　　三 四年，今侯执德元年。	六	六	四
南城	城阳共王子。		三 四年三月乙丑，侯刘贞元年。	六	六	六	四
广陵	城阳共王子。		三 四年三月乙丑，常侯刘表元年。	四　　　二 五年，侯成元年。	四 五年，侯成坐酎金，国除。		
庄原	城阳共王子。		三 四年三月乙丑，侯刘皋元年。	六	四 五年，侯皋坐酎金，国除。		
临乐	中山靖王子。		三 四年四月甲午，敦侯刘光元年。	六	六	五　　　一 六年，今侯建元年。	四
东野	中山靖王子。		三 四年四月甲午，侯刘章元年。	六	六	六	四
高平	中山靖王子。		三 四年四月甲午，侯刘嘉元年。	六	四 五年，侯嘉坐酎金，国除。		
广川	中山靖王子。		三 四年四月甲午，侯刘颇元年。	六	四 五年，侯颇坐酎金，国除。		

国名	王子号	元光	元朔	元狩	元鼎	元封	太初
千钟	河间献王子。		三 四年四月甲午，侯刘摇元年。	一 二年，侯阴不使人为秋请，有罪，国除。			
披阳	齐孝王子。		三 四年四月乙卯，敬侯刘燕元年。	六	四 二 五年，今侯隰元年。	六	四
定	齐孝王子。		三 四年四月乙卯，敬侯刘越元年。	六	三 三 四年，今侯德元年。	六	四
稻	齐孝王子。		三 四年四月乙卯，夷侯刘定元年。	六	二 四 三年，今侯都阳元年。	六	四
山	齐孝王子。		三 四年四月乙卯，侯刘国元年。	六	六	六	四
繁安	齐孝王子。		三 四年四月乙卯，侯刘忠元年。	六	六	六	三 一 四年，今侯寿元年
柳	齐孝王子。		三 四年四月乙卯，康侯刘阳元年。	六	三 三 四年，侯罢师元年。	四 二 五年，今侯自为元年。	四
云	齐孝王子。		三 四年四月乙卯，夷侯刘信元年。	六	五 一 六年，今侯岁发元年。	六	四
牟平	齐孝王子。		三 四年四月乙卯，共侯刘渫元年。	二 四 三年，今侯奴元年	六	六	四
柴	齐孝王子。		三 四年四月乙卯，原侯刘代元年。	六	六	六	四
柏阳	赵敬肃王子。		二 五年十一月辛酉，侯刘终古元年。	六	六	六	四
鄗	赵敬肃王子。		二 五年十一月辛酉，侯刘延年元年。	六	四 五年，侯延年坐酎金，国除。		
桑丘	中山靖王子。		二 五年十一月辛酉，节侯刘洋元年。	六	三 三 四年，今侯德元年。	六	四
高丘	中山靖王子。		二 五年三月癸酉，哀侯刘破胡元年。	六	元年，侯破胡薨，无后，国除。		
柳宿	中山靖王子。		二 五年三月癸酉，夷侯刘盖元年。	二 四 三年，侯苏元年。	四 五年，侯苏坐酎金，国除。		
戎丘	中山靖王子。		二 五年三月癸酉，侯刘让元年。	六	四 五年，侯让坐酎金，国除。		
樊舆	中山靖王子。		二 五年三月癸酉，节侯刘条元年。	六	六	六	四
曲成	中山靖王子。		二 五年三月癸酉，侯刘万岁元年。	六	四 五年，侯万岁坐酎金，国除。		
安郭	中山靖王子。		二 五年三月癸酉，侯刘博元年。	六	六	六	四

国名	王子号	元光	元朔	元狩	元鼎	元封	太初
安险	中山靖王子。		二 五年三月癸酉，侯刘应元年。	六	四 五年，侯应坐酎金，国除。		
安遥	中山靖王子。		二 五年三月癸酉，侯刘恢元年。	六	四 五年，侯恢坐酎金，国除。		
夫夷	长沙定王子。		二 五年三月癸酉，敬侯刘义元年。	六	四　　　　六 五年，今侯禹元年。	六	四
春陵	长沙定王子。		二 五年六月壬子，侯刘买元年。	六	六	六	四
都梁	长沙定王子。		二 五年六月壬子，敬侯刘遂元年。	六	六 元年，今侯系元年。	六	四
洮阳	长沙定王子。		二 五年六月壬子，靖侯刘狗彘元年。	五 六年，侯狗彘薨，无后，国除。			
泉陵	长沙定王子。		二 五年六月壬子，节侯刘贤元年。	六	六	六	四
终弋	衡山王赐子。		一 六年四月丁丑，侯刘广置元年。	六	四 五年，侯广置坐酎金，国除。		
麦	城阳顷王子。			六 元年四月戊寅，侯刘昌元年。	四 五年，侯昌坐酎金，国除。		
钜合	城阳顷王子。			六 元年四月戊寅，侯刘发元年。	四 五年，侯发坐酎金，国除。		
昌	城阳顷王子。			六 元年四月戊寅，侯刘差元年。	四 五年，侯差坐酎金，国除。		
赀	城阳顷王子。			六 元年四月戊寅，侯刘方元年。	四 五年，侯方坐酎金，国除。		
雩殷	城阳顷王子。			六 元年四月戊寅，康侯刘泽元年。	六		
石洛	城阳顷王子。			六 元年四月戊寅，侯刘敬元年。	六	六	四
扶湑	城阳顷王子。			六 元年四月戊寅，侯刘昆吾元年。	六	六	四
挍	城阳顷王子。			六 元年四月戊寅，侯刘霸元年。	六	六	四
朸	城阳顷王子。			六 元年四月戊寅，侯刘让元年。	六	六	四
父城	城阳顷王子。			六 元年四月戊寅，侯刘光元年。	四 五年，侯光坐酎金，国除。		
庸	城阳顷王子。			六 元年四月戊寅，侯刘谭元年。	六	六	

国名	王子号	元光	元朔	元狩	元鼎	元封	太初
翟	城阳顷王子。			六 元年四月戊寅,侯刘寿元年。	四 五年,侯寿坐酎金,国除。		
鳣	城阳顷王子。			六 元年四月戊寅,侯刘应元年。	四 五年,侯应坐酎金,国除。		
彭	城阳顷王子。			六 元年四月戊寅,侯刘偃元年。	四 五年,侯偃坐酎金,国除。		
瓡	城阳顷王子。			六 元年四月戊寅,侯刘息元年。	六	六	四
虚水	城阳顷王子。			六 元年四月戊寅,侯刘禹元年。	六	六	四
东淮	城阳顷王子。			六 元年四月戊寅,侯刘类元年。	四 五年,侯类坐酎金,国除。		
枸	城阳顷王子。			六 元年四月戊寅,侯刘买元年。	四 五年,侯买坐酎金,国除。		
涓	城阳顷王子。			六 元年四月戊寅,侯刘不疑元年。	四 五年,侯不疑坐酎金,国除。		
陆	菑川靖王子。			六 元年四月戊寅,侯刘何元年。	六	六	四
广饶	菑川靖王子。			六 元年十月辛卯,康侯刘国元年。	六	六	四
骈	菑川靖王子。			六 元年十月辛卯,侯刘成元年。	六	六	四
俞闾	菑川靖王子。			六 元年十月辛卯,侯刘不害元年。	六	六	四
甘井	广川穆王子。			六 元年十月乙酉,侯刘元元年。	六	六	四
襄陵	广川穆王子。			六 元年十月乙酉,侯刘圣元年。	六	六	四
皋虞	胶东康王子。				三 元年五月丙午,侯刘建元年。 三 四年,今侯处元年。	六	四
魏其	胶东康王子。				六 元年五月丙午,畅侯刘昌元年。	六	四
祝兹	胶东康王子。				四 元年五月丙午,侯刘延元年。 五年,延坐弃印绶出国,不敬,国除。		

汉兴以来将相名臣年表第十

公元前		大事记	相位	将位	御史大夫位
206	高皇帝元年	春，沛公为汉王，之南郑。秋，还定雍。	一 丞相萧何守汉中。		御史大夫周苛守荥阳。
205	二	春，定塞、翟、魏、河南、韩、殷国。夏，伐项籍，至彭城。立太子。还据荥阳。	二 守关中。	一 太尉长安侯卢绾。	
204	三	魏豹反。使韩信别定魏、伐赵。楚围我荥阳。	三	二	
203	四	使韩信别定齐及燕，太公自楚归，与楚界洪渠。	四	三 周苛守荥阳死。	御史大夫汾阴侯周昌。
202	五	冬，破楚垓下，杀项籍。春，王践皇帝位定陶。入都关中。	五 罢太尉官。	四 后九月，绾为燕王。	
201	六	尊太公为太上皇。刘仲为代王。立大市。更命咸阳曰长安。	六 封为赞侯。张苍为计相。		
200	七	长乐宫成，自栎阳徙长安。伐匈奴，匈奴围我平城。	七		
199	八	击韩信反虏于赵城。贯高作乱，明年觉，诛之。匈奴攻代王，代王弃国亡，废为郃阳侯。	八		

〔说明〕阅读此表，对照《汉书·百官公卿表》。《索隐》注："大事记"：谓诛伐、封建、薨、叛；"相位"：置立丞相、太尉、三公也；"将位"：命将兴师；"御史大夫位"：亚相也。

		大事记	相位	将位	御史大夫位
198	九	未央宫成，置酒前殿，太上皇辇上坐，帝奉玉卮上寿，曰："始常以臣不如仲力，今臣功孰与仲多?"太上皇笑，殿上称万岁。徙齐田、楚昭、屈、景于关中。	九 迁为相国。		御史大夫昌为赵丞相。
197	十	太上皇崩。陈豨代代地。	十		御史大夫江邑侯赵尧。
196	十一	诛淮阴、彭越。黥布反。	十一	周勃为太尉。攻代。后官省。	
195	十二	冬，击布。还过沛。夏，上崩，葬长陵。	十二		
194	孝惠元年	赵隐王如意死。始作长安城西北方。除诸侯丞相为相。			
193	二	楚元王、齐悼惠王来朝。七月辛未、何薨。	十四 七月，癸巳，齐相平阳侯曹参为相国。		

	大事记	相位		将位	御史大夫位
192 三	初作长安城。蜀湔氐反，击之。	二			
191 四	三月甲子，赦，无所复作。	三			
190 五	为高祖立庙于沛城成，置歌儿一百二十人。八月乙丑，参卒。				
189 六	七月，齐悼惠王薨。立太仓、西市。	十月己巳，安国侯王陵为右丞相。曲逆侯陈平为左丞相。		尧抵罪。	广阿侯任敖为御史大夫。
188 七	上崩。大臣用张辟强计，吕氏权重，以吕台为吕王。立少帝。九月辛巳，葬安陵。	二			
187 高后元年	王孝惠诸子。置孝悌力田。	三 十一月甲子，徙平为右丞相。辟阳侯审食其为左丞相。			
186 二	十二月，吕王台薨，子嘉代立为吕王。行八铢钱。	四 平	二 食其		平阳侯曹窋为御史大夫。
185 三		五	三		
184 四	废少帝，更立常山王弘为帝。	六 置太尉官。	四	一 绛侯周勃为太尉。	
183 五	八月，淮阳王薨，以其弟壶关侯武为淮阳王。令戍卒岁更。	七	五	二	
182 六	以吕产为吕王。四月丁酉，赦天下。昼昏。	八	六	三	
181 七	赵王幽死，以吕禄为赵王。梁王徙赵，自杀。	九	七	四	
180 八	七月，高后崩。九月，诛诸吕。后九月，代王至，践皇帝位。后九月，食其免相。	十 七月辛巳，为帝太傅。九月壬戌，复为丞相。	八	五 隆虑侯灶为将军，击南越。	御史大夫苍。
179 孝文元年	除收孥相坐律。立太子。赐民爵。	十一 十一月辛巳，平徙为左丞相。太尉绛侯周勃为右丞相。		六 勃为相，颍阴侯灌婴为太尉。	
178 二	除诽谤律。皇子武为代王，参为太原王，揖为梁王。十月，丞相平薨。	一 十一月乙亥，绛侯勃复为丞相。		一	
177 三	徙代王武为淮阳王。上幸太原。济北王反。匈奴大入上郡。以地尽与太原，太原更号代。十一月壬子，勃免相，之国。	一 十二月乙亥，太尉颍阴侯灌婴为丞相。罢太尉官。		二 棘蒲侯陈武为大将军，击济北。昌侯卢卿、共侯卢罢师、宁侯邀、深泽侯将夜，皆为将军，属武祁侯贺，将兵屯荥阳。	
176 四	十二月己巳，婴卒。	一 正月甲午，御史大夫北平侯张苍为丞相。		安丘侯张说为将军，击胡，出代。	关中侯申屠嘉为御史大夫。
175 五	除钱律，民得铸钱。	二			
174 六	废淮南王，迁严道，道死雍。	三			
173 七	四月丙子，初置南陵。	四			
172 八	太仆汝阴侯滕公卒。	五			
171 九	温室钟自鸣。以芷阳乡为霸陵。	六			御史大夫敬。
170 十	诸侯王皆至长安。	七			
169 十一	上幸代。地动。	八			
168 十二	河决东郡金堤。徙淮阳王为梁王。	九			

汉兴以来将相名臣年表第十

		大事记	相位	将位	御史大夫位
167	十三	除肉刑及田租税律、戍卒令。	十		
166	十四	匈奴大入萧关，发兵击之，及屯长安旁。	十一	成侯董赤、内史栾布、昌侯卢卿、隆虑侯竈、宁侯邀皆为将军，东阳侯张相如为大将军，皆击匈奴。中尉周舍、郎中令张武皆为将军，屯长安旁。	
165	十五	黄龙见成纪。上始郊见雍五帝。	十二		
164	十六	上始郊见渭阳五帝。	十三		
163	后元年	新垣平诈言方士，觉，诛之。	十四		
162	二	匈奴和亲。地动。八月戊辰，苍免相。	十五 八月庚午，御史大夫申屠嘉为丞相，封故安侯。		御史大夫青。
161	三	置谷口邑。	二		
160	四		三		
159	五	上幸雍。	四		
158	六	匈奴三万人入上郡，二万人入云中。	五	以中大夫令免为车骑将军，军飞狐；故楚相苏意为将军，军句注；将军张武屯北地；河内守周亚夫为将军，军细柳；宗正刘礼军霸上；祝兹侯徐厉军棘门；以备胡。数月，胡去，亦罢。	
157	七	六月己亥，孝文皇帝崩。丁未，太子立。民出临三日，葬霸陵。	六	中尉亚夫为车骑将军，郎中令张武为复土将军，属国捍为将屯将军。詹事戎奴为车骑将军，侍太后。	
156	孝景元年	立孝文皇帝庙，郡国为太宗庙。	七 置司徒官司。		
155	二	立皇子德为河间王，阏为临江王，馀为淮阳王，非为汝南王，彭祖为广川王，发为长沙王。四月中，孝文太后崩。嘉卒。	八 开封侯陶青为丞相。		御史大夫错。
154	三	吴、楚七国反，发兵击，皆破之。皇子端为胶西王，胜为中山王。	二 置太尉官。	中尉条侯周亚夫为太尉，击吴、楚；曲周侯郦寄为将军，击赵；窦婴为大将军，屯荥阳；栾布为将军，击齐。	
153	四	立太子。	三	二 太尉亚夫。	御史大夫蚡。
152	五	置阳陵邑。丞相北平侯张苍卒。	四	三	
151	六	徙广川王彭祖为赵王。	五	四	御史大夫阳陵侯岑迈。
150	七	废太子荣为临江王。四月丁巳，胶东王立为太子。青罢相。	六月乙巳，太尉条侯亚夫为丞相。罢太尉官。	五 迁为丞相。	御史大夫舍。
149	中元年				
148	二	皇子越为广川王，寄为胶东王。	三		
147	三	皇子乘为清河王。亚夫免相。	四 御史大夫桃侯刘舍为丞相。		御史大夫绾。
146	四	临江王征，自杀，葬蓝田，燕数万为衔土置冢上。	二		
145	五	皇子舜为常山王。	三		

		大事记	相位	将 位	御史大夫位
144	六	梁孝王武薨。分梁为五国，王诸子：子买为梁王，明为济川王，彭离为济东王，定为山阳王，不识为济阴王。	四		
143	后元年	五月，地动。七月乙巳，日蚀。舍名相。	五 八月壬辰，御史大夫建陵侯卫绾为丞相。		御史大夫不疑。
142	二		二	六月丁丑，御史大夫岑迈卒。	
141	三	正月甲子，孝景皇帝崩。二月丙子，太子立。	三		
140	孝武建元元年	绾免相。	四 魏其侯窦婴为丞相。置太尉。	武安侯田蚡为太尉。	御史大夫抵。
139	二	置茂陵。婴免相。	二月乙未，太常柏至侯许昌为丞相。罢太尉官。蚡免太尉。		御史大夫赵绾。
138	三	东瓯王广武侯望率其众四万余人来降，处庐江郡。	二		
137	四		三		御史大夫青翟。
136	五	行三分钱。	四		
135	六	正月，闽越王反。孝景太后崩。昌免相。	五 六月癸巳，武安侯田蚡为丞相。	青翟为太子太傅。	御史大夫安国。
134	元光元年		二		
133	二	帝初之雍，郊见五畤。	三	夏，御史大夫韩安国为护军将军，卫尉李广为骁骑将军，太仆公孙贺为轻车将军，大行王恢为将屯将军，太中大夫李息为材官将军，篡单于马邑，不合，诛恢。	
132	三	五月丙子，河决于瓠子。	四		
131	四	十二月丁亥，地动。蚡卒。	五 平棘侯薛泽为丞相。		御史大夫欧。
130	五	十月，族灌夫家，弃魏其侯市。	二		
129	六	南夷始置邮亭。	三	太中大夫卫青为车骑将军，出上谷；卫尉李广为骁骑将军，出雁门；大中大夫公孙敖为骑将军，出代；太仆公孙贺为轻车将军，出云中：皆击匈奴。	
128	元朔元年	卫夫人立为皇后。	四	车骑将军青出雁门，击匈奴。卫尉韩安国为将屯将军，军代，明年，屯渔阳卒。	
127	二		五	春，车骑将军卫青出云中，至高阙，取河南地。	
126	三	在匈奴杀代太守友。	六		御史大夫弘。
125	四	匈奴入定襄、代、上郡。	七		

		大事记	相位	将位	御史大夫位
124	五	匈奴杀代都尉朱英。泽免相。	八 十一月乙丑，御史大夫公孙弘为丞相，封平津侯。	春，长平侯卫青为大将军，击右贤。卫尉苏建为游击将军，属青。左内史李沮为强弩将军，太仆贺为车骑将军，代相李蔡为轻车将军，岸头侯张次公为将军，大行息为将军：皆属大将军，击匈奴。	
123	六		二	大将军青再出定襄击胡。合骑侯公孙敖为中将军，太仆贺为左将军，郎中令李广为后将军，翕侯赵信为前将军，败降匈奴。卫尉苏建为右将军，败，身脱。左内史沮为强弩将军。皆属青。	
122	元狩元年	十月中，淮南王安、衡山王赐谋反，皆自杀，国除。	三		御史大夫蔡。
121	二	匈奴入雁门、代郡。江都王建反。胶东王子庆立弘卒。为六安王。	四 御史大夫乐安侯李蔡为丞相。	冠军侯霍去病为骠骑将军，击胡，至祁连；合骑侯敖为将军，出北地，博望侯张骞、郎中令李广为将军，出北平。	御史大夫汤。
120	三	匈奴入右北平，定襄。			
119	四		三	大将军青出定襄，郎中令李广为前将军，太仆公孙贺为左将军，主爵赵食其为右将军，平阳侯曹襄为后将军：击单于。	
118	五	蔡坐侵园壖，自杀。	四 太子少傅武强侯庄青翟为丞相。		
117	六	四月乙巳，皇子闳为齐王，旦为燕王，胥为广陵王。	二		
116	元鼎元年		三		
115	二	青翟有罪，自杀。	四 太子太傅高陵侯赵周为丞相。	汤有罪，自杀。	御史大夫庆。
114	三		二		
113	四	立常山宪王子平为真定王，商为泗水王。六月中，河东汾阴得宝鼎。	三		
112	五	三月中，南越相嘉反，杀其王及汉使者。八月，周坐酎金，自杀。	四 九月辛巳，御史大夫石庆为丞相，封牧丘侯。	卫尉路博德为伏波将军，出桂阳；主爵杨仆为楼船将军，出豫章：皆破南越。	
111	六	十二月，东越反。	二	故龙领侯韩说为横海将军，出会稽；楼船将军杨仆出豫章；中尉王温舒出会稽：皆破东越。	御史大夫式。
110	元封元年				御史大夫宽。
109	二		四	秋，楼船将军杨仆、左将军荀彘出辽东，击朝鲜。	
108	三		五		
107	四		六		
106	五		七		

		大事记	相 位	将 位	御史大夫位
105	六		八		
104	太初元年	改历，以正月为岁首。	九		
103	二	正月戊寅，庆卒。	十 三月丁卯，太仆公孙贺为丞相，封葛绎侯。		
102	三		二		御史大夫延广。
101	四		三		
100	天汉元年		四		御史大夫卿。
99	二		五		
98	三		六		御史大夫周。
97	四		七	春，贰师将军李广利出朔方，至余吾水上；游击将军韩说出五原；因杆将军公孙敖：皆击匈奴。	
96	太始元年		八		
95	二		九		
94	三		十		御史大夫胜之。
93	四		十一		
92	征和元年	冬，贺坐为蛊死。	十二		
91	二	七月壬午，太子发兵，杀游击将军说、使者江充。	三月丁巳，涿郡太守刘屈氂为丞相，封彭城侯。		御史大夫成。
90	三	六月，刘屈氂因蛊斩。	二	春，贰师将军李广利出朔方，以兵降胡。重合侯莽通出酒泉，御史大夫商丘成出河西，击匈奴。	
89	四		六月丁巳，大鸿胪田千秋为丞相，封富民侯。		
88	后元元年		二		
87	二		三	二月己巳，光禄大夫霍光为大将军，博陆侯；都尉金日磾为车骑将军，秺侯；太仆安阳侯上官桀为大将军。	
86	孝昭始元元年		四 九月，日磾卒。		
85	二		五		
84	三		六		
83	四		七	三月癸酉，卫尉王莽为左将军，骑都尉上官安为车骑将军。	
82	五		八		
81	六		九		
80	元凤元年		十	九月庚午，光禄勋张安世为右将军。	御史大夫䜣。
79	二		十一		
78	三		十二	十二月庚寅，中郎将范明友为度辽将军，击乌丸。	
77	四	三月甲戌，千秋卒。	三月乙丑，御史大夫王䜣为丞相，封富春侯。		御史大夫杨敞。

		大事记	相位	将位	御史大夫位
76	五	十二月庚戌,诉卒。	二		
75	六		十一月乙丑,御史大夫杨敞为丞相,封安平侯。	九月庚寅,卫尉平陵侯范明友为度辽将军,击乌丸。	
74	元平元年	敞卒。	九月戊戌,御史大夫蔡义为丞相,封阳平侯。	四月甲申,光禄大夫龙頟侯韩曾为前将军。五月丁酉,水衡都尉赵充国为后将军,右将军张安世为车骑将军。	御史大夫昌水侯田广明。
73	孝宣本始元年		二		
72	二		三	七月庚寅,御史大夫田广明为祁连将军,龙頟侯韩曾为后将军,营平侯赵充国为蒲类将军,度辽将军平陵侯范明友为云中太守,富民侯田顺为虎牙将军:皆击匈奴。	
71	三	三月戊子,皇后崩。六月丑,义薨。	六月甲辰,长信少府韦贤为丞相,封扶阳侯。田广明、田顺击胡还,皆自杀。充国夺将军印。		御史大夫魏相。
70	四	十月乙卯,立霍后。	二		
69	地节元年		三		
68	二		四 三月庚午,将军光卒。	二月丁卯,侍中、中郎将霍禹为右将军。	
67	三	立太子。五月甲申,贤老,赐金百斤。	六月壬辰,御史大夫魏相为丞相,封高平侯。	七月,安世为大司马、卫将军。禹为大司马。	御史大夫邴吉。
66	四		二 七月壬寅,禹腰折。		
65	元康元年		三		
64	二		四		
63	三		五		
62	四		六 八月丙寅,安世卒。		
61	神爵元年	上郊甘泉太畤、汾阴后土。	七	四月,乐成侯许延寿为强弩将军。后将军充国击羌。酒泉太守辛武贤为破羌将军。韩曾为大司马、车骑将军。	
60	二	上郊雍五畤。祋祤出宝璧玉器。	八		
59	三	三月,相卒。	四月戊戌,御史大夫邴吉为丞相,封博阳侯。		御史大夫望之。
58	四		二		
57	五凤元年		三		
56	二		四 五月已丑,曾卒。	五月,延寿为大司马、车骑将军。	御史大夫霸。
55	三	正月,吉卒。	三月壬申,御史大夫黄霸为丞相,封建成侯。		御史大夫延年。
54	四		二		
53	甘露元年		三 二月丁未,延寿卒。		
52	二	赦殊死,赐高年及鳏寡孤独帛,女子牛酒。	四		御史大夫定国。
51	三	三月己丑,霸薨,	七月丁巳,御史大夫于定国为丞相,封西平侯。		太仆陈万年为御史大夫。
50	四		二		

		大事记	相位	将位	御史大夫位
49	黄龙元年		三	乐陵侯史子长为大司马、车骑将军。太子太傅萧望之为前将军。	
48	孝元初元元年		四		
47	二		五		
46	三		六	十二月，执金吾冯奉世为右将军。	
45	四		七		
44	五		八	二月丁巳，平恩侯许嘉为左将军。	中少府贡禹为御史大夫。十二月丁未，长信少府薛广德为御史大夫。
43	永光元年	十月戊寅，定国免。	九 七月，子长免，就第。	九月，卫尉平昌侯王接为大司马、车骑将军。二月，广德免。	七月，太子太傅韦玄成为御史大夫。
42	二	三月壬戌朔，日蚀。	二月丁酉，御史大夫韦玄成为丞相，封扶阳侯。丞相贤子。	七月，太常任千秋为奋武将军，击西羌；云中太守韩次君为建威将军，击羌。后不行。	二月丁酉，右扶风郑弘为御史大夫。
41	三		二	右将军平恩侯许嘉为车骑将军，侍中、光禄大夫乐昌侯王商为右将军，右将军冯奉世为左将军。	
40	四		三		
39	五		四		
38	建昭元年		五		
37	二		六	弘免。	光禄勋匡衡为御史大夫。
36	三	六月甲辰、玄成薨。	七月癸亥，御史大夫匡衡为丞相，封乐安侯。		卫尉繁延寿为御史大夫。
35	四		二		
34	五		三		
33	竟宁元年		四	六月己未，卫尉杨平侯王凤为大司马、大将军。延寿卒。	三月丙寅，太子少傅张谭为御史大夫。
32	孝成建始元年		五		
31	二		六		
30	三	十二月丁丑，衡免。	七 八月癸丑，遣光禄勋诏嘉上印绶免，赐金二百斤。	十月，右将军乐昌侯王商为光禄大夫、右将军，执金吾弋阳侯任千秋为右将军。谭免。	廷尉尹忠为御史大夫。
29	四		三月甲申，右将军乐昌侯王商为右丞相。	任千秋为左将军，长乐卫尉史丹为右将军。十月己亥，尹忠自刺杀。	少府张忠为御史大夫。
28	河平元年		二		
27	二		三		
26	三		四	十月辛卯，史丹为左将军，太仆平安侯王章为右将军。	
25	四	四月壬寅，丞相商免。	六月丙午，诸吏散骑光禄大夫张禹为丞相。		
24	阳朔元年		二		

		大事记	相位	将 位	御史大夫位
23	二		三	张忠卒。	六月，太仆王音为御史大夫。
22	三			九月甲子，御史大夫王音为车骑将军。	十月乙卯，光禄勋于永为御史大夫。
21	四		七月乙丑，右将军光禄勋平安侯王章座	闰月壬戌，永卒。	
20	鸿嘉元年	三月，禹卒。	四月庚辰，薛宣为承相。		

礼书第一

太史公曰：洋洋美德乎①！宰制万物②，役使群众，岂人力也哉③？余至大行礼官④，观三代损益⑤，乃知缘人情而制礼⑥，依人性而作仪，其所由来尚矣⑦。

【注释】

①洋洋：盛大的样子。②宰制：主宰，控制。③岂人力也哉：难道是靠着人们的强制力量吗？意思是说人类社会的维持，不能靠强力的压迫，而必须用礼乐来感化。④大行：大行令。官名。主持礼仪，接待宾客的官。官：官府。⑤三代损益：夏、商、周三代对礼制所做的减增。⑥缘：顺随；顺着。⑦尚：久远。

人道经纬万端①，规矩无所不贯②，诱进以仁义，束缚以刑罚，故德厚者位尊，禄重者宠荣③，所以总一海内而整齐万民也④。人体安驾乘，为之金舆错衡以繁其饰⑤；目好五色，为之黼黻文章以表其能⑥；耳乐钟磬⑦，为之调谐八音以荡其心⑧；口甘五味⑨，为之庶羞酸咸以致其美⑩；情好珍善⑪，为之琢磨圭璧以通其意⑫。故大路越席⑬，皮弁布裳⑭，朱弦洞越⑮，大羹玄酒⑯，所以防其淫侈⑰，救其雕敝⑱。是以君臣朝廷尊卑贵贱之序⑲，下及黎庶车舆衣服宫室饮食嫁娶丧祭之分⑳，事有宜适，物有节文㉑。仲尼曰㉒："禘自既灌而往者，吾不欲观之矣㉓！"

【注释】

①人道：人类社会活动的道德规范。经纬万端：像织物一样纵横交错，相错贯通。经纬，织物的纵线和横线。②规矩：规则；礼法。③禄：俸禄；禄位（官位）。④总一：合而为一。⑤金舆：装有金饰的车子。错衡：饰有花纹色彩的车辕头上的横木（轭）。错，镶嵌。⑥黼黻（fǔ fú）：古代礼服上所绣的花纹。文章：文采。表其能（tài）：美化他的仪表。能，通"态"，仪容。⑦乐（lè）：喜爱。钟：古代一种用青铜制作的乐器。磬（qìng）：古代一种用玉石或金属制的乐器。⑧调谐：调合。八音：古代乐器的统称，指金、石、土、革、丝、木、匏、竹八类。荡，涤荡，廓清。⑨甘：觉得甜美。动词。⑩庶羞：多种佳肴。羞，今作馐。⑪珍善：

美好的东西。⑫圭（guī）璧：古代贵族常用的玉质礼器。璧，也作美玉的通称。⑬大路：即"大辂（lù）"。古代天子乘坐的一种车。越（huó）席：织蒲草作席。越，通"括"，编结。⑭皮弁（biàn）：国王临朝戴的一种鹿皮做的帽子。⑮朱弦：指琴瑟上用的红色丝弦。洞越（huó）：瑟底开着小孔，使声浊而迟。⑯大羹（tài gēng）：古代祭礼上用的没加调味的肉汤。玄酒：上古没有酒，祭时用白水。后来有了酒，为了遵循古制，祭时也用水，叫作"玄酒""玄尊"。⑰淫侈：过度放纵。⑱雕敝：衰败。⑲朝廷：国君接受朝见和处理政事的地方。序：等第；次序。⑳黎庶：百姓。分（fèn）：名分。㉑节文：节制；修饰。㉒仲尼（前551—前479）：孔丘，字仲尼。春秋时鲁国陬邑（今山东省曲阜市）人，儒家学派的创始者。㉓禘（dì）：祭名。一、天子、诸侯祭祀祖先。分殷祭，三年一次；时祭，每年夏季举行。二、祭天。

周衰①，礼废乐坏，大小相逾②，管仲之家③，兼备三归④。循法守正者见侮于世⑤，奢溢僭差者谓之显荣⑥。自子夏⑦，门人之高弟也⑧，犹云："出见纷华盛丽而说⑨，入闻夫子之道而乐⑩，二者心战⑪，未能自决"，而况中庸以下⑫，渐渍于失教⑬，被服于成俗乎⑭？孔子曰："必也正名⑮。"于卫所居不合⑯。仲尼没后⑰，受业之徒沉湮而不举⑱，或适齐、楚⑲，或入河、海⑳，岂不痛哉！

【注释】

①周：朝代名。公元前11世纪周武王所建立。②大小：各种不同身份的人。逾：超过。③管仲（？—前645年）：字夷吾。辅佐齐桓公，在政治经济方面采取了一些改革措施，使齐国富强起来，成为五霸之首。④三归：汉以来有三说：一、藏钱币的府库；二、管仲家里一座台的名称；三、娶了三姓女子。⑤循：遵行。见：被。⑥奢溢：过度。僭差（jiàn cī）：越分。⑦自：即使。⑧门人：弟子；学生。高弟：弟子中的高明的。⑨纷华盛丽：华丽多姿的事物。说（yuè）：通"悦"。⑩夫子：孔门弟子对孔丘的尊称。⑪心战：几种矛盾想法在思想上交锋。⑫中庸：中等材质的人。⑬渐渍（zì）：沾染。⑭被服：感受。⑮必也正名：首先一宁要辨正名分。⑯不合：不融洽；不投契。⑰没：通殁。死去。⑱受业：跟从师傅学习。沉湮（yīn）：埋没。举：选拔；任用。⑲或：有的人。适：去；往。齐：国名。在今山东省北部。楚：国名。在今长江中游一带。⑳河：黄河。《论语·微子》说，鼓方叔到黄河边去了，少师阳和击磬襄到海滨去了。

至秦有天下①，悉内六国礼仪②，采择其善，虽不合圣制，其尊君抑臣，朝廷济济③，依古以来。至于高祖④，光有四海⑤，叔孙通颇有所增益减损⑥，大抵皆袭秦故⑦。自天子称号下至佐僚及宫室官名⑧，少所变改。孝文即位⑨，有司议欲定仪礼⑩。孝文好道家之学⑪，以为繁礼饰貌，无益于治，躬化谓何耳⑫，故罢去之。孝景时⑬，御史大夫晁错明于世务刑名⑭，数干谏孝景曰："诸侯藩辅⑮，臣子一例，古今之制也。今大国专治异政⑯，不禀京师⑰，恐不可传后。"孝景用其计，而六国畔逆⑱，以错首名，天子诛错以解难⑲。事在《袁盎》语中⑳。是后官者养交安禄而已，莫敢复议。

【注释】

①秦：公元前221年，秦王独揽大政统一六国，自称始皇帝，建都咸阳（今陕西省咸阳市东北），建立起我国历史上第一个专制主义中央集权的封建王朝。前206年为刘邦领导的农民起义军所灭亡。②内：通"纳"。采纳。六国：指

秦以外的韩、赵、魏、齐、楚、燕六国。③济济（jī）：庄严恭敬的样子。指朝廷君臣名分之严。④高祖（前256—前195年）：汉高祖刘邦。⑤光：广阔。四海：古人认为中国四面环海，故以四海代指"天下"。⑥叔孙通：薛（今山东省薛城县）人。刘邦称帝，叔孙通采择古礼，结合秦制，制定朝仪。由博士做到太子太傅。详见《叔孙通列传》。⑦大抵：大都。袭：继承。故：旧例。⑧佐僚：官吏的通称。⑨孝文（前203—前157年）：汉文帝刘恒。刘邦的儿子。前179—前157年在位。⑩有司：古代设官分职，各有专司，因称官吏为有司。⑪道家：先秦的一个学派。以老聃关于"道"学说为中心，政治上主张归真返璞，无为而治。⑫躬化：以自身的模范行为来进行感化。⑬孝景（前188—前141年）：汉景帝刘启。刘恒的儿子。前156—前141年在位。⑭御史大夫：官名。主管弹劾纠察，掌管图书典籍，官位仅次于丞相。晁（cháo）错（前200—前154年）：颍川（今河南省禹县）人。西汉政论家，得到汉景帝信任，有"智囊"之称。⑮藩辅：古代称分封及臣服的诸侯国。⑯专：专擅。不经请示擅自行事。异政：和朝廷政令相违背的行政措施。⑰京师：首都。⑱六国畔逆：指吴、楚、赵、胶西、胶东、齐、蓝川七国之乱。⑲汉景帝采用了晁错逐渐削夺诸侯国封地的建议，以吴王刘濞为首，纠集楚、赵等六国，以诛杀晁错为名，发动武装叛乱。景帝又听信袁盎的谗言，杀了晁错。后来还是派大将周亚夫领兵征讨，叛乱才得平息。⑳事在袁盎语中：此事除载在《袁盎晁错列传》外，还载在《吴王濞列传》。

今上即位①，招致儒术之士②，令共定仪，十余年不就③。或言古者太平，万民和喜，瑞应辨至④，乃采风俗，定制作。上闻之，制诏御史曰⑤："盖受命而王⑥，各有所由兴，殊路而同归，谓因民而作⑦，追俗为制也⑧。议者咸称太古⑨，百姓何望⑩？汉亦一家之事，典法不传⑪，谓子孙何？化隆者闳博⑫，治浅者褊狭⑬，可不勉与⑭！"乃以太初之元改正朔⑮，易服色⑯，封太山⑰，定宗庙百官之仪，以为典常⑱，传之于后云⑲。

【注释】

①今上：现今的皇上。指汉武帝刘彻（前156—前87年）。刘启的儿子。前140—前87年在位。②儒术：儒家的政治理论和学说。③就：成就功业。④瑞应：古代迷信认为上天降赐祥瑞是人君德行的感应。辨：通"遍"。⑤制诏：皇帝的两种文告。这里作动词用。⑥盖：表示下文有所推论的发语词。受命：古代帝王假托神权来巩固自己的统治地位，自称接受了上天的命令。⑦因：顺从。⑧追：追随。⑨太古：上古；远古。⑩望：仰望。这里有"取法"的意思。⑪典法：常法；永远施行的法则。⑫闳（hóng）博：宏大广博。⑬褊（biǎn）狭：狭小。⑭与：通"欤"。⑮太初：汉武帝的年号。为前104—前101年。正（zhēng）朔：指一年的第一天。正：阴历每年的第一个月。朔：阴历的每月初一。汉以前各代的历法各不相同，如夏代以孟春（正月，建寅之月）为正，商代以季冬（十二月，建丑之月）为正，周代以仲冬（十一月，建子之月）为正，秦和汉太初元年以前以孟冬（十月，建亥之月）为正。改正朔，就是改变历法。⑯服色：古代各个王朝所定的车马服饰的颜色。⑰封太山：帝王在泰山上筑坛祭天。⑱典常：常法；常规。⑲云：语助词。无义。

礼由人起①。人生有欲②，欲而不得则不能无忿，忿而无度量则争，争则乱。先王恶其乱，故制礼义以分之养人之欲，给人之求，使欲不穷于物③，物不屈于欲④，二者相待而长，是礼之所起也。故礼者养也。稻粱五味，所以养口也；椒兰芬苾④，所以养鼻也；钟鼓管弦，所以养耳也；刻镂文章⑤，所以养目也；疏房床第几席⑥，所以养体也：故礼者养也。

【注释】

①从本段到篇末，除了中间"治辨之极"至"刑措而不用"是《荀子·议兵》答李斯语外，基本内容出自《荀子·礼论》。②穷：尽。③屈：竭。④苾（zhǐ或chǎi）：一种香草。⑤刻镂（lòu）：雕刻。文章：文采；错综华丽的色彩花纹。⑥疏房：通明的房间；或说是有窗的房间。床第（zǐ）：床铺。

君子既得其养，又好其辨也①。所谓辨者，贵贱有等②，长少有差③，贫富轻重皆有称也④。故天子大路越席，所以养体也；侧载臭苾⑤，所以养鼻也；前有错衡，所以养目也；和鸾之声⑥，步中《武》《象》⑦，骤中《韶》《濩》⑧，所以养耳也；龙旂九斿⑨，所以养信也；寝兕持虎⑩，鲛韅弥龙⑪，所以养威也。故大路之马，必信至教顺，然后乘之，所以养安也。孰知夫士出死要节之所以养生也⑫，孰知夫轻费用之所以养财也⑬，孰知夫恭敬辞让之所以养安也，孰知夫礼义文理之所以养情也。

【注释】

①辨：别；差别。②等：等级；次序。③差（chā）：等差；差别。④称（chèn）：适合；相副。⑤臭（xiù）：气味。此指香味。⑥和鸾：古代车马上的铃铛。挂在车前用作扶手的横木（轼）上的叫和，挂在马嚼子（镳）上的叫鸾。鸾，通"銮"。⑦步：缓行。武：乐名。象：周代一种舞名。⑧骤：马奔驰。韶：虞舜时的乐名。濩（huò）：商汤时的乐名。⑨旂（qí）：古代一种绣龙带铃的旗子。斿（liú）：古代旌旗上垂着的装饰物。⑩寝兕（sì）：伏着的兕牛。寝，伏。兕，雌性犀牛。持虎：蹲着的虎。持读作跱（zhì），蹲或坐着。兕、虎，都是画在天子车轮上的装饰。⑪鲛韅（xiǎn）：鲛皮制的马腹带。鲛，鲨鱼。弥（mǐ）龙：车的衡木上雕绘着金龙。⑫孰知：审知。孰，通"熟"。夫（fú）：句中助词。要（yāo）节：成名立节。⑬轻：减少。

人苟生之为见①，若者必死②；苟利之为见，若者必害；怠惰之为安，若者必危；情胜之为安，若者必灭。故圣人一之于礼义，则两得之矣；一之于情性，则两失之矣。故儒者将使人两得之者也③，墨者将使人两失之者也④。是儒墨之分⑤。

【注释】

①苟：如；如果。②若：如若；这样。③儒者：信奉儒家学说的人。④墨者：信奉墨家学说的人。⑤分：分野，差等。

治辨之极也①，强固之本也②，威行之道也③，功名之总也④。王公由之⑤，所以一天下，臣诸侯也⑥；弗由之，所以捐社稷也⑦。故坚革利兵不足以为胜⑧，高城深池不足以为固，严令繁刑不足以为威。由其道则行，不由其道则废。楚人鲛革犀兕⑨，所以为甲，坚如金石；宛之钜铁施⑩，钻如蜂虿⑪，轻利剽遨⑫，卒如飘风⑬。然而兵殆于垂涉⑭，唐昧死焉⑮；庄蹻起⑯，楚分而为四参⑰。是岂无坚革利兵哉⑱？其所以统之者非其道故也。汝、颍以为险⑲，江、汉以为池⑳，阻之以邓林^㉑，缘之以方城^㉒。然而秦师至，鄢郢举^㉓，若振槁^㉔。是岂无固塞险阻哉？其所以统之者非其道故也。纣剖比干^㉕，囚箕子^㉖，为炮格^㉗，刑杀无辜^㉘，时臣下憛然^㉙，莫必其命^㉚。然而周师至，而令不行乎下，不能用其民。是岂令不严，刑不陵哉^㉛？其所以统之者非其道故也。

【注释】

①治辨：治理国家，辨正名分。极：最高原则。②强国之本：指是"用礼制治国，就能使邻国敬畏，所以是国家强大巩固的根本办法"。③威行之道：意思是"用礼制劝导感化，人民就仰慕悦服，所以是推行威权的有效措施"。④功名之总：意思是"用礼制统治人民，是成就功名事业的总纲"。⑤由：顺着；遵从。⑥臣：使臣服。⑦捐：舍弃；丧失。⑧坚革：坚硬的甲盾。利兵：锋利的兵器。⑨楚：国名。⑩宛（yuān）：楚邑名。即今河南省南阳市。钜铁：刚硬的铁。施：《荀子·议兵》作"铊"。矛。⑪钻：发挥出穿刺力量。虿（chài）：蝎类毒虫。⑫剽（piào）邀：轻捷快速。邀通速。⑬卒：通"猝"。突然。熛（biāo）：疾速。⑭兵殆：兵败。垂涉：楚地名。今地不详。《荀子·议兵》《战国策·楚策》《淮南子·兵略》作垂沙。⑮唐昧：楚将。⑯庄蹻：楚将。楚顷襄王派他西征，深入到了滇池（今云南省昆明市西南）一带。遇上秦军进攻，被截断了归路，他就在滇称王。⑰楚分而为四参（sān）：楚国因无力抵御邻国的侵犯，曾三次被迫迁都。⑱是：此；这。⑲汝：汝水。在河南境内。颍：颍水。流经河南、安徽两省流入淮水。⑳江汉：指岷江、汉江。池：护城河。㉑邓林：地名。在今湖北省襄阳市襄州区南。㉒方城：春秋时楚国的长城。由今河南省方城县北延至邓州市。㉓鄢郢：楚之别都，即郢，故城今湖北宜城市东南。这里指楚都。举：攻下；占领。被动用法。㉔振：通"震"。动；击：枯叶。㉕纣：商朝最末的君主。比干：纣的叔父。㉖箕子：纣的叔父。因劝谏被囚，为求避祸，假装疯狂。㉗炮（páo）格：即炮烙之刑。商纣用的一种酷刑。用铜器作格，下面烧炭，令犯者在上面赤脚行走，跌下烧死。㉘刑：处罚，杀戮。㉙憛（lǐn）然：恐惧的样子。㉚必：保证，保住。㉛陵：同"峻"。严厉。

古者之兵，戈矛弓矢而已，然而敌国不待试而诎^①。城郭不集^②，沟池不掘，固塞不树，机变不张^③，然而国晏然不畏外而固者^④，无他故焉，明道而均分之，时使而诚爱之，则下应之如景响^⑤。有不由命者，然后俟之以刑^⑥，则民知罪矣。故刑一人而天下服。罪人不尤其上^⑦，知罪之在己也。是故刑罚省而威行如流，无他故焉，由其道故也。故由其道则行，不由其道则废。古者帝尧之治天下也^⑧，盖杀一人刑二人而天下治^⑨。传曰^⑩："威厉而不试，刑措而不用^⑪。"

【注释】

①试：用。诎：通"屈"。屈服；降顺。②城郭：内城外城。外城为郭。集：积累。此处有"高筑"的意思。③机变：弓弩上的发射器。④晏然：安逸；平静。⑤如景响：如影的随形，如响的应声，比喻效验很快。⑥俟：待；对待。⑦尤：埋怨。⑧帝尧：远古部落联盟的领袖。⑨杀一人刑二人：意思是刑杀的极少，不是确数。⑩传（zhuàn）：古人称先人的书传、记载，统名之曰"传"。⑪措：设置。

天地者，生之本也^①；先祖者，类之本也^②；君师者，治之本也。无天地，恶生^③？无先祖，恶出？无君师，恶治？三者偏亡^④，则无安人。故礼，上事天，下事地，尊先祖而隆君师⑤，是礼之三本也。

【注释】

①生之本：古时认为天地是造物主，世间万物是天地创造的，所以说天地是生命的根本。②类之本：人类的本源。③恶（wū）：怎么。④三者偏亡：三者缺一。⑤隆：尊崇。动词。

故王者天太祖①，诸侯不敢怀，大夫士有常宗②，所以辨贵贱。贵贱治，得之本也③。郊畴乎天子④，社至乎诸侯⑤，函及士大夫⑥，所以辨尊者事尊，卑者事卑，宜巨者巨，宜小者小。故有天下者事七世⑦，有一国者事五世⑧，有五乘之地者事三世⑨，有三乘之地者事二世，有特牲而食者不得立宗庙⑩。所以辨积厚者流泽广⑪，积薄者流泽狭也。

【注释】

①天太祖：以太祖配天。太祖，对开国君主的尊称。②大夫士有常宗：诸侯的庶子（嫡长子以下的儿子）受封，他的后代大夫士就永远尊崇他为始祖。③得：通"德"。④郊：周朝于冬至日在南郊祭天称为"郊"。畴：止。⑤社至乎诸侯：社，祭祀土神的场所。⑥函：包涵；包括。⑦有天下者：指天子。事七世：建立七座宗庙祭祀七代祖先。⑧有一国者：指诸侯。⑨五乘（shèng）之地：能出兵车五乘的土地。古制，纵横十里，其中六十四井（八户叫"井"），出兵车一乘（四马一车）。⑩特牲而食者：用一头熟牲进献鬼神的人。指百姓。⑪积：通"绩"。功业。

大飨上玄尊①俎上腥鱼②，先大羹，贵食饮之本也③。大飨上玄尊而用薄酒④，食先黍稷而饭稻粱⑤，祭哜先大羹而饱庶馐⑥，贵本而亲用也⑦。贵本之谓文，亲用之谓理，两者合而成文，以归太一⑧，是谓大隆。故尊之上玄尊也，俎之上腥鱼也，豆之先大羹⑨，一也⑩。利爵弗啐也⑪，成事俎弗尝也⑫，三侑之弗食也⑬，大昏之未废齐也⑭，大庙之未内尸也⑮，始绝之未小敛⑯，一也。大路之素帱也⑰，郊之麻绖⑱，丧服之先散麻⑲，一也。三年哭之不反也⑳，《清庙》之歌一倡而三叹㉑，县一钟尚拊膈㉒，朱弦而通越，一也。

【注释】

①大飨（xiǎng）：又叫"大祫（xiá）"。古代天子或诸侯一种合祭祖先的祭礼。玄尊：盛玄酒（白水）的器皿，即指玄酒。②俎（zǔ）：古代祭祀时盛食物的器皿。③贵：认为珍贵。动词。食饮之本：先祖原始的饮食。④《荀子·礼论》作"飨上玄尊而用酒醴，"文意较合。⑤饭：把饭给人吃。动词。⑥哜（jì）：尝食物到牙齿。齐，通"跻"，"升"的意思。⑦用：实用。⑧太一：原指天地形成前的混沌元气。这里是指返璞归真到太古原始时的状态。⑨豆：古代盛食物的器皿。⑩一：一样的道理。⑪利爵：祭祀将毕时再次向尸敬酒。古代祭祀祖先，由一活人代表死者受祭，叫"尸"。这段里所说的"啐、尝、食"，都是指尸按照仪式规定的动作。⑫成事：祭祀告成。⑬侑：劝食。根据《荀子·礼论》，"三侑之弗食也"一缺"一也"二字。⑭大昏：帝王的婚礼。⑮大庙：即"太庙"。君主的祖庙。未内尸：祭时，迎尸之前先在室内西南角举行一项仪式。内，通"纳"。使进入。⑯绝：绝气；死。⑰素帱（chóu）：素色车帷。⑱麻绖（miǎn）：麻质的礼帽。绖，同"冕"。⑲散麻：用粗麻布制成的丧服，上下左右不缝。⑳三年哭：

指死了父母丧时的哀哭。不反：一恸失声。反，通"返"。㉑《清庙》之歌：《诗经·周颂》有《清庙篇》，说是祭祀周文王的乐章。㉒县："悬"的本字。拊（fǔ）：击；拍。槅：通"隔"。悬钟的支架。

凡礼，始乎脱①，成乎文②，终乎税③。故至备，情文俱尽④；其次，情文代胜⑤；其下，复情以归太一。天地以合，日月以明，四时以序，星辰以行，江河以流，万物以昌，好恶以节，喜怒以当。以为下则顺⑥，以为上则明⑦。

【注释】

①脱：脱略；粗疏。②文：修饰。③税（yuè）：通"悦"。④情：指礼意，如居丧必哀，临祭必敬。⑤代：更代。⑥下：在下者，指臣民。⑦上：在上者，指君主。

太史公曰：至矣哉！立隆以为极①，而天下莫之能益损也。本末相顺，终始相应，至文有以辨②，至察有以说。天下从之者治，不从者乱；从之者安，不从者危。小人不能则也③。

【注释】

①立隆以为极：制定隆重的礼仪，作为事物、行为的最高准则。②有以：《荀子·礼论》作"以有"，义较长。③则：取法。

礼之貌诚深矣①，坚白同异之察②，入焉而弱③；其貌诚大矣，擅作典制褊陋之说，入焉而望④；其貌诚高矣，暴慢恣睢⑤，轻俗以为高之属⑥，入焉而队⑦。故绳诚陈⑧，则不可欺以曲直；衡诚县⑨，则不可欺以轻重；规矩诚错⑩，则不可欺以方员⑪；君子审礼⑫，则不可欺以诈伪。故绳者，直之至也；衡者，平之至也；规矩者，方员之至也；礼者，人道之极也。然而不法礼者不足礼，谓之无方之民；法礼足礼，谓之有方之士。礼之中，能思索，谓之能虑；能虑勿易，谓之能固。能虑能固，加好之焉，圣矣。天者，高之极也；地者，下之极也；日月者，明之极也；无穷者，广大之极也；圣人者，道之极也。

【注释】

①礼之貌：《荀子·礼论》作"礼之理"。②坚白同异：战国时名家公孙龙所创的"离坚白"和惠施所创的"合同异"的学说。③弱：通"溺"。淹没。④望：羞愧。⑤暴慢恣睢（suī）：粗暴强横。⑥属：类；那一类人。⑦队：通"坠"。⑧绳：木工用的墨线。诚：如果。⑨衡：秤。⑩错：通"措"。置备。⑪员：通"圆"。⑫审：认真观察、研究。

以财物为用①，以贵贱为文②，以多少为异③，以隆杀为要④。文貌繁，情欲省，礼之隆也；文貌省，情欲繁，礼之杀也。文貌情欲相为内外表里，并行而杂⑤，礼之中流也⑥。君子上致其隆，下尽其杀，而中处其中。步骤驰骋广鹜不外，是以君子之性守宫庭也⑦。人域是域⑧，士君子也；外是，民也；于是中焉⑨，房皇周浃⑩，曲直得其次序⑪，圣人也。故厚者，礼之积也；大者，礼之广也；高者，礼之隆也；明者，礼之尽也。

【注释】

①根据《荀子·礼论》，此句上面缺"礼者"二字。②以贵贱为文：各种贵贱尊卑的身份，用不同文采装饰的车服旗章来表示。③多少：用财物的多少。④隆：

隆盛。杀（shài）：减少；降等。要：要点。这句意思是该隆就隆，该杀就杀。⑤杂：通"集"。会合。⑥中流：适中。⑦君子之性守宫庭：意思是君子常像身处宫廷，守礼不离。⑧人域是域：以人生行为的规范为规范。⑨于：介词。⑩房（páng）皇：即"彷徨"。徘徊；盘旋。周浃（jiā）：周匝；遍及。房皇周浃：意思是周旋进退，言行举止。⑪曲：周遍。